COLLECTION GIORDANO BRUNO

DOCUMENTS / ESSAIS

Publiée sous le patronage de
L'ISTITUTO ITALIANO PER GLI STUDI FILOSOFICI
CENTRO INTERNAZIONALE DI STUDI BRUNIANI

et

dirigée par

YVES HERSANT

*Directeur d'études
à l'École des Hautes Études
en Sciences Sociales (Paris)*

NUCCIO ORDINE

*Professeur de Littérature
italienne à l'Université
de Calabre (Cosenza)*

DU MÊME AUTEUR

Les Classiques, les paradoxes et la « vérité toujours en exil », in *Avec George Steiner*, Paris, Albin Michel, 2010.

« Défendons les écoles, les universités et les classiques », in *La Règle du Jeu*, 44 (2010).

Le Rendez-vous des savoir. Littérature, philosophie et diplomatie à la Renaissance, préface de Michel Simonin, Paris, Les Belles Lettres, 2009[2] .

La Comédie entre politique et philosophie, in Machiavel, *Mandragola / La Mandragore*, texte établi par Pasquale Stoppelli, introduction, traduction et notes de Paul Larivaille, suivi d'un essais de Nuccio Ordine, Paris, Les Belles Lettres, 2008.

Le Mystère de l'âne. Essai sur Giordano Bruno, nouvelle édition, avant-propos d'Ilya Prigogine, préface d'Eugenio Garin, Paris, Les Belles Lettres, 2005.

Giordano Bruno, Ronsard et la religion, préface de Jean Céard, Paris, Albin Michel, 2004 .

Le Seuil de l'ombre. Littérature, philosophie et peinture chez Giordano Bruno, préface de Pierre Hadot, Paris, Les Belles Lettres, 2003.

« L'hôte "ingrat". La fonction des classiques et de l'enseignement chez George Steiner », in *Cahier de L'Herne. Steiner*, Paris, Éditions de L'Herne, 2003.

Les Tromperies de l'ignorance: le Chandelier *entre réalité et apparence*, in Giordano Bruno, *Œuvres complètes I. Chandelier*, introduction philologique générale de Giovanni Aquilecchia, texte établi par Giovanni Aquilecchia, introduction et notes par Giorgio Bárberi Squarotti, avec un essai de Nuccio Ordine, traduction de Yves Hersant, Paris, Les Belles Lettres, 2003.

Introduction aux *Traités sur la nouvelle à la Renaissance. Bonciani, Bargagli, Sansovino*, Paris - Turin, Vrin - Nino Aragno Editore, 2002.

Introduction à Vincenzo Spampanato, *Vita di Giordano Bruno*, Paris-Turin, Les Belles Lettres – Nino Aragno Editore, 2000.

Introduction à Giordano Bruno, *Expulsion de la bête triomphante. Œuvres complètes. V*, texte établi par Giovanni Aquilecchia, traduction de Jean Balsamo, notes par Maria Pia Ellero, Paris, Les Belles Lettres, 1999.

Postface à L'Arétin, *Ragionamenti*, t. II, texte établi par Giovanni Aquilecchia, traduction et notes de Paul Larivaille, Paris, Les Belles Lettres, 1999.

Introduction à Émile Picot, *Les Italiens en France au XVIe siècle*, Rome, Vecchiarelli, 1995 [réimpression de l'édition de Bordeaux 1918].

Introduction à Le Tasse, *Discours sur le dialogue*, traduction de Florence Vuilleumier, notes de Guido Baldassarri, Paris, Les Belles Lettres, 1992.

COLLECTION GIORDANO BRUNO

DOCUMENTS / ESSAIS

V

NUCCIO ORDINE

TROIS COURONNES POUR UN ROI

COLLECTION GIORDANO BRUNO

sous le patronage de

L'ISTITUTO ITALIANO PER GLI STUDI FILOSOFICI

CENTRO INTERNAZIONALE DI STUDI BRUNIANI

Documents / essais

V

NUCCIO ORDINE

TROIS COURONNES POUR UN ROI

La devise d'Henri III et ses mystères

Traduction de Luc HERSANT

LES BELLES LETTRES

2011

www.lesbelleslettres.com

Pour consulter notre catalogue
et être informé de nos nouveautés
par courrier électronique

ISBN : 978-2-251-34700-4

à Dante Della Terza,
à Umberto Eco
et à George Steiner

Sero, sed serio

AVANT-PROPOS

> Tandis que Morel me parlait, je regardais avec stupéfaction les admirables livres que lui avait donnés M. de Charlus et qui encombraient la chambre. Le violoniste ayant refusé ceux qui portaient: « Je suis au baron, etc... », devise qui lui semblait insultante pour lui-même comme un signe d'appartenance, le baron [...] en avait varié d'autres [...]. Quelquefois elles étaient brèves et confiantes [...]. Quelquefois seulement résignées [...]. D'autres enfin désespérées et donnant rendez-vous au ciel à celui qui n'avait pas voulu de lui sur la terre : « Manet ultima coelo »...
>
> Marcel Proust, *Sodome et Gomorrhe*

Ce livre développe et enrichit une série d'idées directrices qui ont commencé à prendre forme avec le chapitre que, dans un précédent ouvrage — *Giordano Bruno, Ronsard et la religion* (2005) —, j'ai consacré à la devise d'Henri III. Selon un phénomène bien connu des chercheurs, en effet, les multiples textes et images que j'ai repérés au fil des ans m'ont poussé à réexaminer le thème des trois couronnes accompagnées du *motto* «Manet ultima coelo», en leur ajoutant de nouveaux éléments de réflexion et, surtout, en découvrant d'autres "indices" qui m'avaient jusque-là complètement échappé. Le dossier iconographique révèle toute la richesse de ce nouveau parcours, mais il traduit également tout le plaisir que j'ai eu à rassembler ces *imagines* si rares qui ont attiré mon attention : j'ai voulu en effet insérer dans le dossier non seulement les *icones* les plus directement en rapport avec mon enquête, mais aussi celles qui, tout en jouant un rôle moins évident, mettaient cependant en valeur certains thèmes étroitement liés à ce fil rouge qui fait l'unité de l'ensemble de l'ouvrage: la devise du roi de France.

J'ai souhaité dédier ce livre à trois collègues et amis illustres qui, au cours de toutes ces années, sous des formes et à des moments divers, ont généreusement soutenu et encouragé mon travail de recherche : à Dante Della Terza, entre Harvard et Arcavacata, pour m'avoir aidé à surmonter les difficultés de mes débuts, vers la fin des années 1980; à Umberto Eco et à George Steiner, pour leur amitié intellectuelle qui a compté et qui compte tant dans ma vie. Ces pages ne me permettront évidemment pas de m'acquitter de la dette que j'ai contractée envers chacun d'eux.

Certains chapitres ont été rédigés à bord de l'Astarte II, sur les mers de Grèce, grâce à l'affectueuse et généreuse amitié de Maria et de George Embiricos.

Durant ma navigation sur les eaux agitées des années *post-doc*, Yves Hersant et Alain Segonds me sont apparus comme Castor et Pollux, pour me guider vers le havre de toutes ces activités scientifiques et éditoriales que, ensemble, nous avons menées à bien en France. Ces activités ont toujours bénéficié du soutien de l'Istituto Italiano per gli Studi Filosofici, grâce à l'ouverture d'esprit et à la générosité de son Président, Gerardo Marotta. À Michèle Gendreau-Massaloux et à tant d'amis et de collègues français — parmi lesquels je voudrais au moins mentionner Pierre Brunel, Jean Céard, Gérald Chaix, Adelin Fiorato, Robert Kopp, Paul Larivaille, Pierre Laurens, Alain de Libera, Daniel Ménager, Hélène

Monsacré, Michel Narcy (qui a relu attentivement les pages de ce livre et m'a fait part de ses utiles observations), Isabelle Pantin, Jackie Pigeaud, Michel Plaisance, Édouard Pommier et Jean Seidengart — j'adresse toute mon affectueuse gratitude.

Je remercie également mes amis de Glasgow, avec qui je partage depuis tant d'années la passion des images : Alison Adams, Stephen Rawles, David Weston et, plus récemment, Michael Bath.

Mes recherches sur Giordano Bruno et sur la Renaissance m'ont donné l'occasion de fréquenter des collègues extraordinaires et de créer avec eux diverses collections de traduction des œuvres du Nolain à travers le monde, de la Chine au Japon, de la Roumanie au Brésil, de la Russie à la Pologne, de l'Allemagne au Danemark: je pense à Carlos Luiz Bombassaro, à Smaranda Bratu Elian, à Giulio Giorello, à Miguel Angel Granada, à Lea He Liang, à Morimichi Kato, à Stefan Klemczak, à Thomas Leinkauf, à Elżbieta Lubelska et à Andrei Rossius. J'adresse aussi des remerciements chaleureux à Jürgen Renn pour m'avoir permis de participer aux prestigieuses activités du Max Planck Institut für Wissenschaftsgeschichte de Berlin.

À mes anciens élèves devenus de jeunes collègues d'Arcavacata — Chiara Cassiani et Maria Cristina Figorilli, Donato Mansueto (à qui je dois notamment de précieuses suggestions sur la littérature des devises et des emblèmes), Zaira Sorrenti et Miriam Petrone — j'adresse une pensée affectueuse, pour le soutien qu'ils m'ont apporté en diverses circonstances. Je remercie tout spécialement Roberto Bondì (pour m'avoir aidé à organiser le dossier iconographique) et Raffaele Perrelli (que j'ai pu utilement consulter pour l'interprétation de certains *motti* latins difficiles).

Sans les encouragements de Caroline Noirot, P.D.G. des Belles Lettres, sans la compétence et la patience de

Luc Hersant, fidèle traducteur de mes ouvrages, ce livre n'aurait pu être ce qu'il est.

Enfin, je voudrais joindre ma voix aux vives protestations des amis et des collègues qui, depuis des mois, défendent le Warburg Institute de Londres : « transférer » cette bibliothèque extraordinaire reviendrait à effacer de la mémoire des générations futures l'un des grands moments de l'histoire culturelle et politique de l'Europe. C'est en effet entre les rayons de la bibliothèque et à la photothèque de Woburn Square que s'est formé tout un groupe constitué des plus grands acteurs de la recherche internationale sur l'Humanisme et la Renaissance.

La même gravissime menace pèse sur la bibliothèque de l'Istituto Italiano per gli Studi Filosofici. Ses ressources maintenant épuisées, l'Avvocato Gerardo Marotta vient de lancer un cri d'alarme, pour sauver non seulement les quelque trois cent mille volumes, mais aussi l'existence même de l'Istituto, sérieusement mise en danger par la continuelle diminution des subventions publiques. Or, sans l'Istituto Italiano per gli Studi Filosofici, des centaines de jeunes chercheurs perdraient un précieux point de référence, tandis que le Sud de l'Italie et l'Europe verraient disparaître un patrimoine culturel et scientifique sans équivalent.

Borgo Malvitani de Rende, décembre 2010

CHAPITRE I

IMAGES, DEVISES, EMBLÈMES ENTRE FRANCE ET ANGLETERRE

1. “Mosaïques” de paroles et *picturae* à la cour d’Henri III et à la cour d’Élisabeth Ire

Une devise ne surgit pas du néant. Elle tient toujours compte d’une tradition où la littérature et l’histoire, les événements politiques et les événements religieux s’entremêlent dans des relations enchevêtrées qui restent incompréhensibles si l’on n’examine pas à fond la complexité et les multiples aspects du milieu intellectuel, artistique, religieux et diplomatique où le *motto*[1] (l’âme) et la *figure* (le corps) ont été conçus.

Interpréter la devise d’Henri III — que son successeur Henri IV continuera d’employer par la suite, dans certains contextes et après quelques modifications —, cela signifie avant tout chercher à reconstituer le débat qui eut lieu en France et en Europe autour des mystérieux projets politico-culturels représentés par le symbole des

1. Ce terme italien, que nous continuerons d’employer dans toute la suite du texte, désigne la formule ou la sentence qui, avec l’image ou la figure, forme la devise (l’« impresa ») (*N.d.T.*).

trois couronnes et par le *motto* « Manet ultima coelo »[2]. fig. 1-1
Et, comme on le verra bientôt, notre parcours nous conduira à faire d'indispensables détours à travers les univers bigarrés de la poésie, des images, de la numismatique, de l'héraldique, des ballets, des entrées solennelles de rois et de reines, des fêtes de cour, des correspondances diplomatiques, des dédicaces, des portraits, des devises et des emblèmes.

Tout en évitant de nous engager dans des distinctions théoriques et des réflexions générales sur le lien étroit qui, à la Renaissance, unit les mots et les images, nous voudrions cependant, dans ces quelques pages qui précèdent l'analyse spécifique de la devise d'Henri III, évoquer rapidement tout l'intérêt que suscita la littérature des emblèmes et des devises à la cour de France et à la cour d'Angleterre, où ont œuvré divers personnages dont nous parlerons dans les prochains chapitres.

Le succès de cette littérature est largement attesté dans divers secteurs de la société : les rois, les princes, les courtisans, les hommes de guerre, les imprimeurs, les poètes, les diplomates, les artistes, et notamment les peintres, éprouvent de plus en plus souvent le besoin de donner une expression symbolique à leurs sentiments, à leurs programmes de travail, à leurs projets culturels, à leurs stratégies politiques ou à leurs aspirations intellectuelles, à travers des images allégoriques accompagnées d'un *motto* et/ou de vers en latin ou en langue vulgaire (des hexamètres complets ou non, des épigrammes, des distiques, des dizains, des quatrains etc.).

Nous laisserons de côté la distinction classique entre la devise et l'emblème (distinction d'ailleurs contestée par

2. Dans certaines versions de la devise, on peut trouver la forme « caelo ». Mais, par commodité, nous emploierons toujours la forme « coelo ».

certains théoriciens qui jugent en fait très perméable la ligne de partage entre les deux[3]) et nous éviterons de nous aventurer dans la question de savoir lequel ou laquelle des deux est à l'origine de l'autre : rappelons simplement que cette variété et ce mélange qui caractérisent la nature hybride de ces divers genres paraissent inscrits dans l'étymologie même du mot « emblème » : « Le terme "emblème" est grec — écrit Luca Contile — et [il est] employé par le divin Alciat comme titre de l'un de ses livres ; l'emblème lui-même est un entremêlement ou plutôt une composition de plusieurs éléments matériels, qui ont des couleurs diverses et qui sont magistralement combinés »[4]. Il s'agit en effet de « toute forme d'incrustation, greffe, mosaïque, marqueterie », comme l'indique Claudie Balavoine[5] dans son commentaire d'un passage fameux de la lettre adressée par Alciat à son ami l'éditeur

3. Quoique décidé à maintenir une distinction entre les deux genres, Giulio Cesare Capaccio finit par admettre que « la devise peut servir d'emblème si on lui enlève le *motto* et si on lui ajoute l'inscription ; et, inversement, un emblème peut servir de devise, si on lui associe un *motto* » (« l'impresa può servir per emblema, togliendole il motto, e giungendole l'iscrizione ; ed un emblema all'incontro potrà servire per impresa, applicandovi il motto » : Giulio Cesare Capaccio, *Delle imprese*, Napoli, Appresso Gio. Giacomo Carlino & Antonio Pace, 1592, p. 3). Sur la littérature européenne des emblèmes et des devises, l'essai de Mario Praz, *Studi sul concettismo*, Florence, Sansoni, 1946, reste un ouvrage de référence — voir notamment p. 95, sur le rapport entre emblème et devise.

4. Luca Contile, *Ragionamento... sopra la proprietà delle imprese*, Pavia, Girolamo Bartoli, 1574, p. 24 : « La voce emblema è greca usata per titolo di un suo libro dal divin Alciato, e lo stesso emblema è una interposizione o vero composizione di più cose materiali diversamente colorite & insieme maestrevolmente congegnate ».

5. Sur l'étymologie du mot "emblème" et sur la genèse des *Emblemata* d'Alciat, voir l'excellent travail de Claudie Balavoine, « Les *Emblèmes* d'Alciat : sens et contresens », in *L'Emblème à la Renaissance*, Actes de la journée d'études du 10 mai 1980, publiés par Yves Giraud, Paris, Société d'édition d'enseignement, 1982, p. 49-59 (notamment la p. 53).

Francesco Calvo, le 9 décembre 1522 (ou 1521, ou 1523, selon d'autres commentateurs) :

> Au cours de ces Saturnales, pour faire plaisir à l'illustre Ambrogio Visconti, j'ai composé un petit livre d'épigrammes intitulé *Emblemata* ; dans chacune de ces épigrammes, je décris une chose de telle sorte qu'elle signifie élégamment un élément tiré de l'histoire ou du monde naturel, et qu'elle permette aux peintres, orfèvres et fondeurs de réaliser ce genre d'objets que nous appelons des "écus" [des armoiries, des insignes] et que nous attachons à nos chapeaux ou que nous portons comme des signes distinctifs, comme l'ancre d'Alde [Manuce], la colombe de Froben et l'éléphant de Calvo, toujours en travail, mais ne produisant rien[6].

Il s'agit dans tous les cas d'*imagines symbolicae* suscitées par une pratique savante de l'*ekphrasis*, puisque, à l'origine, le texte fondateur du genre est publié sans *icones*. Il n'en reste pas moins que, comme le confirme Alciat lui-même, les *Emblemata* sont très fortement liés aux arts plastiques en général. Mais, laissant de côté l'épineuse question de la naissance du genre de l'emblème, sur laquelle tant d'essais ont été écrits, nous devons prendre acte du fait que, avec ses définitions, la théorie n'est pas parvenue — comme cela arrive souvent — à rendre compte efficacement de la variété et des contradictions

6. « His saturnalibus ut illustri Ambrosio Vicecomiti morem gererem, libellum composui epigrammaton, cui titulum feci E m b l e m a t a : singulis enim epigrammatibus aliquid describo, quod ex historia, vel ex rebus naturalibus aliquid elegans significet, unde pictores, aurifices, fusores, id genus conficere possint, quae scuta appellamus et petasis figimus, vel pro insignibus gestamus, qualis Anchora Aldi, Columba Frobenii et Calvi elephas tam diu parturiens, nihil pariens ». La lettre d'Alciat est citée par Gian Luigi BARNI, *Le lettere di Andrea Alciato giureconsulto*, Florence, Le Monnier, 1953, p. 46.

qui sont caractéristiques de ces genres hybrides dans la pratique éditoriale.

Toute une série de questions restent ouvertes, à commencer par celles, fondamentales, qui portent sur le rapport entre le texte et l'image : y a-t-il une primauté du texte sur l'image, une primauté de l'image sur le texte, ou bien un équilibre virtuose entre les deux composantes ? Mais aussi : le texte explique-t-il la figure, la figure explique-t-elle le texte, ou bien chacun d'eux éclaire-t-il des zones d'ombre de l'autre qui resteraient complètement invisibles si les deux étaient considérés séparément[7] ? En l'absence de réponses susceptibles de fournir des explications universellement valables, il faudra analyser de manière spécifique chacune des œuvres et, au sein de chaque œuvre, analyser chacun des textes avec la *pictura* qui lui correspond.

De même est-il difficile, voire impossible, d'enfermer dans une interprétation unique et indiscutable toute la signification d'une devise ou d'un emblème. Car même si tous deux ont théoriquement vocation à véhiculer un message immédiatement compréhensible — et censé, au nom d'une exigence didactique, être dépourvu de toute ambivalence[8], qu'il s'agisse d'un projet politico-religieux,

7. Sur ces questions théoriques, cf. André STEGMANN, « Les théories de l'emblème et de la devise en France et en Italie (1520-1620) », in *L'Emblème à la Renaissance*, *cit.*, p. 61-77.

8. Parmi les cinq propriétés d'une devise réussie, Paolo GIOVIO (dans son *Dialogo delle imprese militari e amorose*, éd. Maria Luisa Doglio, Rome, Bulzoni, 1978, p. 37-38) signale notamment l'absence d'obscurité — qui toutefois ne doit pas rendre la lecture trop « plébéienne » (« plebea ») : « Sachez que si l'"invention" ou la devise doit avoir de la valeur, il faut qu'elle remplisse cinq conditions. Premièrement, une juste proportion entre l'âme et le corps. Deuxièmement, elle ne doit pas être obscure au point que son interprète ait à posséder l'art d'une sibylle s'il veut la comprendre, ni être claire au point que n'importe quel plébéien puisse la comprendre. Troisièmement, elle doit avant tout avoir une belle

d'un thème moral ou d'un aspect de la personnalité même de l'auteur —, il n'en reste pas moins que, sur le plan herméneutique, le court-circuit entre le texte et l'image produit aussi, inévitablement, une certaine polysémie et peut même parfois rechercher l'ambiguïté afin d'enrichir encore davantage l'expression verbale et l'expression iconique. En somme, il semble que la littérature des emblèmes et des devises n'échappe pas à l'obligation de remplir la double fonction de la *fabula* [9] : "dévoiler", pour « rendre accessibles à tous, même aux ignorants et aux jeunes gens, des vérités éthiques et religieuses » ; mais aussi "voiler", « sur le modèle des hiéroglyphes », dans le but de « construire un mode d'expression destiné à n'être compris que de quelques-uns »[10].

apparence, qu'on peut rendre très agréable en y intégrant des étoiles, des soleils, des lunes, du feu, de l'eau, des arbres verdoyants, des instruments mécaniques, des animaux bizarres et fantastiques. Quatrièmement, elle n'a pas besoin qu'il y ait la moindre figure humaine. Cinquièmement, elle exige un *motto*, qui est l'âme du corps et qui en général ne doit pas être formulé dans la langue de l'auteur de la devise, afin que le sentiment soit un peu plus masqué » (« Sappiate [...] che l'invenzione o vero impresa, s'ella debba avere del buono, bisogna ch'abbia cinque condizioni. Prima, giusta proporzione d'anima e di corpo. Seconda, ch'ella non sia oscura di sorte ch'abbia mestiero della sibilla per interprete a volerla intendere, né tanto chiara ch'ogni plebeo l'intenda. Terza, che sopra tutto abbia bella vista, la qual si fa riuscire molto allegra entrandovi stelle, soli, lune, fuoco, acqua, arbori verdeggianti, instrumenti meccanici, animali bizzarri e fantastici. Quarta, non ricerca alcuna forma umana. Quinta, richiede il motto, che è l'anima del corpo, e vuole essere communemente d'una lingua diversa dall'idioma di cui che fa l'impresa perché il sentimento sia alquanto più coperto. »)

9. Sur la double fonction de la *fabula*, cf. Nuccio Ordine, « La *fabula* : théologie contre poésie-philosophie », in *Giordano Bruno, Ronsard et la religion*, préface de Jean Céard, tr. fr. Luc Hersant, Paris, Albin Michel, 2004, p. 227-235.

10. Cf. Mario Praz, *Studi sul concettismo*, *cit.*, p. 219 (« per rendere accessibili à tutti, anche agl'ignoranti e ai fanciulli, verità etiche e religiose » ; « sulle orme dei geroglifici », « costruire un modo d'espressione destinato ad essere compreso da pochi »).

Dans un passage de ses *Devises héroïques* (1557), Claude Paradin suggère déjà qu'à une signification plus ou moins évidente on puisse en ajouter d'autres plus subtiles[11]. Et dans certains cas — comme on le verra bientôt avec la devise d'Henri III —, divers auteurs parlent même de "mystères" compliqués qui se cacheraient derrière l'hybride entrelacement des *icones* et des mots[12].

Mais revenons à notre plus modeste parcours, pour souligner le succès remarquable que la littérature des emblèmes et des devises a connu en France : Paolo Giovio fait même remonter aux célèbres paladins français ce goût pour les devises qui, par la suite, se serait aussi diffusé en Italie avec l'arrivée des troupes de Charles VIII :

> Mais, à notre époque, après l'arrivée de Charles VIII et de Louis XII en Italie, tous ceux qui suivaient l'armée, se mettant à imiter les capitaines français, cherchèrent à se parer de belles et fastueuses devises, qui faisaient briller les cavaliers, distingués selon leur compagnie par une livrée différente du fait qu'ils brodaient d'argent et de dorures leurs casaques et leurs soubrevestes et qu'ils avaient sur le devant et dans le dos les devises de leurs capitaines, si bien que les parades des hommes d'armes faisaient un spectacle très riche et très fastueux et que l'on connaissait le courage et la conduite que les compagnies montraient dans les batailles[13].

11. Cf. A. Stegmann, « Les théories de l'emblème et de la devise en France et en Italie (1520-1620) », in *L'Emblème à la Renaissance*, *cit.*, p. 65.

12. Cf. *infra* p. 129.

13. Cf. Paolo Giovio, *Dialogo delle imprese militari e amorose*, *cit.*, p. 36 : « Ma a questi nostri tempi, dopo la venuta di Carlo VIII e Luigi XII in Italia, ognuno che seguitava la milizia, imitando i capitani francesi, cercò di adornarsi di belle e pompose imprese, delle quali rilucevano i cavalieri, appartati compagnia da compagnia con diverse livree, perciò che ricamavano d'argento, di martel dorato i saioni, e le sopraveste, e nel petto e nella schiena stavano l'imprese de' capitani, di modo che

Il suffit de parcourir la précieuse bibliographie d'Alison Adams et de Stephen Rawles (*A Bibliography of French Emblem Books*)[14] pour se rendre compte de la variété des textes qui circulent en France et des éditeurs qui les publient, parmi lesquels on peut distinguer notamment les lyonnais Bonhomme, Roville, de Tournes. De Georgette de Montenay (*Emblèmes ou Devises chrétiennes*, 1571) à Jean-Jacques Boissard (*Emblematum liber*, 1593), de Guillaume de La Perrière (*Le Théatre des bons engins*, 1539) à Claude Paradin (*Devises héroïques*), 1551, de Guillaume Guéroult (*Le premier livre des emblemes*, 1550) à Barthélemy Aneau (*Picta poesis*, 1552), de Gilles Corrozet (*Hecatomgraphie*, 1540) à Maurice Scève (*Délie*, 1540) — pour ne citer que quelques auteurs et quelques titres remarquables, en omettant les diverses traductions d'Alciat et d'autres auteurs italiens importants —, les œuvres de la littérature des emblèmes et des devises, sous les formes artistiques les plus diverses et dans différents genres, déploient toute leur énergie et toute leur créativité pour charmer et, en même temps, pour combattre les vices et encourager les vertus, pour soutenir tel ou tel parti politique, pour promouvoir telle ou telle Église.

Après l'Italie et la France, l'intérêt des éditeurs pour les devises et les emblèmes gagne l'Angleterre avec quelques décennies de retard, en traversant la Manche vers le milieu des années 1580[15]. Mais les textes fondateurs

le mostre delle genti d'arme facevano pomposissimo e ricchissimo spettacolo e nelle battaglie si conosceva l'ardire e il portamento delle compagnie ».

14. *A Bibliography of French Emblem Books of the Sixteenth and Sevententh Centuries*, by Alison ADAMS, Stephen RAWLES and Alison SAUNDERS, Genève, Droz, vol. I (1999) - vol. II (2002). Voir aussi Laurence GROVE and Daniel RUSSEL, *The French Emblem. Bibliography of secondary Sources*, Genève, Droz, 2000.

15. On doit à Michael BATH, *Speaking Pictures : English Emblem Books and Renaissance Culture*, Londres et New York, Longman, 1994,

qu'ils font paraître sont encore exclusivement des ouvrages étrangers traduits et remaniés en anglais : en 1585 Samuel Daniel publie à Londres le *Dialogo dell'imprese militari e amorose* de Paolo Giovio[16], tandis qu'en 1586 Geffrey Whitney édite à Leyde, en anglais, un recueil d'emblèmes (*A Choice of Emblemes*)[17] empruntés à Alciat et à d'autres auteurs importants, qui aura une influence considérable sur les lettrés britanniques. Deux ans plus tard à Londres, en 1588, l'imprimerie londonienne Gubbin et Newman fait paraître l'*Insignium, Armorum, Emblematum, Hieroglyphicorum et Symbolorum, quae ab Italis Imprese nominantur, Explicatio* d'Abraham Fraunce, riche florilège de réflexions théoriques inspirées (ou reprises *verbatim*) de célèbres œuvres italiennes ou françaises[18]. En 1593,

une importante analyse du développement des genres emblématiques en Angleterre (cf. aussi Id., *The Image of the Stag. Iconographic themes in Western Art*, Baden-Baden, Valentin Koerner, 1992). Rappelons également que, à partir des années 1570, des manuscrits comportant des recueils de devises et d'emblèmes circulaient dans certains milieux très fermés.

16. *The Worthy tract of Paulus Jovius, contayning a Discours of rare inventions, both Militarie and Amorous called Imprese. Whereundo is added a Preface contayning the Arte of composing them, with many other notable devises. By Samuel Daniell late Student in Oxenforde*, London, Simon Waterson, 1585. Daniel ne s'appuie pas sur l'édition de Giovio de 1555, mais suit librement celle de Ruscelli de 1556 (*Ragionamento di Mons. Paolo Giovio... con un discorso di Girolamo Ruscelli*, Venezia, G. Ziletti, 1556) et, probablement, sa version postérieure de 1559, tout en tenant compte de l'édition de Domenichi (*Dialogo dell'Imprese militari et amorose con un ragionamento di Messer Lodovico Domenichi*, Vinegia [Venise], G. Giolito de' Ferrari, 1556). Sur cette traduction anglaise de Giovio et sur les devises que contiennent les sonnets à Delia, voir les intéressantes observations de Pierre Spriet, *Samuel Daniel (1563-1619). Sa vie - son œuvre*, Paris, Didier, 1968, p. 35-44 et p. 199-280.

17. Geffrey Whitney, *A Choice of Emblemes*, Leyden, Christopher Plantyn, 1586.

18. L'intérêt de Fraunce pour la littérature des emblèmes et des devises est également attesté par un manuscrit conservé à la Bodleian Library d'Oxford (Mss. Rawl. D. 345), qui contient quarante emblèmes

enfin, Thomas Combe traduit, avec succès, *Le Théatre des bons engins* de Guillaume de la Perrière sous le titre de *Theater of Fine Devices.*[19]

Comme ailleurs, l'impact de ce nouveau genre sur la culture anglaise ne se fait pas seulement sentir dans la littérature, mais également dans la peinture, les arts décoratifs (tapisserie, broderie, vaisselle, marqueterie), les traités de savoir-vivre et les genres dramatiques. Un coup d'œil sur l'art du portrait dans la période élisabéthaine et jacobite suffit largement pour faire comprendre l'influence que les devises et les emblèmes allaient avoir sur la peinture. On a affaire ici à une mode que suivent la reine elle-même ainsi que les plus puissants de ses courtisans : dans son fameux portrait à l'arc-en-ciel, Élisabeth, qui parfois employait aussi la devise « Semper eadem » (« Toujours la même »), apparaît tenant un arc-en ciel dans la main
droite, avec le *motto* « Non sine sole iris » (« Sans soleil, fig. 68
point d'arc-en-ciel ») inscrit un peu plus haut[20] ; Robert Cecil, fils du puissant William Cecil, est représenté par
John de Critz le Vieux (en 1602) avec le *motto* « Sero, sed fig. 69
serio » (« Tardivement, mais sérieusement ») ; enfin, Robert Dudley, comte de Leicester et oncle de sir Philip Sidney, choisit comme devises une autruche tenant une clé dans

en latin, le plus souvent d'origine italienne. D'autres emblèmes figurent dans un manuscrit du Public Record Office (De l'Isle and Dudley Mss.). Plusieurs recueils commandés par de puissants courtisans circulaient en effet déjà sous forme manuscrite avant même d'être imprimés. Sur Fraunce et la littérature des emblèmes et des devises, cf. Pierre SPRIET, *Samuel Daniel (1563-1619). Sa vie - son œuvre, cit.*, p. 38, note 160.

19. THOMAS COMBE, *Theater of Fine Devices*, London, Richard Field, 1593.

20. Cf. Daniel FISCHLIN, « Political allegory, absolutist ideology, and the *Rainbow Portrait* of Queen Elizabeth I », *Renaissance Quarterly*, 50 (1997), p. 175-206. On retrouve également le thème de l'arc-en-ciel, surtout en tant que symbole de la paix, dans la devise de Catherine de Médicis.

son bec — avec le *motto* « Spiritus durissima coquit » fig. 71
(« L'esprit digère les choses les plus dures ») qui se trouve déjà dans le recueil de Giovio — et une pyramide entourée de lierre, avec le *motto* « Te stante virebo » (« Tant que tu fig. 73
seras là, je verdirai ») emprunté à Paradin[21].

S'il y a un personnage central dans le milieu anglais, c'est bien Philip Sidney. C'est à lui qu'Abraham Fraunce dédie son recueil de devises et c'est très probablement sous son influence que Geffrey Whitney (qui avait exprimé le désir de lui dédier *A Choice of Emblemes*)[22] et Samuel

21. Pour un rapide compte rendu de la fortune des emblèmes et des devises en Angleterre aux XVIe et XVIIe siècles, voir Claudia CORTI, *Shakespeare e gli emblemi*, Rome, Bulzoni, 2002, p. 29-38. Sur la devise de Robert Dudley (*Te stante virebo*) — devise dont Élisabeth Ire était la destinataire et qui avait été celle du Cardinal de Lorraine, Claude de Guise —, cf. Ann Rosalind JONES et Peter STALLYBRASS, *Renaissance clothing and the materials of memory*, Cambridge, Cambridge University Press, 2000, p. 98.

22. À Whitney qui lui propose de lui dédier son recueil d'emblèmes, Sidney répond en l'invitant à dédier plutôt l'ouvrage à son grand ami, le poète Edward Dyer (cf. Ralph M. SARGENT, *At the Court of Queen Elizabeth. The life and lyrics of Sir Edward Dyer*, Londres & New York, Oxford University Press, 1935, p. 84). Notons que le texte imprimé de Whitney s'ouvre avec la devise choisie par Robert Dudley (*Te stante, virebo*, p. 1) et s'achève avec une devise (*Tempus omnia terminat* « Le temps met un terme à toute chose » —, p. 230) qui lui est directement dédiée (« Ad Illustrissimum Heroem D. Robertum Dudlaeum, Comitem Leicestriae, Baronem de Denbighe etc. Dominum meum unice colendum »). Whitney dédiera également à Robert Dudley une précieuse version manuscrite de cet ouvrage, conservée à Harvard (Ms. Typ. 14) : cf. *The English Emblem Tradition. 1*, edited by Peter M. Daly with Leslie T. Duer and Anthony Raspa, Toronto-Buffalo-London, University of Toronto Press, 1988, p. 83. Vers 1565, c'est déjà à Robert Dudley que Thomas Palmer avait offert son précieux manuscrit des *Two hundred poosees* (cf. *The Emblems of Thomas Palmer : "Two hundred poosees", Sloane Ms. 3794*, edited with introduction and notes by John Manning, New York, AMS press, 1988, p. 3 ; Claudia CORTI, *Shakespeare e gli emblemi*, *cit.*, p. 41). Sur les liens entre Sidney et le milieu humaniste de Leyde, où est imprimé l'ouvrage de Whitney, voir Jan Adrianus VAN DORSTEN, *Poets, patrons, and professor : Sir Philip Sidney, Daniel Rogers, and the Leiden*

Daniel ont décidé de se consacrer à l'étude de la littérature des emblèmes et des devises[23]. Sur un portrait de Sidney conservé à la National Portrait Gallery, et probablement peint vers 1576, on peut voir en haut à droite un *motto* en latin : « Caetera fama » (« La renommée [vous apprendra] fig. 70 tout le reste »)[24]. Mais il y a plus : sur le frontispice de l'*Arcadia*, ouvrage qui contient une série de devises, est inscrit le *motto* « Non tibi spiro » (« Ce n'est pas pour toi que fig. 77 j'exhale mon parfum »), à côté d'une *pictura* représentant un sanglier (ou un porc sauvage) qui recule devant un buisson de marjolaine, comme si l'auteur voulait avertir le public que l' "essence" de son texte ne plairait sûrement pas aux lecteurs incultes et incapables d'en découvrir les trésors cachés[25]. On retrouvera cette même association de l'image et du *motto* de l'*Arcadia* — publiée par William Ponsonby, l'éditeur historique des premières éditions de la *Faerie Queen*[26] — dans certaines éditions postérieures

humanists, Leiden, Published for the Sir Thomas Browne Institute at the University Press, 1962.

23. Sur cette influence, cf. Michel Poirier, *Sir Philip Sidney. Le chevalier poète élisabéthain*, Lille, Bibliothèque Universitaire de Lille, 1948, p. 256-257.

24. Cf. Emma Marshall Denkinger, « The *Impresa* Portrait of Sir Philip Sidney in the National Portrait Gallery », in *Publications of the Modern Language Ass.*, XLVII (1932), p. 17-45.

25. *The Countesse of Pembrokes Arcadia. Written by Sir Philip Sidney*, London, William Ponsonbie, 1598. Sur la devise du frontispice, cf. Frances A. Yates, *John Florio. The Life of an Italian in Shakespeare's England*, Cambridge, Cambridge University Press, 1934, p. 195 ; *The English Emblem and the Continental Tradition*, edited by Peter M. Daly, New York, AMS Press, 1988, p. 27. Le *motto* et l'image figuraient déjà dans le recueil de Joachim Camerarius, *Symbolorum & emblematum* fig. 76 *ex re herbaria*, Norimberga, Ioan. Hoffmann et Camoxius, 1590, (I, 93), p. 103.

26. Sur les rapports entre l'éditeur Ponsonby et le couple Sidney-Spenser, voir l'article de Michael G. Brennan, « Ponsonby William », in *Spenser Encyclopedia*, Albert Charles Hamilton gen. ed., Toronto-Buffalo-London, Toronto University Press, 1990, p. 554-555. Si, ici,

du poème épique d'Edmund Spenser (ami de sir Philip et membre éminent de son cercle littéraire) publiées par Matthew Lownes en 1611 et 1617[27]. fig. 78

Ce goût croissant pour les devises et pour les emblèmes, pour les arts plastiques et pour les représentations allégoriques en général ne pouvait laisser les auteurs de théâtre indifférents. Ainsi les dramaturges élisabéthains paraissent-ils très sensibles aux préoccupations d'Hamlet qui se voudrait assez grand acteur pour frapper de stupeur « toutes les facultés des yeux et des oreilles »[28], étant bien entendu qu'ici l'œil et l'oreille de l'usurpateur Claudius ne sont pas seuls en cause, puisque c'est surtout le public théâtral lui-même qui doit être frappé de stupeur :

> Pour un dramaturge, cela signifie qu'il faut savoir activer en même temps les deux dimensions, verbale et visuelle, de la communication théâtrale, ainsi que leur dépendance réciproque, telle qu'elle est comprise dans la culture renaissante anglaise. [...] Un modèle de représentation visuelle-iconique dans le théâtre shakespearien est celui,

l'image et le *motto* établissent un lien très fort entre Sidney et Spenser (lequel dédie d'ailleurs précisément à sir Philip, en 1579, sa première œuvre poétique, le *Shepherd's Calendar*), rappelons cependant que la même devise sera également employée par Ponsonby et par Lownes pour d'autres auteurs, tels que Boccace et Machiavel : cf. Stephen Orgel, « Textual Icons : Reading Early Modern Illustrations », in *The Renaissance Computer : Knowledge Technology in the First Age of Print*, éd. Neil Rhodes et Jonathan Sawday, Londres-New York, Routledge, 2000, p. 60.

27. *The Faerie Queen : The Shepheards Calendar : Together with the oder Works of England's Arch-Poët Edm. Spenser*, London, Mathew Lownes, 1617. Sur l'intérêt de Spenser pour la littérature des emblèmes et des devises et sur la présence des emblèmes dans *The Faerie Queen*, voir les articles « Emblematics » et « Emblems », respectivement de Mason Tung et John Manning, dans la *Spenser Encyclopedia*, *cit.*, p. 244-247 et p. 247-249.

28. Shakespeare, *Hamlet*, II, 2, v. 572, éd. bilingue, tr. fr. Jean-Michel Déprats, Gallimard, coll. "Folio-Théâtre", Paris, 2002, p. 161 : « The very faculties of eyes and ears ».

selon moi fondamental, de l'*image emblématique*, qu'on peut distinguer en deux catégories : d'une part, l'image qui renvoie intentionnellement à un emblème largement ou relativement connu du temps de Shakespeare — je l'appellerai "emblème explicite" ; d'autre part, l'image qui, quoiqu'elle ne puisse être historiquement attestée comme emblème, possède une capacité expressive de type icono-figuratif, et plus particulièrement emblématique, que j'appellerai "emblème implicite", au sens où certaines images semblent être des emblèmes, ou *fonctionnent* en tout cas comme telles, même si l'on ne peut attester qu'elles proviennent des répertoires d'emblèmes ou de devises contemporains[29].

Ce même entremêlement de l'expression iconique et de l'expression verbale peut être retrouvé dans le domaine des *masques*. Pour les fêtes de cour organisées en l'honneur de la reine Élisabeth, puis en l'honneur de Jacques Ier, on monte en effet de somptueux spectacles dans lesquels les textes récités et la musique se mêlent à une série de *picturae* consistant en scènes, décors et accessoires, costumes, ballets et pantomimes. La collaboration, au cours

29. Claudia Corti, *Shakespeare e gli emblemi*, *cit.*, p. 12-17 : « Il che significa, per un drammaturgo, saper attivare la doppia dimensione, simultaneamente verbale e visiva, della comunicazione teatrale, e la loro reciproca interdipendenza, quale viene intesa nella cultura rinascimentale inglese. [...] Un [...] modello di rappresentazione visuale-iconica nel teatro shakespeariano è quello - a mio avviso fondamentale - dell'*immagine emblematica*, suddivisibile in due categorie : l'immagine che intenzionalmente rinvia a un emblema ampiamente o relativamente noto al tempo di Shakespeare - la chiamerò emblema esplicito - oppure l'immagine che pur non storicamente documentabile quale emblema, possiede una qualità ostensiva di tipo iconico-figurale, e più particolarmente emblematico, che chiamerò "emblema implicito", nel senso che alcune immagini sembrano emblemi, o comunque *funzionano* come tali, anche se non è attestabile una loro provenienza dai repertori epocali di emblemi o imprese ». Corti illustre son propos par une série d'exemples tirés de diverses pièces de Shakespeare.

des premières décennies du XVIIe siècle, entre le lettré Ben Jonson et l'architecte Inigo Jones représente sans aucun doute l'un des moments forts de la mise en spectacle et du succès littéraire de ce genre particulier[30], dans lequel on peut ranger également Samuel Daniel.

L'intérêt de Jonson pour la littérature des emblèmes et des devises est d'ailleurs amplement attesté. On connaît les deux devises qu'il a choisies pour symboliser la recherche de la perfection qui a toujours animé son travail littéraire : un compas cassé accompagné du *motto* ovidien *Deest quod duceret orbem* (« Il manque ce qui permettrait de fig. 72
tracer le cercle ») et le *motto* (dépourvu d'image) tiré de Sénèque, *Tanquam explorator* (« Tel un éclaireur »), que le dramaturge aimait faire figurer dans ses livres[31]. D'autres précieuses indications sont également fournies par ses conversations avec William Drummond of Hawthornden, dont une lettre adressée à Jonson fournira, comme nous le verrons plus loin, des précisions importantes sur la devise de Marie Stuart (*Aliamque moratur*), étroitement fig. 21
liée à celle d'Henri III[32].

Mais c'est surtout à partir d'une série d'allusions contenues dans les textes eux-mêmes qu'on peut voir les rapports entre les devises et les *Masques* de Jonson. Dans les *Hymenaei* (1606) et dans *Pleasure Reconcil'd to Virtue* (1618), l'auteur fait un ample usage de figures allégoriques[33].

30. Cf. Marie-Thérèse JONES-DAVIES, *Inigo Jones, Ben Jonson et le Masque*, Paris, Didier, 1967.

31. Sur les devises de Jonson, cf. *Ben Jonson's conversations with William Drummond of Hawthornden*, édition, introduction et notes de R. F. Patterson, Londres-Glasgow-Bombay, Blackie and Son, 1923, p. 36 et p. 57.

32. Cf. *infra*, p. 169-171.

33. Sur la manière dont Jonson a utilisé la littérature des emblèmes et des devises (Alciat, Cartari, Ripa) dans ses *masques*, cf. l'intéressant essai de Marie-Thérèse JONES-DAVIES, « Figures emblématiques dans les

De cette grande proximité entre le spectacle théâtral et la littérature des emblèmes et des devises on peut trouver confirmation dans l'article « Device » de l'*Oxford Dictionary* : à propos des occurrences de ce terme au Moyen Âge et à la Renaissance, le dictionnaire indique qu'il peut désigner un « spectacle théâtral » (en particulier : un *masque*), une « pointe littéraire » et un(e) « emblème, devise ou insigne héraldique »[34].

Cette interaction entre les images et les mots, qui sollicitent en même temps l'œil et l'oreille, se trouve précisément au fondement de la définition que George Puttenham donne de l'emblème. Dans *The Arte of English Poesie* — publié en 1589, mais circulant déjà sous forme manuscrite depuis 1585[35] —, il est question d'une « figure ou portrait d'une représentation pour l'œil avec des mots correspondant si justement à la subtilité de la figure que l'œil en est diverti tout autant que l'oreille ou l'intelligence »[36].

Il y aurait encore beaucoup à dire. Mais nos rapides indications suffisent tout de même à prouver l'intérêt que suscite la littérature des emblèmes et des devises et la diffusion qu'elle connaît sur le continent et outre-Manche dans la seconde moitié du XVIe siècle. En France, l'attention que les lettrés ont très tôt portée aux devises

Masques jonsoniens : reflets du monde des idées de la Renaissance », in *Emblèmes et devises au temps de la Renaissance*, par M. T. JONES-DAVIES, Paris, Touzot, 1981, p. 33-46 (cf. aussi EAD., *Ben Jonson*, Paris, Aubier, p. 40-41).

34. *The New Shorter Oxford English Dictionary*, editor-in-chief Lesley Brown, Oxford, Clarendon Press, 1993.

35. Cf. Claudia CORTI, *Shakespeare e gli emblemi*, *cit.*, p. 37.

36. George PUTTENHAM, « The Arte of English Poesie », in *Elizabethan Critical Essays*, G. Gregory Smith ed., 1904, p. 105-106 — cité en version française par Marie-Thérèse JONES-DAVIES, « Figures emblématiques dans les *Masques* jonsoniens : reflets du monde des idées de la Renaissance », in *Emblèmes et devises au temps de la Renaissance*, *cit.*, p. 35.

ressort tout particulièrement de la réjouissante attaque que lance Rabelais contre la banalisation d'un art des emblèmes réduit à un jeu purement mondain — attaque dont l'occasion est fournie par une digression sur le choix des couleurs de la livrée de Gargantua :

> En pareilles tenebres sont comprins ces glorieux de court, et tronsporteurs de noms : lesquelz, voulens en leurs divises signifier espoir, font protraire une sphere : des pennes d'oiseaulx, pour poines : de l'Ancholie pour melancolie : la Lune bicorne, pour vivre en croissant : un banc rompu, pour bancque roupte : non et un alcret, pour *non durhabit* : un lict sans ciel, pour licentié. Que sont homonymies tant ineptes, tant fades, tant rusticques et barbares, que l'on doibvroyt atacher une queue de renard, au collet, et faire un masque d'une bouze de vache à un chascun d'iceulx, qui en vouldroit dorenavant user en France.
>
> Par mesmes raisons (si raisons les doibz nommer, et non resveries) ferois je paindre un penier : denotant qu'on me faict pener. Et un pot à moustarde, que c'est mon cueur à qui moult tarde. Et un pot à pisser, c'est un official. Et le fond de mes chausses, c'est un vaisseau de petz, et ma braguette, c'est la greffe des arrestz. Et un estront de chien, c'est un tronc de ceans, où gist l'amour de m'amye.
>
> Bien aultrement faisoient en temps jadis les saiges de Egypte, quant ilz escripvoient par lettres qu'ilz appelloient hieroglyphiques. Lesquelles nul n'entendoit qui n'entendist : et un chascun entendoit qui entendist la vertu, proprieté, et nature des choses par icelles figurées. Desquelles Orus Apollon a en Grec composé deux livres, et Polyphile on *songe d'amours* en a davantaige exposé[37].

37. François Rabelais, *Gargantua*, in *Œuvres complètes*, éd. établie, présentée et annotée par Mireille Huchon avec la collaboration de François Moreau, Paris, Gallimard, 1994, (I, ix), p. 29.

Deux décennies plus tard, ayant pourtant lui aussi adopté une devise — non pas française, mais latine : le *Caelo Musa beat* (« la Muse fait cadeau du Ciel ») d'Horace —, Joachim Du Bellay prendra pour cible, dans sa *Deffence et illustration de la langue françoyse*, les ignorants *rymeurs* qui, courant après la mode, ont réussi à appauvrir la langue et à dégoûter les lecteurs :

> Voyla pourquoy ne se fault emerveiller, si beaucoup de sçavans ne daignent au jour d'huy ecrire en notre Langue et si les etrangers ne la prisent comme nous faisons les leurs, d'autant qu'ilz voyent en icelle tant de nouveaux Aucteurs ignorans, ce, qui leur fait penser, qu'elle n'est capable de plus grand ornement, et erudition. O combien je desire voir secher ces *Printems*, chatier ces *Petites Jeunesses*, rabattre ces *Coups d'essay*, tarir ces *Fontaines*, bref, abolir tous ces beaux tiltres assez suffisans pour degouter tout Lecteur sçavant d'en lire d'avantaige ! Je ne souhaite moins, que ces *Depourveuz*, ces *humbles Esperans*, ces *Banniz de lyesse*, ces *Esclaves*, ces *Traverseurs* soient renvoyés à la Table ronde : et ces belles petites devises aux Gentilzhommes et Damoyzelles, d'où on les a empruntées[38].

Paolo Giovio lui-même consacre une large section de son dialogue aux devises composées par certains sots, qui finissent par provoquer le rire au lieu de l'admiration :

> Je ne vous laisserai pas dire qu'il serait futile de vouloir blâmer les défauts des devises qui sont apparues au cours de ce siècle, composées par des sots et adoptées par des cervelles stupides : ainsi celle du fier soldat (pour ne pas dire : du ruffian) Bastiano del Mancino — un nom

38. Joachim Du Bellay, *La deffence et illustration de la langue françoyse*, édition critique par Jean-Charles Monferran, Genève, Droz, 2007, II, xi, p. 168-169.

> pourtant respecté alors parmi les spadassins —, qui prit l'habitude de porter sur son bonnet une petite semelle de chaussure [*suola*] avec la lettre T au milieu et une grosse perle à la pointe de ladite semelle, voulant faire connaître le nom de sa dame de la manière suivante : "Margherita [= *margarita* : perle], c'est toi [*te* =T] seule [*sola*] que j'aime d'amour"[39].

Ainsi certains amateurs de la littérature des emblèmes et des devises ont-ils fini par se convaincre que celle-ci exigeait également une solide connaissance des hiéroglyphes. Comme le souligne par exemple Pierre L'Anglois de Bel-Estat, poète et médecin personnel du duc d'Anjou (le futur Henri III), dans son *Discours des hiéroglyphes aegyptiens, emblêmes, devises et armoiries*..., l'utilisation réductrice de misérables jeux de mots uniquement destinés à nourrir la vie mondaine et courtisane n'avait rien à faire avec une culture fondée sur la *prisca sapientia* :

> [Il y en a qui] cuideront avoir fait beaux hiéroglyphes quand ils auront mis à l'entour des lettres qu'ils escrivent à leurs maistresses un A moitié façonné, pour signifier l'amitié : ou portrait des pennes d'oiseaux pour declarer les peines et angoisseuses passions de leurs amour [...], et prennent telles fadaises et lourdes inventions pour des hiéroglyphes[40].

39. Paolo GIOVIO, *Dialogo delle imprese militari e amorose*, *cit.*, p. 43 : « Non lascierò dirvi che sarebbe troppo gran cantafavola il voler tassar i difetti dell'imprese che son comparse a questo secolo, composte da schiocchi e portate da cervelli busi come quella del fiero soldato (per non dir ruffiano) Bastiano del Mancino, ancor che a quel tempo fusse nome onorato fra spadaccini, che usò portare nella berretta una piccola suola di scarpa, con la lettera T in mezzo, e una perla grossa in punta di detta suola, volendo che s'intendesse il nome della sua dama a questo modo : Margherita te sola di cor amo ».

40. Pierre L'ANGLOIS DE BEL-ESTAT, *Discours des hiéroglyphes aegyptiens, emblêmes, devises et armoiries, ensemble LIIII tableaux hiéroglyphiques pour*

2. Le *Balet comique de la Royne* et les devises : les dispositifs iconiques et verbaux, la « plaisante escorce », le « navire Françoys » et l'allégorie de Circé

L'entremêlement de la littérature des emblèmes et des devises et de la politique, de la poésie et de la peinture, de la mythologie et de la musique nous contraint à nous arrêter brièvement sur un événement qui a profondément marqué le Paris des Valois. Le 15 octobre 1581, dans la grande salle du Petit-Bourbon, la cour assiste à la plus spectaculaire des fêtes données en l'honneur du fameux mariage entre le duc Anne de Joyeuse et Marguerite de Vaudémont, sœur de la reine de France Louise de Lorraine. À cette occasion, Henri III a en effet confié à Balthasar de Beauioyeulx — en collaboration avec le poète Nicolas Filleul, sieur de La Chesnaye, avec le compositeur Lambert de Beaulieu et avec le peintre Jacques Patin — la tâche d'organiser le célèbre *Balet comique de la Royne* : cinq heures et demie de spectacle (« depuis les dix heures du soir, jusqu'à trois heures et demie après minuict »[41]), avec des morceaux de musique, des vers,

exprimer toutes conceptions, à la façon des Aegyptiens, par figures et images des choses, au lieu de lettres…, Paris, Abel L'Angelier, 1583, p. 10. Sur le rapport entre les hiéroglyphes et la littérature des emblèmes et des devises, cf. Marc Fumaroli, *L'âge de l'éloquence*, Paris, Albin Michel, 1994, p. 279-284 (sur L'Anglois, p. 282) et Jean Céard, « Les rébus et la veine populaire au xvie siècle », *Bulletin de l'Association d'étude sur l'Humanisme, la Réforme et la Renaissance*, 11 [1980], p. 161-166 (sur Rabelais et L'Anglois, p. 163). Sur le symbole comme véhicule du sacré et sur ce texte de L'Anglois, cf. Denis Crouzet, *Les guerriers de Dieu : la violence au temps des troubles de religion vers 1525 - vers 1610*, préface de Pierre Chaunu, avant-propos de Denis Richet, Seyssel, Champ Vallon, 1990, p. 81.

41. Baltasar de Beauioyeulx, *Balet comique de la Royne*, in *Ballets et mascarades de cour de Henri III à Louis XIV (1581-1652)*, par Paul

des danses, des chants, d'extraordinaires scénographies et une séquence finale au cours de laquelle sont offertes dix-huit devises. fig. 103-120

Les récits que certains ambassadeurs étrangers ont faits de cette représentation — et des fêtes de cour en général — ne laissent aucun doute sur la curiosité que de tels événements ont éveillée chez les souverains des royaumes voisins. Le roi d'Espagne reçoit de ses diplomates des informations détaillées sur le ballet, et la reine Élisabeth est tenue constamment informée par les dépêches de son ambassadeur Henry Cobham, comme celles qu'il lui envoie le 21 octobre 1581 en joignant même des schémas et des documents qui décrivent les détails de certaines scènes (« J'envoie ici même les plans de leurs fêtes ») ou certains moments forts du spectacle (« Enfin, l'arrivée du roi dans un navire, armé de la manière que vous voyez d'après les papiers que j'ai envoyés »)[42].

Il ne s'agit évidemment pas ici d'une curiosité purement mondaine. Diverses études ont montré comment, surtout dans la France des guerres de religion, les fêtes de cour sont devenues de précieuses occasions politiques pour résoudre les conflits et favoriser la paix entre les

Lacroix, Genève, Gay, 1868, p. 80 (rééd. anast., Genève, Slatkine, 1968). [Baltasar de Beauioyeulx, *Balet comique de la Royne, faict aux nopces de Monsieur le Duc de Ioyeuse et Madamoyselle de Vaudemont sa sœur*, Paris, par Adrien Le Roy, Robert Ballard et Mamert Patisson, 1582]. Pour les citations, nous suivrons l'édition moderne : en revanche, pour les passages du texte arbitrairement supprimés par Lacroix, nous recourrons à l'*editio princeps* de 1582, en signalant la date entre crochets.

42. Cf. Margaret McGowan, « L'essor du ballet à la cour de Henri III », in *Henri III mécène des arts, des sciences et des lettres*, préface de Marc Fumaroli, sous la direction de Isabelle de Conihout - Jean François Maillard - Guy Poirier, Paris, Presses de l'Université Paris-Sorbonne, 2006, p. 86.

factions ennemies[43]. « Les fêtes, les unions — écrit Pierre Champion — étaient destinées autant à amollir les cœurs qu'à rapprocher les opinions divisées »[44].

Toute une série d'éléments importants du *Balet comique de la Royne* permettent en effet d'éclairer certains aspects de la vie sociale et politique française et, plus spécifiquement, certains aspects esthétiques et artistiques. Le *deus ex machina* de l'organisation du spectacle est Baldassarre Baltazarini di Belgioioso, « valet de chambre du Roy et de la Royne sa mere », compositeur italien bien introduit à la cour au point de franciser son nom en Balthasar de Beauioyeulx[45]. On sait fort peu de choses sur la période italienne de ce violoniste exceptionnel, alors que, au contraire, divers témoignages décrivent certaines étapes de son long séjour en France. S'étant installé à Paris vers le milieu des années 1550 — grâce à l'appui de Charles de Brissac, gouverneur et lieutenant-général du Piémont —, il reçoit diverses marques d'attention à la cour d'Henri II et de Catherine de Médicis. Quelques années plus tard, il devient le *valet de chambre* du roi ; on le retrouve avec le même statut au service de Catherine de Médicis et de Marie Stuart à partir de 1560, et il conserve également sa charge sous les règnes de Charles IX et d'Henri III. En

43. Pour une interprétation attentive aux liens entre iconographie, fêtes et pouvoir, cf. Roy STRONG, « Magnificence politique », in *Les Fêtes de la Renaissance (1450-1650). Art et pouvoir* [1984], tr. fr. Bruno Cocquio, Arles, Éditions Solin, 1991, p. 185-230.

44. Pierre CHAMPION, *Ronsard en son temps*, Paris, Champion, 1925, p. 245.

45. Sur Baldassarre Baltazarini (dit "di Belgioioso"), cf. *sub nomine* l'article de Sisto SALLUSTI, in *Dizionario Biografico degli Italiani*, Rome, Istituto dell'Enciclopedia italiana, V (1963), p. 627-632. C'est cet article qui nous fournit les données biographiques essentielles (cf. aussi Émile PICOT, *Les Italiens en France au XVIe siècle*, Introduction par Nuccio Ordine, Rome, Vecchiarelli Editore, 1995 [réédition anastatique de l'édition de Bordeaux 1918], p. 251-252).

1572, il reçoit une pension de 300 livres et, quelques années après (en 1578), il devient propriétaire d'un immeuble près du Louvre[46].

Il participe probablement aux spectacles organisés par l'Académie royale de poésie et de musique, il compte parmi ses amis Agrippa d'Aubigné, Brantôme, Ronsard[47], et fréquente aussi le cercle de François d'Alençon, toujours avec son titre de *valet de chambre*. C'est également à sa plume qu'il faut attribuer, semble-t-il, un long poème en italien (« Per dar ad un'ingrata biasmo eterno » — « Afin d'infliger à une ingrate un blâme éternel »), contenu dans un manuscrit appelé « l'album de la maréchale de Retz »[48]. Et, en août 1572, il collabore à la préparation des fêtes données en l'honneur du mariage d'Henri de Navarre avec Marguerite de Valois. C'est aussi à lui qu'on attribue la chorégraphie du Ballet des Polonais, donné en 1573 pour accueillir les ambassadeurs polonais avant qu'Henri parte se faire sacrer roi de Pologne. Et c'est précisément à lui, Balthasar de Beauioyeulx, qu'il revient de rédiger deux textes introductifs dans la première édition du *Balet comique* (1582), pour mettre en évidence les principes politiques et

46. Cf. Jacqueline BOUCHER, *Société et mentalités autour de Henri III*, Paris, Champion, 2007, *ad indicem* (p. 466 et 468, notamment).

47. Pierre CHAMPION, *Ronsard en son temps*, *cit.*, p. 360 (sur le *Balet comique de la Royne*, voir les observations p. 376-377) .

48. Cf. Emmanuel BURON, « Le mythe du salon de la maréchale de Retz. Éléments pour une sociologie de la littérature à la cour des derniers Valois », in *Henri III mécène des arts, des sciences et des lettres*, *cit.*, p. 311. Il s'agit du manuscrit fr. 25455 de la Bibliothèque nationale de France — probablement composé par Claude Billard, l'auteur de l'un des poèmes dédiés à Balthasar de Beauioyeulx qui précèdent le texte du *Balet comique de la Royne* —, dans lequel on trouve un poème anonyme (f. 76r-80v). Buron attribue ce poème à Balthasar de Beauioyeulx parce que sa traduction française, sous le titre d'*Enchantemens*, est justement dédiée au compositeur italien (cf. Clovis HESTEAU DE NUYSEMENT, *Les Œuvres poétiques*, édition critique par Roland Guillot, Genève, Droz, 1996, p. 95-121).

esthétiques qui ont inspiré la représentation du prototype de ce genre qu'on appellera plus tard "l'opéra".

Dès les premières lignes, le préambule adressé *Au Roy de France et de Pologne* loue Henri III et les résultats qu'il a obtenus dans les domaines de l'« utile » et de l'« agreable » :

> Sire, d'autant qu'en maniant le gouvernail de l'empire François, vous avez atteint les deux poincts de la perfection de toute humaine action, l'utile et l'agreable : il semble aussi plus que raisonnable que vos merites soyent celebrez en l'une et en l'autre sorte. Pour l'utile, vos conduites d'armées, batailles, rencontres, sieges, prises de villes, trophées, voyages et sceptres, par la deduction de tous ces faicts heroïques, feront assez de foy combien Vostre Majesté aura servi à la conservation, restauration et grandeur de ceste couronne. [...] Mais quant à l'agreable, d'avoir sçeu temperer ceste martiale inclination, de plaisirs honnestes, de passetemps exquis, de recreation esmerveillable en sa varieté, inimitable en beauté, incomparable en sa delicieuse nouveauté : l'on me pardonnera si je maintiens que vous n'avez eu ny predecesseur , ny aurez (comme je pense) de successeur[49].

Dans un monde continuellement agité par les guerres de religion, les fêtes deviennent l'occasion de montrer encore davantage les extraordinaires ressources d'un royaume où l'on trouve en abondance non seulement de courageux soldats, mais aussi de « grands et delicats esprits » : « et qu'après tant de troubles elle [Vostre Majesté] pouvoit s'esgayer entre ses sujets avec plus de splendeur et magnificence, que ne sçauroyent faire les autres monarques avec une longue paix et tranquillité »[50].

49. Baltasar de Beaujoyeulx, *Balet comique de la Royne*, *cit.*, p. 3.
50. *Ibidem*, p. 4.

C'est précisément dans les moments les plus difficiles — quand la maladie semble aggravée par « plusieurs desordres advenus » — que les signes d'une imminente guérison se manifestent avec « une si grande affluence de bonnes humeurs », « une si gaillarde disposition de bonnes volentez », « infaillible marque de bon et solide establissement de vostre Royaume ». Balthasar de Beauioyeulx reprend ici le vieux *topos* du corps malade de l'État, qui a besoin que son prince lui fournisse des remèdes :

> Je ne veux pas aussi en cest endroit soustraire l'honneur à ceux qui ont mediciné et pansé la maladie, singulierement à ceste Pallas la Royne, vostre mere, qui a veillé tant de nuicts, employé tant de jours, donné tant de sages conseils, et appliqué tant de salutaires remedes, qu'en fin la guerison s'en est ensuivie, le beau teint est revenu à vostre France, le bon appetit de vous fidellement servir, les jambes et bras robustes pour vous secourir, le cœur et l'entendement sains pour y faire la paix revivre et fleurir[51].

C'est donc à Henri III, épaulé par la reine mère, qu'il incombe de revêtir avec sagesse ce rôle de monarque-médecin dont la figure de Chiron[52] fournit le modèle idéal, comme le montrent certaines pages fameuses du *Prince* de Machiavel. À la nécessité de se mouvoir entre les contraires — remarquablement symbolisés par la double nature (humaine et sauvage) du centaure — s'ajoute l'obligation de savoir doser les remèdes pour soigner les maladies qui frappent l'État. Parmi ses élèves, en effet, Chiron a compté non seulement Achille, mais aussi

51. *Ibidem*, p. 5.
52. Sur le rapport entre Henri III et Chiron, cf. *infra*, p. 258-260.

Esculape (Asclépios), le dieu de la médecine[53]. Et, pour le secrétaire florentin, l'art de la politique est surtout une « thérapie » (un « rimedio ») pour soigner les maux et se défendre contre la désagrégation et la ruine[54].

Ce n'est pas un hasard si la *fabula* mise en scène dans le *Balet comique de la Royne* ne doit son heureux dénouement qu'à l'intervention directe d'Henri III, valeureux triomphateur des supercheries et des méfaits perpétrés par la magicienne Circé :

> Le discours de tout cela, Sire, vous est icy au vif et plaisamment representé souz la fabuleuse narration de l'enchanteresse Circé, laquelle avez vaincue par vostre vertu avec trop plus de louange qu'Ulysse : auquel le grand Alexandre porta envie pour avoir esté si dignement celebré par Homere. En somme, ce sera vostre histoire poetique, ou bien si l'on veut, comique, qui vous fera renommer entre toutes manieres d'hommes, mesme entre ceux qui ne chercheroyent point les choses serieuses. Vous serez trouvé avec Jupiter entre la pluspart des Dieux et Deesses, j'entends des assistances divines, exterminant l'enchantement du vice[55].

Nous reviendrons bientôt sur le caractère silénique de ce texte et sur « les choses serieuses » cachées sous l'enveloppe « comique » de la représentation. Mais arrêtons-nous pour le moment sur le rôle d'Henri III, nouveau Jupiter et principal protagoniste des événements (« ce

53. Cf. Nuccio ORDINE, « La comédie entre politique et philosophie : *La Mandragore* de Machiavel et le *Chandelier* de Giordano Bruno », in Machiavel, *Mandragola / La Mandragore*, texte établi par Pasquale Stoppelli, introduction, traduction et notes de Paul Larivaille, suivi d'un essai de Nuccio Ordine, Paris, Les Belles Lettres, 2008, p. 153.

54. Sur ce thème, cf. Giulio FERRONI, *Machiavelli o dell'incertezza. La politica come arte del rimedio*, Rome, Donzelli, 2003.

55. Baltasar DE BEAUIOYEULX, *Balet comique de la Royne*, *cit.*, p. 5.

sera vostre histoire poetique »). Le roi de France lutte en effet contre Circé pour faire revenir l'âge d'or, l'âge de la Justice. Dans un premier temps de la « comédie », la magicienne ensorcelle et enferme Mercure et les nymphes ; mais, ensuite, la ferme intervention de Jupiter, de Minerve et des Vertus prépare la défaite de Circé. Ainsi, dans le cadre d'un paysage pastoral, le *Balet comique de la Royne* met-il en scène le conflit entre le changement et la permanence, entre la raison et les passions, entre l'être et l'apparaître, entre les vices et les vertus. On voit donc bien comment, dans le domaine de la Nature comme dans celui de l'éthique, les contraires ne cessent d'interagir.

C'est à Jupiter qu'il appartient de rétablir un ordre naturel et un ordre politique bouleversés par les enchantements de Circé. La magicienne perçoit d'ailleurs le danger quand elle voit croître l'intérêt pour la Justice (« D'un grand temple de marbre on bastist à Justice »[56]) et qu'elle voit le père des dieux descendre lui-même dans l'arène pour la défendre. Or, comme cela est clairement dit dans la dédicace adressée à Henri III, Jupiter, c'est le roi de France lui-même :

> Il tient pour le droict et le vice
> Egaux le loyer et supplice
> Dedans sa balance de poix ;
> Par luy la France est à cette heure,
> De moy, Justice, la demeure,
> Et le temple honoré des loix[57].
>
> Grand Roy, le sang des Dieux, Dardanienne race,
> De qui sur les cheveux la fleur du ciel s'enlace,
> De qui le sceptre d'or des astres est venu,

56. *Ibidem*, p. 51 — nous remplaçons « batist » par « bastist » (N.d.t.).
57. *Ibidem*, p. 63.

Sceptre que Jupiter en ses mains a tenu,
Circe, en France, aujourd'huy, reste seule à combattre[58].

C'est donc à ce « Jupiter de France »[59] que revient le mérite d'avoir vaincu le chaos, ramené la Justice et la Loi à leur apogée, neutralisé les vices, rétabli la paix perdue : d'avoir restauré, en somme, l'ancien ordre naturel, en redonnant à la réalité ses formes disparues et en montrant comment il est possible de retrouver l'unité dans la diversité et dans la multiplicité[60]. Voilà pourquoi le *Balet comique de la Royne* s'achève sur la scène où Circé reste prostrée aux pieds du roi de France, qui reçoit des mains de Minerve la baguette enchantée de la magicienne :

58. *Ibidem*, p. 66-67. Sur le mythe des origines troyennes du roi de France, cf. *infra*, p. 231.

59. À la fin du long monologue de Circé, Henri III est clairement désigné comme Jupiter de France : « D'autre costé, Pallas ceda l'honneur de pudicité, d'industrie et de gravité royale à la Royne, espouse de Jupiter de France, pour seconder les vertus de son mary et estre (comme elle est) des plus loüées et admirées Princesses de la terre » (*Balet comique de la Royne*, *cit.*, p. 76). Sur l'assimilation d'Henri III à Jupiter, cf. *infra*, p. 36-37.

60. Pour une analyse de ce texte, cf. Frances A. Yates, *Les académies en France au XVIe siècle*, tr. fr. Thierry Chaucheyras, Paris, Puf, 1996, p. 323-376 ; Hélène Leclerc, « "Circé", ou "Le Ballet Comique de la Royne" (1581). Métaphysique du son et de la lumière », in *Theatre Research – Recherches théâtrales*, vol. III (1961), p. 101-120 ; Charles Delmas, « Le *Ballet comique de la Reine* (1581). Structure et signification », *Revue d'histoire du théâtre*, 2 (1970), p. 142-56 ; Daniel Ménager, *Ronsard. Le Roi, le Poète et les Hommes*, Genève, Droz, 1979, p. 319-54 ; Philip Ford, *De Troie à Ithaque. Réception des épopées homériques à la Renaissance*, Genève, Droz, 2007, p. 305-310. Voir aussi les observations de Florence Vuilleumier-Laurens et de Pierre Laurens dans « Le *Bal des Polonais* (1573) : anatomie d'une description », in *Jean Dorat poète humaniste de la Renaissance*, Actes du Colloque international (Limoges, 6-8 juin 2001), réunis par Christine de Buzon et Jean-Eudes Girot, Genève, Droz, 2007, p. 130-165.

> Minerve, estant en la presence du Roy, luy fit present de la verge d'or et de Circé ; laquelle, comme vaincue et despouillée de sa force, se vint asseoir au bas du lieu où estoient les Princes[61].

Il est plus facile à présent de comprendre pourquoi les premières pages dédiées à Henri III s'ouvrent sur l'image du *Rex nauta*[62] tenant fermement le gouvernail de la France au milieu d'une mer déchaînée et pourquoi elles se terminent avec des vers qui sont des vœux de paix et de bonheur (« Et verras de ta race / Double posterité ; / Et sur les François grâce / Paix et felicité »)[63]. Juste au moment décisif — entre la prière de Minerve à Jupiter et la descente de celui-ci dans le jardin de Circé pour foudroyer la magicienne et libérer ses prisonniers —, une musique extraordinaire (« la plus docte et excellente musique, qui iusq'à lors eust esté chantee et ouye »), chantée par quarante voix et musiciens, retentit sous la « voute doree » pour enchanter le public de la grande salle du Petit-Bourbon. Un peu avant la scène la plus solennelle et décisive du *Balet comique de la Royne*, le chœur évoque le « navire Françoys » sillonnant les mers désormais calmées :

> O bien heureux le ciel qui de ses feux nouveaux
> Jaloux effacera tous les autres flambeaux,
> O bien heureux encor sous ces princes la terre,
> O bien heureux aussy le navire Françoys

61. Baltasar de Beauioyeulx, *Balet comique de la Royne*, *cit.*, p. 75. D'ailleurs, Circé elle-même annonce que seul Henri III pourra la vaincre : « Et si quelqu'un bientost doit triompher de moy, / C'est de ce Roy des François, et faut que tu luy cedes, /Ainsi que je luy fais, le ciel que tu possedes » (*Ibidem*).

62. Sur ce *topos* (Platon, *Politique*, 297 a), cf. *infra*, p. 105 et 228.

63. Baltasar de Beauioyeulx, *Balet comique de la Royne*, *cit.*, p. 7.

Esclairé de ses feux, bien heureuses leurs loix
Qui baniront d'icy les vices et la guerre[64].

Les « feux nouveaux », qui consistent généralement en deux étoiles, annoncent aux marins la fin de la tempête et le retour imminent du beau temps. Dans la tradition des emblèmes, comme en témoignent Alciat et Ruscelli[65], le navire ballotté sur une mer agitée par des vents violents peut espérer le salut quand apparaissent les deux étoiles. Et cet emblème fait évidemment allusion, par analogie, aux problèmes dont souffre l'État et qui sont désormais proches de leur résolution. La présence de Castor et Pollux, ou des deux feux de Saint-Elme, suscite donc cette espérance :

Tourmentée est Republicque, de tant
De maulx, que seulle esperance est restant.
Comme une nef en mer aulx ventz tendue
De toutes pars par les flotz ia fendue.
Mais quand Castor et Pollux y viendra :
Les cœurs faillis Bon espoir nous rendra[66].

64. Baltasar DE BEAUIOYEULX, *Balet comique de la Royne*, [éd. 1582], p. 49v-51r — nous sommes ici contraint de citer directement l'*editio princeps* de 1582, puisque l'édition de 1868 a inexplicablement omis ce chœur.

65. Girolamo RUSCELLI, *Le imprese illustri.... aggiuntovi nuov. il quarto libro da Vincenzo Ruscelli da Viterbo*, Venezia, Francesco de Franceschi Senesi, 1584, p. 254-261. Les lignes consacrées à Castor et Pollux en particulier (*ibidem*, p. 260) font partie d'un long commentaire sur la devise d'Isabelle Gonzague, marquise de Pescara (un navire accompagné du *motto* « Meliora lapsis »).

66. André ALCIAT, *Emblèmes*, Lyon, Macé Bonhomme, 1549, p. 67. fig. 43
Le commentaire en prose est encore plus précis : « Translation d'une nef agitée de tourmente : à une Republicque vexée. Et des feux de Castor et Pollux : aulx defenseurs de Republicques, ou survenue de bon Prince, ou bons gouverneurs. Lesquelz feux apparoissans en tourmente signifient salut prochain : et sont appellêz des Mariniers, Sainct Esme, et sainct Clair » (*ibidem*, p. 68).

Ce thème a connu une grande fortune, comme l'attestent les huit dessins fondamentaux de l'emblème d'Alciat (*Spes proxima*) reproduits dans quelque quatre-vingt-dix éditions en plusieurs langues et dans divers pays européens[67]. Si, dans son *Hecatomgraphie*, Gilles Corrozet insiste sur l'analogie générale entre le navire et l'État (« Comme en la nef chascun s'applicque / Faire l'office ou il est mis, / Tout ainsi en la republicque / Par degré plusieurs sont commis »)[68], l'emblème d'Alciat, lui, fait allusion sans équivoque au calme qui suit la tempête, à cet espoir de salut qu'incarnent les jumeaux Castor et Pollux. Leur présence, selon l'explication de Pline[69], annonce une fig. 44

67. Sur la fortune de cet emblème, voir l'excellent essai de Stephen Rawles, « The Wind, the Stars, and the Ship of State : the illustrations of Alciato's "Spes proxima" », in *Immagini e potere nel Rinascimento europeo*, Atti del Convegno Internazionale di Studi tenutosi presso il Dipartimento per lo Studio delle Società Mediterranee (Bari, 9 ottobre 2008), edited by Giuseppe Cascione - Donato Mansueto, Milan, Edizioni ennerre, 2009, p. 197-236. Sur ce même emblème, voir aussi Peter M. Daly, « Alciato's "Spes proxima" », in *Emblematica*, 9, 1995, p. 257-267.

68. Gilles Corrozet, *Hecatomgraphie*, Paris, Denis Janot, 1540, K5v.

69. « Existunt stellae et in mari terrisque : uidi nocturnis militum uigiliis inhaerere pilis pro uallo fulgorem effigie ea ; et antemnis nauigantium aliisque nauium partibus ceu vocali quodam sono insistunt, ut uolucres sedem ex sede mutantes, graues, cum solitariae uenere, mergentesque nauigia et, si in carinae ima deciderint, exurentes, geminae autem salutares et prosperi cursus nuntiae, quarum aduentu fugari diram illam ac minacem appelatamque Helenam ferunt et ob id Polluci ac Castori id numen adsignant eosque in mari inuocant » (« Des étoiles se montrent aussi sur mer et sur terre. J'ai vu, la nuit, pendant les factions des sentinelles, briller à la pointe des javelots, devant les retranchements, des lueurs à la forme étoilée ; les navigateurs aussi en voient se poser sur les antennes et sur d'autres parties des navires, avec une sorte de son vocal, comme des oiseaux volant de place en place ; redoutables quand il n'en vient qu'une, elles font couler le bâtiment et, si elles tombent au fond de la carène, l'embrasent ; mais s'il en vient deux, elles sont favorables et annoncent une heureuse traversée : leur venue met en fuite, dit-on, la funeste et menaçante solitaire qu'on appelle Hélène ;

traversée heureuse. Mais, dans certains commentaires du XVIe et du XVIIe siècles, les Dioscures sont identifiés tantôt aux deux grands monarques (François Ier et Charles Quint), tantôt à l'empereur et au pape, tantôt aux princes chrétiens en général — auquel cas la métaphore du navire englobe la chrétienté tout entière :

> La Chrestienté est souvent agitée et tempestee par une infinité d'incommodités et bourasques, et bien souvent au lieu de vie asseuree, n'a qu'une foible experience d'un prochain salut et restitution en entier. Les navires se trouvent ains souvent en la haute mer tellement agitees et tempestees, qu'elles n'attendent autre qu'un prochain naufrage. Que si en ceste angoisse et perplexité les deux astres, Castor et Pollux, leur apparoissent, soudain elles s'asseurent de jouir du calme et de la bonasse. Les grands Princes Chrestiens, s'ils estoyent bien conseillés, seroyent à la Chrestienté comme le jumeau, la garentissans de danger, et lui apportans guerison, si tost qu'ils la voyent en peine. Dieu les veuille bien inspirer, à ce qu'ils soyent protecteurs et peres de leurs peoples[70].

De même ne fait-il aucun doute que diverses allusions du *Balet comique de la Royne* renvoient au rôle pacificateur d'Henri III : les « feux nouveaux » évoquent les Dioscures qui annoncent la paix imminente. C'est là un *topos* qui revient également avec insistance chez certains poètes liés à la cour des Valois. Ainsi Ronsard, qui a participé

aussi attribue-t-on cette manifestation divine à Castor et Pollux et les invoque-t-on sur mer ») : Pline L'ANCIEN, *Histoire naturelle. Livre II*, texte établi, traduit et commenté par Jean Beaujeu, Paris, Les Belles Lettres, 1950, II, 37, p. 44-45.

70. Alciat, *Les emblemes*, Cologny, Jean II de Tournes, 1615 (voir Stephen RAWLES, « The Wind, the Stars, and the Ship of State : the illustrations of Alciato's "Spes proxima" », *cit.*, p. 208).

plusieurs fois à l'organisation de fêtes et de *mascarades*[71], compose-t-il un sonnet pour l'arc de triomphe situé sur le pont Notre-Dame à l'occasion d'une entrée triomphale de Charles IX. Le roi de France et son frère Henri, le duc d'Anjou, y sont justement représentés — ainsi d'ailleurs que chez Dorat[72] — en Castor et Pollux :

fig. 45

Quand la navire enseigne de Paris
(France et Paris, n'est qu'une mesme chose)
Estoit de ventz et de vagues enclose
Comme un vaisseau de l'orage surpris,

Le Roy, Monsieur, Dioscures espritz,
Freres et filz du Ciel qui tout dispose,
Sont apparuz à la mer qui repose
Et la navire ont saulvé de perilz :

De Juppiter les deux enfans jumeaux
Ne sont là hault ni si clairs ne si beaux,
Jamais Argon ne fut si bien guidée :

Autres Thyphis, autres Jason encor
Ameneront la riche toyson d'or
En nostre France et non point de Medée.[73]

71. Sur ce thème, cf. Michel Simonin, *Pierre de Ronsard*, Paris, Fayard, 1990, p. 324-327.

72. Dorat compare souvent aux Dioscures les deux frères Charles et Henri : cf. Jean-Eudes Girot, « Jean Dorat, Poeta et interpres regius », in *Henri III mécène des arts, des sciences et des lettres*, *cit.*, p. 138-139.

73. Ronsard, *Œuvres complètes*, édition établie, présentée et annotée par Jean Céard, Daniel Ménager et Michel Simonin, Paris, Gallimard, t. II, 1994, p. 1166-1167 (voir aussi Victor E. Graham et William McAllister Johnson, *The Paris Entries of Charles IX and Elizabeth of Austria, 1571, with an Analysis of Simon Bouquet's Bref et sommaire recueil*, Toronto, University of Toronto Press, 1974, p. 157). Toutes nos citations de Ronsard renverront à cette édition.

Mais, si le prince de la Pléiade évoque les aspects essentiels de cet arc de triomphe, Simon Bouquet en offre une description plus détaillée :

> Au dessus de la corniche qui regnoit pardessus le berceau et voute de cest arc estoit un grand navire d'argent, sous laquelle se voioit une riviere. A costé duquel navire, qui representoit non seulement la ville de Paris, mais aussi tout le Roiaume de France (d'autant que ladicte ville est l'exemple auquel tous les autres se mirent) estoient les jumeaux Dioscures, qui sont les figures de Castor et Pollux resemblans de visage au Roy et Monseigneur, fig. 45
> faictes d'or, et aians chacun une estoille d'or sur leurs testes, lequelz soustenoient ce navire, comme l'aiant saulvé d'une grande tempeste et orage, et fut ceste representation prinse, sur ce que Castor et Pollux sont estoilles de tres-heureuse rencontre, et certain presage de temps calme, quand ilz apparoissent aux mariniers au plus fort de la tempeste. Aussi la presence de ces deux grandz Princes freres nous signifie non seulement la salvation du naufrage, mais toute asseurence de repos et tranquillité à l'advenir.
> Au dessous duquel navire en la table d'attente cy dessus specifiée estoit escript,
>
> Puis que ces astres clairs Dioscures nous sont
> Apparuz en ce lieu après si grand orage,
> Ceste nef et les siens doresnavant pourront
> Voguer libres par tout, sans crainte du naufrage[74].

74. Cf. Victor E. Graham et William McAllister Johnson, *The Paris Entries of Charles IX and Elizabeth of Austria, 1571, with an Analysis of Simon Bouquet's Bref et sommaire recueil*, *cit.*, p. 155-156 (voir aussi l'arc de triomphe avec Henri II et les Dioscures). Sur Castor et Pollux symboles fig. 46
de la concorde, voir Edgard Wind, *Mystères païens de la Renaissance*, trad. de Pierre-Emmanuel Dauzat, Paris, Gallimard, 1992, p. 181-183.

Cette même image du navire avait déjà été employée au moins deux fois par Ronsard dans les *Discours des Misères de ce temps* : dans le *Discours à la Royne* (« Las ! ma Dame, en ce temps que le cruel orage / Menace les François d'un si piteux naufrage, / Que la gresle et la pluye, et la fureur des cieux / Ont irrité la mer de vents seditieux, / Et que l'astre Jumeau ne daigne plus reluire, / Prenez le gouvernail de ce pauvre navire ») et dans l'*Institution pour l'adolescence du Roy Charles IX* (« Si un Pilote faut tant soit peu sur la mer, / Il fera dessous l'eau la navire abysmer »)[75].

On retrouve certains de ces éléments dans un sonnet de François d'Amboise, auteur d'un recueil (les *Devises Royales*) qui, comme on le verra au chapitre V, nous donne de précieuses indications sur la devise *Manet ultima coelo*. Composés durant le voyage du futur Henri III en Pologne et dédiés à Guy de Saint-Gélais, seigneur de Lanssac, les vers de ce sonnet évoquent la mer agitée, les vents qui soufflent et l'apparition des « Ledeans jumeaux », suscitant ainsi l'espoir que d'habiles pilotes soient capables de mener à bon port « les vaisseaux de France »[76].

Une allusion métaphorique au "mystère" de la tempête et du repos qui la suit pourrait aussi se cacher dans la description de l'entrée triomphale d'Henri III à Conegliano en Italie. Pietro Buccio, après avoir parlé des trois couronnes, nous décrit un cortège royal d'abord trempé par l'orage, puis réchauffé par le soleil :

75. Cf. Ronsard, *Œuvres complètes*, *Discours à la Royne*, *cit.*, vv. 43-48, t. II, p. 992 ; l'*Institution pour l'adolescence du Roy Charles IX*, *cit.*, vv. 107-108, p. 1009.

76. François d'Amboise, « La Pologne », in *Œuvres complètes. I.* (1568-1584), édition annotée et présentée par Dante Ughetti, Naples, Edizioni Scientifiche Italiane, 1973, p. 143-144. Sur François d'Amboise, cf. *infra*, p. 155 et p. 168-169.

> Il entra sous la pluie, avec la tempête, le vent, les coups de tonnerre et les éclairs. Il y avait là un grand mystère [...] Qu'on sache en effet que, au même endroit, il y eut ensuite du beau temps qui ne cessa de l'accompagner jusqu'au lieu sûr de la deuxième couronne ; ce qui signifie que, après quelques épreuves, il était destiné à jouir de toute sa grandeur et de toute sa dignité royales dans des conditions de repos, de tranquillité et de bonheur.[77]

Comme nous l'avons vu, l'une des tâches essentielles d'un bon roi qui sait tenir le gouvernail de son État est de favoriser la paix et de combattre les fauteurs de rébellions et de guerres civiles. Les allusions à la victoire de Jupiter sur les Géants renvoient donc, dans le ballet de Balthasar de Beauioyeulx, au rôle joué par un Henri III qui a su foudroyer les ennemis de la France et de la Justice :

> Dessus la lyre d'yvoire
> Elles [les Nymphes] chantoyent la victoire
> De Jupiter, Roy des Dieux,
> Armé de foudre et d'orage,
> Qui meit des Geans la rage
> Sous ses pieds victorieux[78].

Les vers latins, signés par A. Pogoesaeus, affirment eux aussi que la tâche du roi de France, élève de Jupiter,

77. Pietro Buccio, *Le coronationi di Polonia et di Francia del Christianissimo re Enrico III*, Padova [Padoue], Lorenzo Pasquati, 1576, p. 187r : « Entrò con pioggia, tempesta, vento, tuoni et lampi. Il che non fu senza gran misterio. [...] bastivi sapere che indi a poco seguì il bon tempo, che sempre durò et l'accompagnò poi per sino al luogo sicuro della seconda corona ; significando che dopo alcuni travagli dovea possedere ogni sua grandezza et dignità Regia in stato quieto, tranquillo e felice ».

78. Baltasar de Beauioyeulx, *Balet comique de la Royne*, *cit.*, p. 53-54. Sur le mythe de la gigantomachie et sa mise en relation avec les guerres de religion et les victoires d'Henri III, cf. *infra*, p. 143-144.

est d'éteindre les incendies qui dévastent depuis trop longtemps sa chère Gaule :

> Mais Jupiter qui t'est favorable (ô roi Henri) est [descendu
> Du haut des cieux : il t'a enseigné les arts grâce [auxquels
> Tu pourras éteindre les éclairs à cause desquels depuis [longtemps
> Ta chère Gaule était brûlée par de violents incendies[79].

Dans ce double rôle joué par Henri III, on peut aisément apercevoir une version du *topos* du théâtre du monde : le roi est à la fois acteur et spectateur. S'il est par excellence le destinataire de la pièce, ce nouveau Jupiter est aussi celui qui en détermine l'issue finale. La scène de la représentation s'élargit aux dimensions de la grande salle du Petit-Bourbon et finit par occuper tout l'espace de la scène de la vie elle-même : les personnages réels et les personnages fictifs, les acteurs et le public, la *fabula* et l'histoire se mêlent au point de rendre difficile toute tentative de distinguer la réalité de la fiction.

Mais, comme nous l'avons dit, l'intérêt du *Balet comique de la Royne* ne réside pas seulement dans ses contenus politiques : les brèves pages initiales adressées *Au lecteur* par Balthasar de Beauioyeulx expriment aussi sa conscience d'avoir donné naissance à un type de représentation original et sans précédent. Le fait même d'avoir choisi d'inscrire cette représentation dans l'ordre du « comique » pouvait sembler étrange à un public formé aux classifications rigides de l'aristotélisme du XVIe siècle : comment viser

79. « Sed tibi (Rex Henrice) volens delapsus ab alto / Juppiter est coelo : docuit quibus artibus illa, / Quorum iamdudum miserè tua Gallia flagrans / Ardebat flammis, extinguere fulmina posses » : Baltasar DE BEAUIOYEULX, *Balet comique de la Royne*, *cit.*, p. 8.

le « comique » dans un contexte où les rôles des divinités sont joués par les grands personnages de la cour ?

> J'ay toutesfois donné le premier tiltre et honneur à la dance, et le second à la substance, que j'ay inscrite Comique, plus pour la belle, tranquille et heureuse conclusion où elle se termine, que pour la qualité des personnages qui sont presque tous Dieux et Deesses, ou autres personnes héroïques[80].

Mais le choix du comique n'est pas seulement motivé par la fin heureuse de la représentation. Le comique devient surtout l'occasion d'apprendre à rechercher les trésors qui se cachent sous la surface des choses. La musique, les figures géométriques des ballets (« de maniere que chacun creust qu'Archimede n'eust peu mieux entendre les proportions geometriques, que ces Princesses et dames les pratiquoyent en ce Balet »[81]), la scénographie

80. *Ibidem*, p. 14-15.

81. *Ibidem*, p. 78. L'auteur consacre plusieurs passages à la composition des figures, à l'alchimie des nombres des ballets, qui obéissaient certainement à un dessein allégorique : « Ce fut alors que les violons changerent de son et se prindrent à sonner l'entrée du grand Balet, composé de quinze passages, disposez de telle façon, qu'a la fin du passage toutes tournoient tousjours la face vers le Roy ; devant la Majesté duquel estant arrivées, danserent le grand Balet à quarante passages ou figures geometriques, et icelles toutes justes et considerées en leur diametre, tantost en quarré, et ores en rond, et de plusieurs et diverses façons, et aussitost en triangle, accompagné de quelque autre petit quarré, et autres petites figures. Lesquelles figures n'estoient sitost marquées par les douze Nayades, vestues de blanc (comme il a esté dit), que les quatre Dryades habillées de verd ne les veinssent rompre : de sorte que l'une finissant, l'autre soudain prenoit son commencement » (*ibidem*, p. 77-78). Un sonnet de Ronsard offre une splendide description des mouvements d'un ballet : « Le ballet fut divin, qui se souloit reprendre, / Se rompre se refaire, et tour dessus retour / Se mesler s'escarter se tourner à l'entour, / Contre-imitant le cours du fleuve de Meandre : // Ores il estoit rond ores long or' estroit, / Or'en poincte en triangle en la

soignée, les vers et les mythes convoqués ne visent pas simplement le pur divertissement : ils expriment une vision du monde, ils proposent une échelle des valeurs et une "peinture" des vices et des vertus, ils établissent une correspondance entre l'ordre cosmique et les nombres, ils mettent en scène les rapports hiérarchiques au sein de la cour : le *delectare* devient ainsi une coquille sous laquelle se cache ce qu'il y a de meilleur — que l'on songe par exemple à la devise que Mademoiselle de Pont offrira à Monsieur d'Espernon : une huître accompagnée du *motto* « Intus meliora recondit ». Pour trouver les perles, il fig. 112
faudra donc aller au-delà de l'écorce silénique, comme le suggèrent les vers de Volusian[82] qui précèdent les brèves pages destinées *Au lecteur* :

Finement tu nous as monstré
Dessous cette plaisante escorce,
Que le vice n'a plus de force
Estant de vertu rencontré[83].

Conscient d'emprunter une voie qui franchit les frontières de l'usage, Balthasar de Beauioyeulx ne craint pas de mêler les genres pour donner naissance à quelque chose de nouveau :

façon qu'on voit / L'escadron de la Grue evitant la froidure. // Je faux, tu ne dansois, mais ton pied voletoit / Sur le haut de la terre : aussi ton corps s'estoit / Transformé pour ce soir en divine nature » (Ronsard, « Le Second Livre des Sonnets pour Helene » (XLIX), in *Œuvres complètes*, *cit.*, t. I, vv. 5-14, p. 403-404).

82. Volusian est un poète protestant, ami de Ronsard, de Desportes et d'Agrippa d'Aubigné (qui lui dédie l'ode XIII du *Printemps*) : cf. la notice d'Edouard Boulard, « Volusian », in *Dictionnaire des lettres françaises. Le XVIe siècle*, édition revue et mise à jour sous la direction de Michel Simonin, Paris, Fayard, 2001, p. 768-769 (mais voir aussi Jacques Lavaud, *Un poète de cour au temps des derniers Valois. Philippe Desportes 1546-1606*, Paris, Droz, 1936, p. 268).

83. Baltasar de Beauioyeulx, *Balet comique de la Royne*, *cit.*, p. 12.

> Sur ce, je me suis advisé qu'il ne seroit point indecent de mesler l'un [le balet] et l'autre [la comedie] ensemblement et diversifier la musique de poesie, et entrelacer la poesie de musique, et le plus souvent les confondre toutes deux ensemble : ainsi que l'antiquité ne recitoit point ses vers sans musique, et Orphée ne sonnoit jamais sans vers. [...] Ainsy, j'ay animé et fait parler le Balet, et chanter et resonner la Comedie, et y adjoustant plusieurs rares et riches representations et ornemens, je puis dire avoir contenté en un corps bien proportionné *l'œil, l'oreille et l'entendement* [84].

Et, tout à la fois pour permettre à ceux qui n'y ont pas assisté de jouir quand même de la représentation et pour éviter que cet événement extraordinaire ne tombe dans l'oubli, l'auteur décide d'en publier le compte rendu. Les œuvres de valeur doivent en effet être “conservées” comme les mets de choix :

> Et comme les viandes delicieuses qu'une saison denie à l'autre, ou dont un païs est advantagé sur les autres contrées voysines, par le moyen de la confiture se conservent et se transportent, et donnent de l'admiration et benediction au terroir qui les porte ; ainsi ceste refection d'esprit que vous avez trouvée plaisante [...], confitte au sucre de vostre bonne grâce, assaisonnée de votre consentement et conservée dans la boitte de ce petit monument, puisse à toutes les autres nations donner à gouster du nectar et de l'ambrosie, dont vous vous estes repeu et avez rassasié les appetits de vostre peuple[85].

84. *Ibidem*, p. 14-15. Sur l'importance de l'œil, de l'oreille et de l'entendement, que nous avons soulignée en italique dans le texte, cf. *supra*, p. 13 et 16.

85. *Ibidem*, p. 6. Sur la métaphore des mets et des mots chez Bruno et chez Ronsard, cf. Nuccio Ordine, *Giordano Bruno, Ronsard et la religion*, *cit.*, p. 241-243.

Le mélange de poésie et de musique, de ballet et de comédie est en parfaite harmonie avec la *varietas* et la polyphonie qui caractérisent le *Balet comique de la Royne*. Les « viandes » proposées ne pourront être dégustées que par ceux qui sont capables d'apprécier « la splendeur de Vostre Majesté, presidente au milieu de tant de raritez, de tant de somptuositéz, et sans que l'on se puisse imaginer le bel ordre d'un si grand nombre de diversitez, de tant de differentes, excellentes neantmoins, et vivantes beautez, et de tant d'admirables voix, soit pour reciter, soit pour chanter »[86].

Pour employer une autre métaphore, on a affaire ici à des "peintures" dans lesquelles l'art a dépassé de loin la nature, comme le soulignent encore les vers de Volusian : « Mais par les traits de la peinture / Conjoints à ceux du naturel, / Ton ouvrage s'est monstré tel / Que l'art a surmonté nature »[87].

Dans un tel contexte — placé sous le signe de l' *ekphrasis* et de l'harmonie entre « l'œil, l'oreille et l'entendement » —, il n'y a pas lieu de s'étonner que le *Balet comique de la Royne* s'achève avec une cérémonie au cours de laquelle sont offertes dix-huit devises, habilement illustrées par Jacques Patin[88] :

1) La Royne offre au Roy « Le Dauphin » (*Delphinum ut delphinem rependat*) ; fig. 103

2) Madame la Princesse de Lorraine offre à Monsieur de Mercur « La Sereine » (*Siren Virtute haud blandior ulla est*) ; fig. 104

3) Madame de Mercur offre à Monsieur de Lorraine « Neptune » (*Par mens invicta tridenti*) ; fig. 105

86. Baltasar de Beauioyeulx, *Balet comique de la Royne*, *cit.*, p. 6.

87. *Ibidem*, p. 12.

88. Sur Patin, cf. Alexandre-Pierre-François Robert-Dumesnil, *Le peintre graveur français continué*, Paris, G. Warée 1844, vol. VII, p. 141-147.

4) Madame de Guyse offre à Monsieur de Genevois « Arion » (*Populi superat prudentia fluctus*) ; fig. 106

5) Madame de Nevers offre à Monsieur de Guyse « Le Cheval marin » (*Adversus semper in hostem*) ; fig. 107

6) Madame d'Aumale offre au Marquis de Chaussin « La Baleine » (*Cui sat, nihil ultrà*) ; fig. 108

7) Madame de Joyeuse offre au Marquis de Pont « Le Physeter » (*Sic famam adjungere famae*) ; fig. 109

8) Madame la Mareschale de Rez offre à Monsieur d'Aumale « Le Triton » (*Commovet et sedat*) ; fig. 110

9) Madame de Larchant offre à Monsieur de Joyeuse « Le Coral » (*Eadem natura remansit*) ; fig. 111

10) Madamoyselle de Pont offre a Monsieur d'Espernon « L'Huistre » (*Intus meliora recondit*) ; fig. 112

11) Madamoyselle de Bourdeille offre à Monsieur de Nevers « Le Xiphias » (*Sua sunt et mitibus arma*) ; fig. 113

12) Madamoyselle de Cypierre offre à Monsieur de Luxembourg « L'Escrevice » (*Vis non oblita suorum*) ; fig. 114

13) Madamoyselle de Victry offre à Monsieur le Bastard « Le Hibou » (*Artis vigilantia custos*) ; fig. 115

14) Madamoyselle de Surgeres offre à Monsieur le Comte de Saulx « Le Chevreuil » (*Non teli secura* fig. 116
usquam) ;

15) Madamoyselle de Lavernay offre à Monsieur le Comte de Maulevrier « Le Cerf » (*Non periit virtus assueta novari*) ; fig. 117

16) Madamoyselle de Stavay offre au Comte de Bouchaige « Le Sanglier » (*Nusquam vis acrior urget*) ; fig. 118

17) Madamoyselle de Chaumont offre à la Royne, mère du Roy, « Apollon » (*Lenire et vincere suevi*) ; fig. 119

18) Madamoyselle de Sainte-Mesme offre à Monsieur le Cardinal de Bourbon « Le Livre » (*Fatorum arcana* fig. 120
resignat).

On a affaire ici à un rituel du don qui était très souvent pratiqué au terme d'une représentation. Il serait cependant intéressant d'analyser en elle-même chacune des devises, en recherchant par quels rapports spécifiques étaient liées la personne qui a donné et la personne qui a reçu. Le déroulement de la cérémonie — au début de laquelle la Reine offre au roi *Le Dauphin* et à la fin de laquelle Mademoiselle de Sainte-Mesme offre *Le Livre* au cardinal de Bourbon — n'est certainement pas dû au hasard. Le lien symbolique entre le cadeau de la reine et le souhait de la naissance d'un Dauphin est en effet clairement mis en évidence par le *motto* « Delphinum ut delphinem rependat » (« Elle échange un dauphin contre un autre »). Et il faudrait également chercher à comprendre le sens de la devise du *Livre* (accompagnée de l'allusif *motto* « Fatorum arcana resignat »), précisément offert par "Circé" à Charles de Bourbon, qui, deux ans plus tard, adversaire d'Henri de Navarre, sera considéré par les Ligueurs comme le seul successeur légitime d'Henri III [89]. De même ne saurait-on considérer comme fortuite l'attribution des autres devises à tel ou tel autre des puissants personnages ayant participé au jeu du don. Mais il s'agit là de questions qui risqueraient de nous entraîner trop loin.

Contentons-nous ici de donner à notre brève digression sur le *Balet comique de la Royne* une justification supplémentaire en relevant une coïncidence significative. Dans les dernières pages de l'ouvrage imprimé qui suivent immédiatement le compte rendu de la cérémonie des devises, figure un appendice consacré à l'*Allegorie de la Circé* : l'*Allegorie de la Circé, que Natalis Comes a retiré des commentaires des poetes Greques* (p. 74r), l'*Autre allegorie du sieur de la Chesnaye* (p. 74r), *L'allegorie morale* (p. 74r-74v) et l'*Autre allegorie de la Circé, selon l'opinion du sieur Gordon, escoçois, gentilhomme de la Chambre du Roy* (p. 74v-75v). Nous serons malheureusement contraint de citer ces quelques pages directement dans l'*editio princeps*

89. Voir l'hypothèse avancée par Ludovic CELLIER, *Les origines de l'Opéra et le Ballet de la Reine (1581)*, Paris, Didier, 1868, p. 214-215.

de 1582[90], puisqu'elles ont été inexplicablement omises dans l'édition de 1868.

S'appuyant notamment sur l'autorité de Natale Conti[91], Gordon soutient que, pour comprendre le sens de l'allégorie de Circé, il faut « considerer que toutes les allegories des fictions poetiques en general, se referent ou à la philosophie naturelle, ou à la morale, ou à la supernaturelle et divine, ou à une meslange de l'une et de l'autre »[92]. Ainsi, dans le récit d'Homère, l'allégorie de Circé « semble se pouvoir referer partie à ce qui est divin et supernaturel, et partie à ce qui est naturel et moral »[93]. Engendrée par le Soleil et par l'Océanide Perséis, la magicienne participe de deux natures : « le soleil naturellement est la cause efficiente de toute procreation des choses cy basses par l'aide de l'humidité, qui procede des eaux qui sont és veines de la terre : et le mesme Soleil signifie allegoriquement la clairté et lumiere de la verité et estincelle divine qui luit en nos ames », tandis que la « mer naturellement nourrit et produit ce qui entretient et excite la volupté ». Dès lors, « il ne sera pas hors de raison de prendre la Circé pour le desir en general qui regne et domine sur tout ce qui a vie et est meslé de la divinité et du sensible, et fait ses effects bien differens, et mene les uns à la vertu et les autres au vice »[94].

90. Baltasar de Beauioyeulx, *Balet comique de la Royne, faict aux nopces de Monsieur le Duc de Ioyeuse et Madamoyselle de Vaudemont sa sœur*, [1582], *cit.*, p. 74v-75v.

91. Sur Natale Conti et le mythe de Circé dans le *Balet comique de la Royne*, voir les quelques lignes de Jean Seznec, *La survivance des dieux antiques. Essai sur le rôle de la tradition mythologique dans l'humanisme et dans l'art de la Renaissance*, Paris, Flammarion, 1993 [1980], livre II, chapitre 3 (« L'influence des manuels »), p. 362.

92. Baltasar de Beauioyeulx, *Balet comique de la Royne*, [1582], *cit.*, 74v.

93. *Ibidem*

94. *Ibidem*, 74v-75r.

Pour Gordon, cette double possibilité d'emprunter la route de la vertu ou celle du vice est incarnée par les nymphes et par les bêtes. Les premières représentent le désir qui meut les hommes vers le bien et vers les sciences :

> Les Naiades et Dryades — qui sont les nymphes des eaux et des bois, c'est à dire les bons esprits diffus par tout l'univers — sont les servantes de ceste Royne, qui vivent avec elle en tout plaisir et liberté, s'occupent à assembler les herbes et fleurs [...] : ce que signifie les vertus et sciences par lesquelles le desir des esprits des hommes est preparé et disposé à bien.[95]

Les animaux, en revanche, symbolisent le désir brutal, la servitude de celui qui n'est pas en mesure de résister au plaisir :

> D'autre part la Circé avoit en son palais plusieurs lyons, ours et loups, lesquels avoyent du tout perdu leur naturel, et estoyent devenus mignards et flateurs comme chiens privez : ce qui nous represente que le desir brutal fait perdre la valeur et courage de tous les plus magnanimes personnages et les rend sans courage et force, et du tout esclaves de la volupté.[96]

Autrement dit, la même magicienne peut donner à boire des "philtres" qui plongeront le buveur dans le vice ou qui, au contraire, l'encourageront à parcourir la voie de la vertu :

> La Circé par une sorte de bruvage convertissoit les hommes en bestes et par un autre remede elle leur restituoit

95. *Ibidem*, 75r.
96. *Ibidem*.

> leur vray estre et forme humaine : par cecy les poëtes, premiers inventeurs de toute philosophie, nous ont voulu monstrer que ce mesme desir estant employé à la volupté et au vice, nous rend plus brutaulx que les bestes mesmes. Ce que neantmoins estant par l'aide divine imbué des preceptes de la vertu, rend aux hommes leur vraye forme, et les delivre de la servitude bestiale du vice et volupté, selon ce que dit est en general.[97]

La *fabula* racontée par Homère nous révèle que ceux qui s'abandonnent « à la volupté et s'enyurent des delices », comme le font les compagnons d'Ulysse, « deviennent salles comme pourceaux », tandis que celui qui, tel Ulysse lui-même, contrôle le désir à l'aide de la vertu et de l'herbe magique Moly (« qui signifie la raison et estincelle divine de nos ames ») « se rend victorieux par dessus le desir ». Et l'allégorie de Circé nous aide à mieux comprendre maintenant l'histoire mise en scène dans le *Balet comique de la Royne* :

> De ce petit discours de l'allegorie de la fable de Circé l'on peut bien veoir l'idee et l'exemple de vertu que la Royne, accompagnee des princesses et dames de sa Court, a representez sous les personnes des Naiades, qui signifient les plaisirs et delices immortelles, qui attirent le desir mené par la vertu à s'employer et s'exercer és actes genereuses et valeureuses et pour admonnester tous qu'il ne faut point desirer ce qui est beau et reluisant exterieurement, mais beaucoup plus la beauté interieure et moins apparente. D'autre part par les animaux prisonniers au palais de Circé, on a voulu monstrer la servitude miserable de ceux qui sont menez du desir brutal de la volupté, qui seduit les hommes par une apparence d'une beauté exterieure, qui est en effect une ruine et perdition eternelle.[98]

97. *Ibidem.*
98. *Ibidem*, p. 75v.

Que ce soit sur le plan moral ou sur le plan esthétique, les règles sont les mêmes : il ne faut pas se laisser tromper par les apparences. Celui qui se contente de contempler la surface des choses ne réussira pas à en saisir la véritable essence ; s'en tenir à la beauté extérieure, se borner à percevoir en souriant la « plaisante escorce » du *Balet comique de la Royne*, ce serait renoncer à la connaissance. La vision silénique du beau et du comique conduit en effet au-delà de l'image extérieure : dans cette herméneutique des textes et des choses — qui va du *Banquet* de Platon à Giordano Bruno, en passant par Pic, Érasme, Rabelais et d'autres grands humanistes —, ce qui compte, c'est l'*intus*, non l'*extra*[99].

Mais il y a un élément supplémentaire dans le spectacle de Balthasar de Beauioyeulx : l'opposition initiale entre Circé et Henri III subit une transformation au cours de la représentation. Le transfert de la baguette de la magicienne au roi de France annonce en effet la possibilité que ses pouvoirs soient désormais employés pour favoriser la vertu[100]. Et, de fait, l'allégorie finale de Gordon signifie clairement que, dans le royaume de Circé, dans le magma de la vie matérielle sujette à de continuelles mutations, il existe aussi une voie de la sagesse et de la connaissance qui peut nous aider à distinguer l'être de l'apparaître. Voilà

99. Pour une analyse approfondie du thème du Silène dans la littérature de la Renaissance, cf. Nuccio ORDINE, *Le mystère de l'âne. Essai sur Giordano Bruno*, nouvelle édition, avant-propos d'Ilya Prigogine, préface d'Eugenio Garin, Paris, Les Belles Lettres, 2005, p. 99-107.

100. Frances A. Yates soutient que, avec le transfert de la baguette, « la mauvaise magie de Circé est transformée en bonne magie au service de la Monarchie française » (Frances A. YATES, *Giordano Bruno et la tradition hermétique* [1964], tr. fr. Marc Rolland, Paris, Dervy, 1988, chapitre XI, p. 243). Mais, ainsi que nous avons essayé de l'expliquer, la Circé de l'allégorie du *Balet comique de la Royne* peut aussi indiquer la voie de la vertu.

en quel sens il appartient au roi de France d'emprunter le vertueux chemin de la pacification.

Cinquante ans après, Aurelian Townshend et Inigo Jones se souviendront de ces quelques pages si denses : dans leur « masque » intitulé *Temple Restored* (1632) — libre adaptation du *Balet comique de la Royne* contenant quelques passages traduits littéralement —, certaines réflexions de notre mystérieux auteur seront véritablement plagiées, précisément dans la section finale intitulée *The Allegory*[101].

Mais qui était donc ce « sieur Gordon, escoçois » ? Nous le verrons au chapitre V, quand nous examinerons le rôle important qu'il a joué dans la création de la devise des trois couronnes d'Henri III[102] — cette devise qui, dans le *Balet comique de la Royne*, est évoquée par une image sans *motto* où le motif des trois couronnes est fig. 11
présenté sous une double forme triangulaire : deux petites couronnes en bas avec une plus grande au-dessus, et, en même temps, deux petites couronnes en haut avec une plus grande en bas.

101. Aurelian Townshend, *Poems and Maskes*, edited by Edmund Kerchever Chambers, Oxford, Clarendon Press, 1912, p. 96-99 (le *masque* commence à la page 81). Cf. Paul Reyher, *Masques anglais. Étude sur les ballets et la vie de cour en Angleterre (1512-1640)*, Paris, Hachette, 1909, p. 202.

102. Cf. *infra*, p. 168-176 et p. 184-191 (cf. aussi p. 98-109).

CHAPITRE II

GIORDANO BRUNO PHILOSOPHE-PEINTRE : HENRI III ET ÉLISABETH I^RE^ À LA LUMIÈRE DU MYTHE DE CIRCÉ

1. L'arrivée de Bruno à Paris en 1581 et le *Balet comique de la Royne*

Nous pouvons avouer à présent que le chapitre précédent n'a pas eu d'autre fonction essentielle que celle de préparer le suivant. Il nous aurait été évidemment impossible de proposer, en quelques pages synthétiques seulement, un panorama complet du débat sur la littérature des emblèmes et des devises : les questions soulevées auraient certainement exigé un livre entier, si ce n'est toute une série de livres. Notre sélection des thèmes et des auteurs a donc surtout eu pour but de mettre en évidence, de la France à l'Angleterre, le contexte culturel et le réseau de relations qui ont conditionné et favorisé la publication de certains ouvrages au cours des mêmes années.

Il faut reconnaître à Giordano Bruno un rôle de premier plan dans l'interprétation de la devise d'Henri III. En effet, dans les dernières pages de son *Expulsion de la bête triomphante*, dialogue publié à Londres en 1584 chez l'imprimeur John Charlewood, le Nolain consacre aux trois couronnes et au *motto* « Tertia coelo manet » (qui est une variante de la formulation officielle : *Manet ultima coelo*) des analyses poussées et importantes.

Entre l'été et l'automne 1581, Bruno quitte Toulouse et rejoint Paris. Pour se faire connaître dans les milieux universitaires et à la cour, il donne une série de leçons qui attirent bientôt l'attention d'Henri III lui-même :

> Et en donnant ces leçons extraordinaires, j'acquis un tel renom qu'un jour, le roi Henri III me fit appeler, pour me demander si la mémoire que j'avais et que j'enseignais, était naturelle ou bien due à la magie. Je lui donnai satisfaction, et par ce que je lui dis et lui fis éprouver à lui-même, il reconnut que ce n'était pas par magie mais par science. Et après cela, j'ai fait imprimer un ouvrage consacré à la mémoire sous le titre de *De umbris idearum*, que j'ai dédié à Sa Majesté ; et à cette occasion il me nomma lecteur extraordinaire et me pourvut d'une pension[1].

La rencontre de Bruno avec le roi de France semble donc avoir été favorisée surtout par l'intérêt d'Henri III pour les arts de la mémoire, intérêt partagé en partie par Jacques Du Perron (membre influent de l'Académie du

1. Giordano BRUNO, *Œuvres complètes. Documents, I, Le procès*, Introduction et texte de Luigi Firpo, tr. fr. et notes de Alain-Philippe Segonds, Paris, Les Belles Lettres, 2000, Document 11, p. 50-51 : « Et leggendo quella [lettion] estraordinaria, acquistai nome tale che il re Henrico terzo mi fece chiamare un giorno, ricercandomi se la memoria che havevo et che professava era naturale o pur per arte magica ; al qual diedi sodisfattione ; et con quello che li dissi et feci provare a lui medesmo, conobbe che non era per arte magica ma per scientia. Et doppo questo feci stampar un libro de memoria sotto titolo *De umbris idearum*, il qual dedicai a Sua Maestà ; et con questa occasione mi fece lettor straordinario et provisionato ».

Palais)[2] et par Michel de Castelnau, l'ambassadeur de France en Angleterre chez qui le philosophe séjournera à partir du printemps 1583[3]. Ce n'est pas un hasard si, en 1582, après avoir dédié le *De umbris idearum* à Henri III [4], Bruno obtient la prestigieuse charge de « lecteur » au Collège Royal, l'ancêtre de l'actuel Collège de France. Fondée par François Ier, cette noble institution a surtout pour mission d'offrir aux chercheurs non conformistes cette liberté que la Sorbonne, avec son aristotélisme rigide, ne leur accorde pas[5].

Si l'on s'appuie sur ses importantes relations avec la cour des Valois, il n'est pas interdit de supposer que, présent parmi les milliers de spectateurs (« on remarqua facilement qu'il y avoit de neuf à dix mille spectateurs assemblez »[6]), fig. 95
Bruno a pu assister à la mise en scène du *Balet comique de la Royne*. Et, quand bien même cela n'aurait pas été le cas, il n'aurait pas pu ignorer le grand retentissement de ce spectacle en ville (« Comme chacun desirast repaistre

2. Cf. Vincenzo SPAMPANATO, *Vita di Giordano Bruno con documenti editi ed inediti*, préface de Nuccio Ordine, Les Belles Lettres-Nino Aragno Editore, 2000 [réimpr. anast., Messine, 1921], p. 313.

3. Dans un sonnet dédié à Castelnau, Ronsard décrit ce dernier comme « Plein de faconde, et de mémoire heureuse » (*Œuvres complètes*, *cit.*, t. II, p. 424). À la demande du cardinal de Lorraine, Castelnau avait répété de mémoire un sermon de Jean de Montluc : cf. Gustave HUBAULT, *Ambassade de Michel de Castelnau en Angleterre (1575-1585)*, Saint-Cloud, Belin, 1856 (rééd. anast. Genève, Slatkine, 1970), p. 2. Il est significatif que Bruno dédie aussi à l'ambassadeur français un ouvrage de mnémotechnique, l'*Explicatio triginta sigillorum*.

4. Dans la dédicace à Henri III, Bruno loue la magnanimité et la sagesse du roi, en lui offrant son œuvre pour qu'il l'étudie et la protège : cf. Giordano BRUNO, *De umbris idearum*, éd. Rita Sturlese, préface d'Eugenio Garin, Florence, Olschki, 1991, p. 5.

5. Pour une histoire des origines et du rôle du Collège de France, cf. *Les origines du Collège de France (1500-1560)*, Actes du Colloque international (Paris, décembre 1995), sous la direction de Marc Fumaroli, textes réunis par Marianne Lion-Violet, Paris, Klincksieck, 1998.

6. Baltasar DE BEAUIOYEULX, *Balet comique de la Royne*, *cit.*, p. 28.

ses yeux des choses, que le bruit et renommée commune avoit jà esventé pour bien grandes, mais non pas toutesfois pour si magnifiques, superbes et admirables qu'elles ont esté jugées en leur execution »[7]).

Toujours est-il que, l'année même de la publication de l'œuvre de Balthasar de Beauioyeulx (les lettres patentes du Roi étant délivrées le 13 février 1582), le Nolain fait publier, en plus du *De umbris idearum*, un dialogue centré sur la figure de Circé (le *Cantus circaeus*) et une comédie construite sur la dialectique de l'être et de l'apparaître, dont le protagoniste est un peintre-philosophe (le *Chandelier*) — deux œuvres qui, par une étrange coïncidence, sont publiées par des imprimeurs dont la marque typographique est composée, pour l'un (Gilles), de trois couronnes et du *motto* « Hic labor »[8], et, pour l'autre (Chevillot), de la devise d'Henri III, c'est-à-dire de trois couronnes et du *motto* « Manet ultima coelo »[9]. Mais le rapprochement entre ces textes bruniens et le *Balet comique de la Royne* ne tiendrait ni sur le plan des contenus, ni sur le plan littéraire : ce serait une erreur de mettre au même niveau la consistance philosophique du Nolain et une représentation qui, aussi réussie et importante soit-elle par bien des aspects, reste néanmoins un spectacle de cour. Et pourtant la comparaison peut se justifier dans le cadre d'un travail de reconstruction soucieux de dégager les thèmes et les mythes, les craintes et les espoirs qu'on voit s'exprimer dans la France de ces années-là.

fig. 56

fig. 57

7. *Ibidem*.

8. Giordano Bruno, *Cantus circaeus*, Parisiis, Apud Aegidium Gillium, 1582. Voir *infra*, p. 117-118.

9. Giordano Bruno, *Candelaio*, Pariggi, Guglielmo Giuliano, 1582. Jean Balsamo s'appuie sur quelques bons arguments pour supposer que la comédie a été imprimée chez Chevillot : cf. *infra*, p. 118, note 13. Mais c'est vers 1587, juste après la publication des textes bruniens, que Chevillot se mit à employer la devise d'Henri III comme marque typographique : cf. *infra*, p. 118 et p. 263-264.

2. La comédie d'un philosophe-peintre et le théâtre du monde

Dans un contexte culturel caractérisé par un intérêt croissant pour les devises et les emblèmes, pour le mélange des mots et des *icones*, Bruno veut donner un premier aperçu de sa philosophie en langue vulgaire sur un mode explicitement comique. Ainsi le *Chandelier* doit-il être considéré comme une véritable *ouverture*, chargée à la fois d'annoncer certains grands thèmes de la pensée du Nolain et de tracer les grandes lignes des principes généraux d'une poétique[10]. L'herméneutique du Silène, qui régira tous les dialogues suivants, trouve dans cette comédie sa première formulation : le comique ne peut être séparé du sérieux et, sous l'enveloppe ridicule du *Chandelier*, le Nolain nous laisse percevoir les germes d'une philosophie nouvelle. Autrement dit, la structure même de la pièce est déjà une expression concrète de la poétique du Silène : l'enveloppe comique ne vise pas seulement le divertissement, elle est aussi et surtout un instrument de connaissance, un dispositif mis au service d'une *Weltanschauung*[11].

Le choix que fait Bruno de confier à un philosophe-peintre le rôle principal de la première de ses œuvres italiennes n'est évidemment pas fortuit. Le protagoniste du *Chandelier*, Gioan Bernardo — notons les initiales de son nom : G. B. —, nous dit clairement qu'il « pratique l'art de peindre et de mettre sous les yeux des gens du

10. Nous reprenons ici certains thèmes que nous avons traités de manière plus approfondie dans un autre ouvrage : cf. Nuccio Ordine, *Le seuil de l'ombre. Littérature, philosophie et peinture chez Giordano Bruno*, préface de Pierre Hadot, tr. fr. Luc Hersant, Paris, Les Belles Lettres, 2003, p. 61-102.

11. Cf. *ibidem*, p. 50-59.

monde l'image de Notre-Seigneur, de Notre-Dame et autres saints du paradis »[12]. En d'autres termes, ce peintre cherche à montrer aux « yeux des gens du monde » ce qui ne se voit pas, ce que la réalité matérielle ne permet pas de saisir.

Récurrente dans le *Chandelier*, l'affirmation ironique d'une prééminence de l'apparaître sur l'être a en fait pour fonction de mettre en évidence l'une des causes qui ont plongé la société dans la barbarie : en complète opposition à tous les manuels courtisans de savoir-vivre[13], Bruno veut souligner les limites d'une réalité où ce n'est plus « ce que nous sommes, ni ce que nous faisons » qui compte vraiment, mais « ce que les autres croient et pensent de nous », l'image extérieure que nous réussissons nous-mêmes à imposer aux autres[14].

12. « arte è di depengere, e donar a gli occhii de mundani la imagine di nostro Signore, di nostra Madonna, e d'altri santi di paradiso » : Giordano BRUNO, *Candelaio/Chandelier*, in *Œuvres complètes. I,* Texte établi par Giovanni Aquilecchia, tr. fr. de Yves Hersant, introduction philologique générale par Giovanni Aquilecchia, introduction et notes par Giorgio Bárberi Squarotti, avec un essai de Nuccio Ordine, deuxième édition revue et corrigée, Paris, Les Belles Lettres, 2003 [1993], p. 398-399.

13. Sur ce thème, cf. Nuccio ORDINE, « Grandi modelli, rovesciamento dei codici, precettistica del quotidiano », in *Manuale di letteratura italiana. Storia per Generi e Problemi*, dir. Franco Brioschi et Costanzo Di Girolamo, t. II, Turin, Bollati Boringhieri, 1994, p. 505-522 (cf. aussi ID., « Les *Ragionamenti* de l'Arétin : structure du dialogue et parodie des traités de comportement », dans Nuccio ORDINE, *Le rendez-vous des savoirs. Littérature, philosophie et diplomatie à la Renaissance*, préface de Michel Simonin, Paris, Les Belles Lettres, 2009², p. 87-108 — texte également paru en Postface à L'Arétin, *Ragionamenti*, t. II, éd. Giovanni Aquilecchia, tr. fr. et notes de Paul Larivaille, Paris, Les Belles Lettres, 1999).

14. Cf. Giordano BRUNO, *Candelaio/Chandelier*, *cit.*, p. 320-323 : « Vita della mia vita, credo ben che sappiate che cosa è onore, e che cosa anco sii disonore. Onore non è altro che una stima, una riputazione : però sta *semper* intatto l'onore, quando la stima e riputazione persevera la

La dialectique de la réalité et des apparences s'étend aussi aux rapports entre la vie et l'art, la vérité et la fiction. La scène du *Chandelier* se présente avant tout comme la scène du monde. Socrate avait déjà signalé dans le *Philèbe* certaines similitudes entre les représentations dramatiques et les événements qui se produisent « dans l'ensemble de la tragédie et de la comédie de la vie »[15]. Or Bruno connaît bien la littérature consacrée au thème du théâtre du monde : lui-même emploie cette expression dans les *Fureurs héroïques* (« Quelle tragi-comédie, quelle représentation, dis-je, pourrait-elle nous être donnée sur ce théâtre du monde, sur cette scène de nos consciences ? »[16]) pour ridiculiser les obsessions amoureuses des

medesima. Onore è la buona opinione che altri abbiano di noi ; mentre persevera questa, persevera l'onore. E non è quel che noi siamo e quel [che] noi facciamo, che ne rendi onorati o disonorati, ma sì ben quel che altri stimano e pensano di noi. » (« Vie de ma vie, je vous crois bien au fait de ce qu'est l'honneur, comme de ce qu'est le déshonneur. L'honneur n'est rien d'autre qu'un crédit, qu'une réputation : aussi l'honneur reste-t-il *semper* intact, quand la réputation et le crédit sont inchangés. L'honneur est la bonne opinion que les autres se font de nous : tant qu'elle dure, l'honneur perdure. Et ce n'est pas ce que nous sommes, ni ce que nous faisons, qui nous vaut l'honneur ou le déshonneur, mais bien ce que les autres croient et pensent de nous ».)

15. Platon, *Philèbe*, 50b, tr. fr. Jean-François Pradeau, Paris, Garnier-Flammarion, 2002, p. 188. Platon emploie également la métaphore du monde comme théâtre dans les *Lois*, VII, 817b.

16. Giordano Bruno, *Des fureurs héroïques*, in *Œuvres complètes. VII*, texte établi par Giovanni Aquilecchia, tr. fr. Paul-Henri Michel (revue par Yves Hersant), introduction et notes de Miguel Angel Granada, éd. revue et corrigée par Zaira Sorrenti, Paris, Les Belles Lettres, 2008, p. 4-5 : « Che tragicomedia ? che atto, dico, degno più di compassione e riso può esserne ripresentato in questo teatro del mondo, in questa scena delle nostre conscienze. » Rappelons bien sûr que ce thème marquera l'extraordinaire aventure théâtrale de Shakespeare : sur le Globe Theatre est inscrit le *motto* « Totus mundus agit histrionem » et, dans *Comme il vous plaira*, II, 7, Jacques rappellera aux spectateurs que « All the world's a stage, / And all the men and women merely players » (« Le monde entier est une scène, / Hommes et femmes n'y sont tous que des acteurs. »)

pétrarquistes. Mais chez lui le *topos* revêt probablement une signification plus restreinte par rapport à sa polysémie habituelle[17].

Dans le *Chandelier*, en effet, le rapport entre vie et comédie ne paraît guère illustrer la *vanitas* de notre existence, le caractère transitoire de la vie humaine, l'attachement excessif aux aspects matériels et fragiles de notre quotidienneté. En revanche, la tension entre ces deux domaines permet de faire surgir avec plus de force la scission entre réalité et apparence, qui se déplace de la scène théâtrale vers la scène du monde. Car les égarements, les folies, les erreurs ne concernent pas seulement les acteurs qui jouent au théâtre, mais aussi et surtout les hommes qui évoluent sur la scène de la vie.

Mais le thème du *theatrum mundi* nous permet également de repérer un lien possible avec le milieu français. Au cours des fêtes organisées en 1564 à Fontainebleau par la reine Catherine de Médicis pour calmer les factions adverses des catholiques et des huguenots[18], Michel de Castelnau, futur ambassadeur de France à Londres, est

17. Sur le *topos* du théâtre du monde, voir Ernst Robert CURTIUS, *La littérature européenne et le Moyen-Âge latin*, chap. VII (« Les métaphores »), § 5 (« Métaphores relatives au théâtre »), Paris, Puf, coll. « Agora », 1986 [1947], p. 235-244 ; Antonio VILANOVA, « El tema del gran teatro del mundo », *Boletín de la Real Academia de Buenas Letras de Barcelona*, 23 (1950), p. 153-58 ; Jacques JACQUOT, « Le Théâtre du Monde de Shakespeare à Calderón », *Revue de littérature comparée*, XXXI (1957), p. 341-372 ; Mario COSTANZO, *Il « Gran Theatro del Mondo »*, Milan, Scheiviller, 1964 ; Lynda G. CHRISTIAN, *Theatrum mundi. The History of an Idea*, New York-Londres, Garland, 1987 ; Germana ERNST, « Esistenza umana e commedia universale », in EAD., *Religione, ragione e natura. Ricerche su Tommaso Campanella e il tardo Rinascimento*, Milan, Franco Angeli, 1991, p. 146-157.

18. Sur la fonction politique des fêtes de Fontainebleau, cf. Roy STRONG, « Magnificence politique », in ID. *Les fêtes de la Renaissance (1450-1650). Art et pouvoir, cit.*

prié de réciter quelques vers de Ronsard sur le rapport entre la vie et la comédie :

La bonté regne au Ciel, la vertu, la justice :
En terre on ne voit rien que fraude, que malice :
Et bref tout ce monde est un publique marché,
L'un y vend, l'un desrobe, et l'autre achete et change,
Un mesme fait produit le blasme et la louange,
Et ce qui est vertu, semble à l'autre peché.[19]

Ces vers montrent en tout cas clairement combien leur auteur est préoccupé par le caractère illusoire du théâtre du monde : erreurs de perspective et fausses valeurs menacent notre existence, en provoquant de dangereuses permutations entre vices et vertus, entre réalité et apparence.

Et justement, par certaines de ses attitudes, le peintre Gioan Bernardo contribue à rendre encore plus paradoxaux les rapports ambigus de la vie et du théâtre, surtout quand, tapi dans l'« ombre », il épie les événements qui se succèdent sur la scène : c'est bien lui, *deus ex machina*, qui semble parfois s'extraire de la comédie et observer du dehors la réalisation de ses desseins. En

19. Ronsard, *Pour la fin d'une Comedie*, vv. 25-30, in *Œuvres complètes*, *cit.*, t. II, p. 844. Ronsard insiste aussi sur ce thème dans le *Discours à Odet de Colligny, cardinal de Chatillon* (1560), vv. 1-8, *ibid.*, p. 836. L'épisode est également rappelé par Michel de Castelnau dans ses *Mémoires*, in *Collection complète des Mémoires relatifs à l'histoire de France*, réunie par M. Petitot, Paris, Librairie Foucault, 1823, t. XXXIII, p. 232-224 : « Et, après la comedie, qui fut admirée d'un chacun, je fus choisi pour reciter en la grande salle, devant le Roy, le fruit qui se peut tirer des tragedies, esquelles sont représentées les actions des empereurs, rois, princes, bergers et toutes sortes de gens qui vivent en la terre, le theatre commun du monde, où les hommes sont des acteurs, et la fortune est bien souvent maistresse de la scene et de la vie ; car tel represente aujourd'huy le personnage d'un gran prince, demain joue celuy d'un bouffon, aussi bien sur le gran theatre que sur le petit. »

somme, on aurait là des effets de théâtre dans le théâtre[20]. Le public dans la salle (ou bien le lecteur dans le silence de son cabinet) se perçoit lui-même à travers les yeux d'un personnage qui assiste au spectacle depuis l'intérieur de la pièce : dedans et dehors en même temps, assis dans son fauteuil, mais aussi impliqué apparemment dans les événements qui se produisent sur scène. La scène envahit le monde et le monde se transforme en une scène : fiction et réalité s'entrelacent, se superposent, se confondent.

Mais le jeu des déguisements et des dédoublements a surtout pour fonction de dénoncer les faux-semblants qui se produisent sur la scène du monde. À l'instar de ce qu'on voit souvent dans le théâtre anglais entre le XVIe et le XVIIe siècles — et cette ressemblance contribue à expliquer tout l'intérêt qu'ont pu susciter les œuvres de Bruno dans un milieu très demandeur de ce type de thèmes —, le mensonge et la fiction orchestrés sur la scène sont mis au service d'une stratégie du "dévoilement". C'est en effet précisément dans ses plus forts moments de méta-théâtralité que la pièce laisse filtrer un rayon de lumière et le met au service de la vérité. Voilà d'ailleurs pourquoi la question de la justice et de sa reconstitution revient avec insistance tout au long de la grande époque de la dramaturgie anglaise[21] : en effet, la représentation d'un « procès » — telle qu'elle a lieu dans le *Chandelier* — implique notamment l'utilisation du procédé du théâtre dans le théâtre pour représenter le moment solennel du

20. Sur les mécanismes qui produisent l'illusion du théâtre dans le théâtre, cf. Georges FORESTIER, *Le théâtre dans le théâtre sur la scène française du XVIIe siècle*, Genève, Droz, 1996.

21. Sur ce thème, voir les utiles observations de Mario DOMENICHELLI, *Il limite dell'ombra. Le figure della soglia nel teatro inglese fra Cinque e Seicento*, Milan, Franco Angeli, 1994, p. 34-52 (et 36-43 en particulier).

« jugement » par lequel chaque personnage est « rétribué » selon ses « mérites »[22].

Suivre les vicissitudes des trois personnages dans le *Chandelier* — en gardant bien à l'esprit, surtout, la structure tripartite de la comédie et les réflexions de Socrate sur le comique dans le *Philèbe* de Platon[23] —, c'est reparcourir à des niveaux différents les diverses formes de la dialectique de la réalité et de l'apparence. Les faux-semblants deviennent omniprésents dans la conception de la poétique et du comique, de la comédie et de la vie. Mais surtout leur pouvoir se fait sentir sur le plan de la connaissance, sur notre capacité de nous orienter dans cet étroit labyrinthe d'illusions et de déguisements qui constitue l'univers multiforme dans lequel nous sommes plongés. La scène du *Chandelier* n'est pas la seule à être marquée par l'instabilité des choses et par l'énergie vitale de personnages capables d'anéantir tout ce qui est immobile et unidimensionnel : le *theatrum mundi* est lui aussi gouverné par les mêmes règles, traversé par le flux continuel des contraires, par le temps qui « ôte tout et donne tout » :

> Rappelez-vous, Madame, ce qu'il n'est sans doute pas nécessaire de vous enseigner : le temps ôte tout et donne tout ; toutes choses se transforment, aucune ne s'anéantit ; l'un seul est immuable, l'un seul est éternel

22. *Ibid.*, p. 41. Sur le procès comme représentation du théâtre dans le théâtre, cf. l'*Introduction* d'Agostino Lombardo à Shakespeare, *Il mercante di Venezia*, Milan, Feltrinelli, 1992, p. x.

23. Sur le comique comme conséquence de la non-connaissance de soi (c'est-à-dire comme écart entre ce que nous croyons être et ce que nous sommes vraiment) — selon la conception développée par Socrate dans le *Philèbe* — et sur la mise en scène, dans le *Chandelier*, de la tripartition platonicienne à travers les trois personnages principaux (Bartolomeo, Mamfurio et Bonifacio) cf. Nuccio Ordine, *Le Seuil de l'ombre*, *cit.*, p. 62-70.

> et peut demeurer éternellement un, semblable et même. — Avec cette philosophie, mon esprit prend une autre dimension et mon intellect se magnifie. Ainsi donc, en quelque point que se situe mon attente de ce soir, si la mutation s'avère, moi qui suis dans la nuit, j'attends le jour ; ceux qui sont dans le jour n'attendent que la nuit. Tout ce qui est ne peut être qu'ici ou là, près ou loin, maintenant ou ensuite, tôt ou tard.[24]

Toute chose change, se transforme. Ce qui, à nos yeux, existe semble devoir disparaître définitivement, une fois pour toutes. En fait il n'en est rien. Bien sûr, çà ou là, telle forme s'évanouit, tel être individuel périt : mais ailleurs, dans le même temps, une autre forme surgit, un nouvel être accède à la vie. Les agrégats se désagrègent et les éléments indestructibles errent d'un composé à un autre, sans jamais s'arrêter, sans connaître l'immobilité ou le repos. On croirait assister à la mise en scène des figures géométriques qui se font et se défont dans le *Balet comique de la Royne* : une danse des images, où le nombre même des danseurs contribue à produire le spectacle d'une composition et d'une décomposition des assemblages les plus divers. Flux des formes, d'une part, permanence de l'identité des indivisibles, d'autre part : encore un thème capital qui est ébauché dans la spendide ouverture théâtrale du *Chandelier* et qui sera développé plus tard dans les mouvements successifs des dialogues italiens.

24. Giordano Bruno, *Chandelier*, *cit.*, p. 12-15 : « Ricordatevi, signora, di quel che credo che non bisogna insegnarvi : - Il tempo tutto toglie e tutto dà ; ogni cosa si muta, nulla s'annihila ; è un solo che non può mutarsi, un solo è eterno, e può perseverare eternamente uno, simile e medesmo. — Con questa filosofia l'animo mi s'aggrandisse, e me si magnifica l'intelletto. Però qualumque sii il punto di questa sera ch'aspetto, si la mutazione è vera, io che son ne la notte, aspetto il giorno, e quei che son nel giorno, aspettano la notte. Tutto quel ch'è, o è cqua o llà, o vicino o lungi, o adesso o poi, o presto o tardi ».

La comédie nous invite d'ailleurs continuellement à « voir »[25] : le proprologue tout entier est axé sur ce verbe qui, en quelques pages, revient jusqu'à quatorze fois comme *incipit* de longs catalogues relevant de l'*enumeratio*. Mais, pour « voir », il ne suffit pas d'avoir des yeux de chair : on « voit » aussi et surtout avec les yeux de l'esprit. Outre que sa « lumière » éclaire les événements qui se déroulent sur la scène, le *Chandelier* promet de « jeter quelque lumière sur certaines *Ombres des idées* »[26].

Or c'est précisément en cette même année 1582 que Bruno publie à Paris le *De umbris idearum* et le *Cantus circaeus*, deux textes mnémotechniques où, à des niveaux et dans des langages différents, Bruno propose un itinéraire « visuel ». Là aussi, connaître signifie « voir » : dans le *De umbris idearum*, on voit à travers les images qui se combinent dans la rotation des cinq roues[27], tandis que, dans le *Cantus*, on voit à travers l'écart entre les formes

25. Cf. Carla De Bellis, « Giordano Bruno : la parola e il vedere nei prologhi del *Candelaio* », *FM*, Annali dell'Istituto di Filologia Moderna dell'Università di Roma, 1-2 (1980), p. 43-109.

26. Giordano Bruno, *Chandelier*, « À Madame Morgana B. », *cit.*, p. 10-13 : « potrà chiarir alquanto certe *Ombre delle idee* ».

27. Sur la mnémotechnique brunienne et sur la notion d'« ombre », voir les remarquables travaux de Rita Sturlese : *Introduction* à Giordano Bruno, *De umbris idearum*, *cit.*, p. IX-LXXVII, et « Per un'interpretazione del *De umbris idearum* di Giordano Bruno », in *Annali della Scuola Normale Superiore di Pisa*, Classe di Lettere e Filosofia, XXII (1992). Cf. aussi Michele Ciliberto, *Giordano Bruno*, Rome-Bari, Laterza, 1996, p. 22-46. Sur les arts de la mémoire, le livre de Frances A. Yates (*L'art de la mémoire* [1966], tr. fr. Daniel Arasse, Paris, Gallimard, 1975) et celui de Paolo Rossi (*Clavis universalis. Arti della memoria e logica combinatoria da Lullo a Leibniz*, Bologne, Il Mulino, 1983²) restent des ouvrages de référence solides. Également important, l'article de Nicola Badaloni, « Il *De umbris idearum* come discorso sul metodo », *Paradigmi*, XVIII (2000). Enfin, une précieuse contribution à l'étude des rapports spécifiques entre parole et image : Lina Bolzoni, *La stanza della memoria. Modelli letterari e iconografici nell'età della stampa*, Turin, Einaudi, 1995.

extérieures et la substance intérieure, entre l'*extra* et l'*intus*[28]. Dans les deux cas, il s'agit d'unifier le divers, en cherchant à distinguer derrière la multiplicité des apparences la véritable essence des choses[29].

Au fond, le flux des déguisements et des illusions qui caractérise le *Chandelier* se retrouve, quoique sous une forme différente, dans la dialectique de la lumière et de l'ombre que met en scène le *De umbris* : totalement plongés dans nos connaissances « ombreuses », nous avons du mal à distinguer clairement la réalité des faux-semblants. Comme on l'a vu précédemment, une chose peut être à la fois bénéfique pour certains et nuisible pour d'autres : le soleil, par exemple, peut « illuminer » ou bien rendre complètement aveugle. Et la même analyse vaut aussi pour l'ombre : dans un même cadre — défini par l'opposition du bien et du mal, du vrai et du faux —, on pourra trouver à la fois l'ombre obscure de la mort et l'ombre qui prépare le regard à la lumière[30].

28. Michele CILIBERTO, *Giordano Bruno*, *cit.*, p. 38-46, étudie les ressemblances possibles entre le *Chandelier* et le *Cantus* sous l'angle du rapport entre apparence et réalité.

29. Notons que, même si c'est dans une perspective toute différente, certaines pages initiales du *Philèbe* de Platon (14-15) sont précisément consacrées au rapport entre unité et multiplicité.

30. Cf. Giordano BRUNO, *De umbris idearum*, éd. R. Sturlese, *cit.*, p. 28 : « Par conséquent, ce point ne devra pas t'échapper : puisque l'ombre a quelque chose de la lumière et quelque chose de la ténèbre, il arrive que quelqu'un se trouve dans deux espèces d'ombre : à savoir [d'une part] l'ombre des ténèbres et (comme on dit) de la mort ; c'est quand les puissances supérieures se flétrissent et paressent, ou bien se mettent au service des puissances inférieures, du fait que l'âme n'est en rapport qu'avec la vie du corps et le sens ; et [d'autre part] l'ombre de la lumière : c'est quand les puissances inférieures se soumettent aux supérieures, lesquelles aspirent elles-mêmes à des buts éternels et plus élevés, comme cela se produit pour qui, demeurant dans les cieux, étouffe grâce à l'esprit les sollicitations de la chair. La première est l'ombre qui tend vers les ténèbres, la seconde, celle

3. Circé et Henri III dans le *Cantus circaeus*

Il faut maintenant s'arrêter un moment sur le *Cantus circaeus*. Dans la lettre dédicatoire placée au début du volume et signée de Jacques Regnault, on apprend que, pris par d'autres occupations plus urgentes, Bruno confie à ce Regnault la tâche de superviser la publication de l'ouvrage (« il m'a donc prié, étant lui-même engagé dans des affaires plus urgentes, de me charger de la publication et de la mener à bien »[31]) : Regnault dédie alors le dia-

qui tend vers la lumière. Dans l'horizon de la lumière et des ténèbres, nous ne pouvons en réalité rien comprendre d'autre que l'ombre. Celle-ci se trouve dans l'horizon du bien et du mal, du vrai et du faux. Là se trouve ce qui peut être rendu bon ou méchant, rendu faux ou conforme à la vérité : si cela tend vers une direction, on dit que cela est dans l'ombre de l'un, mais si cela tend vers l'autre direction, on dit que cela est dans l'ombre de l'autre. » (« Consequenter te non praetereat quod cum umbra habeat quid de luce, et quid de tenebris, duplici aliquem accidit esse sub umbra : umbra videlicet tenebrarum et — ut aiunt — « mortis », quod est cum potentiae superiores emarcescunt, et ociantur, aut subserviunt inferioribus, quatenus animus circa vitam tantum corporalem versatur, atque sensum ; et umbra lucis, quod est cum potentiae inferiores superi[i]oribus adspirantibus in aeterna eminentioraque obiecta subiiciuntur, ut accidit in caelis versanti qui spiritu irritamenta carnis inculcat. Illud est umbram incumbere in tenebras, hoc est umbram incumbere in lucem. In orizonte quidem lucis et tenebrarum nil aliud intelligere possumus quam umbram. Haec in orizonte boni et mali, veri et falsi. Hic est ipsum quod potest bonificari, et maleficari, falsari, et veritate formari ; quodque istorum tendens sub istius, illorsum vero sub umbra esse dicitur. »)

31. « Iordanus meque rogauit ut (cúm sit ipse gravioribus negociis intentus) ego eam ipsam curam susciperem & complerem » : Giordano Bruno, *Cantus circaeus*, in Giordano Bruno, *Opera latine conscripta*, publicis sumptibus edita, recensebat F. Fiorentino [F. Tocco, H. Vitelli, V. Imbriani, C.M. Tallarigo], apud Dom. Morano [Florentiae, typis successorum Le Monnier], Neapoli, 1879-1891], vol. II, p. 182. Pour les œuvres latines (à l'exception du *De umbris idearum*), nous citerons toujours cette édition, en indiquant seulement le titre de l'œuvre, le volume et les pages concernées.

logue à son protecteur, Henri d'Angoulême, fils naturel d'Henri II et de Jane Stuart (elle-même fille naturelle de Jacques V, roi d'Écosse) et demi-frère aimé d'Henri III, qui avait partagé avec lui ses années de jeunesse et toutes sortes de passions pour « les choses de l'esprit »[32]. Une fois encore, le Nolain a choisi un personnage influent, proche du roi de France.

Et, bien que le *Cantus* se présente comme un texte consacré aux arts de la mémoire, son titre même annonce le caractère central de la figure de Circé. Dès les premiers vers, où l'auteur s'adresse à son propre livre (« Iordanus libro »), on trouve un éloge de la magicienne, « fille du grand soleil »[33]. Mais, surtout, Bruno met en valeur le rôle positif du coq, qui aura la tâche délicate de conduire le livre chez l'Enchanteresse (« Le coq, l'oiseau solaire, viendra à ta rencontre / pour te mener devant la fille du soleil »[34]).

Dans le *Cantus*, Circé s'adresse à son père pour exprimer sa douleur et sa préoccupation. Le monde est peuplé d'« âmes féroces cachées sous une écorce humaine »[35] qui ont provoqué une crise profonde et un chaos incontrôlable (« nous voici plongés dans un chaos absolument manifeste »[36]). La destruction des lois (« Où sont les lois qui régissent les choses ? »[37]) et la confusion entre le licite et l'illicite (« Où est ce qui est licite par nature et où est ce qui est illicite par nature ? »[38]) ont fait fuir Astrée

32. Cf. Pierre Chevallier, *Henri III*, Paris, Fayard, 1985, p. 455.

33. Giordano Bruno, *Cantus circaeus*, *cit.*, vol. II, p. 184 : « magni solis filiam ».

34. *Ibidem* : « Solaris volucer te gallus excipiet, / Solis committens filiae ».

35. *Ibidem*, p. 186 : « Ecce sub humano cortice ferinos animos ».

36. *Ibidem* : « Ecce subivimus minimé occultum Chaos ».

37. *Ibidem* : « Ubi sunt iura rerum ? ».

38. *Ibidem* : « Ubi fas nefasque naturae ? ».

loin de la Terre (« Si Astrée est retournée au ciel — elle dont on n'aperçoit même plus une trace sur Terre —, pourquoi n'apparaît-elle pas au moins dans le ciel ? »[39]). Désormais, pour enrayer le déclin et restaurer l'ordre, il faut démasquer les êtres bestiaux qui vivent sous des apparences humaines.

Aussi la magicienne invoque-t-elle le Soleil et les dieux, en prononçant une série de formules magiques pour provoquer la métamorphose qui seule pourra dévoiler les véritables ennemis de la paix et de la justice :

> arrachant son apparence humaine à chacun des individus qui appartiennent aux espèces bestiales, faites qu'ils se montrent eux-mêmes avec leurs véritables visages extérieurs[40].

Circé propose donc bien une sorte de réforme silénique — mais avec une spécificité de taille : le prodige ne consiste plus ici à transformer les bêtes en hommes (comme c'était le cas dans le *Balet comique de la Royne*), mais au contraire à transformer les hommes en bêtes, à montrer la *feritas* qui se cache sous l'écorce de l'*humanitas*. Cependant, il s'agit bien encore ici de fausses apparences puisque l'*extra* ne correspond plus à l'*intus*. C'est pourquoi, comme la magicienne l'explique elle-même à Moeris, son interlocutrice, un "enchantement" sera nécessaire pour permettre de distinguer ensuite les vrais hommes des faux :

39. *Ibidem* : « Si repetivit Astraea caelum, cuius ne vestigium quidem terra videat : cur non de caelo saltem apparet Astraea ? » Rappelons qu'en Angleterre Élisabeth Ire était identifiée à Astrée : cf. Frances A. YATES, « La reine Élisabeth I en Astrea », in *Astrée : le symbolisme impérial au XVIe siècle* [1975], tr. fr. J.-Y. Pouilloux et A. Huraut, Paris, Belin, 1989, p. 39-104.

40. Giordano BRUNO, *Cantus circaeus*, *cit.*, vol. II, p. 187 : « ut à singulis brutalium specierum indiuiduis humanam abstrahentes faciem, in suas ipsa faciatis extrinsecas atque veraces prodire figuras ».

> Ceux que tu vois maintenant — comme tu l'as reconnu toi-même — sous leur forme de brutes et de bêtes ne diffèrent pas de ceux que tu voyais peu auparavant sous forme humaine, si ce n'est que maintenant ils font voir les griffes, les crocs, les dards et les cornes qu'ils tenaient cachés. Mieux — et cela, je veux que tu le saches bien —, ils sont devenus beaucoup moins nuisibles et redoutables, en étant privés de cet organe si efficace pour blesser les profondeurs mêmes des âmes[41].

Seuls des « hommes dénués de jugement qualifieront de malfaisante la bienfaisante Circé », parce qu'ils ne réussiront pas à comprendre que, même doté de griffes, de cornes et de crocs, un animal est moins dangereux qu'un être doté de la main, c'est-à-dire de l'organe des organes qui a permis à l'homme de dominer toutes les autres espèces[42] :

> Ne sais-tu pas que qui est armé de la main est mieux armé que tous ? Ne sais-tu pas que, si la main est [en elle-même] dépourvue de toute arme, c'est pour pouvoir être la plus puissante à l'aide de toutes les armes ? Ignores-tu que, faisant servir à son propre usage les dards, les poisons, les cornes et les crocs, la main ne craint pour elle-même aucune attaque des bêtes sauvages, et que cet instrument

41. *Ibidem*, p. 194 : « Non enim differunt haec quae modo vides bruta & bestias (vt & ipsa nosti) ab iis quos paulo ante videbas homines, praeter quam quod apertos nunc habent vngues, dentes, aculeos, & cornua quae latebant. Imó & hoc te non ignorare volo, quod cum illo careant organo, quod est ad ipsa animorum intima ledenda efficacissimum : longe minus nocua, atque formidanda sunt effecta ».

42. Sur le thème de la main conçue avant tout comme l'instrument naturel qui permet à l'homme de créer la civilisation, cf. Nuccio Ordine, *Giordano Bruno, Ronsard et la religion*, *cit.*, p. 127-132.

> à lui tout seul a généralement permis de dominer tous les animaux qui se puissent voir ?[43]

Dans la liste des animaux, cependant, une place de premier rang est attribuée au coq, cet oiseau « si gracieux, doux, humain, sociable et serviable »[44]. Comme on l'a vu, il apparaît en effet dans les premiers vers de l'ouvrage et il ressurgit dans les dernières répliques de la première partie du *Cantus*. À une question de Moeris (« Comment, dis-je, aurais-je pu reconnaître ces coqs ? » [45]) Circé répond en faisant allusion aux luttes intestines qui ravagent la France :

> Bien qu'il soit un animal très beau, bon chanteur, noble, généreux, magnanime, solaire, impérieux et quasi divin, le coq fait néanmoins un mauvais usage de ses qualités propres, et la seule raison pour laquelle il se dépouille de sa meilleure forme, c'est que, juste pour quelques poules viles et oisives, il meurt au combat, en affrontant son propre semblable et son propre frère, tandis que celui qui sort vainqueur [du combat], pour le plus grand divertissement des autres spectateurs, affirme par son chant sa supériorité. Tu aurais pu le découvrir sous les apparences de tous ceux qui ont eu pour habitude de s'épuiser mutuellement en assauts mutuels et qui, de

43. Giordano Bruno, *Cantus circaeus*, *cit.*, vol. II, p. 194 : « Nescis eum qui manu armatur magis omnibus armari ? nescis manum omnibus carere armis : vt omnibus praepotens esse possit armis ? ignoras ipsam sibi & aculeos, venena, & cornua, et dentes adaptantem, á nullis sibi timere bestiarum insultibus, & eo tantum instrumento animantibus omnibus quae videntur imperare consueuisse ? »

44. *Ibidem*, p. 209 : « venustum, affabile, humanum, conuersatile, & officiosum ».

45. *Ibidem* : « Gallos inquam istos quomodo cognovissem ? ».

manière ridicule, se vantaient devant les autres des méfaits qu'ils avaient commis contre leurs semblables.[46]

Ici encore, il faut donc faire une distinction : aux coqs qui combattent leurs propres frères et se vantent de leurs méfaits déguisés en victoires, Bruno oppose le coq idéal, « très beau, bon chanteur, noble, généreux, magnanime, solaire, impérieux et quasi divin ». C'est ce coq unique, ce porteur des valeurs positives, qui permet au livre (le *Cantus*) de parvenir chez Circé. Parce qu'il connaît les secrets de la magicienne et qu'il sait se débrouiller pour saisir l'essence des choses dans le labyrinthe des apparences, c'est bien à lui que revient la tâche capitale de ramener ses semblables, les autres coqs, sur la voie de la vertu et de la paix. S'agit-il là d'un message d'espoir fondé sur le rôle essentiel que joue Henri III dans la bataille contre la barbarie qui est en train de détruire toute forme de savoir et de vie civilisée[47] ? S'agit-il encore d'une allusion au roi de France tel qu'il apparaît dans un poème de Dorat composé à l'occasion des fêtes données en l'honneur du mariage de Joyeuse : en roi Soleil avançant sur son char dans un théâtre où, sous un ciel rempli de constellations, figurent sa devise aux trois couronnes et le fameux navire de l'espoir avec Castor et Pollux ?[48]

46. *Ibidem*, p. 209-210 : « Gallus cúm sit animal pulcherrimum, canorum, nobile, generosum, magnanimum, solare, imperiosum & pené diuinum : seipso tamen abutitur, & ob id vnum meliori exuitur forma : quod cum simili atque consorte, pro vilibus & ociosis gallinis vt plurimum in pugna commoritur, ísque qui victor euadit aliis oblectamen spectatoribus, cantu se testatur superiorem. Istum vidisses in illis latere, qui mutuis dissidiis mutuo se consueuerunt atterere, quíque sua in suos facinora caeteris ridiculi iactabant ».

47. Sur le rôle d'Henri III dans le *Cantus*, voir Vittoria PERRONE COMPAGNI, « "Minime occultum chaos". La magia riordinatrice del *Cantus circaeus* », *Bruniana & Campanelliana*, VI (2000), p. 281-297.

48. Cf. Jean DORAT, *Œuvres poétiques*, éd. Charles Marty-Laveaux, Paris, 1875 [rééd. anast., Genève, Slatkine, 1974], p. 29 : « Mesmement quand le Roi sur son char y entroit / Qui comme un grand soleil estival

4. L'ARRIVÉE DE BRUNO À LONDRES EN 1583 ET LA RÉFORME MORALE DE L'*EXPULSION DE LA BÊTE TRIOMPHANTE* (1584)

Reste que, l'année suivante, probablement aux alentours d'avril 1583, Bruno abandonne la France pour se rendre en Angleterre. Dans un interrogatoire, il déclare aux juges de l'Inquisition qu'il a quitté Paris « à cause de troubles qui commencèrent ensuite »[49]. Dès le 28 mars 1583, l'ambassadeur anglais Henry Cobham — celui-là même qui avait envoyé à la reine Élisabeth des dépêches détaillées sur le *Balet comique de la Royne* — a transmis à Francis Walsingham un message très éloquent annonçant l'arrivée imminente du Nolain ([« Le docteur Giordano Bruno, Nolain, professeur de philosophie, dont je ne saurais garantir la religion, a l'intention de passer en Angleterre »[50]).

se montroit, / Et iectant son aspect vers la lampe lunaire, / Plus il s'esloignoit, plus il la rendoit claire ». Cf. Frances A. Yates, « Les magnificences pour le mariage du duc de Joyeuse », in *Astrée : le symbolisme impérial au XVIe siècle*, *cit.*, p. 278.

49. Giordano BRUNO, *Œuvres complètes. Documents. I. Le procès*, [doc. 11], *cit.*, p. 50-51 : « mais à cause des troubles qui commencèrent ensuite, je demandai congé et avec des lettres dudit roi je me rendis en Angleterre pour demeurer avec l'ambassadeur de Sa Majesté, qui s'appelait le Seigneur de la Mauvissière, de son nom Michel de Castelnau » (« ché per li tumulti che nacquero doppo, pigliai licentia et con littere dell'istesso Re andai in Inghilterra a star con l'ambasciator di Sua Maestà, che si chiamava il signor della Malviciera, per nome Michel de Castelnovo »).

50. *Calendar of State Papers, Foreign Series, of the Reign of Elizabeth, January-June 1583, and Addenda. Preserved in the Public Record Office*, éd. A.J. Butler et Sophie Crawford Lomàs, Londres, 1913 [rééd. in Giovanni Aquilecchia, « Giordano Bruno in Inghilterra (1583-1585). Documenti e testimonianze », *Bruniana & Campanelliana*, 1-2 (1995), p. 24] : « Il Sr. Doctor Jordano Bruno, Nolano, a professor of philosophy, intends to pass in to England ; whose religion I cannot commend ».

Le philosophe franchit la Manche et il est accueilli à Londres chez l'ambassadeur de France Michel de Castelnau, avec qui il noue de solides liens d'amitié[51]. Durant son séjour de deux ans en Angleterre, Bruno publie les six dialogues italiens dans lesquels il va ébaucher la première présentation d'ensemble de sa « nova filosofia ». Il fait notamment paraître en 1584 l'*Expulsion de la bête triomphante*, un dialogue centré sur la nécessité d'entreprendre une réforme morale susceptible de mettre un terme aux dévastations provoquées par les guerres de religion : à cette fin, Jupiter convoque une assemblée des dieux — en plein midi, avec le soleil au zénith et la vérité dans tout son éclat[52] — pour renouveler complètement les symboles des constellations, éliminer les vices et ne les remplacer que par les vertus. Leur débat franc et passionnant a essentiellement pour objet les rapports entre religion et vie sociale, entre philosophie et éthique, entre mythologie et littérature.

Après avoir montré les effets négatifs de la « foi » et de la théologie sur le plan de la cosmologie (dans le *Souper des Cendres* et dans *De l'infini, de l'univers et des mondes*) comme sur celui de la philosophie de la nature (dans *De la cause*), le Nolain décide dans un quatrième *mouvement* de la « nova filosofia » de renouer entre religion et société civile des liens rompus par des siècles de barbarie. L'*Expulsion de la bête triomphante* se présente en effet comme l'allégorie

51. Pour une analyse des dédicaces adressées à Michel de Castelnau dans certains dialogues et des rapports entre l'*Expulsion de la bête triomphante* et les *Mémoires* de l'ambassadeur français, cf. Nuccio Ordine, *Giordano Bruno, Ronsard et la religion*, *cit.*, p. 39-51.

52. C'est aussi quand le soleil est au zénith que Circé prononce ses formules magiques dans le *Cantus*, *cit.*, vol. II, p. 186 : « Moeri inspice lineam, & vide an adhuc altum caeli sol teneat. – Moeris : Nil abest » (« Moeris, observe la ligne [méridienne], et vois si le soleil occupe encore la plus haut lieu du ciel. – MOERIS : Il ne s'en est pas éloigné. »)

d'une réforme éthique dans laquelle Bruno expose « les semences choisies et bien ordonnées de sa philosophie morale »[53]. C'est là une étape décisive dans le projet que réalisent les œuvres italiennes. En effet, en libérant la terre des chaînes du géocentrisme et l'univers des limites qui l'enfermaient, le Nolain visait à rapprocher les mondes infinis de notre planète, la « divinité » de la nature, la matière « céleste » de la matière « terrestre » : en libérant la religion de la folie destructrice des pédants théologiens, il vise maintenant à *religare* (c'est-à-dire à relier) l'homme à l'homme, en concevant un culte qui favorise la cohésion sociale et incite à adopter un comportement « héroïque » dans la vie sociale et politique[54].

Dans une perspective encore une fois fondée sur l'herméneutique du silène, Bruno assigne à Henri III — comme nous le verrons plus loin — un rôle pacificateur de premier plan, à travers d'intéressantes réflexions sur la devise des trois couronnes.

Le Nolain parle en connaissance de cause — et c'est bien pourquoi nous lui accordons tant de place. Il réfléchit, sous différents angles, au rapport entre les mots et les *icones*, et il sait que les *imagines agentes* peuvent remplir une fonction capitale dans la diffusion d'une nouvelle vision du monde. Aussi publie-t-il en 1585 les *Fureurs héroïques*, où deux dialogues entiers (le cinquième de la première partie et le premier de la deuxième partie — plus la fin d'une devise dans le deuxième dialogue de la deuxième partie) sont consacrés à la description de

53. Giordano Bruno, *Expulsion de la bête triomphante*, in *Œuvres complètes. V. 1-2*, texte établi par Giovanni Aquilecchia, tr. fr. Jean Balsamo, introduction par Nuccio Ordine, notes par Maria Pia Ellero, Paris, Les Belles Lettres, 1994, p. 12-13 : « gli numerati et ordinati semi della sua moral filosofia ».

54. Sur la *religio* comprise comme *religare*, cf. Nuccio Ordine, *Giordano Bruno, Ronsard et la religion*, *cit.*, p. 101-104.

vingt-huit images, associées chacune à un *motto* en latin et à quelques vers de commentaire. Toutefois le texte ne nous intéresse pas seulement à cause des devises : dans le dernier dialogue, qui clôt l'ouvrage, Bruno nous propose également un récit allégorique centré sur la figure de Circé.

Mais avant d'analyser ces deux aspects d'une œuvre bien plus complexe — ces *Fureurs héroïques* où Bruno s'emploie à « récrire » le rapport entre l'homme et la connaissance[55] —, nous voudrions nous arrêter encore un moment sur certaines coïncidences significatives. Comme il l'avait déjà fait pour l'*Expulsion*, c'est à sir Philip Sidney que Bruno dédie les *Fureurs héroïques*. Nous sommes à Londres, en 1585, l'année même où, comme on l'a vu, Samuel Daniel publie le *Dialogo dell'imprese militari e amorose* de Paolo Giovio, tandis qu'en 1586 Geffrey Whitney fait paraître en anglais un recueil d'emblèmes (*A Choice of Emblemes*) ; en 1588, enfin, toujours en Angleterre, Abraham Fraunce publie l'*Insignium, Armorum, Emblematum, Hieroglyphicorum et Symbolorum, quae ab Italis Imprese nominantur, Explicatio*. Si Daniel et Fraunce se consacrent à l'étude des emblèmes, c'est probablement — répétons-le, car c'est nécessaire — après y avoir été encouragés par Sidney. Autrement dit, en l'espace de quelques années seulement, on voit paraître, grâce à un seul et même protecteur, certains textes fondamentaux pour la diffusion de la littérature des emblèmes et des devises en Angleterre[56].

La traduction-adaptation de Daniel contient un élément encore plus intéressant pour notre recherche : dans la préface qui précède l'œuvre, un certain N. W. — que

55. Cf. Nuccio Ordine, *Le Seuil de l'ombre*, « La philosophie contemplative : les *Fureurs* », *cit.*, p. 187-239.

56. Cf. *supra* p. 9-12.

Pierre Spriet identifie à Nicholas Wynman[57] — parle de Bruno et de son intérêt pour les traductions[58]. Cela pourrait signifier que Wynman et Daniel, tous deux étudiants d'Oxford, ont pu connaître le Nolain durant son séjour agité parmi les pédants oxoniens.

Mais, faut-il le répéter, ces coïncidences ne nous autorisent pas à mettre sur le même plan les textes d'emblèmes dont nous avons parlé et les devises des *Fureurs héroïques*. N'oublions pas en effet que, dans la dédicace à sir Philip Sidney, Bruno prend ses distances avec la mode du pétrarquisme et des devises, c'est-à-dire avec une conception purement mondaine et stérile de la littérature et des images :

57. Cf. Pierre SPRIET, *Samuel Daniel (1563-1619). Sa vie - son œuvre, cit.*, p. 35-36. Dans le sillage de Spriet, voir aussi — surtout à propos des rapports entre Daniel et Bruno — Hilary GATTI, « Paolo Giovio in Inghilterra : la traduzione inglese di Samuel Daniel », in *Con parola brieve e con figura. Emblemi e imprese fra antico e moderno*, dir. Lina Bolzoni et Silvia Volterrani, Pise, Edizioni della Normale, 2008, p. 185-198.

58. « You cannot forget that which *Nolanus* (that man of infinite titles among other phantasticall toyes) [t]ruely noted by chaunce in our Schooles, that by the helpe of translations, al Sciences had their ofspring, and in my iudgement it is true » : N. W., *To his good frend Samuel Daniel*, in *The Worthy tract of Paulus Iovius, contayning a Discourse of rare inventions, both Militarie and Amorous called Imprese... by Samuell Daniell*, London, Simon Waterson, 1585, sign. * 4r. Une autre allusion à la conception brunienne de la traduction se trouve chez John Florio dans sa préface (intitulée *To the courteous Reader*) aux *Essays* de Montaigne (Londres, E. Blount, 1603, p. VII). Bruno traite de la traduction dans le *Souper des Cendres* (in *Œuvres complètes. II*, texte établi par Giovanni Aquilecchia, tr. fr. Yves Hersant, introduction par Adi Ophir, notes par Giovanni Aquilecchia, 2e éd. revue et corrigée, Paris, Les Belles Lettres, 2003 [1994], p. 36-37), et dans *De la cause, du principe et de l'un* (in *Œuvres complètes. III*, texte établi par Giovanni Aquilecchia, tr. fr. Luc Hersant, introduction par Michele Ciliberto, notes par Giovanni Aquilecchia, Paris, Les Belles Lettres, 1996, p. 160-163). Sur les rapports entre Bruno et Daniel et sur leur intérêt commun pour le mythe d'Actéon, cf. Nuccio ORDINE, *Le Seuil de l'ombre, cit.*, p. 226-227.

Voici tracé sur le papier, imprimé dans les livres, placé devant les yeux et entonné aux oreilles un bruit, un fracas, un vacarme d'allégories, d'emblèmes, de devises, d'épîtres, de sonnets, d'épigrammes, de volumes, de prolixes dossiers, de sueurs d'agonie, de vies consumées, le tout accompagné de cris à assourdir les astres, de lamentations dont les échos retentissent jusqu'aux antres infernaux, de tortures qui frappent de stupeur les âmes vivantes, de soupirs qui font s'évanouir de compassion les dieux immortels, et tout cela pour ces yeux, pour ces joues, pour ce buste, pour ce blanc et pour ce vermeil, pour cette langue […], ce dégoût, cette puanteur, ce sépulcre, cette latrine, ces menstrues, cette charogne, cette fièvre quarte, ce déni de justice, ce tort extrême de la nature[59].

59. Giordano Bruno, *Des fureurs héroïques*, *cit.*, p. 6-7 : « Ecco vergato in carte, rinchiuso in libri, messo avanti gli occhi, et intonato a gli orecchi un rumore, un strepito, un fracasso d'insegne, d'imprese, de motti, d'epistole, de sonetti, d'epigrammi, de libri, de prolissi scartafazzi, de sudori estremi, de vite consumate, con strida ch'assordiscon gli astri, lamenti che fanno ribombar gli antri infernali, doglie che fanno stupefar l'anime viventi, suspiri da far exinanire e compatir gli dèi, per quegli occhi, per quelle guance, per quel busto, per quel bianco, per quel vermiglio, per quella lingua […] ; quel schifo, quel puzzo, quel sepolcro, quel cesso, quel mestruo, quella carogna, quella febre quartana, quella estrema ingiuria e torto di natura ». Et voici comment, dans le « Proprologue » du *Chandelier*, *cit.*, p. 42-45, Bruno anticipe les mésaventures de l'amoureux Bonifacio, comique représentant d'une utilisation dégradée de la poésie d'amour : « Vous allez voir comment un amoureux soupire, pleure, bâille, tremble, rêve, bande et se rôtit le cœur au feu de l'amour ; comment il médite, élucubre, enrage, mélancolise, jalouse, gémit et espère d'autant moins qu'il désire davantage. Son âme, vous allez la trouver dans les fers, entravée, enchaînée, captive, prisonnière ; il est de surcroît promis à d'éternels suppplices, au martyre et au trépas. Dans les replis de son cœur, vous trouverez des flèches, des dards, des traits, des feux, des flammes, des ardeurs, des jalousies, des soupçons, des dépits, des réticences, des fureurs et des oublis, des plaies, des blessures, des hélas, des soufflets de forge, des tenailles, des enclumes et des marteaux : "avec son carquois, l'archer aveugle et nu". Et puis l'objet de son amour : "mon cœur, mon trésor, ma vie, ma douce

Même ici, le rapprochement de Bruno et de la littérature des emblèmes et des devises publiée en Angleterre ne se justifie que sur la base de la reconstitution de tout un milieu intéressé par les rapports entre mots et *icones* : des rapports que, nous le verrons, Bruno saura plier aux desseins plus vastes de sa « nova filosofia ».

5. Bruno philosophe-peintre-poète dans les *Fureurs héroïques* (1585)

Le Nolain se présente en effet dans les *Fureurs* comme un philosophe-peintre, non seulement parce que tout un pan de l'ouvrage est consacré aux devises, mais aussi et surtout parce que le processus même de la connaissance ne peut se passer des images. On n'arrive pas à savoir si les interlocuteurs du dialogue tirent leurs informations iconographiques de la lecture d'un livre, comme cela se produit souvent dans d'autres textes bruniens, ou bien s'ils se trouvent dans une pinacothèque spéciale en

plaie et ma mort, ma divinité, ma céleste créature, mon point d'appui, mon repos, mon espérance, ma fontaine, mon souffle de vie, mon étoile du nord, mon beau soleil qui en mon âme jamais ne se couche". Ou encore, à l'inverse : "cœur sec, colonne inébranlable, pierre dure, cœur de diamant" » («Vedrete in un amante suspir, lacrime, sbadacchiamenti, tremori, sogni, rizzamenti, "e un cuor rostito nel fuoco d'amore" ; pensamenti, astrazzioni, colere, maninconie, invidie, querele, e men sperar quel che più si desia. Qui trovarrete a l'animo ceppi, legami, catene, cattività, priggioni, eterne ancor pene, martìri e morte ; alla ritretta del core, strali, dardi, saette, fuochi, fiamme, ardori, gelosie, suspetti, dispetti, ritrosie, rabbie et oblii, piaghe, ferite, omei, folli, tenaglie, incudini e martelli ; "l'archiero faretrato, cieco e ignudo". L'oggetto poi del core, un cuor mio, mio bene, mia vita, mia dolce piaga e morte, dio, nume, poggio, riposo, speranza, fontana, spirto, tramontana stella, et un bel sol ch'a l'alma mai tramonta ; et a l'incontro ancora, crudo cuore, salda colonna, dura pietra, petto di diamante »).

train d'observer des images accompagnées des écriteaux correspondants[60].

« Mélange mystérieux de peinture et de mots » — pour reprendre l'expression de Bartolomeo Arnigio, membre influent de l'Accademia degli Occulti de Brescia (1564-1570) —, la devise se présente comme un « Silène artificiel »[61] dont la signification réside précisément dans une

60. Dans le *De umbris idearum* comme dans la *Cabale* et dans la deuxième partie du *Cantus circaeus*, Bruno imagine que le dialogue suit la lecture d'un livre. Pour les *Fureurs héroïques*, Spampanato suppose qu'il s'agit plutôt d'une galerie d'images (cf. Vincenzo Spampanato, *Bruno e Nola*, Castrovillari, Patitucci, 1899, p. 69). Sur cette question — et, de manière plus générale, sur les devises chez Bruno —, cf. Patrizia Farinelli, *Il furioso nel labirinto. Studio su* De gli eroici furori *di Giordano Bruno*, Bari, Adriatica, 2000, p. 74-87.

61. Cf. *Rime de gli Academici Occulti con le loro imprese et discorsi*, Brescia, appresso Vincenzo di Sabbio, 1568, ff. 1-2 : « Et perché l'Impresa, a mio giudicio, è una mistura mistica di pittura & parole rappresentante in picciolo campo a qualunque huomo di non ottuso Intelletto qualche recondito senso d'una o di più persone [...]. Et certo parmi convenevole cosa, che qualunque schiera o collegio di Virtuosi, ch'ad operationi rare di mano o di lingua si disponga, debba ancora con qualche suo leggiadro segno o simbolo rappresentar'altrui l'Instituto, la Mente, lo Studio, overo Fin suo. Perilche l'Academia de gli occulti [...] ha eletto oltre molti d'usare per corpo d'Impresa l'Imagine di sileno non naturale ; ma, come si soleva da gli antichi maestrevolmente formare, in guisa, ch'aprire & chiudere si poteva. perciocche nel voto del corpo suo si riserbavano rinchiuso qualche bellissimo Idolo di Dio o di Dea ; accio dall'ingiuria dell'aere, della polve, o del luto non si consumasse ; ma nella sua intera perfettione lungo tempo durasse [...] Sotto'l velo del corpo di questo Sileno arteficiale ascondiamo l'anima dell'Impresa, ch'è l'intento primo di mantener la parte nostra migliore nella sua nativa forma & purissima luce, però v'aggiungiamo, qual sia il fine nostro sotto'l letteral vestimento del Motto, intus non extra, cioè, come per entro al Sileno, & non per di fuori miravano gli antichi ; così noi nell'interna & non nell'esterna forma curiamo di porre ogni studio. » (« Et parce que la devise, à mon avis, est un mélange mystérieux de peinture et de mots qui représente à petite échelle, pour tout homme doté d'un intellect non obtus, la pensée cachée d'une ou de plusieurs personnes [...]. Et il me paraît assurément convenable que tout groupe ou collège de Virtuoses, qui se propose des tâches manuelles ou littéraires

dialectique de l'*intus* et de l'*extra*[62]. Bruno « dépeint » donc les devises et, grâce à son langage particulier, il

rares, ait en outre le devoir, en utilisant certains de ses élégants signes ou symboles, de représenter à autrui son Dessein, son Intention, son Propos ou son But. Voilà pourquoi l'Académie des OCCULTES [...] a choisi après bien d'autres d'utiliser comme corps de sa devise l'image d'un Silène, non pas un Silène naturel mais — ainsi que les Anciens avaient coutume d'en façonner de manière magistrale — un Silène tel qu'il fût possible de l'ouvrir et de le refermer, parce que la partie creuse de son corps conservait et renfermait la très belle image d'un dieu ou d'une déesse, afin qu'elle ne soit pas détruite par les outrages de l'air, de la poussière ou de la boue, mais que sa perfection reste longtemps intacte [...]. Sous le voile du corps de ce Silène artificiel nous cachons l'âme de la devise, qui est l'intention première de conserver notre meilleure part dans sa forme native et sa lumière la plus pure. Nous y ajoutons donc la nature de la fin que nous poursuivons sous l'habillement littéral du *motto* « Intus non extra » : de même que les anciens contemplaient l'intérieur du Silène et non le dehors, de même nous nous soucions de situer toute recherche dans la forme intérieure et non dans la forme extérieure »). Cf. aussi LE TASSE, *Il conte overo de l'impresa*, in *Dialoghi*, éd. crit. Ezio Raimondi, Florence, Sansoni, 1958, II, 2, p. 1054 ; Ercole TASSO, *Della realtà e perfettione delle Imprese... con l'Essamine di tutte le openioni infino a qui scritte sopra tal'Arte*, Bergame, Comino Ventura, 1612, p. 132-134. Sur le rapport entre devise et pensée, voir Robert KLEIN, « La théorie de l'expression figurée dans les traités italiens sur les "imprese" (1555-1612) », in ID., *La forme et l'intelligible*, Paris, Gallimard, 1970, p. 125-150. Sur les relations entre devises et poésie, cf. Armando MAGGI, *Identità e impresa rinascimentale*, Ravenne, Longo, 1998 (voir aussi Guido ARBIZZONI, *« Un nodo di parole e di cose ». Storia e fortuna delle imprese*, Rome, Salerno, 2002).

62. Le Silène et le *motto* « Intus non extra » se trouvent sur le frontispice des *Rime de gli Academici occulti con le loro imprese et discorsi*, *cit.* Une variante du *motto* (où ne figurent que les mots « non extra ») et de la figure se trouve sur le frontispice des *Carmina Acad. Occultorum*, Brixiae [Brescia], apud Vinc. Sabiensem, 1570. Une autre version du *motto* (« intus et exstra [*sic*] »), avec une figure tout à fait différente, attribuée aux *Occulti* de Sienne, est illustrée dans un manuscrit du XVIIIe siècle, *Imprese ed Emblemi delle Accademie d'Italia* (Rome, Biblioteca Casanatese, Mss Varia 1028, f. 159 ; dans le vieux catalogue, le titre du manuscrit est différent : *Emblemi di Accademie con altri emblemi morali*). Chez Achille Bocchi, notons la xylographie d'un silène avec le *motto* « non extra, at intus audio » (A. Bocchi, *Symbolicarum questionum...*, Bononiae [Bologne], Novae Accademiae Bocchianae, 1555, [symbole XLV], p. XCII).

incite le lecteur à se transformer en observateur. Il élève l'*ekphrasis* au statut de figure dominante dans sa conception de la littérature[63]. Il sait que l'écriture ne peut être indifférente à la connaissance de l'objet qu'elle décrit. Mais surtout — et c'est, à notre avis, le point décisif — il fait de l'image elle-même un élément essentiel dans sa théorie de la connaissance. Tout au long des *Fureurs*, en effet, les métaphores du « simulacre », du « miroir », du « vestige » et de l'« ombre » expriment l'impossibilité pour l'homme d'accéder directement aux « idées », à la connaissance suprême et absolue, laquelle ne peut être atteinte que dans le reflet des choses naturelles, dans l'image de Diane, dans l'univers infini :

> car nous ne voyons pas les véritables effets, les véritables formes des choses ou la substance des idées, mais leurs ombres, vestiges et simulacres, étant pareils à ceux qui sont dans la caverne et depuis leur naissance tournent le dos à la lumière et le visage vers le fond, de sorte qu'ils ne voient point ce qui est vraiment, mais l'ombre de ce qui, hors de la caverne, se trouve substantiellement[64].

63. Sur les rapports entre la littérature et les arts, cf. les essais rassemblés dans *La littérature et les arts figurés de l'Antiquité à nos jours*, Actes du XIVe Congrès de l'Association Guillaume Budé (Limoges, 25-28 août 1998), Paris, Les Belles Lettres, 2001. Sur l'*ekphrasis*, voir l'*Introduction* de Sonia Maffei, in Luciano di Samosata, *Descrizioni di opere d'arte*, éd. Sonia Maffei, Turin, Einaudi, 1994, p. XV-LXXI (cf. aussi David ROSAND, « *Ekphrasis* and the Renaissance of Painting Observations on Alberti's Third Book », in *Florilegium Columbianum. Essays in Honor of Paul Oskar Kristeller*, dir. Karl-L. Selig et Robert Somerville, New York, Italica Press, 1987, p. 147-163).

64. Giordano BRUNO, *Des fureurs héroïques*, *cit.*, p. 456-457 : « perché veggiamo non gli effetti veramente, e le vere specie de le cose, o la sustanza de le idee, ma le ombre, i vestigi e simulacri de quelle, come color che son dentro l'antro et hanno da natività le spalli volte da l'entrata della luce, e la faccia opposta al fondo : dove non vedeno quel che è veramente, ma le ombre de ciò che fuor de l'antro sustanzialmente si trova. »

Cette question est complexe, et l'on ne saurait la traiter dans le cadre de cet essai. Il reste néanmoins certain que l'image (verbale et visuelle) a une fonction de médiation, étant l'instrument qui permet de rendre visible l'invisible, que ce soit sur un plan strictement iconographique ou sur un plan purement linguistique[65]. Sans la conscience de ce rôle fondamental joué par les *imagines* dans la « nova filosofia », on ne comprendrait pas pourquoi, au mépris de toute technique de composition, Bruno a lui-même réalisé une bonne partie de son *corpus iconographicum*. Le philosophe grave le bois de ses propres mains, sans se soucier des imperfections et des repentirs. Pour lui, en accord avec les principes généraux de sa poétique, la valeur des *icones* ne peut être subordonnée à d'abstraites règles esthétiques, mais doit être mise au service d'un dessein philosophique[66]. Autrement dit, le Nolain conçoit et réalise des figures, mais il est un *pictor* qui les utilise comme le véhicule d'une *Weltanschauung* bien précise.

Et c'est à partir de ce thème central de la « nolana filosofia » qu'il serait utile de s'interroger rétrospectivement sur le rapport qui s'instaure entre philosophie et peinture. Mais l'analyse ne doit pas se limiter à des réflexions générales,

65. Le rôle du peintre et du poète est également de *fingere* (« façonner »), c'est-à-dire de donner forme à l'informe, d'imiter, mais aussi de « former des images mentales » : cf. Anne-Marie Lecoq, « "Finxit". Le peintre comme « fictor » au xvie siècle », *Bibliothèque d'Humanisme et Renaissance*, XXXVII (1975), p. 225-243 (p. 229 pour la citation).

66. Sur les limites artistiques des gravures autographes de Bruno dans les œuvres latines et sur les circonstances de leur composition, voir Mino Gabriele, *Introduction* à Giordano Bruno, *Corpus iconographicum. Le incisioni nelle opere a stampa*, catalogue, reconstitutions graphiques et commentaire de Mino Gabriele, Milan, Adelphi, 2001, p. xcvi-ciii. En reproduisant le *corpus iconographicum* œuvre par œuvre, Gabriele analyse l'utilisation que fait Bruno des images dans sa philosophie de la connaissance et, en particulier, le rôle qu'elles jouent par rapport aux textes où elles sont insérées.

ni notre propos paraître sacrifier à la mode de l'*ut pictura poesis*[67]. On doit en effet interpréter plus en profondeur le fait que Bruno entame à Paris la série de ses œuvres italiennes en jouant le rôle d'un peintre-philosophe — celui de Gioan Bernardo dans le *Chandelier* — et qu'il l'achève à Londres avec les *Fureurs héroïques* en jouant le rôle d'un philosophe-peintre. Dans un passage de l'*Explicatio triginta sigillorum*, l'équivalence des tâches finira même par englober la poésie[68]. Mais qu'ont donc vraiment en commun le philosophe, le peintre et le poète ?

Le point fondamental est que la philosophie, la poésie et la peinture s'expriment toutes trois par “images”, parce que seules les “images” permettent de dire l'indicible, de voir l'invisible : plongée dans le flux des ombres, la connaissance humaine ne peut guère employer d'autre moyen. Or si, dans le *Chandelier*, le Nolain fait œuvre de “peintre”, les autres textes londoniens semblent eux aussi avoir été rédigés sous le signe de ce qui est à la fois une philosophie, une poésie et une peinture[69]. Le *Souper des*

67. Sur la diffusion de ce thème à la Renaissance, cf. Rensselaer WRIGHT LEE, *Ut pictura poesis. Humanisme et théorie de la peinture. XVe-XVIIIe siècles,* tr. fr. et mise à jour par Maurice Brock, Paris, Macula, 1991 [1967].

68. Giordano BRUNO, *Explicatio triginta sigillorum*, in *Opera latine conscripta*, *cit.*, II, 2, p. 133 : « [...] les philosophes sont d'une certaine façon des peintres et des poètes ; les poètes, des peintres et des philosophes ; les peintres, des philosophes et des poètes ; et réciproquement les vrais poètes, les vrais peintres et les vrais philosophes s'apprécient et s'admirent. » (« [...] philosophi sunt quodammodo pictores atque poëtae, poëtae pictores et philosophi, pictores philosophi et poëtae, mutuoque veri poëtae, veri pictores et veri philosophi se diligunt et admirantur. »)

69. Pour une analyse spécifique des rapports entre philosophie et peinture chez Bruno, cf. Nuccio ORDINE, « Du *Chandelier* aux *Fureurs* : le peintre, le philosophe et l'ombre », et « Philosophie, peinture et poésie : questions de poétique », in *Le seuil de l'ombre*, *cit.*, p. 241-308 et p. 309-340.

Cendres est en effet présenté comme un type particulier de « portrait » :

> Si les couleurs du portrait ne vous semblent pas correspondre à celles du modèle vivant, si les traits vous paraissent inadéquats, sachez que ce défaut vient de l'impossibilité où se trouvait le peintre d'examiner son œuvre avec le recul et la distance que prennent d'ordinaire les maîtres de l'art ; car le tableau et le fond étaient trop près des yeux et du visage de l'artiste, qui ne pouvait reculer si peu que ce fût, ni faire un pas à gauche ou à droite, sans risquer le même plongeon qu'effectua le fils du fameux défenseur de Troie. Prenez donc ce portrait tel qu'il est, avec ses deux, ses cent, ses mille détails et tout ce qu'il comporte ; car il ne vous est pas adressé pour vous instruire de ce que vous savez déjà, ni pour ajouter un peu d'eau au torrent de votre intelligence et de votre jugement ; mais parce que nous n'avons pas coutume, que je sache, de dédaigner le portrait et la représentation des choses, même si nous les connaissons mieux sur le vif[70].

70. Giordano Bruno, *Le souper des Cendres*, *cit.*, p. 22-23 : « Se nel ritrare vi par che i colori non rispondano perfettamente al vivo, e gli delineamenti non vi parranno al tutto proprii, sappiate ch'il difetto è provenuto da questo, che il pittore non ha possuto essaminar il ritratto con que' spacii e distanze, che soglion prendere i maestri de l'arte : perché oltre che la tavola o il campo era troppo vicino al volto e gli occhi, non si possea retirar un minimo passo a dietro o discostar da l'uno e l'altro canto, senza timor di far quel salto, che feo il figlio del famoso denfensor di Troia. Pur tal qual'è, prendete questo ritratto ove son que' doi, que' cento, que' mille, que' tutti ; atteso che non vi si manda per informarvi di quel che sapete, né per gionger acqua al rapido fiume del vostro giudizio et ingegno : ma perché so che secondo l'ordinario, benché conosciamo le cose più perfettamente al vivo, non sogliamo però dispreggiar il ritratto e la rapresentazion di quelle. » Il est question de peinture dans un précédent passage, p. 12-13 : « Un peintre procède exactement de même, en ne se contentant pas de donner les grandes lignes du sujet ; pour remplir son tableau et conformer son art à la nature, il peint aussi des pierres, des montagnes, des arbres, des

Caractère fragmentaire de la reproduction, imprécision des couleurs, inexactitude des « traits » : la philosophie-peinture du Nolain semble être en accord avec les principes fondamentaux sur lesquels nous avons initialement mis l'accent. Mais il ne faudrait pas oublier que ces « portraits » sont censés exprimer, sur le plan littéraire, le caractère précaire et provisoire du dialogue, et qu'il n'est pas donné à l'auteur-peintre de reconstituer la réalité dans sa totalité. Si dans l'*Expulsion* il avoue clairement l'impossibilité d'aller au-delà de « quelques traits d'esquisse et quelques ombres », « comme les peintres »[71], il affirme dans la *Cabale du cheval pégaséen* la valeur cognitive du détail :

> Et si cette raison ne vous satisfait pas, songez aussi que cette petite œuvre contient une description ou une peinture, et que dans les portraits il suffit d'ordinaire de représenter la tête, sans le reste. Je laisse de côté le fait que

sources, des cours d'eau, des collines ; il montre ici le palais d'un roi, là une forêt, ailleurs un morceau de ciel ; dans un coin le soleil à demi levé, çà et là un oiseau, un porc, un cerf, un âne, un cheval ; il se borne à montrer la tête de l'un, la corne d'un autre, l'arrière-train d'un troisième, faisant voir les oreilles de celui-ci alors qu'il décrit entièrement celui-là, et prêtant à tel ou tel un geste et une expression que n'ont pas tel et tel autre. C'est ainsi qu'il finit, comme on dit, par historier son dessin, pour la plus grande satisfaction de celui qui contemple et juge. » (« Et in ciò fa giusto com'un pittore ; al qual non basta far il semplice ritratto de l'istoria : ma anco, per empir il quadro, e conformarsi con l'arte a la natura, vi depinge de le pietre, di monti, de gli arbori, di fonti, di fiumi, di colline ; e vi fa veder qua un regio palaggio, ivi una selva, là un straccio di cielo, in quel canto un mezo sol che nasce, e da passo in passo un ucello, un porco, un cervio, un asino, un cavallo : mentre basta di questo far veder una testa, di quello un corno, de l'altro un quarto di dietro, di costui l'orecchie, di colui l'intiera descrizzione ; questo con un gesto et una mina, che non tiene quello e quell'altro : di sorte che con maggior satisfazzione di chi remira e giudica, viene ad istoriar (come dicono) la figura. »)

71. Giordano Bruno, *Expulsion*, *cit.*, p. 14-15 : « certi occolti e confusi delineamenti et ombre, come gli pittori ».

l'artiste se révèle parfois excellent en n'exécutant qu'une main, un pied, une jambe, un œil, une oreille esquissée, une moitié de visage pointant de derrière un arbre ou du coin d'une fenêtre, ou sculptée pour ainsi dire sur le ventre d'une tasse dont la base serait une patte d'oie, d'aigle ou d'un autre animal. Cette œuvre n'encourt pas pour autant la condamnation ni le mépris, mais sa facture n'en est que mieux accueillie et appréciée[72].

À toutes ces questions spécifiques et, de manière plus générale, au rapport philosophie-peinture chez Bruno, nous avons consacré divers chapitres du *Seuil de l'ombre* [73]. À travers l'analyse des deux mythes fondamentaux de la naissance de la peinture (l'action de dessiner les contours de l'ombre — soulignée par Pline, Quintilien, Alberti et Vasari) et de la naissance de la philosophie (en réaction à l'ombre projetée dans la caverne de Platon), nous avons pu dégager certains points de contact entre le travail du peintre et celui du philosophe. Tous deux ont en effet affaire à des ombres. Et, tandis que les peintres savent qu'il ne suffit pas de dessiner les contours de l'ombre

72. Giordano Bruno, *Cabale du cheval pégaséen*, in *Œuvres complètes, VI*, texte établi par Giovanni Aquilecchia, tr. fr. de Tristan Dagron, préface et notes de Nicola Badaloni, Paris, Les Belles Lettres, 1994, p. 16-19 : « E se questa raggione non vi sodisfa, dovete considerar oltre che questa operetta contiene una descrizzione, una pittura ; e che ne gli ritratti suol bastar il più de le volte d'aver ripresentata la testa sola senza il resto. Lascio che tal volta si mostra eccellente artificio in far una sola mano, un piede, una gamba, un occhio, una svèlta orecchia, un mezo volto che si spicca da dietro un arbore, o dal cantoncello d'una fenestra, o sta come sculpito al ventre d'una tazza, la qual abbia per base un piè d'oca, o d'aquila, o di qualch'altro animale : non però si danna, né però si spreggia, ma più viene accettata et approvata la manifattura. »

73. Certaines réflexions publiées dans *Le seuil de l'ombre*, *cit.*, ont d'ailleurs nourri çà et là notre propos dans ce paragraphe consacré aux rapports entre philosophie et peinture chez Giordano Bruno.

pour être un vrai peintre, les philosophes savent qu'il ne suffit pas d'observer les ombres projetées dans la caverne pour être un vrai philosophe : la vraie peinture et la vraie philosophie exigent un dépassement du seuil de l'ombre. Tel est le lien symbolique à la lumière duquel nous avons pu relire le rôle important que jouent certains personnages mythologiques présents dans les œuvres bruniennes, à commencer par Narcisse et Actéon qui y jouent un rôle de premier plan.

6. Les vingt-huit devises et le thème de l'amour dans les *Fureurs héroïques*

Mais il est temps de nous arrêter sur les deux aspects des *Fureurs* qui nous intéressent plus directement : les vingt-huit devises et, surtout, la reprise du mythe de Circé dans les dernières pages du dialogue. Alors qu'il a plusieurs fois employé des images dans les autres œuvres italiennes et dans les œuvres latines, Bruno publie ce dernier dialogue en langue vulgaire sans *icones*, suscitant ainsi de légitimes questions : cette absence est-elle uniquement due au coût excessif qu'aurait signifié la gravure des figures ? Ou bien s'agit-il d'un choix délibéré afin de stimuler encore davantage l'imagination des lecteurs ? Il ne nous est pas possible, en l'état de nos connaissances, de répondre avec certitude. Toujours est-il que le Nolain propose dans les *Fureurs héroïques* une structure à quatre éléments : la *descriptio* de l'image, un *motto*, un ou deux poèmes, et enfin un commentaire. Donato Mansueto, qui souligne l'originalité de Bruno par rapport aux modèles les plus importants de la littérature des emblèmes et des devises, a fourni une description détaillée de chaque *pictura* et de son *motto*, en en signalant soigneusement les sources probables :

1. « Tête » de bronze sur flammes, dont les « orifices » laissent s'échapper de la vapeur, avec le *motto* « *At regna senserunt tria* » ;

2. « Soleil qui étend ses rayons sur le dos de la terre », avec le *motto* « *Idem semper ubique totum* » ;

3. Jeune homme nu étendu sur un pré, en train d'observer des édifices dans le ciel, avec le *motto* « *Mutuo fulcimur* » ;

4. Mouche (ou papillon) volant près d'une flamme, avec le *motto* « *Hostis non hostis* » ;

5. Branche de palmier, avec le *motto* « *Caesar adest* » ;

6. Phénix volant, vers lequel est tourné un jeune homme qui brûle dans les flammes, avec le *motto* « *Fata obstant* » ;

7. Soleil avec deux cercles concentriques, l'un à l'intérieur de lui, l'autre à l'extérieur, avec le *motto* « *Circuit* » ;

8. Lune pleine, avec le *motto* « *Talis mihi semper et astro* » ;

9. Chêne qui résiste au vent, avec le *motto* « *Ut robori robur* » ;

10. Marteau et enclume, avec le *motto* « *Ab Aetna* » ;

11. Pomme d'or, avec le *motto* « *Pulchriori detur* » ;

12. Tête à quatre visages (les vents) dessinés « sur un personnage », qui soufflent vers les coins du ciel, deux étoiles, avec le *motto* « *Novae ortae Aeoliae* » ;

13. Torche ardente, avec le *motto* « *Ad vitam, non ad horam* » ;

14. Flèche à la pointe enflammée avec un lacet, avec le *motto* « *Amor instat ut instans* » ;

15. Serpent sur la neige, jeune homme dans les flammes, avec le *motto* « *Idem, itidem, non idem* » ;

16. Buste à trois têtes : de loup, de lion, de chien, avec le *motto* « *Iam Modo Praeterea* » ;

17. Encensoir tenu par un bras, avec le *motto* « *Illius aram* » ;

18. Phénix qui brûle, obscurcissant le soleil avec sa propre fumée, avec le *motto* « *Neque simile nec par* » ;

19. Feu en forme de cœur avec quatre ailes, dont deux ont des yeux, et, autour, des rayons lumineux, avec le *motto* « *Nitimur in cassum ?* » ;

20. Roue du temps qui tourne autour de son propre centre, avec le *motto* « *Manens moveor* » ;

21. Navire incliné sur les ondes, dont les amarres sont attachées au rivage, avec le *motto* « *Fluctuat in portu* » ;

22. Deux étoiles ayant la forme de deux yeux rayonnants, avec le *motto* « *Mors et vita* » ;

23. Aigle qui se dirige vers le ciel, ralenti par le poids d'une pierre attachée à sa patte, avec le *motto* « *Scinditur incertum* » ;

24. « Deux flèches rayonnantes au-dessus d'un écusson », avec le *motto* « *Vicit instans* » ;

25. Carquois et arc d'amour, étincelles tout autour, nœud du lacet qui pend, avec le *motto* « *Subito, clam* » ;

26. Flèche ardente, avec le *motto* « *Cui nova plaga loco ?* » ;

27. Jeune homme dans la barque abandonnée aux flots, qui a renoncé, laissant tomber les rames, avec le *motto* « *Fronti nulla fides* » ;

28. Joug enflammé enveloppé de lacets, avec le *motto* « *Levius aura* ».[74]

74. Cf. Donato Mansueto, « Sulle fonti emblematiche degli *Eroici furori* », in Giordano Bruno, *Opere italiane*, textes critiques et note philologique de Giovanni Aquilecchia, introduction et coordination générale de Nuccio Ordine, commentaires de Giovanni Aquilecchia – Nicola Badaloni – Giorgio Bárberi Squarotti – Maria Pia Ellero – Miguel Angel Granada – Jean Seidengart, Appendices de Lars Berggren – Donato Mansueto – Zaira Sorrenti, Turin, Utet, 2002, vol. II, p. 835-853 : « 1/ "Testa" di bronzo sulle fiamme, dai cui "forami" si sprigiona del vapore con motto *At regna senserunt tria* ; 2) "Sole che distende gli raggi nel dorso della terra" con motto *Idem semper ubique totum* ; 3) Fanciullo nudo disteso sul prato, nell'atto di osservare edifici nel cielo con motto *Mutuo fulcimur* ; 4) Mosca (farfalla) che vola nei pressi di una fiamma con motto *Hostis non hostis* ; 5) Frasca di palma con motto *Caesar adest* ; 6) Fenice volante, verso la quale è volto un fanciullo che brucia nelle fiamme con motto *Fata obstant* ; 7) Sole con due cerchi concentrici, uno al suo interno, l'altro all'esterno con motto *Circuit* ; 8) Luna piena con motto *Talis mihi semper et astro* ; 9) Quercia che resiste al vento con motto *Ut robori robur* ; 10) Incudine e martello con motto *Ab Aetna* ; 11) Pomo d'oro con motto *Pulchriori detur* ; 12) Testa con quattro facce

Il nous est impossible de rentrer ici dans le détail de chaque devise. Mais leur présence dans les *Fureurs héroïques* suffit à attester l'utilisation d'une méthode de travail que Bruno reprend attentivement dans la présentation de sa « nova filosofia » : il s'approprie des images et des thèmes bien connus, pour ensuite les plier à ses objectifs philosophiques. Comme il l'a déjà fait en d'autres occasions — par exemple dans l'*Expulsion*, en utilisant la cosmologie traditionnelle pour sa mise en scène des constellations[75] —, le Nolain part encore une fois de ce

(i venti) "in un suggetto" che soffiano verso gli angoli del cielo, due stelle con motto *Novae ortae Aeoliae* ; 13) Face ardente con motto *Ad vitam, non ad horam* ; 14) Freccia con la punta infuocata, con un laccio con motto *Amor instat ut instans* ; 15) Serpe sulla neve, fanciullo nelle fiamme con motto *Idem, itidem, non idem* ; 16) Busto con tre teste : di lupo, leone, cane con motto *Iam Modo Praeterea* ; 17) Turibolo sostenuto da un braccio con motto *Illius aram* ; 18) Fenice che arde oscurando con il proprio fumo il sole con motto *Neque simile nec par* ; 19) Fuoco in forma di cuore con quattro ali, due ali hanno occhi, attorno, raggi luminosi con motto *Nitimur in cassum ?* ; 20) Ruota del tempo, che gira attorno al proprio centro con motto *Manens moveor* ; 21) Nave inclinata sulle onde, con le sartie attaccate al lido con motto *Fluctuat in portu* ; 22) Due stelle in forma di due occhi radianti con motto *Mors et vita* ; 23) Aquila diretta verso il cielo, rallentata dal peso d'una pietra legata a una zampa con motto *Scinditur incertum* ; 24) "Due saette radianti sopra una targa" con motto *Vicit instans* ; 25) Faretra e arco d'amore, faville attorno, nodo del laccio che pende con motto *Subito, clam* ; 26) Saetta ardente con motto *Cui nova plaga loco ?* ; 27) Fanciullo nella barca abbandonata ai flutti, che si è arreso lasciando i remi con motto *Fronti nulla fides* ; 28) Giogo fiammeggiante avvolto da lacci con motto *Levius aura* ».

75. Giordano BRUNO, *Expulsion*, *cit.*, p. 28-29 : « mondo tolto secondo l'imaginazion de stolti matematici, et accettato da non più saggi fisici, tra quali gli Peripatetici son più vani » (« [ce monde] pris selon l'imagination de sots mathématiciens et accepté par des physiciens qui ne sont guère plus sages, parmi lesquels les péripatéticiens sont les plus vains »). Le schéma traditionnel d'un firmament divisé en quarante-huit constellations est utilisé par Bruno comme un système mnémonique pour placer dans les divers *loci* les personnifications des vices et des vertus. Dans les *Fureurs héroïques* aussi, Bruno emploie souvent plusieurs images

qui est déjà connu pour en modifier la signification. Il opère en effet très consciemment une sorte de "retournement", en s'emparant du code spécifique propre à son époque pour en bouleverser chaque élément, pour lui faire remplir des fonctions qui s'opposent radicalement à ses fonctions traditionnelles. Ce projet ne se réalise, dans les *Fureurs,* qu'au prix de toutes sortes d'exercices d'équilibriste, tant au niveau des contenus qu'au niveau du lexique, de la langue, des genres et de la métrique. Bruno choisit en effet de « s'approprier » des thèmes typiques du pétrarquisme et des traités sur l'amour pour mettre en scène le parcours difficile et héroïque qu'effectue le furieux dans son « combat amoureux »[76].

Bien entendu, le Nolain connaît parfaitement les grands schémas du langage amoureux en vigueur dans la tradition lyrique romane. Il sait que la relation amoureuse repose sur un désir qui ne sera jamais satisfait et

qui renvoient à la cosmologie traditionnelle (le mouvement du ciel et du soleil, ou l'existence d'une sphère contenant les étoiles fixes) : mais leur utilisation est métaphorique et n'a rien à voir avec des questions de nature cosmologique. Dans d'autres passages du dialogue, on trouve des renvois significatifs à certains grands éléments de la conception brunienne de l'univers : la critique de l'existence des neuf sphères (« la vulgaire imagination des neuf sphères célestes » — « la volgar imaginazione delle nove sfere », p. 40-41) et la claire réaffirmation de l'infinité et de l'homogénéité du cosmos (« ce que tu vois en haut ou en bas, ou, comme il te plaît de dire, sous la voûte des cieux, ce ne sont que des corps, des ouvrages pareils à ce globe où nous sommes, et dans lesquels la divinité n'est ni plus ni moins présente qu'en celui-ci, qui est le nôtre, ou en nous-mêmes » — « quello che vedi alto o basso, o in circa (come ti piace dire) de gli astri, son corpi, son fatture simili a questo globo in cui siamo noi, e nelli quali non più né meno è la divinità presente che in questo nostro, o in noi medesimi », p. 316-317). Sur ce point, cf. Miguel Angel GRANADA, *Introduction* à Giordano Bruno, *Des fureurs héroïques*, *cit.*, p. LXXII-LXXIII et XCIX-C.

76. Pour une lecture attentive de l'usage que fait Bruno du langage pétrarquiste, cf. Patrizia FARINELLI, *Il furioso nel labirinto. Studio su* De gli eroici furori *di Giordano Bruno*, *cit.*

entraîne une quête sans fin, au cours de laquelle l'amant cherche désespérément à étreindre la bien-aimée qui le fuit. Il sait que, dans ces conditions, l'amour ne peut engendrer que des passions frustrées dans la mesure où il se donne lui-même comme le fruit d'une impossibilité. Il sait que la tension poétique se nourrit précisément de ce processus de négation et de l'insaisissabilité *a priori* de l'objet désiré[77].

Il sait, plus particulièrement, que ces schémas se fixent dans un langage obsessionnel et répétitif, dans une série d'images qui traduisent d'une façon dramatique la tension qui anime l'amant : déchiré par des passions contraires (la joie et la douleur, l'espoir et la crainte), celui qui aime finit par être la proie de sentiments et de sensations contradictoires (le chaud et le froid, la lumière et les ténèbres, le sourire et la plainte) et par perdre le contrôle d'un "moi" toujours plus fragmenté. Il sait en outre que les yeux et la vision jouent un rôle déterminant et que sans eux il ne serait pas possible de percevoir, immédiatement et à un instant précis, la supériorité de l'objet aimé sur tout ce qui l'entoure. Il sait enfin que toutes ces images s'articulent sur le plan de la syntaxe en parallèles et en symétries, en couples antithétiques, en un jeu complexe de renvois et de correspondances.

Mais — comme nous l'avons déjà vu — Bruno sait aussi que le pétrarquisme du XVIe siècle repose essentiellement sur un langage conventionnel qui ne renvoie qu'à lui-même, sur un code auto-référentiel et autosuffisant, sur un système compliqué de gestes, de symboles, de couleurs, de mots et d'images qui est entièrement lié au monde très fermé

77. Sur l'amour comme désir frustré dans la tradition poétique, cf. Marco SANTAGATA, « Pene e torture d'amore », in *Amate e amanti. Figure della lirica amorosa fra Dante e Petrarca*, Bologne, Mulino, 1999, p. 141-172.

des courtisans. Autrement dit, ce langage amoureux n'est capable d'affirmer que sa propre existence et, ne servant qu'à la communication entre gentilshommes, il se présente comme un pur instrument de vie mondaine. Derrière une apparente pluralité, chaque élément se trouve en réalité intégré dans une grille pré-fabriquée où même le lexique philosophique (et le lexique platonisant en particulier) est traduit en formules vides de tout contenu réel[78]. Qu'on songe aux *Asolani* (1505) de Pietro Bembo, qui inaugurent au XVIe siècle la série des traités sur l'amour en langue vulgaire : la fusion de la prose et de la poésie, du platonisme et du christianisme, du pétrarquisme et de l'esprit courtisan est réalisée dans le cadre d'une structure dialogique où la vérité est donnée dès le début, parce que ce qui compte, c'est moins la conversation elle-même que la “scène” mondaine dans laquelle s'inscrivent les actes et les paroles des interlocuteurs. Ainsi le dialogue — basé sur l'homogénéité des lieux, des personnages et des circonstances — s'offre-t-il comme un modèle de comportement à l'usage d'un public courtisan prêt à reproduire ces actes et ces paroles sans vraiment réfléchir sur leurs contenus.

Le choix de Bruno n'est donc pas fortuit, pas plus que ne l'est son recours à un autre genre également à la mode : le genre des emblèmes et des devises, étroitement lié au lyrisme pétrarquiste et au monde courtisan. Là encore, l'entrelacement du mot et de l'image, de l'« âme » et du « corps », finit par se fixer dans une série de répertoires,

78. Sur ces thèmes, cf. l'*Introduction* de Giulio FERRONI à *Poesia italiana. Il Cinquecento*, Milan, Garzanti, 1978, p. VII-XXVI. Sur la tradition du lyrisme pétrarquiste, cf. Amedeo QUONDAM, *Il Naso di Laura. Lingua e poesia nella tradizione del Classicismo*, Modène, Franco Cosimo Panini, 1991 (voir aussi la note introductive de Marco Ariani à la partie consacrée aux « Petrarchisti e manieristi » dans l'*Antologia della poesia italiana. Il Cinquecento*, dir. Cesare Segre et Carlo Ossola, Turin, Einaudi, 2001, p. 208-212).

de modèles rigides prêts à l'emploi pour des échanges sociaux très ritualisés entre seigneurs et gentilshommes, dames et chevaliers, poètes et poétesses.

7. Le ballet des neuf aveugles : Circé et Élisabeth Ire dans les *Fureurs héroïques*

Mais concentrons-nous maintenant sur les dernières pages des *Fureurs*. Dans le cinquième dialogue de la deuxième partie, Bruno met en scène deux personnages féminins, Laodomia et Giulia. La première raconte à la seconde les aventures de neuf jeunes gens, tous amoureux de Giulia, qui, pour guérir de leurs chagrins d'amour, partent à la recherche d'une femme plus belle. Ils quittent la Campanie et arrivent dans la région de la montagne de Circé, dont ils décident d'explorer l'antre. Alors, priée par ses visiteurs de leur offrir le « remède » à leurs maux, la magicienne fait apparaître un palais « dont quiconque ayant la notion des choses humaines pouvait aisément comprendre qu'il n'était pas ouvrage d'homme, ni de nature »[79]. Ayant accueilli les inconnus et écouté leurs peines, l'enchanteresse leur fait perdre la vue. Après dix ans de pérégrinations, les neuf aveugles parviennent « sous le ciel tempéré de l'île Britannique », et se trouvent « en présence des belles et gracieuses nymphes de la Tamise ». Alors « l'un d'eux, le principal » — que tout le monde identifie avec Bruno lui-même[80] — raconte « sur un ton

79. Giordano Bruno, *Des fureurs héroïques*, *cit.*, p. 468-469 : « rimedio » ; p. 470-471 : « il quale chiumque have ingegno di cose umane, possea facilmente comprendere che non era manifattura d'uomo, né di natura ».

80. Les dix ans de pérégrinations des neuf aveugles coïncident avec les dix ans de pérégrinations de Bruno : le philosophe quitte Naples en 1576 et les *Fureurs héroïques* sont publiées en 1585.

tragique et plaintif » leurs tristes vicissitudes. Ayant perdu la vue « non par une erreur de la nature », les neuf esprits « errants » et « altérés de savoir » se mettent à parcourir « bien des terres ». L'enchantement a été effectué par une Circé criminelle, « qui se fait gloire d'avoir pour père ce beau soleil » et qui les a rendus aveugles en ouvrant « un vase », les invitant ensuite à errer de par le monde : « Ô vous chétifs, allez, vous voilà à tous égards aveugles ! Récoltez le fruit qui revient à ceux dont les regards se dirigent trop haut. »

Mais avant de les laisser partir, prise de pitié devant leur demande désespérée de « médecines » capables de fermer « la plaie ouverte » de leur cœur, la magicienne leur offre un autre « vase fatal »[81] :

> « Ô Esprits si curieux, acceptez de moi cet autre vase fatal que ma propre main est impuissante à ouvrir ; parcourez les étendues et les profondeurs du monde, explorez tous les royaumes ; / Car le destin veut que ce vase reste clos aussi longtemps que haute sagesse, noble chasteté et beauté tout ensemble n'y appliqueront les mains : pour en répandre au dehors la liqueur, tous autres efforts seront inutiles. / Mais s'il arrive que les gracieuses mains aspergent qui s'approchera d'elles pour chercher guérison, il vous sera donné d'éprouver la vertu divine : car votre cruel supplice se changeant en un merveilleux plaisir, vous verrez les deux étoiles les plus belles qui soient au monde. / Jusqu'à ce jour qu'aucun de vous ne s'attriste,

81. Giordano Bruno, *Des fureurs héroïques*, *cit.*, p. 472-473 : « sotto quel temperato cielo de l'isola britannica » ; « uno tra loro, il principale » ; « al conspetto de le belle e graziose ninfe del padre Tamesi » ; « con tragico e lamentevole accento » ; « non per commesso da natur'errore » ; « erranti » ; « per brama di saper » ; « molti paesi » ; p. 474-477 : « che si don'il vanto / d'aver questo bel sole progenitore » ; « "O voi dolenti, / itene ciechi in tutto ; / raccogliete quel frutto, / che trovan troppo attenti al che gli è sopra" » ; « medicami » ; « l'impressa piaga » ; « vase fatale ».

si longtemps que le firmament lui demeure caché en de profondes ténèbres ; car il n'est peine si grande qu'elle puisse jamais, d'un tel bien, rendre digne[82]. »

Une fois narrées les aventures principales et rappelés à plusieurs reprises le « faux espoir » et l'« espérance vaine » d'une guérison, le vase de Circé est confié aux « élégantes Nymphes » qui habitent les « rives heureuses de la noble Tamise »[83]. Et, tandis que l'une d'elles le serre entre ses mains, voici que soudain s'accomplit le prodige : « spontanément il [le vase] s'ouvrit » et les neuf aveugles, qui « se sentirent aspergés par les eaux tant désirées », « ouvrirent les yeux » et « virent les deux soleils »[84]. Ayant recouvré la vue, ils « furent comblés d'un double bonheur, celui d'avoir recouvré la lumière jadis perdue et celui d'avoir nouvellement découvert l'autre lumière qui seule pouvait, sur terre, leur montrer l'image du souverain bien »[85].

82. *Ibidem*, p. 476-477 : « O curiosi ingegni, / prendete un altro mio vase fatale, / che mia mano medesma aprir non vale ; / per largo e per profondo / peregrinate il mondo, / cercate tutti i numerosi regni : // perché vuol il destin che discoperto / mai vegna, se non quando alta saggezza / e nobil castità giunte a bellezza / v'applicaran le mani ; / d'altri i studi son vani/per far questo liquor al ciel aperto. // Allor, s'avvien ch'aspergan le man belle/chiumque a lor per remedio s'avicina,/provar potrete la virtù divina : / ch'a mirabil contento / cangiand'il rio tormento, / vedrete due più vaghe al mondo stelle. // Tra tanto alcun di voi non si contriste, / quantumque a lungo in tenebre profonde / quant'è sul firmamento se gli asconde ; / perché cotanto bene / per quantumque gran pene / mai degnamente avverrà che s'acquiste. »

83. *Ibidem*, p. 478-479 : « speranza fallace » ; « vana [...] speranza » ; « Leggiadre Nimfe » ; « erbose sponde / del Tamesi gentil ».

84. *Ibidem*, p. 480-481 : « spontaneamente s'aperse » ; « si sentirono aspergere dell'acqui bramate » ; « apriro gli occhi » ; « veddero gli doi soli ».

85. *Ibidem* : « e trovarono aver doppia felicitade : l'una della ricovrata già persa luce, l'altra della nuovamente discuoperta, che sola possea mostrargli l'imagine del sommo bene in terra ».

Une fois calmée leur « furieuse ivresse », les neuf aveugles — chacun avec son instrument — forment un cercle et se mettent à jouer, à chanter et à danser. Les neuf strophes qui composent leur ode reproduisent sur le plan métrique la figure géométrique de la « roue »[86] : de manière circulaire, le premier vers de la première strophe est répété dans le dernier vers de la dernière strophe, tandis que chaque strophe est accrochée à la suivante grâce à la reprise du même vers qui est le dernier de l'une et le premier de l'autre. Grâce à cette *reduplicatio*, les neuf strophes distinctes et autonomes forment, en même temps, un seul et même long poème où, comme une chaîne, le cercle se referme sur lui-même à travers la conjonction de l'alpha et de l'oméga.

Le premier jeune homme, s'accompagnant du cistre, chante les louanges de la nécessaire *peregrinatio* (« Grâce à vous et par vos mérites le ciel s'ouvre pour nous. Ô pas heureusement prodigués ! »)[87]. Le deuxième joue de sa mandore et chante les louanges de Circé (« Ô divine Circé, ô glorieuses épreuves »)[88]. Le troisième, avec sa lyre, chante les louanges du port où ils sont parvenus après avoir navigué sur une mer déchaînée (« si ce port est le terme prescrit à nos tempêtes, il ne nous reste qu'à remercier le ciel d'avoir jeté sur nos yeux ce voile, par quoi nous est rendue présente si grande lumière »)[89]. Le quatrième, avec sa viole, chante les louanges d'une « cécité plus digne que toute clairvoyance » et d'une « douleur plus douce que

86. *Ibidem* : « furiosi debaccanti » ; « ruota ».

87. *Ibidem*, p. 482-483 : « ché mercé vostra e merto / n'ha fatt' il ciel aperto : / o fortunatamente spesi passi. ».

88. *Ibidem* : « o diva Circe, o gloriosi affanni ».

89. *Ibidem* : « se tal porto han prescritto le tempeste, / non fia ch'altro da far oltre ne reste / che ringraziar il cielo, / ch'oppose a gli occhi il velo, / per cui presente al fin tal luce fassi ».

tout plaisir », qui conduisent « vers la plus noble clarté »[90]. Le cinquième, jouant de la timbale d'Espagne, chante encore une fois les louanges de l'être qui, « nourrissant d'espoir une haute pensée », leur a permis de voir « le plus bel ouvrage de Dieu », c'est-à-dire l'univers infini[91]. Le sixième, s'accompagnant du luth, chante les louanges des vicissitudes du destin qui ne permet pas « que le bien vienne après le bien, ni que les maux soient présages de maux », car « faisant tourner la roue, il élève puis précipite »[92]. Le septième, jouant de la harpe d'Irlande, chante ces mêmes vicissitudes du destin qui « par la loi éternelle écrase les grands et élève les humbles »[93]. Le huitième, s'accompagnant d'une viole à archet, chante encore les effets positifs de ces continuels renversements, qui, avec des mouvements rapides ou lents, distribuent dans la nature les choses visibles et les choses invisibles (« par un tournoiement rapide, ou moins rapide, ou lent, [le destin] distribue dans l'immense édifice tout ce qui se dérobe aux yeux ou demeure visible »)[94]. Le neuvième et dernier, jouant du rebec, appelle de nouveau la roue de la fortune à confirmer leur heureuse *peregrinatio*.

Après quoi Laodomia nous apprend que les neuf jeunes gens « dansèrent ensemble la *ruota*, sonnant de concert et chantant en très doux accord, à la louange de

90. *Ibidem* : « cecità degna più ch'altro vedere » ; « cure suavi più ch'altro piacere » ; « a la più degna luce » .

91. *Ibidem*, p. 484-485 : « con condir di speranza alto pensiero » ; « de Dio la più bell'opra ».

92. *Ibidem* : « ch'il ben succeda al bene, / o presagio di pene sien le pene » ; « svoltando la ruota,/or inalze, ora scuota »

93. *Ibidem* : « con legge sempiterna / supprime gli eminenti, e inalz' i bassi ».

94. *Ibidem*, p. 486-487 : « e con veloce, mediocre e lenta / vertigine dispensa / in questa mole immensa/quant'occolto si rende e aperto stassi ».

l'unique Nymphe, une chanson »[95]. Alors que les neuf voix et les neuf instruments n'étaient liés jusque-là que par une structure métrique circulaire et par la reprise d'une série de *concetti* communs, la « chanson » finale leur permet de se confondre à présent dans un concert unitaire, dans une polyphonie qui finit par former une unique voix suprême. Dans ce concert, une fois de plus, les contenus épousent la forme. Il en va de même dans la dispute entre Jupiter et Océan — thème de cet ultime chant choral —, qui porte sur la supériorité de ce qui se trouve en haut (le ciel) ou de ce qui se trouve en bas (l'eau, la terre). Si le maître du tonnerre revendique la suprématie du soleil qui brille plus qu'aucun autre astre, son adversaire se vante de compter parmi ses vastes possessions « l'heureuse Tamise, que réjouit le chœur des plus belles nymphes », parmi lesquelles « l'une d'elles, belle entre toutes, te rendra plus épris de la mer que du ciel, toi, Jupiter tonnant, car ton soleil, parmi les étoiles a moins de splendeur »[96].

Le père des dieux se laisse alors convaincre et admet que la querelle peut prendre fin avec la reconnaissance d'une égalité entre les deux "soleils" [97] (« mais que tes

95. *Ibidem* : « Dopo che ciascuno in questa forma singularmente sonando il suo instrumento ebbe cantata la sua sestina, tutti insieme ballando in ruota e sonando in lode de l'unica Nimfa con un suavissimo concento cantarono una canzona ».

96. *Ibidem*, p. 488-489 : « il felice / Tamesi veder lice / ch'ha de più vaghe ninfe il coro ameno. // Tra quelle ottegno tal fra tutte belle, / per far del mar più che del ciel amante / te Giove altitonante, / cui tanto il sol non splende tra le stelle ».

97. Ici la théorie médiévale des "deux soleils", c'est-à-dire de l'égale dignité de l'empereur et du pape [qu'on se rappelle les célèbres vers de Dante, *Purgatorio*, XVI, vv. 106-108 : « Soleva Roma, che 'l buon mondo feo, / due soli aver, che l'una e l'altra strada / facean vedere, e del mondo e di Deo » — tr. fr. Christian Bec, in DANTE, *Œuvres complètes*, Le Livre de poche, Paris, « La Pochothèque », 2002, p. 807 : « Rome, autrefois, qui rendit bon le monde, / possédait deux soleils, révélateurs /

trésors et les miens marchent de pair ») : « Que le soleil, parmi tes nymphes, tienne lieu de celle dont tu parles, et que celle-ci, leurs séjours étant échangés en vertu d'une loi éternelle, tienne lieu de soleil parmi mes astres »[98].

Ici aussi les éléments qui paraissaient séparés finissent par ne plus faire qu'un. La suppression de toute hiérarchie permet de résoudre le conflit entre Jupiter et Océan. Tout ce qui existe — que ce soit en haut ou en bas, peu importe — est ainsi ramené à l'unité grâce à la précieuse et divine nymphe de la Tamise : c'est à elle, et à elle seule, qu'il revient de faire coïncider les contraires, d'agréger ce qui était désagrégé, d'unir le Soleil et les eaux, le ciel et la terre.

Bruno a fait le choix significatif de consacrer à ce dernier dialogue des *Fureurs* toute une section de l'*Argument* qui précède l'œuvre proprement dite et qui comporte au total quatre parties : l'*Argument du Nolain sur les Fureurs héroïques*, l'*Argument des cinq dialogues de la première partie*, l'*Argument des cinq dialogues de la seconde partie* et enfin l'*Argument et allégorie du cinquième dialogue*. Le lecteur s'attendrait à trouver les réflexions sur le mythe de Circé dans l'*Argument des cinq dialogues de la seconde partie*, puisque la conversation entre Laodomia et Giulia forme précisément le cinquième dialogue de la seconde partie. Dans un premier temps, le Nolain avait d'ailleurs évidemment considéré que les cinq dialogues de

des deux chemins : et du monde, et de Dieu »] est maintenant dépassée : Élisabeth Ire réunit en effet en sa personne le pouvoir politique et le pouvoir religieux. Sur les deux soleils et la théorie de la roue des métamorphoses, cf. Miguel Angel GRANADA, Introduction aux *Fureurs héroïques*, *cit.*, p. XCV-CXXXVI.

98. Giordano BRUNO, *Des fureurs héroïques*, *cit.*, p. 490-491 : « ma miei tesori e tuoi corrano al pari » ; « Vagl'il sol tra tue ninfe per costei ; / e per vigor de leggi sempiterne, / de le dimore alterne, / costei vaglia per sol tra gli astri miei ». Sur la dispute entre Océan et Jupiter, cf. *infra*, p. 268-271.

la seconde partie formaient un seul tout. Mais ensuite, pour donner plus de relief au cinquième dialogue en particulier, il a décidé de le détacher des autres et de lui consacrer toute une section à part. Mais il y a aussi un autre indice significatif : Bruno a introduit le mot « allégorie » dans le titre de l'Argument du cinquième dialogue, utilisant ainsi ce qui, dans tous les textes préliminaires de ses œuvres — épîtres préliminaires, épîtres dédicatoires, dédicaces, arguments —, apparaît comme un véritable *hapax*. Ne peut-on pas alors considérer que ces dernières pages des *Fureurs* centrées sur le mythe de Circé font allusion à la section finale du *Balet comique de la Royne*, qui est consacrée précisément à l'*Allegorie de Circé* et dont l'un des auteurs de premier plan est le mystérieux « sieur Gordon, escoçois » ?

Comme on l'a vu, Élisabeth Ire est parfaitement au courant du succès de la représentation conçue par Balthasar de Beauioyeulx et elle a même reçu de son ambassadeur des descriptions scénographiques détaillées[99]. On ne peut d'ailleurs pas exclure que, au moment où Bruno se trouve à Londres et publie les *Fureurs héroïques* (1585), la reine d'Angleterre ait déjà pu lire une copie de la première édition du compte rendu du ballet, publié à Paris en 1582.

Même si — il est bon de le répéter — on ne saurait prétendre les faire dériver mécaniquement l'une de l'autre —, la comparaison entre ces deux œuvres pourrait apporter un éclairage intéressant sur la signification du mythe de Circé. Nous avons vu comment, s'appuyant sur les pages de Natale Conti, Gordon souligne que la *fabula* de la magicienne peut avoir une signification relevant de la « philosophie naturelle » ou de « la morale », une signification relevant de la philosophie « supernaturelle

99. Cf. *supra*, p. 21.

et divine » et une signification qui serait le fruit d'« une meslange de l'une et de l'autre »[100]. En raison de ses origines bien particulières, en effet, Circé, fille du soleil et de la mer, contient en elle-même les deux principes contraires qui régissent l'univers. Sur un plan allégorique, la magicienne symbolise donc « la clairté et lumiere de la verité » et, en même temps, « la volupté » de Vénus, de cette déesse née de la mer, qui représente « le plaisir sensible, qui apporte aux hommes naufrage frequent ». Dans cette perspective, Circé symboliserait donc « le desir en general qui regne et domine sur tout ce qui a vie et est meslé de la divinité et du sensible, et fait ses effects bien differens, et mene les uns à la vertu et les autres au vice ».[101]

Bruno précise dans son allégorie que « la demeure de Circé [...] personnifie la matière génératrice de toute chose »[102]. Et la magicienne, « fille du soleil » et héritière des eaux (donc de ce qui produit la génération), impose « à tout être le changement, rendant aveugles ceux qui voient », parce que « la génération et la corruption sont causes d'oubli et de cécité ». Si Circé possède les deux vases fatals (celui qui ôte la vue et celui qui la rend), c'est parce que « tout contraire a son origine en son contraire »[103]. Seule la vision des Nymphes — qui ne se trouvent pas « dans le continent du globe, mais *penitus toto divisim ab orbe*, au sein de l'Océan, de l'Amphitrite, de la divinité, là où surgit ce fleuve qui prend sa source auprès du trône

100. Cf. *supra*, p. 44.

101. Cf. *supra*, p. 45-46.

102. Giordano BRUNO, *Des fureurs héroïques, cit.*, p. 46-47 : « [la] stanza di Circe [...] significa la omniparente materia ».

103. *Ibidem* : « figlia del sole » ; « cangia il tutto, facendo dovenir ciechi quelli che vedeno » ; « la generazion e corrozzione è causa d'oblio e cecità » ; « un contrario è originalmente nell' altro ».

divin »[104] — permet d'illuminer celui qui ne voit pas. Et parmi ces « intelligences divines et bienheureuses » se trouve « la première intelligence, pareille à Diane parmi les nymphes des solitudes »[105]. Voilà pourquoi les neuf aveugles — « les neuf intelligences, les neuf muses » — expriment par leurs danses et par leurs chants le lien entre le haut et le bas, l'harmonie qui domine l'univers, la divinité répandue en toute chose :

> Chant et musique ne manquent jamais là où sont les neuf intelligences, les neuf muses dont le chœur s'ordonne selon le nombre des sphères en telle sorte que l'harmonie de chacune est prolongée par l'harmonie de la suivante ; car, afin qu'il n'y ait pas entre elles de vide interposé, la fin de l'une coïncide avec le principe de l'autre, et la fin de la dernière, le cercle se refermant, se confond avec le commencement de la première. Car c'est une seule et même chose que le plus clair et le plus obscur, le principe et la fin, la plus haute lumière et le plus profond abîme, la puissance infinie et l'acte infini, selon les raisons et modes que nous avons exposés ailleurs. On considère enfin l'harmonie et l'unisson de toutes les sphères, le concert des intelligences, des muses, de l'ensemble des instruments, alors que le ciel, le mouvement des mondes, les ouvrages de la nature, le discours des intellects, la contemplation de l'esprit, le décret de la divine Providence célèbrent d'un même accord la haute et magnifique vicissitude qui élève les eaux inférieures au niveau des supérieures, change la nuit en jour et le jour en nuit, afin que la divinité soit en tout, à la façon dont chaque chose porte tout en soi,

104. *Ibidem*, p. 48-49 : « nel continente del mondo, ma *penitus toto divisim ab orbe*, nel seno dell'Oceano, dell'Amfitrite, della divinità, dove è quel fiume che apparve revelato procedente dalla sedia divina ». Sur le vers de Virgile, cf. *infra*, p. 192-202.

105. *Ibidem* : « le beate e divine intelligenze » ; « [la] prima intelligenza, la quale è come la Diana tra le nimfe de gli deserti ».

et que l'infinie bonté se communique infiniment dans l'entière mesure de la capacité des choses[106].

Les *Fureurs* suggèrent donc elles aussi que la *fabula* de Circé évoque des questions relevant de la philosophie naturelle, de la philosophie morale et de la philosophie « supernaturelle et divine ». Les lois qui régissent la nature unique et infinie, composée partout de la même matière et soumise à d'éternels changements, nous enseignent en effet que la divinité est en toute chose et que la désagrégation des formes donne vie à d'autres formes. Bruno sait bien que le thème du changement et de l'inconstance occupe une place centrale dans la littérature du XVIe siècle, surtout à la cour d'Henri III[107]. Seul celui qui a la capacité d'aller au-delà des apparences sait saisir la dialectique de l'un et du multiple qui gouverne tout ce qui existe. Et, de la même manière, sous l'écorce de la beauté superficielle, il faut savoir saisir la beauté intérieure, moins évidente

106. *Ibidem*, p. 48-51 : « Qua è conseguente il canto e suono, dove son nove intelligenze, nove muse, secondo l'ordine de nove sfere ; dove prima si contempla l'armonia di ciascuna, che è continuata con l'armonia de l'altra ; perché il fine et ultimo della superiore è principio e capo dell'inferiore, perché non sia mezzo e vacuo tra l'una e altra : e l'ultimo de l'ultima per via de circolazione concorre con il principio della prima. Perché medesimo è più chiaro e più occolto, principio e fine, altissima luce e profondissimo abisso, infinita potenza et infinito atto, secondo le raggioni e modi esplicati da noi in altri luoghi. Appresso si contempla l'armonia e consonanza de tutte le sfere, intelligenze, muse et instrumenti insieme ; dove il cielo, il moto de' mondi, l'opre della natura, il discorso de gl'intelletti, la contemplazion della mente, il decreto della divina providenza, tutti d'accordo celebrano l'alta e magnifica vicissitudine che agguaglia l'acqui inferiori alle superiori, cangia la notte col giorno, et il giorno con la notte, a fin che la divinità sia in tutto, nel modo con cui tutto è capace di tutto, e l'infinita bontà infinitamente si communiche secondo tutta la capacità de le cose. »

107. Sur la fortune de ce thème à la cour d'Henri III, cf. Jacqueline BOUCHER, « Le culte de l'inconstance et du changement », in *Société et mentalité autour de Henri III*, *cit.*, p. 895-904.

que l'autre. Si les neuf aveugles s'étaient contentés de contempler la beauté de Giulia, ils n'auraient jamais vu la beauté de l'univers infini.

Mais Bruno donne également à l'allégorie une valeur politique : il ne fait en effet aucun doute que la « première intelligence, pareille à Diane parmi les nymphes des solitudes »[108] n'est autre qu'Élisabeth Ire elle-même. Expression de l'homogénéité de la nature, la sage reine d'Angleterre connaît les règles qui permettent d'harmoniser les contraires et de réunifier ce qui s'est désagrégé. Le Nolain avait déjà eu l'occasion, dans *De la cause, du principe et de l'un*, de signaler que, sous son règne, à la différence de tous les autres fleuves ensanglantés d'Europe, la Tamise a conservé son cours paisible et sûr :

> tandis que, sur le dos de l'Europe, coulent le Tibre furieux, le Pô menaçant, le Rhône violent, la Seine sanglante, la Garonne troublée, l'Èbre enragé, le Tage furibond, la Meuse tourmentée, le Danube inquiet, elle a su, quant à elle, par ses regards éclairés, et depuis plus de cinq lustres, faire tenir tranquille le grand Océan qui, dans ses continuels flux et reflux, accueille joyeusement et calmement dans son ample sein sa Tamise bien-aimée qui, sans aucune crainte et sans aucun embarras, se promène avec confiance et avec gaîté, en serpentant entre ses verdoyantes rives[109].

108. Giordano BRUNO, *Des fureurs héroïques, cit.*, p. 48-49.

109. Giordano BRUNO, *De la cause, du principe et de l'un, cit.*, p. 98-99 : « quando nel dorso de l'Europa, correndo irato il Tevere, minaccioso il Po, violento il Rodano, sanguinosa la Senna, turbida la Garonna, rabbioso l'Ebro, furibondo il Tago, travagliata la Mosa, inquieto il Danubio : ella col splendor de gli occhi suoi per cinque lustri e più s'ha fatto tranquillo il grande Oceano, che col continuo reflusso e flusso, lieto e quieto accoglie nell'ampio seno il suo diletto Tamesi ; il quale fuor d'ogni tema e noia, sicuro e gaio si spasseggia, mentre serpe e riserpe per l'erbose sponde. » À la lumière de cette citation, la décision prise par Jupiter dans l'*Expulsion* (*cit.*, II, p. 288-289) d'envoyer le

Ce portrait coïncide parfaitement avec celui que trace l'ambassadeur de France à Londres, Michel de Castelnau : dans les *Mémoires*, Élisabeth Ire est en effet présentée à plusieurs reprises comme une femme cultivée, experte en plusieurs langues et en plusieurs sciences (« la curiosité qu'elle a euë d'apprendre tant de sciences et langues estrangeres »)[110], et comme un excellent chef d'État capable de garantir la paix et d'assurer la justice :

> Mais la reyne d'Angleterre [...] a tousjours esté grande ménagère, sans toutesfois rien exiger de ses sujets [...] et n'ayant eu en plus grande recommandation que le repos de ses peuples [...]. Davantage, elle n'a point vendu ny tiré d'argent des offices de son royaume, que la pluspart des princes mettent au plus offrant, chose qui corrompt ordinairement la justice, la police, et toutes loix divines et humaines. Et outre ce qu'elle a maintenu ses sujets en paix et en repos [...][111].

Cygne dans la Tamise – parce que « là-bas en effet, il sera plus en sûreté qu'ailleurs » (« là sara più sicuro ch'in altra parte ») – apparaît moins bizarre : au-delà de la référence explicite aux lois anglaises qui protègent les cygnes, Bruno semble ici faire allusion à la dimension symbolique de ce fleuve dont le cours est sûr et paisible : les poètes et philosophes de l'Europe ensanglantée trouveront la plus efficace des protections dans un royaume tranquille qui n'est pas agité par les tempêtes. Dans le *Discours à Elisabeth, Royne d'Angleterre* (in *Le Bocage Royal*, vv. 223-232, *cit.*, t. II, p. 56), Ronsard évoque les cygnes sacrés de la Tamise en relation avec la renaissance de la poésie en Angleterre : « Bien tost verra la Tamise superbe / Maint Cygne blanc loger dessus son herbe, / Hostes sacrez, puis eslevez aux cieux, / Tout à l'entour des bords delicieux / Jetter un chant, pour signe manifeste / Que maint Poëte, et la troupe celeste / Des Muses sœurs y feront quelque jour, / Laissant Parnasse, un gracieux sejour, / Pour envoyer aux nations estranges / Des Roi Anglois les fameuses louanges. »

110. Michel de Castelnau, *Mémoires*, in *Collection complète des Mémoires relatifs à l'histoire de France*, *cit.*, t. XXXIII, p. 130.

111. *Ibidem*, p. 127-128.

Celui qui gouverne ne peut pas ne pas tenir compte de l'harmonie qui domine l'univers. On voit en effet, dans *Le souper des Cendres*, comment les oppositions et les contradictions se résolvent dans la nature une et homogène :

> Pour décrire la providence et la puissance divine, l'un des personnages de ce livre [*Livre de Job*] a déclaré que Dieu maintient la paix entre ses créatures éminentes, autrement dit entre ses sublimes enfants qui sont les astres, les dieux, dont les uns sont de feu, les autres d'eau (nous dirions que les uns sont des soleils, les autres des terres) ; entre eux règne la concorde malgré leur contrariété, parce que l'un a besoin de l'autre pour vivre, se nourrir et se développer ; sans se mêler ni se confondre, ils tournent les uns autour des autres en gardant certaines distances[112].

Le même discours vaut sur le plan de la vie politique. Élisabeth Ire a su harmoniser les contraires pour favoriser la paix. Et si elle a pu le faire, c'est aussi parce qu'en elle coïncident les deux "soleils" : le pouvoir politique et le pouvoir religieux (dans le cadre d'une religion civile conçue — nous le verrons plus loin — comme *instrumentum regni*) convergent vers la nécessité de réduire les conflits pour assurer la cohésion sociale. Bruno en est si bien conscient depuis son arrivée à Londres que, dans le *Souper des*

112. Giordano Bruno, *Le souper des Cendres*, *cit.*, p. 198-199 : « In quello un di personaggi, volendo descrivere la provida potenza de Dio, disse quello formar la pace ne gli eminenti suoi, cioè sublimi figli ; che son gli astri, gli dèi, de quali altri son fuochi, altri sono acqui (come noi diciamo altri soli, altri terre), e questi concordano : per che, quantumque siino contrarii, tutta via l'uno vive, si nutre e vegeta per l'altro ; mentre non si confondeno insieme, ma con certe distanze gli uni si moveno circa gli altri. » Sur les rapports entre ce passage et les *Fureurs héroïques*, voir Eugenio Canone, « Le "due luci". Il concerto finale degli *Eroici furori* », *Bruniana & Campanelliana*, IX (2003), p. 295-318 (p. 303).

Cendres — son premier dialogue philosophique —, il trace un portrait de la reine d'Angleterre en *rex nauta*[113] :

> Non, tu n'as pas l'occasion d'évoquer cette âme héroïque qui depuis plus de vingt-cinq ans, au milieu des bourrasques d'une mer d'adversité, fait d'un seul coup d'œil triompher la paix et la tranquillité, en résistant fermement à la violence des flots, à la colère des vagues, à la multiplicité des tempêtes, déchaînées contre elle par l'orgueil et la folie de cet Océan qui l'entoure de toutes parts[114].

Cela commence à faire vraiment beaucoup de coïncidences. Le *Balet comique de la Royne* s'ouvre sur un éloge d'Henri III qui, sur une mer déchaînée, sait tenir solidement le gouvernail du « navire Françoys ». Puis la magicienne Circé — qui, comme le rappelle Gordon, est à la source des vices mais aussi des vertus — cède sa baguette magique au roi pour que soit favorisée la résolution des conflits et que soit restaurée la paix. Autrement dit, Henri III assume les pouvoirs "thérapeutiques" de la magicienne pour les mettre au service de l'État. Comme Volusian le remarque une fois de plus avec finesse dans les vers de son préambule, le spectacle cherche à exalter l'harmonie et la concorde de ce qui est discordant sur la scène théâtrale et dans la nature : « Les vers avecques la

113. On trouve une très belle image d'Élisabeth en *rex nauta* sur le frontispice de l'ouvrage de John Dee, *General and rare memorials pertayning to the perfect arte of navigation*, London, Iohn Daye, 1577. fig. 47

114. Giordano Bruno, *Le souper des Cendres*, *cit.*, p. 98-99 : « Non hai materia di parlar di quell'animo tanto eroico, che già vinticinque anni e più, col cenno de gli occhi sui, nel centro de le borasche d'un mare d'adversità, ha fatto trionfar la pace e la quiete ; mantenutasi salda in mezzo di tanto gagliardi flutti e tumide onde di sì varie tempeste ; co le quali a tutta possa gli ha fatto émpito questo orgoglioso e pazzo Oceano, che da tutti contorni la circonda. »

musique, / Le Balet confus mesuré, / Demonstrant du ciel azuré / L'accord par un effect mystique »[115].

Dans le *Cantus circaeus*, le mythe de Circé — auquel Bruno attribue depuis le début une signification positive — peut être relié au rôle du roi de France à travers la figure du coq : le coq idéal — « animal très beau, bon chanteur, noble, généreux, magnanime, solaire, impérieux et quasi divin »[116] — qui, démentant l'agressivité de ses semblables, concentre en lui toutes les vertus les plus précieuses pour concilier les contraires. À ce coq unique en France correspond une Nymphe unique en Angleterre : tous deux capables de naviguer sur des eaux agitées et, surtout, tous deux inspirés par la figure de Circé, par la nature une et homogène qui sait accorder les opposés. Du *Cantus circaeus* aux *Fureurs héroïques*, la *fabula* de la magicienne s'adresse à des destinataires divers, mais incarne toujours le mythe positif du sage monarque capable de calquer l'harmonie de la vie sociale et politique sur celle de l'univers, capable de guérir avec ses "remèdes" naturels les maux de l'État. Il suffit de se rappeler le chant du septième aveugle, dans lequel « la loi éternelle », qui « écrase les grands et élève les humbles »[117], est louée comme un effet merveilleux des vicissitudes du destin. Cette reprise d'un fameux vers de Virgile (*parcere subiectis et debellare superbos*) fait aussi allusion à l'une des règles fondamentales du pouvoir royal — comme on le verra mieux par la suite : nous retrouverons ce vers inscrit sur le décor d'une entrée triomphale d'Henri III[118] et, surtout, nous le retrouverons inscrit dans une version très particulière de sa devise, *Manet ultima coelo*.[119] fig. 2

115. Baltasar DE BEAUIOYEULX, *Balet comique de la Royne*, *cit.*, p. 12.

116. Cf. *supra*, p. 67.

117. Cf. *supra*, p. 95. Sur la place de ce vers chez Bruno, cf. *infra*, p. 267-268.

118. Cf. *infra* p. 230-231

119. Cf. *infra*, p. 226.

À la lumière de cette longue, mais nécessaire, digression, il sera plus facile de comprendre le sens des pages que Bruno consacre dans l'*Expulsion de la bête triomphante* aux trois couronnes et au *motto* d'Henri III. Ces pages, conçues entre Paris et Londres, s'adressent à la fois au roi de France et à la reine d'Angleterre, à deux monarques qui se présentent comme des images terrestres du soleil : au coq des coqs et à la nymphe des nymphes, à deux souverains qui s'efforcent, avec des méthodes et des résultats divers, de tenir solidement le gouvernail de l'État, y compris en utilisant la religion d'une manière totalement indépendante de l'Église romaine.

Il s'agit évidemment là d'une vision "idéale", d'un vœu, d'une espérance. En France — et, de manière moins conflictuelle, en Angleterre —, les affrontements continuent en fait d'empoisonner la vie sociale, politique et intellectuelle. Et c'est bien pourquoi d'ailleurs le troisième aveugle des *Fureurs héroïques* chante les louanges du port et célèbre la « grande lumière » qui apparaît après la navigation sur une mer déchaînée (« si ce port est le terme prescrit à nos tempêtes, il ne nous reste qu'à remercier le ciel d'avoir jeté sur nos yeux ce voile, par quoi nous est rendue présente si grande lumière »[120]). À plusieurs reprises dans les vers des neuf aveugles, le terme « espoir » revient avec insistance : « faux espoir », « espérance vaine », « nourrissant d'espoir une haute pensée ». Et ce n'est pas un hasard si le dernier mot prononcé dans le cinquième dialogue de la seconde partie, tout à la fin des *Fureurs héroïques*, est précisément le mot « spero » (« je l'espère »[121]), avec lequel Bruno conclut donc le cycle de sa « nova filosofia » (entamé à Paris en 1582 et poursuivi à Londres, tout au long de six dialogues publiés en 1584 et 1585).

120. Cf. *supra*, p. 94.
121. Giordano Bruno, *Des fureurs héroïques*, *cit.*, p. 492-493.

À présent, la prophétie de Circé (« car votre cruel supplice se changeant en un merveilleux plaisir, vous verrez les deux étoiles les plus belles qui soient au monde »[122]) pourrait aussi renvoyer au *topos* de la *Spes proxima*. Certes, dans l'idéal, ces « deux étoiles » devraient correspondre aux « deux soleils »[123]. Mais ne pourraient-elles pas aussi renvoyer, sur le plan concret de la réalité historique, à la vision de Castor et Pollux (Henri III et Élisabeth Ire), c'est-à-dire à l'"espoir", tout près de se réaliser, d'un calme et d'un salut imminents, c'est-à-dire encore, plus précisément, à l'"espoir" d'une paix que Bruno perçoit comme probablement plus proche en Angleterre, tout en formant le vœu que la France puisse elle aussi se mettre à l'abri dans un port tranquille ?

Mais l'allusion à Castor et Pollux pourrait être renforcée davantage encore par la douzième devise des *Fureurs héroïques* : quatre vents (représentés par quatre visages) et deux étoiles, accompagnés du *motto* « *Novae ortae Aeoliae* ». Les vers qui commentent l'image soulignent clairement le pouvoir rassurant des deux « lumières », par opposition à la tempête provoquée par les vents :

> Turbulents auxiliaires des tempêtes de l'une et de l'autre mer, rien n'a le don de vous apaiser hors ces lumières homicides et innocentes : / selon que leur éclat se montre ou se dérobe renaît en vous le calme ou l'audace[124].

122. Cf. *supra*, p. 92.

123. Cf. *supra*, p. 93.

124. Giordano BRUNO, *Fureurs héroïques*, *cit.*, p. 266-267 : « Voi socii turbulenti / de le tempeste d'un et altro mare, / altro non è che vagli ' asserenare, / che que' omicidi lumi et innocenti : / quelli apert' et ascosi / vi renderan tranquilli et orgogliosi. »

Le poète Tansillo explique que les deux étoiles peuvent aussi bien laisser le furieux dans la tourmente que, au contraire, le calmer par leur simple apparition :

> Donc l'aspiration infinie, exprimée par les soupirs et figurée par les vents, n'est plus sous le gouvernement d'Éole, dans les antres éoliens, il est sous celui des dites lumières ; lesquelles non seulement avec innocence, mais avec une bénignité suprême, tuent le Furieux, le faisant mourir, par l'ardeur de son affection, au regard de toute autre chose. Ces lumières, au surplus, si elles se cachent et se dérobent, déchaînent en lui la tempête, et, si elles se montrent, lui rendent la tranquillité[125].

Et, dans le contexte de cet effort désespéré du furieux pour embrasser l'univers infini, la même image "apaisante" des deux étoiles est de nouveau employée pour représenter soit le calme qui marque l'arrivée définitive au port soit le caractère tourmenté de la quête.

8. Le navire du *Souper des Cendres*, les vents et les deux feux : une lumière d'espoir ?

Le thème de la vision des deux étoiles et celui du salut du navire nous amènent à faire encore une brève digression, à propos d'un petit "mystère" auquel se sont intéressés différents spécialistes du Nolain. Dans le troisième dialogue du *Souper des Cendres*[126], Bruno

125. *Ibidem*, p. 268-269 : « L'infinita aspirazion dumque mostrata per gli suspiri, e significata per gli venti, è sotto il governo non d' Eolo nell'Eolie, ma di detti doi lumi ; li quali non solo innocente, ma e benignissimamente uccidono il furioso, facendolo per il studioso affetto morire al riguardo d'ogn'altra cosa : con ciò che quelli che chiusi et ascosi lo rendono tempestoso, aperti lo renderan tranquillo. »

126. Cf. Giordano Bruno, *Le souper des Cendres*, *cit.*, p. 182-189.

consacre en effet un passage important au mouvement de la Terre, en prenant comme exemple le mouvement d'un navire et la chute d'objets pesants lancés du haut de son mât. Or la description de l'expérience ne correspond pas du tout à l'image publiée dans l'ouvrage : sur la figure du navire on ne retrouve aucune des indications données par le protagoniste, Teofilo, le porte-parole de l'auteur, puisqu'il manque les « pierres », la trajectoire, le fleuve, les deux lanceurs de pierres, et même les lettres censées signaler les divers points-clés de la démonstration.

La gravure propose en effet un scénario très différent fig. 41
de celui qu'évoque le dialogue : elle nous donne à voir un navire sur des eaux agitées, le vent qui souffle entre les nuages, une partie du rivage et enfin deux feux qui brillent aux deux extrémités supérieures de la plus grande voile. Ajoutons que cette divergence manifeste entre le texte et l'image semble récurrente dans le riche *corpus* des quelque 240 *icones* disséminées à travers les œuvres italiennes et latines de Bruno[127].

Comment expliquer cette discordance ? Bruno s'est-il servi d'une image toute faite fournie par l'imprimerie ? Ou bien a-t-il délibérément choisi une figure qui ne tiendrait pas compte des indications données par le texte, afin de laisser les lecteurs libres de les placer mentalement eux-mêmes ?

Une fois de plus, il est difficile de répondre. Frances A. Yates a supposé qu'il s'agissait peut-être d'une allusion à l'emblème d'Alciat [128], tandis que Giovanni Aquilecchia, fig. 42
tout en signalant le problème dans une note, a exprimé son

127. Cf. Giordano Bruno, *Corpus iconographicum. Le incisioni nelle opere a stampa*, *cit.*, p. C-CIII et p. 231-237.

128. Cf. Frances A. Yates, *Les académies en France au* XVIe *siècle*, *cit.*, p. 341-342.

désaccord avec une lecture “hermétisante” de la gravure[129]. Mais, quelle que soit l’interprétation à proposer, un fait au moins demeure certain : même si elle ne rentre dans aucune des typologies connues des images ayant illustré l’emblème d’Alciat[130], cette figure contient néanmoins tous les éléments de base (le navire, la mer agitée, le vent qui souffle, les deux feux — c’est-à-dire une variante des deux étoiles) qui caractérisent la représentation de la *Spes proxima.*

Pourquoi alors placer précisément cette image dans un contexte où n’apparaissent pas de liens évidents avec le texte ? On pourrait répondre que c’est pour laisser le lecteur libre d’imaginer tous les aspects décrits uniquement avec des mots, de sorte qu’il ait à (dé)peindre lui-même la figure. Mais on pourrait faire jouer le même argument en faveur d’une interprétation au second degré : en choisissant justement ce type de gravure, avec ces attributs bien précis, Bruno n’aurait-il pas aussi voulu adresser un message à un public expert en littérature des emblèmes et des devises et par conséquent capable de reconnaître dans l’image le souhait de rejoindre un havre de paix et, en même temps, l’“espoir” d’une fin heureuse pour l’aventure philosophique dans laquelle il s’apprêtait à se lancer avec le *Souper des Cendres* ?

Ce premier dialogue londonien contient, en effet, des détails textuels qui suggèrent un lien possible avec le réseau serré de références que nous avons examiné jusqu’ici. Dans l’une des pages à la fois les plus belles et les plus autobiographiques du *Souper*, Bruno décrit son voyage héroïque dans les cieux, au-delà des sphères, au-delà de

129. Cf. Giordano BRUNO, *Le souper des Cendres*, *cit.*, note 72, p. 363-364.

130. Cf. Stephen RAWLES, « The Wind, the Stars, and the Ship of State : the illustrations of Alciato’s “Spes proxima” », in *Immagini e potere nel Rinascimento europeo*, *cit.*, p. 197-236.

toute limite, pour montrer la fausseté d'un système géocentrique qui a trompé les hommes durant des siècles. Le premier mérite de ce voyage est d'avoir « mis à nu la nature » et d'avoir « donné des yeux aux taupes et rendu la lumière aux aveugles »[131]. La lumière du *Souper* suit donc immédiatement celle du *Chandelier* : avec la bienveillance d'une Circé, le Nolain veut arracher l'humanité aux ténèbres qui l'enveloppent. Et c'est justement à la fin de son anabase vers l'espace infini que le philosophe évoque ces « corps enflammés » comme « les ambassadeurs de l'excellence de Dieu, les hérauts de sa gloire et de sa majesté »[132]. On trouve ici tout à la fois une référence aux *Psaumes* (XVIII, 2) et à la conception brunienne d'une nature une et homogène[133]. Mais les «magnifiques foyers lumineux»[134] ne pourraient-ils pas également nous rappeler les feux de Saint-Elme (variante de Castor et Pollux)[135] qui brillent

131. Giordano Bruno, *Le Souper des Cendres*, *cit.*, p. 48-49 : « nudata [...] la natura » ; « donati gli occhi a le talpe, illuminati i ciechi ».

132. *Ibidem*, p. 50-51 : « Questi fiammeggianti corpi » ; « que' ambasciatori, che annunziano l'eccellenza de la gloria e maestà de Dio ».

133. Cf. Miguel Angel Granada, «Bruno, Digges, Palingenio. Omogeneità ed eterogeneità nella concezione dell'universo infinito», *Rivista di storia della filosofia*, 47, 1992, p. 47-53.

134. *Le Souper des Cendres*, *cit*, p. 50-51: « magnifici lumi ».

135. L'Arioste — l'un des auteurs les plus appréciés et cités par Bruno — décrit le feu de Saint-Elme à l'occasion d'un épisode du *Roland furieux*, dans lequel Marfisa et d'autres paladins sont menacés de faire naufrage à cause d'une très forte tempête : « Ils restèrent dans ce tourment, dans cette peine / pendant bien quatre jours, n'ayant plus de défense, / et la mer aurait eu une pleine victoire, pour peu qu'elle maintînt encore sa fureur ; / pourtant l'espoir d'un ciel serein leur fut donné / par la clarté tant désirée du feu Saint-Elme, / qui se posa près de la proue sur la bonnette, / car il n'y avait plus ni mâts ni antennes. » (« Stero in questo travaglio, in questa pena / ben quattro giorni, e non avean più schermo ; / e n'avrai avuto il mar vittoria piena, / poco più che 'l furor tenesse fermo : / ma diede speme lor d'aria serena / la disïata luce di santo Ermo, / ch'in prua s'una cocchina a por si venne ; / che più non v'erano arbori né antenne. ») : L'Arioste, *Roland furieux*, XIX,

aux extrémités de la voile de la gravure ? Ne pourraient-ils pas être eux aussi les "ambassadeurs" d'une *spes proxima*, d'une navigation difficile heureusement menée à terme dans le port tant désiré ? Bruno ferait ainsi allusion aux différents niveaux de son "espoir" : le plan de la philosophie naturelle (avec le havre de l'héliocentrisme et de l'unité de la nature), le plan de la philosophie morale (avec le havre d'une *religio* libérée de la théologie chrétienne) et le plan de la vie sociale et politique (avec le havre de la paix et du dépassement des conflits). En somme, du *Souper des Cendres* aux *Fureurs héroïques*, le cercle se referme sur lui-même, tout comme dans la « Chanson » finale des neuf aveugles : le dernier mot du dernier dialogue italien rappelle l'"espoir" dont était porteur le voyage entrepris dans le premier dialogue italien.

50, traduction française et notes d'André Rochon, Paris, Les Belles Lettres, 1999, t. II (chants XI-XXI), p. 245. Sur l'utilisation de l'Arioste dans les textes de Bruno, cf. Zaira Sorrenti, « Giordano Bruno lettore dell'Ariosto », *Per Leggere*, IX (2008), p. 80-112 et Lina Bolzoni, « Note su Bruno e Ariosto », *Rinascimento*, XL (2000), p. 19-43.

CHAPITRE III

MANET ULTIMA COELO : LES MYSTÈRES DE LA DEVISE D'HENRI III

1. Les trois couronnes et le *motto* avant Henri III : quelques exemples

Avant d'analyser la devise d'Henri III — composée de trois couronnes (celles de France et de Pologne, surmontées d'une troisième au ciel) et du *motto* « Manet ultima coelo » —, il serait bon d'examiner rapidement quelques cas antérieurs où l'on peut retrouver le thème des trois couronnes. fig. 1-7

Marguerite Ire de Danemark (1353-1412) avait utilisé les trois couronnes comme symbole des trois royaumes réunifiés sous son autorité : le Danemark, la Suède et la Norvège. Trois lions couronnés continuent d'ailleurs de figurer dans les actuelles armoiries du Danemark. Et ce sont encore trois couronnes — probablement liées à la légende des reliques des rois mages que la cité croyait posséder — qui sont devenues le symbole de la ville de Cologne. Enfin, on retrouve trois couronnes dans les armoiries d'Oxford[1]. fig. 50

1. Cf. *The Emblems of Thomas Palmer : « Two hundred poosees », Sloane Ms. 3794*, *cit.*, p. 9.

On retrouve également trois couronnes dans le fameux portrait de Mehmet II (1480) peint par Gentile Bellini et exposé à la National Gallery de Londres, dont la beauté marquera Vasari[2], puis Proust[3] : le sultan est représenté de profil et sous une arcade, elle-même surmontée une fois à droite et une fois à gauche d'une série verticale de trois couronnes (tandis qu'une petite couronne se détache au centre de la riche tapisserie disposée en bas du tableau). On a cru pouvoir compter sept couronnes en tout, mais l'hypothèse la plus vraisemblable est que les trois couronnes sont en fait représentées deux fois, symétriquement, et font clairement allusion aux trois royaumes dont le chef ottoman se vantait d'être l'empereur : le royaume d'Asie, celui de Trébizonde et celui de la Grande Grèce. Sur une médaille réalisée à cette époque par Bertoldo di Giovanni, le portrait de Mehmet II est en effet accompagné d'une inscription latine qui indique les trois régions du monde placées sous son autorité : « Mavmhet Asie ac Trapesvnzis

fig. 48

2. Vasari parle de miracle à propos de ce tableau : Gentile Bellini « a fait un portrait de Mehmet II d'après nature, qui paraissait si extraordinairement vivant que, aux yeux de celui-ci, il semblait être un miracle plutôt qu'une œuvre d'art » (« ritrasse di naturale Maometto, che pareva vivissimo ; al quale, come cosa inusitata, pareva questo più tosto miracolo che arte » (Giorgio Vasari, *Le vite de' più eccellenti architetti, pittori et scultori italiani, da Cimabue insino a' nostri tempi*, [edizione Lorenzo Torrentino, Firenze 1550], a cura di Luciano Bellosi e Aldo Rossi, Presentazione di Giovanni Previtali, Torino, Einaudi, 1986, p. 435-436).

3. Voici comment Proust décrit Bergotte dans *Du côté de chez Swann* : « Ah ! oui, ce garçon que j'ai vu une fois ici, qui ressemble tellement au portrait de Mahomet II par Bellini. Oh ! c'est frappant, il a les mêmes sourcils circonflexes, le même nez recourbé, les mêmes pommettes saillantes. Quand il aura une barbiche ce sera la même personne […] » (Marcel Proust, *À la recherche du temps perdu. I*, éd. publiée sous la dir. de Jean-Yves Tadié, avec la collaboration de Florence Callu, Francine Goujon, Eugène Nicole, Pierre-Louis Rey, Brian Rogers et Jo Yoshida, Paris, Gallimard, 1987, p. 96). Cette description de Swann n'est pas isolée : on trouve d'autres allusions à ses traits orientaux dans divers passages de la *Recherche* (cf. *Ibidem*, t. II, p. 133 et p. 487-488).

Magne que Gretie imperat(or) »[4]. Et, sur une reproduction
de la devise de Charles Quint (dans les *Imprese illustri*
de Ruscelli), à côté du *motto* « Plus ultra », figurent trois fig. 49
couronnes : deux plus petites en bas (placées sur les deux
Colonnes d'Hercule) et une plus grande située en haut,
au centre, entre les deux Colonnes[5].

Les trois couronnes ont également connu un certain
succès dans le milieu des imprimeurs parisiens : chez
Louis Hornken, libraire et imprimeur de Cologne, actif
entre 1511 et 1512, on trouve trois couronnes dans un
écu avec le *motto* « O felix Colonia »[6] ; chez le libraire fig. 52
Jérôme de Gourmont (1524-1553), trois couronnes dans fig. 53
un cœur[7] ; chez le libraire Arnould Sittart (1583-1613),
trois couronnes dans un écu avec le *motto* « Finis coronat fig. 54
opus »[8] ; chez le libraire Gilles Gilles (1558-1588) — chez
qui Giordano Bruno publiera son *Cantus circaeus* en fig. 56

4. Guy de TERVARENT, *Attributs et symboles dans l'art profane. Dictionnaire d'un langage perdu*, Genève, Droz, 1997, p. 165.

5. Girolamo RUSCELLI, *Le imprese illustri*, Venetia, Francesco de Franceschi, 1584, p. 103.

6. Louis-Catherine SILVESTRE, *Marques typographiques*, Paris, Imprimerie Renou et Maulde, 1867, 2 volumes, marque n. 148, p. 75. Le *motto* renvoie à la ville de Cologne, dans les armoiries de laquelle figurent trois couronnes. La marque typographique de Hornken — avec une légère différence et un autre *motto* (*Ima permutat brevis hora summis*) — apparaît sur certains livres imprimés par le même imprimeur à Cologne. Pour un compte rendu détaillé des diverses représentations des trois couronnes utilisées comme marques typographiques à Cologne, nous renvoyons à l'excellent répertoire de Paul HEITZ, *Die Kölner Büchermarken bis anfang des XVII. Jahrhunderts herausgegeben*, Strassburg, Heitz, 1898, planches 1, 4, 6, 11, 12, 18, 19, 20, 21, 28, 29, 30, 31, 34, 36, 37, 43, 44, 45, 46, 49, 51, 54, 58, 62, 63, 83, 85, 91, 137, 138, 139, 140, 148, 152, 153, 161, 180, 210 (cf. aussi P. Van HUISSTEDE & J. P. BRANDHORST, *Dutch Printer's devices 15th - 17th century*, Nieuwkoop, De Graaf Publishers, 1999, p. 805).

7. Cf. Louis-Catherine SILVESTRE, *Marques typographiques, cit.*, marque n. 403, p. 217.

8. *Ibidem*, marque n. 415, p. 223.

1582[9] — trois couronnes superposées de taille décroissante avec le *motto* « Hic labor »[10] ; enfin chez le libraire Guillaume Eustace (1493-1525), trois personnages couronnés avec deux centaures à leurs pieds[11]. fig. 55

Parmi les libraires français, justement, le cas de Pierre Chevillot mérite d'être signalé tout particulièrement, quoiqu'on ne puisse pas le ranger parmi les utilisateurs antérieurs du thème des trois couronnes. Lié à Henri III, il reprend lui aussi la devise du roi (couronnes et *motto*) fig. 57 comme marque typographique, ainsi que nous le verrons par la suite[12]. C'est précisément dans son imprimerie — ce qui ne peut être un hasard — que seront publiées certaines des œuvres parisiennes de Giordano Bruno : le *Chandelier* (publié en 1582 par le libraire Guillaume Julian, mais imprimé chez Chevillot), la *Figuratio Aristotelici Physici auditus*, les *Dialogi duo de Fabricii Mordentis Salernitani prope divina adinventione* (1586) et l'*Idiota triumphans* (1586)[13].

Rappelons que le thème des trois couronnes revient également avec insistance dans la littérature impérialiste française. Charles VIII, qui prétend régner sur trois royaumes — celui de France, celui de Sicile et celui de Jérusalem — compose même tout un poème (*La naturele, virteuse et victorieuse couronne de Justice*) où les trois

9. Cf. *supra*, p. 52.

10. Cf. L.-C. Silvestre, *Marques typographiques, cit.*, marque n. 781, p. 441.

11. *Ibidem*, marque n. 878, p. 505.

12. Sur l'utilisation par Chevillot de la devise d'Henri III comme marque typographique et sur l'adaptation de cette marque aux exigences d'Henri IV (les armoiries de la Pologne étant remplacées par celles de la Navarre, tandis que le *motto* reste inchangé), cf. *infra*, p. 263-264.

13. Pour une reconstitution de l'aventure éditoriale parisienne de Giordano Bruno, cf. Jean Balsamo, « Les premières éditions parisiennes de Giordano Bruno et leur contexte éditorial », *Filologia Antica e Moderna*, 5-6 (1994), p. 101-105.

couronnes deviennent le sujet d'allégories morales[14], tandis que, dans le songe mis en scène par Jean Thenaud dans son *Triomphe de Justice* (1519), le dauphin François reçoit trois couronnes pour partager avec son père l'empire du monde[15]. La première couronne (couronne de l'ensemble des principautés allemandes) lui est donnée à l'occasion du triomphe d'Aix-la-Chapelle, la deuxième (celle des Gaules) à l'occasion du triomphe de Milan et la troisième (celle de « roi et empereur des Romains »), à l'occasion du triomphe de Rome[16]

Pour le thème de la couronne qui attend au ciel on trouve un antécédent intéressant dans le *Paradis* de Dante. Au chant XXX, juste après la montée vers l'Empyrée, Béatrix indique au poète la couronne céleste qui attend l'âme d'Henri VII de Luxembourg :

14. BnF, ms. fr. 5080. Sur ce texte et, de manière plus générale, sur le rapport entre le thème des trois couronnes et l'impérialisme français, cf. Robert W. SCHELLER, « Imperial themes in art and literature of the early French Renaissance : the period of Charles VIII », *Simiolus*, 12 (1981-1982), p. 30. Pour une analyse du débat, en France, autour de l'impérialisme, voir également Alexandre Y. HARAN, *Le lys et le globe. Messianisme et rêve impérial en France aux XVIe et XVIIe siècle*, Seyssel, Champ Vallon, 2000.

15. Jean THENAUD, *Le Triumphe des Vertuz*, troisième traité *Le Triumphe de Justice*, édition critique par Titia J. Schuurs-Janssen avec la collaboration de René E. V. Stuip, Genève, Droz, 2007 (BnF, ms. fr. 144, première partie, fol. 1). Sur ce poème et ses aspects politiques, cf. Anne-Marie LECOQ, *François Ier imaginaire. Symbolique & politique à l'aube de la Renaissance française*, préface de Marc Fumaroli, Paris, Macula, 1987, p. 446 sq. Sur les trois couronnes et l'impérialisme français durant le règne d'Henri II, voir aussi *infra*, p. 148-162.

16. Jean THENAUD, *Le Triumphe des Vertuz*, troisième traité *Le Triumphe de Justice*, *cit.*, p. 349-355. Thenaud souligne que son œuvre doit être considérée comme un *miroir des princes* fait de peintures et de devises : « Tiercement il doit avoir esgart a exemples honnorables qui luy doyvent estre reduictz a memoire en peinctures, divises, predications, orations et lectures, car l'usaige quotidien d'oyr, parler, vivre et bien faire sert moult au prince » (*ibidem*, p. 277).

Sur ce grand siège, où ton regard s'attache
    à la couronne qu'on y voit déjà,
    avant que tu ne soupes à ces noces
s'assiéra — et sera sur terre auguste —
    l'âme d'Henri le grand, qui mettra l'ordre
en Italie — sans l'y voir déjà prête. [17]

Élu empereur en 1308, Henri VII porte aux yeux de Dante l'espoir d'un retour de la paix dans une Italie tourmentée. Et la couronne céleste serait la récompense pour les nobles efforts qu'il fournit en faveur de l'harmonie sociale et politique. Mais les temps ne sont pas encore mûrs, surtout à cause de l'attitude ambiguë du pape Clément V, que la punition divine précipitera dans la fosse des simoniaques[18].

Pour conclure ce très bref tour d'horizon, signalons un curieux détail étroitement lié au *motto* choisi par Henri III. Dans la basilique du Bon Jésus construite à Goa (en Inde) en 1624, sont conservés les restes de saint François-Xavier (1506-1552), qui poursuivit des études de théologie à la Sorbonne et fut membre fondateur de la Compagnie de Jésus. Là, dans la chapelle du Saint Sacrement, sont inscrits deux *motti* attribués au saint : *Ex funere foenus* et *Manet Ultima Coelo*. Malgré nos recherches, notamment dans les livres d'emblèmes directement ou indirectement liés aux Jésuites, nous ne sommes pas parvenu à trouver le moindre témoignage

17. Dante, *Paradis*, XXX, vv. 133-138, in *Œuvres complètes*, tr. fr. sous la dir. de Christian Bec, Paris, Le Livre de Poche, coll. "La pochothèque", 1996, p. 1011 (texte italien : « E 'n quel gran seggio a che tu li occhi tieni / per la corona che già v'è sú posta, / prima che tu a queste nozze ceni, / sederà l'alma, che fia giú agosta, / de l'alto Arrigo, ch'a drizzare Italia / verrà in prima ch'ella sia disposta »).

18. Sur le rôle d'Henri VII dans la *Commedia* et dans d'autres œuvres de Dante, cf. Ovidio Capitani, « Enrico VII », in *Enciclopedia dantesca*, Rome, Istituto dell'Enciclopedia Treccani, 1970, vol. II, p. 682-688.

attribuant le second *motto* à François-Xavier[19]. Mais si le saint en était effectivement l'auteur, c'est la première fois que serait attestée l'existence de ce *motto* avant son utilisation par Henri III.

2. Les médailles, les monnaies, les reliures

Nous analyserons bientôt le débat européen autour de la devise d'Henri III, mais d'abord il est nécessaire de s'arrêter un moment sur l'utilisation des trois couronnes et du *motto* « Manet ultima coelo[20] » dans le domaine des médailles, des monnaies et des reliures.

On trouve la devise sur trois médailles, dont deux sont certainement l'œuvre du grand graveur Germain Pilon, à qui l'on doit de précieux portraits des Valois[21] : la première, datée de 1575, a été exécutée à l'occasion du couronnement d'Henri III en France ; la seconde, de 1577, est liée aux festivités qui ont accompagné la fondation fig. 6
de l'Ordre du Saint-Esprit ; quant à la dernière médaille, qui n'est pas datée, elle a probablement été créée vers

19. Sur l'intérêt des Jésuites pour les images allégoriques et les devises, cf. Lydia Salvucci Insolera, *L'Imago primi saeculi (1640) e il significato dell'immagine allegorica nella Compagnia di Gesù. Genesi e fortuna del libro*, Rome, Editrice Pontificia Università Gregoriana, 2004.

20. Signalons, pour information, que la même devise sera reprise par Christian V, roi de Danemark (1670-1699), probablement en souvenir des trois couronnes utilisées par la reine Marguerite de Danemark en 1391 pour signifier l'union des trois royaumes (Danemark, Suède et Norvège) : cf. Guy de Tervarent, *Attributs et symboles dans l'art profane. Dictionnaire d'un langage perdu*, *cit.*, p. 165.

21. Sur l'importance de Pilon, cf. *Germain Pilon et les sculpteurs français de la Renaissance*, Actes du colloque du Louvre, 26 et 27 octobre 1990, sous la direction de Geneviève Bresc-Bautier, Paris, La Documentation française, 1993.

1588[22]. La même inscription latine se retrouve sur une monnaie frappée en Bretagne en 1577/1578.

Les trois couronnes, ainsi que le *motto* ont également été utilisées dans les peintures qui accompagnaient l'entrée triomphale du jeune roi dans la cité de Reims, le jour de son couronnement :

> Premièrement au plus haut dudit Theatre estoient les Armoiries de France & de Pologne iointes ensemble souz une mesme coronne, encloses de l'ordre de France, comme en la precedente porte. Au dessouz d'icelles estoit la Devise de ladite Maiesté, qui sont trois Coronnes, desquelles les deux sont de Laurier & la tierce, qui est au dessus, est de Palme, avec un nombre d'estoilles en ciel azuré ; & à l'entour d'icelles coronnes estoient escrits ces mots en roulleau, *Manet ultima coelo*, & plus bas ce distique faisant allusion à la dite Devise : *Bina corona tibi dum est, et manet ultima coelo, / Viva fides geminas proteget, hancque dabit* [« tu as une double couronne et la dernière t'attend au ciel : ta foi vivante protégera ces deux-là et [te] donnera celle-ci »][23].

22. Cf. Fernand Mazerolle, *Les Médailleurs français du* XV*e siècle au milieu du* XVII*e siècle*, Paris, Imprimerie nationale, 1902, t. II, p. 53 (n° 248), p. 54 (n° 251), p. 56 (n° 265). On trouve une description précise de toutes les médailles d'Henri III gravées par Pilon chez Jean Babelon, *Germain Pilon*, Paris, Les Beaux-Arts, 1927, p. 76-78 (mais, plus récemment, cf. aussi Stephen K. Scher, « Germain Pilon et l'art de la médaille », in *Germain Pilon et les sculpteurs français de la Renaissance*, *op. cit.*, p. 133-159).

23. *Brief et sommaire discours de l'Entrée, Sacre & Couronnement de Henri III Tres-chrestien Roy de France & de Pologne en sa ville de Rheims*, Rheims, Chez Jean de Foigny, 1575, c. G iiij r. Près de l'inscription sont représentées les quatre vertus cardinales : Tempérance, Justice, Force et Prudence (cette dernière tenant un miroir : « Prudence représentée aussi par une femme tenant un miroir & un serpent à ses pieds », F. G iiij v). Sur le thème de la vérité et du miroir, cf. Nuccio Ordine, *Le Seuil de l'ombre*, *cit.*, p. 288-289.

Les gardes du corps d'Henri III portaient eux-mêmes des casaques sur lesquelles, devant et derrière, étaient brodées trois couronnes avec le *motto* « Manet ultima coelo »[24].

Cette devise présente un grand intérêt, d'abord et surtout à cause de son ambiguïté, comme nous le verrons mieux par la suite, mais aussi parce que, durant le règne d'Henri III, on ne trouve pas une grande originalité dans l'iconologie des médailles, à l'exception du cas qui nous occupe[25].

On retrouve également diverses variantes de la devise d'Henri III dans le domaine des reliures créées expressément, dans la plupart des cas, à la demande du roi lui-même. Malheureusement la furie des Ligueurs a causé la dispersion d'une grande partie de la bibliothèque personnelle du roi. Nous savons néanmoins que, au cours de son règne, Henri III a utilisé les services de certains relieurs à qui étaient confiés les blocs armoriaux officiels : Claude de Picques, actif jusqu'à la fin août 1574, Nicolas Ève actif de 1578 à 1581 et son fils Clovis Ève, de 1583 à 1587[26].

La récente reconstitution effectuée par Fabienne Le Bars — qui permet de distinguer trois grands groupes de reliures — met en évidence la part importante prise par le roi dans la forte impulsion donnée à cet art qui a

24. Pour une description détaillée, cf. Giulio FERRARIO, *Il costume antico e moderno. Volume VI.2 Europa*, Florence, Vincenzo Batelli, 1830, p. 137. Trois couronnes figurent également sur une masse d'armes du Trésor du Saint-Esprit conservée au Musée du Louvre à Paris. fig. 20

25. Cf. Josèphe JACQUIOT, « L'iconographie et l'iconologie sous le règne du roi Henri III, roi de France et de Pologne, d'après les médailles et les jetons », in *Henri III et son temps*, Actes du colloque international du Centre international de la Renaissance de Tours (octobre 1989), études réunies par Robert Sauzet, Paris, Vrin, 1992, p. 145.

26. Cf. Fabienne LE BARS, « Les reliures d'Henri III », in *Henri III mécène des arts, des sciences et des lettres*, *cit.*, p. 233.

produit des résultats remarquables entre les années 1560 et les années 1580 [27]. Parmi les divers types de reliures, si on laisse de côté les diverses espèces de « semés » ou de « décors de fanfare », on peut voir que la devise spécifique d'Henri III est construite selon deux dispositifs héraldiques bien distincts [28].

Dans le premier dispositif, on peut voir un cercle formé par le collier de l'ordre du Saint-Esprit ; sur la circonférence du cercle domine une grande couronne, sur le bord de laquelle est inscrit le *motto* « Manet ultima coelo » ; à l'intérieur du cercle figurent en haut les armoiries de France et de Pologne, dont les écussons sont surmontés chacun d'une couronne, et en bas une couronne plus petite placée juste au-dessus du monogramme d'Henri (H). Dans cette série de reliures il faut ranger non seulement celles qui ont été commandées aux alentours de 1586 pour le *Livre des* fig. 1
Statuts et ordonnances de l'ordre du benoist Sainct-Esprit[29], mais également celles qui l'ont été pour le *Sommaire de l'art* fig. 1
des aydes de Guillaume Aubert (1585 ?)[30], pour le *Discorso* fig. 1
[…] sopra le medaglie antiche de Sebastiano Erizzo (1559)[31], et pour les *Œuvres spirituelles* d'Isaac Habert[32]. fig. 1

27. *Ibidem*, p. 246-247. Nous renvoyons également à cet essai pour la bibliographie du débat autour des reliures de la bibliothèque du roi Henri III.

28. Nous n'avons pas tenu compte des reliures où, bien qu'on retrouve la présence des trois couronnes selon le même dispositif héraldique, le *motto* « Manet ultima coelo » n'apparaît pas.

29. *Livre des Statuts et ordonnances de l'ordre du benoist Sainct-Esprit*, Paris, Fédéric Morel, 1586 ? [Paris, BnF, rés. Vélins 1181].

30. Guillaume AUBERT, *Sommaire de l'art des aydes*, s.l., n. d. [Paris, BnF, rés. 4° Lf88.1]

31. Sebastiano ERIZZO, *Discorso* […] *sopra le medaglie antiche*, Venise, Valgrisiana, 1559 [Paris, Musée du Petit-Palais, coll. Dutuit]. À la différence des autres, cette image donne à voir un ovale qui englobe le dispositif héraldique que nous avons décrit.

32. Isaac HABERT, *Œuvres spirituelles* [Berlin, Staatsbibliothek, ms. Hamilton 456]. Sur ce manuscrit et sur les liens de son auteur avec

On peut classer dans un second ensemble les reliures dont le dispositif héraldique ressemble au précédent mais avec une variante : au grand cercle formé par le collier de l'ordre du Saint-Esprit vient s'ajouter un petit cercle formé par le collier de l'ordre de Saint-Michel. On trouve cette devise à double collier sur les *Sermons* de Philippe Du Bec (1586)[33], *Les Mémoires* de Philippe de Commynes (1580)[34] et les *Annali veneti* de Giulio Faroldo (1567)[35].

fig. 15
fig. 13-14
fig. 17

Nous nous sommes contenté ici de fournir quelques exemples — sans tenir compte, redisons-le, de classifications plus complexes[36] — pour montrer comment, dans les deux groupes de reliures (celles qui ont un unique collier et celles qui ont un collier double), le schéma des trois couronnes demeure identique : les deux couronnes placées au-dessus des écussons des armoiries de France et de Pologne peuvent en effet être rattachées soit à la couronne du haut (auquel cas cette troisième couronne constituerait le sommet d'un triangle idéal) soit, comme dans un miroir, à la couronne du bas (qui constituerait alors le sommet d'un triangle inversé par rapport à celui de la première solution).

Henri III, cf. Isabelle DE CONIHOUT et Dominique STUTZMANN, « Un manuscrit de dédicace d'Isaac Habert », in *Henri III mécène des arts, des sciences et des lettres, cit.*, p. 255-259.

33. Philippe DU BEC, *Sermons*, Paris, Guillaume Chaudière, 1586 [Paris, BnF, rés. D. 15493].

34. Philippe DE COMMYNES, *Les mémoires* [...] *sur les principaux faicts et gestes de Louis onzième*, Paris, Michel Sonnius, 1580 [Paris, BnF, rés. Fol. La16.9.S.].

35. Giulio FAROLDO, *Annali veneti*, Venise, Giovanni Varisco, 1576 [Paris, BnF, rés. 8° Ol.762.B].

36. Pour une analyse précise des semés, des décors de fanfare, des fers, des écoinçons et des divers types de maroquins, cf. Fabienne LE BARS, « Les reliures de Henri III », in *Henri III mécène des arts, des sciences et des lettres, cit.*, p. 227-247.

La troisième couronne, nous le verrons, ne se prête pas à une interprétation univoque et immédiate, mais permet plusieurs hypothèses. Voilà pourquoi la devise d'Henri III n'est pas passée inaperçue, mais a suscité un grand intérêt au-delà des milieux politiques.

3. Stefano Guazzo et Andrea Chiocco

Stefano Guazzo mentionne la devise d'Henri III comme un exemple de perfection dans le *Dialogo delle imprese*, le cinquième de ses *Dialoghi piacevoli* publiés à Venise en 1586. Et Andrea Chiocco insistera aussi, dans son *Discorso della natura delle imprese* de 1601, sur cette perfection :

> De ce qui a été dit découle un corollaire, qui nous servira aussi d'hypothèse, à savoir que le type de devise le plus parfait est celui qui porte sur des choses futures, et qu'il faut obtenir, ce qui fait que l'Académicien forme fermement le projet d'entreprendre de la réaliser de telle sorte qu'il puisse la mener autant que possible à la fin désirée. Nous avons dit "type le plus parfait", et c'est pourquoi, en considérant la cause finale, nous diviserons les devises en trois espèces, pour ne pas laisser place au doute : la première, la plus parfaite, sera celle qui porte toujours sur une chose future, et qui en même temps possède toutes les autres caractéristiques qui sont demandées à la forme et à la matière de ces [devises] et dont il sera question plus bas. Le deuxième genre porte sur la conservation d'une chose déjà obtenue, et cette [devise] est également d'autant plus parfaite qu'elle porte sur une chose qui doit arriver, puisque si la chose était par elle-même suffisamment préservée, elle ne demanderait pas de travail pour être préservée dans l'avenir. La troisième espèce est celle des devises qui ont pour fin quelque caprice de l'Académicien,

comme le dédain ou le ressentiment et autres choses semblables : cette espèce est bien moins parfaite que les autres, et ces trois caractères distinctifs sous le rapport de la fin donneront en quelque sorte l'essence des devises, puisque, comme cela a été dit, la fin est absolument essentielle à tout instrument ; comme exemple de la première espèce, il y aura la [devise] d'Henri III, qui imagina deux couronnes et une plus grande au-dessus, avec le *motto* « Manet ultima coelo », par quoi il montrait qu'il tendait toutes ses pensées, ainsi que les couronnes des autres royaumes, la Pologne et la France, vers la réalisation d'une fin plus noble et plus importante[37].

37. Cf. Andrea Chiocco, *Discorso della natura delle imprese et del vero modo di fomarle*, Verona, Angelo Tamo, 1601, p. 9-10 : « Dalle cose dette ne segue un corollario, quale ci servirà anco per suppositione, cioè la maniera più perfetta dell'Imprese esser quella, che riguarda cose future, e che si ha da conseguire, per cui l'Academico fa fermo proposito d'imprenderla talmente, che quando che sia la possi condurne [sic !] al bramato fine. Habbiamo detto la maniera più perfetta, impercioche per rispetto della causa finale, divideremo le Imprese in tre specie per toglier l'occasione di dubitare, una sarà la perfettissima, che sempre ha riguardo a cosa futura, et insieme possiede tutte quelle altre conditioni, che dalla forma, et dalla materia di esse sono ricercate, delle quali si ragionerà più a basso. La seconda maniera risguarda la conservatione di cosa già ottenuta, e questa parimente in tanto è perfetta, in quanto la conservatione risguarda cosa, che ha venire [sic !], perche se la cosa fosse per se stessa a bastanza custodita, non havrebbe mestieri di futura custodia. La terza specie è di quelle Imprese, che hanno per fine qualche capriccio dell'Academico, come o sdegno o risentimento ed altra cosa tale, qual specie è meno pefetta assai delle altre, e queste tre differenze tolte dal fine sarano [sic !] come essentiali delle Imprese, sendo il fine, come si è detto molto essentiale ad ogni istromento ; essempio della prima specie sarà quella di Enrico Terzo, il quale finse due Corone, con una maggior disopra, co 'l motto, *Manet ultima Coelo*, dove esso mostrava di indrizzar tutti i suoi pensieri, e le Corone de gl'altri Regni di Polonia, e di Francia, all'acquisto di un più nobile, e maggior fine ».

Dans le *Dialogo delle imprese* de Guazzo, la conversation entre César de Nemours et Annibale Magnocavalli[38] porte, en particulier, sur les caractéristiques du genre emblématique qui a été si à la mode dans les cours européennes. Et dans les dernières répliques, le choix iconographique d'Henri III est justement présenté comme l'exemple d'une heureuse harmonie entre l'image et ses louables fins :

> Je vous réponds de mon côté que la Calomnie elle-même ne pourrait lui nuire et je me la représente comme l'une des devises les plus remarquables, extraordinaires et expressives que j'ai jamais lues ou entendues : car il y a en outre [en elle] le charme et la perfection du sentiment qui, aboutissant à Dieu, la rend digne des titres que l'on donne à Dieu, de sorte que c'est peu de la qualifier de Devise héroïque et royale. Nous devons donc estimer que ce grand Roi a exercé une merveilleuse violence contre lui-même, et même contre la nature humaine, puisque – se trouvant, dans la fleur de ses premières années, presque au faîte des prospérités et en possession des deux royaumes, l'un de France et l'autre de Pologne, et considérant en son cœur magnanime que dans les temps heureux la plupart des hommes tournent le dos à Dieu et ne lui sont pas reconnaissants pour les grands bienfaits qu'ils ont reçus de lui – il s'éleva de tout son esprit en orientant vers le ciel la Devise des deux couronnes inférieures et terrestres ; et pour signifier que, en pensée, il les piétine et que son royaume n'est pas vraiment de ce monde, il plaça au-dessus d'elles une couronne céleste avec ces pieuses et saintes paroles : *MANET ULTIMA COELO* (« la dernière réside au ciel »). Dites-moi donc s'il y a au monde une Devise plus digne, plus exemplaire et plus glorieuse que celle-ci[39] ?

38. Le médecin Annibale Magnocavalli est l'un des deux interlocuteurs de *La civil conversazion* de Guazzo (1574).

39. Stefano Guazzo, « Delle Imprese », in *Dialoghi piacevoli*, Piacenza [Plaisance], Pietro Tini, 1587, p. 163-164 : « Io vi replico per la parte

Si l'on en croit ces paroles de Magnocavalli, l'énigme de la devise est déjà résolue. Mais en fait il n'en est rien car, tout de suite après, le même personnage affirme que cette « devise comporte assez de mystères pour épuiser mille écrivains[40] ». Et c'est justement en raison de la diversité des interprétations possibles que l'« Académicien Elevato [Élevé] a préparé un grand volume, divisé en trois livres, ayant pour insigne objet ces trois couronnes, dans le dessein de le publier et d'en faire don au roi très-chrétien[41] ». Finalement le livre ne sera jamais publié, car l'auteur « avait été convaincu par plusieurs de ses amis qu'il en obtiendrait une grande récompense de la part de sa Majesté » et il a dès lors estimé qu'« il vaut mieux se priver soi-même de

mia che la Calunnia istessa non le potrebbe nocere e me la dipingo nell'animo per una delle più segnalate, pellegrine e significanti imprese ch'io m'habbia mai lette o udite : perché oltre alla vaghezza e perfettione del sentimento, il quale terminando in Dio la viene a far degna de' titoli che si danno a Dio, si che il chiamarla Impresa heroica e reale è poco. Di qui habbiamo a giudicare che questo gran Re ha fatta una maravigliosa violenza a se stesso, anzi alla natura humana perché — trovandosi nel primo fior de' suoi anni quasi al colmo delle prosperità e in possessa de' due regni, l'uno di Francia e l'altro di Polonia e rivolgendo nel suo magnanimo cuore che gli uomini per la maggior parte ne' tempi fecondi e felici volgono le spalle a Dio e no'l riconoscono de' grandi beneficii da lui ricevuti — si levò con tutto il suo spirito verso il cielo dirizzando l'Impresa delle due corone inferiori e terrene ; e per segno che egli col pensiero le calpestra e che 'l suo regno non è veramente di questo mondo, vi collocò di sopra una corona celeste con quelle pie e sante parole : Manet Ultima Coelo. Or ditemi se vi ha al mondo alcuna più degna, più essemplare e più gloriosa Impresa di questa ? » Magnocavalli est si persuadé de la perfection de la devise d'Henri III qu'il affirme que « Momus lui-même ne trouverait rien à y ajouter » (« Momo istesso non troverebbe che apporvi », *ibidem*, p. 164.)

40. *Ibidem*, p. 164 : « [Questa] impresa ha dentro tanti misterii che vi si potrebbono faticar attorno mille scrittori. »

41. *Ibidem* : « L'Academico Elevato apparecchiò un gran volume diviso in tre libri intorno all'altissimo soggetto di queste tre corone con disegno di dirlo in luce e farne dono al Re christianissimo. »

cette gloire que d'être suspecté de cupidité par autrui »[42]. Ce manuscrit aurait certainement comporté de précieuses indications, puisque derrière l'« Académicien Elevato » se cachait Guazzo lui-même[43] qui, membre de la suite de Louis (Ludovico) de Gonzague[44], avait vécu pas moins de sept ans en France.

Or, dans ces années-là, appartenir à l'entourage de la famille Gonzague-Nevers signifie qu'on fréquente un milieu riche en poètes, en artistes et en écrivains proches de la cour des Valois. Entre 1572 et 1574, profitant de son énorme pouvoir, le duc Louis de Gonzague a même cherché à devenir le mentor du jeune duc d'Anjou, le futur Henri III[45]. Son intérêt pour la philosophie et

42. *Ibidem* : « da molti suoi amici era persuaso che ne riporterebbe larga mercede da sua Maestà » ; « meglio di privar se stesso di questa gloria che di dar altrui sospetto d'avaritia ». César de Nemours ironise sur la décision prise par l'« Académicien Elevato » de ne pas publier le livre : « Je suis désolé d'entendre ce que vous dites, en raison des fruits que le monde aurait pu recueillir d'un si louable effort ; mais, à cause du monde, il était peut-être préférable de ne pas publier le livre et de conserver une bonne opinion de la libéralité royale, plutôt que de le publier et d'exposer ses amis à être démentis en voyant que, au lieu de rapporter une grande récompense, il aurait à peine obtenu un grand merci. » (*ibidem* : « Mi duole d'intendere ciò che voi dite, per lo frutto che poteva raccogliere il mondo da così degna fatica ; ma per cagione di lui è forse stato il meglio tenere nascosto il libro e star in buona opinione della liberalità regia che darlo fuori e metter' i suoi amici a rischio di restar mentiti veggendo che, invece di riportane gran mercede, a pena gli fosse toccato un gran mercè. »)

43. Sur les activités de l'« Académicien Elevato » à l'Accademia degli Illustrati de Casale Monferrato, cf. la note d'Amedeo QUONDAM in Stefano GUAZZO, *La civil conversazione*, Amedeo Quondam (éd.), Ferrare, Franco Cosimo Panini, 1993, t. II, p. 450-451.

44. Au service de Gonzague, futur duc de Nevers, Stefano Guazzo a probablement vécu en France de 1554 à 1560. En 1564, il est envoyé par le duc Guillaume auprès de Charles IX pour une mission diplomatique (cf. *ibidem*, t. I, p. LXIV).

45. Sur le rôle important joué par la famille Gonzague-Nevers à la cour des Valois et au cours du règne d'Henri III, cf. Ariane BOLTANSKI,

la littérature, ainsi que sa position privilégiée dans les réunions organisées au Louvre et à Olainville par le roi lui-même ont conduit Robert J. Sealy à attribuer au duc de Gonzague un discours anonyme sur la colère qui figure dans le recueil des discours prononcés à l'Académie du Palais en présence de Pontus de Tyard, de Ronsard, de Desportes, de Baïf et de Guy du Faur de Pibrac[46]. En outre, n'oublions pas d'une part que les *Dialoghi piacevoli* de Guazzo sont précisément dédiés à Louis de Gonzague, et d'autre part que Blaise de Vigenère (auteur des deux textes qui, comme nous le verrons, contiennent deux gravures avec la devise d'Henri III) est nommé précepteur de Charles, le fils aîné du duc.

Dans ces conditions, on ne saurait s'étonner que l'auteur de la *Civil conversatione* ait pu entretenir une correspondance directe avec Henri III, comme l'atteste l'une de ses lettres au roi de France, probablement censée accompagner le présumé manuscrit où il est question de la devise d'Henri III :

> Voici longtemps qu'est arrivé le bienfaisant Zéphyr qui, mettant fin à l'hiver et donnant naissance au printemps, chasse du ciel les nuages obscurs, revêt la terre de ses utiles parures et remplit les mortels d'une sereine allégresse ; avec son souffle odorant et si agréable, il apporte, depuis les régions occidentales jusqu'à l'extrême orient, d'heureuses nouvelles de l'esprit pieux grâce auquel

« Les Gonzagues-Nevers, protecteurs des lettres », in *Henri III mécène des arts, des sciences et des lettres*, *cit.*, p. 293-303 (sur Guazzo en particulier, cf. p. 296).

46. Robert J. SEALY, *The Palace Academy of Henri III*, Genève, Droz, 1981, p. 44. Le discours figure comme texte anonyme dans le recueil publié par Édouard FREMY, *L'Académie des Derniers Valois (1570-1585) d'après des documents nouveaux et inédits*, Paris, Ernest Leroux, 1887, p. 295-299.

Votre Majesté, après avoir ramené son royaume, avec non moins de prudence que de force, dans une situation tranquille et pacifiée, s'est si fermement tournée vers une vie sainte et exemplaire et vers la paix intérieure de son âme qu'elle se montre aussi humble serviteur envers Dieu que puissant roi envers les hommes. Cette angélique résolution, Sire, est aussi digne d'admiration que ce que [nous] apprend l'Histoire Sainte avec la figure des deux frères, Manassé et Ephraïm, l'un symbole de l'Abondance et l'autre de l'oubli, qui nous font comprendre que, tout au plus, la profusion des bonheurs terrestres fait oublier Dieu ; c'est pourquoi, ayant reçu les plus grands éloges pour cet acte particulier, Votre Majesté doit en attendre une plus grande récompense encore, car, par leur exemple, les personnages des hautes sphères engagent plus aisément ceux d'en bas à les suivre : et de même que les corps célestes situés sous le premier mobile se meuvent selon le mouvement de celui-ci, de même les vassaux et les sujets se conforment à la vie, aux actions et aux coutumes du Prince. Dès lors on peut imaginer combien un mauvais Prince peut être dangereux et combien le grand roi Cyrus avait raison de dire qu'un Prince ne méritait pas de régner sur ses sujets s'il n'était pas meilleur qu'eux. Ainsi Votre Majesté donne la preuve très certaine qu'Elle n'a pas voulu tromper le monde, à l'instar de ceux qui disent, et ne font pas, mais que, sachant que rien n'est plus inconvenant pour un roi que la vile hypocrisie que mettent les loups avides à se déguiser en moutons, Elle a, en tant que Roi, et que Roi Très-chrétien, mis sa vie en accord avec ses paroles, et donné la preuve manifeste que ce n'est pas par ostentation ni par vanité, mais mue par un amour simple, vrai et vivant qu'Elle a fait porter lors de spectacles publics Sa magnanime et glorieuse devise, dans le champ de laquelle la céleste couronne n'est pas aussi agréablement figurée que Votre Majesté ne la porte pieusement gravée dans Son cœur : cela Lui vaut mille bénédictions de par le monde, et notamment dans toute l'Italie, qui, n'ayant pu longuement rassasier ses yeux de Sa charmante présence, donnera maintenant à ses oreilles et à son cœur un très doux réconfort grâce aux nouvelles qui chaque jour se multiplient sur l'ardeur que Votre Majesté met à être dignement en accord avec Sa devise. Mais comme les secrets supérieurs que celle-ci comporte ne sont peut-être pas bien compris de tous, je me suis employé, comme si je devinais la pensée de Votre Majesté, à les expliquer sur papier avec mon faible style, dans l'intérêt général. Peut-être serai-je accusé d'être présomptueux, pour avoir eu l'audace, moi un simple particulier, de présenter mon travail à un roi si considérable. Mais à quel autre Prince aurais-je pu l'adresser à bon droit et sans encourir de blâme ? Je rends à César ce qui est à César et, reconnaissant que, pour préserver mon honneur et ma conscience, je ne peux conserver le bien d'autrui, je remets à Votre Majesté cette céleste devise, ce à quoi je me sens également poussé par l'obligation que j'ai de suivre les pas de Monseigneur le duc de Nevers, mon ancien et aimable maître, et de servir avec lui un grand roi et un grand seigneur ; à cela s'ajoutent la stimulation de la dévotion et la sujétion de mes deux prédécesseurs envers la couronne royale, et enfin le souvenir de la générosité qu'a montrée à mon égard le très chrétien roi Charles, votre frère : toutes ces raisons, telles divers anneaux, ont constitué ensemble une chaîne d'amour qui, avec une douce violence, m'a contraint de mettre par écrit, de consacrer au divin nom de Votre Majesté et de publier mon travail, quelle qu'en soit la valeur, avec l'espoir que, puisqu'Elle a plaisir à voir Sa devise en divers lieux, dessinée au pinceau ou gravée au ciseau, Votre Majesté ne dédaignera pas non plus de la contempler agréablement dans ce volume, décrite d'une manière épurée et sans apprêt, et interprétée de telle sorte que tous les autres, aussi bien les Princes que les simples particuliers, reconnaîtront combien Votre Majesté a aplani le chemin qui permet de triompher de la mort et d'acquérir l'immortelle

Couronne. Ainsi, Sire, que Dieu accorde à la royale personne de Votre Majesté ce salut et à Ses intentions ce succès qu'Elle désire »[47].

47. Pour cette lettre, écrite par Stefano Guazzo à Casale en 1570, cf. Stefano GUAZZO, *Lettere*, Venise, chez Barezzo Barezzi, 1606, p. 373-376 : « Il benigno Zefiro, che dando fine al verno, & principio alla primavera, disgombra l'oscure nubi dal cielo, riveste de i suoi utili honori la terra, et riempie di serena allegrezza i mortali, è & [sic] venuto, già ha gran tempo, col suo odorifero, & gratissimo fiato recando della parti Occidentali infin nell'estremo Oriente felici novelle del divoto spirito, col quale la Maestà Vostra, dopo l'haver ridotto non meno con prudenza, che con forza il suo Regno a tranquillo & pacifico stato, si è rivolta in sì fatta maniera allo studio d'una santa, & essemplar vita, & alla pace interiore dell'anima sua che non meno humilissimo servo nel cospetto di Dio, che potentissimo Re nel cospetto de gli huomini si dimostra. Questo angelico proponimento, o Sire, è tanto degno d'ammirazione quanto inferiscono le sacre historie con la figura di quei due fratelli Manasse, & Efrain, l'uno de i quali interpretato Abondanza, & l'altro oblio, danno a conoscere che per lo più, la copia delle terrene felicità, toglie la memoria di Dio, onde ricevuto V.M. con questo atto singolare maggior lode, ne dee aspettar ancor maggior merito. [sic] perché i personaggi d'alto affare più facilmente col loro essempio attirano gl'inferiori a seguitarli : & sì come i corpi celesti contenuti sotto il primo mobile, si movono secundo il movimento di quello, così i vassalli, & sudditi alla vita, alle attioni, & a i costumi del Principe si conformano. Et di qui si può far giudicio quanta dannoso sia un cattivo Prencipe, & quanto giusta ragione havesse il gran Re Ciro di dire, che non meritava di signoreggiare un che de i sudditi non si fusse migliore. Et però la Maestà Vostra rende certissima testimonianza, che non ha voluto ingannar il mondo a guisa di quelli, che dicono, & non fanno ; ma conoscendo, che niuna cosa è ad un Re più disdicevole, che la vilissima hippocrisia, con la quale usano i lupi rapaci di mascherarsi sotto pelle di pecora ha degnamente come Re, & come Christianissimo accordata la vita con le parole, & dato manifesto segno, che non a pompa, né a vanagloria, ma con semplice, & vero, & vivo affetto elle fece a publico spettacolo dirizzare la sua magnanima, & gloriosa impresa, nel cui campo non è così vagamente la celeste corona figurata, come essa nel cuore divotamente la porta scolpita, di che le ne sono date dal mondo mille benedittioni, & particolarmente da tutta Italia, la quale non havendo potuto lungamente riconfortarsi gli occhi nella sua grata presenza, darà hora all'orecchie, & al cuore dolcissimo ristoro con le novelle che tutto dì vengono crescendo dello studio, ch'ella mette per colpir degnamente nel segno della sua impresa. Ma

Mais, quoi qu'il en soit de l'existence de cet ouvrage, les remarques de Guazzo, publiées deux ans après l'*Expulsion*, témoignent du large intérêt que suscitent le caractère polysémique de la devise d'Henri III et sa matrice « héroïque » (« de sorte que c'est peu de la qualifier de Devise héroïque et royale[48] »).

perché gli alti secreti, che in quella si contengono, non sono peraventura da tutti bene intesi, io quasi presago della mente di Vost. M. mi sono ingegnato di venirli col mio languido stile spiegando in carta a beneficio universale. Sarammi forse a presuntione ascritto perché io privatissimo huomo habbia preso ardire di presentare ad un tanto Re questa mia fatica. Ma a qual altro Prencipe poteva io giustamente, & senza biasmo dirizzarla ? Io rendo quel che è di Cesare a Cesare, & conoscendo, di non poter ritener l'altrui, salvo l'honore, & la conscienza mia, rimetto alla M.V. la sua celeste impresa, al che fare mi sento anche sospinto dall'obligo, ch'io tengo di seguir le pedate del Sig. Duca di Nevers mio antico, & cortese padrone, & di servire insieme con lui ad un tanto Re, & Signore ; & vi si aggiunge lo stimolo della divotione, & servitù di due miei predecessori verso la reale corona, & finalmente la memoria della liberalità verso di me usata dal suo Christianissimo Re Carlo suo fratello ; le quali cagion a guisa di diverse anella hanno aggroppata insieme una amorosa catena, che con dolce violenza m'ha costretto a scrivere, & consecrare al divino nome di V.M. & a publicar al mondo questa mia fatica, quale ella si sia, con isperanza, che s'ella vede volontieri [sic] la sua Impresa in diversi luoghi o con pennelli dipinta, o con scarpelli intagliata, non isdegnerà anco di gratiosamente rimirarla in questo volume con italico inchiostro puramente & senza affettatione descritta, & in tal forma interpretata, che tutti gli altri non meno Prencipi, che privati verranno a conoscere quanto ella abbia fatta piano la stada di poter trionfar dalla morte, & far acquisto dell'immortal Corona. Così Iddio conceda o Sire alla real persona della M.V. quella salute, & a' suoi alti pensieri quel successo, ch'ella desidera. ». Mais la consultation des divers répertoires de manuscrits ne nous a pas permis de trouver la moindre trace de cette œuvre présumée de Guazzo.

48. Le jugement de Guazzo (« Devise héroïque ») rappelle étonnamment un passage de l'*Expulsion de la bête triomphante*, *cit.*, t. I, p. 140-141, où Bruno qualifie d'« héroïque » le prince à qui est destinée la troisième couronne.

4. Jacques Typoets, Giovanni Maria Tuilio, Filippo Picinelli

Comme on l'a vu, les "mystères" de la figure et du *motto* résident moins dans les deux couronnes terrestres que dans la couronne céleste. Sa présence au ciel fait-elle allusion à la reconnaissance d'un primat de la spiritualité sur les éphémères gloires mondaines ? Cette hypothèse est validée tour à tour par l'interprétation de Jacques Typoets fig. 3 (« Des deux Diadèmes, l'un est celui de Pologne, l'autre celui de France. Le troisième est celui du ciel, puisqu'il n'y a rien sur terre de plus grand qu'on doive espérer ni trop considérer »[49]), par celle de Giovanni Maria Tuilio (« Henri III, étant devenu le souverain du royaume de France et du royaume de Pologne, s'est vu décerner le beau symbole des trois couronnes, dont deux apparaissent associées et sur un pied d'égalité, alors que la troisième est située plus haut dans les airs, et qu'au-dessous a été

49. Iacobus Typotius, *Symbola Divina & Humana Pontificum Imperatorum Regum*, Francofurti, Godefridum Schönwetterum, 1652, t. I, p. 94 (1re édition à Prague, 1601 ; la xylographie se trouve p. 93) : « Des deux Diadèmes, l'un est celui de Pologne, l'autre celui de France. Le troisième est celui du ciel, puisqu'il n'y a rien sur terre de plus grand qu'on doive espérer ni trop considérer. Celui-là est dans un endroit élevé et paisible ; celui-ci sur un continent dont le rivage est battu par de nombreuses tempêtes. La mer Baltique borde la Pologne, la France a vue sur l'Océan et la mer Méditerranée. Mais c'est autre chose qu'entend l'Initié : que périssables sont les royaumes terrestres, nécessairement exposés à bien des dangers en même temps qu'aux tempêtes » (« Duorum Diadematum alterum Poloniae, alterum Galliae est. Tertium coeli, quod nihil in terris majus sperare, vel nimis spectare deberet. Illud loco sublimi & stabili : hoc in continenti cujus littus verberant variae procellae. Balthicum mare Poloni attingunt. Gallia Oceanum & mare mediterraneum spectat. Sed aliud vult Mysta, Fluxa esse regna terrarum & periculis variis haud secus ac procellis exposita. »

ajouté le *motto* MANET ULTIMA COELO »[50]) et par celle de Filippo Picinelli dans son *Mondo simbolico* :

> Henri III, qui, du royaume de Pologne passa au diadème de la France, a généralement pris pour symbole trois couronnes : les deux couronnes inférieures représentaient celles de Pologne et de France, et la couronne supérieure était celle que, là-haut, dans l'Empyrée, Dieu a coutume d'attribuer à ses serviteurs, comme le déclare la banderole : *MANET ULTIMA COELO* ; il signifiait par là que ses sentiments étaient complètement détachés des grandeurs mondaines et n'aspiraient qu'à l'auréole des bienheureux[51].

Mais se contenter de reconnaître d'une manière très générale la supériorité de la troisième couronne sur les deux autres ne suffit pas pour comprendre en profondeur ce que Henri III voulait signifier véritablement avec cette devise. En émettant l'hypothèse que la « troisième symbolise la couronne spirituelle qu'il s'efforce de mériter en dirigeant son mouvement religieux », Frances A. Yates rattache le

50. Giovanni Maria TUILIO, *Syntagma de symbolis, stemmatum et schematum ratione, quae insignia seu arma gentilitia, vulgo nominantur*, in Andreae ALCIATI, *Emblemata*, Patavii [Padoue], apud Petrum Paulum Tozzium, 1621, p. LVIII : « Henricus III Gallico & Polonico regno potitus symbolo trium coronarum specioso donatus, ex quibus due equaliter iunctae visuntur, tertia vero sublimior ac superior addito subtus emblemate, MANET ULTIMA COELO »

51. Filippo PICINELLI, *Mondo simbolico o sia università d'imprese scelte, spiegate ed illustrate con sentenze sacre e profane*, Milan, Stampatore Archiepiscopale, 1653, p. 545 : « Enrico III, quello che dal reame di Polonia passò al diadema della Francia, fu solito portare per suo simbolo tre corone : due inferiori, che rappresentavano quelle di Polonia e di Francia, ed un'altra superiore che su, nell'Empireo, Iddio suole ripartire ai suoi servi, il che dichiara il cartello volante : MANET ULTIMA COELO ; insinuando in tal guisa che i suoi affetti vivevano del tutto astratti dalle grandezze mondane e che aspiravano unicamente alle aureole dei beati. »

motto et la figure à la « Contre-Réforme contemplative et non violente encouragée par Henri en opposition aux méthodes de la Ligue[52] ». Et, de fait, Bruno lui-même aurait utilisé le symbole des trois couronnes sur un plan politique pour demander à l'« Angleterre [...] un soutien contre le menaçant expansionnisme de l'Espagne et de la Ligue[53] ».

5. La troisième couronne dans l'*Expulsion* de Bruno

Une lecture plus attentive de l'*Expulsion* pourrait montrer cependant que la troisième et céleste couronne n'est finalement pas si éloignée des réalités mondaines et que les questions de l'« esprit » sont étroitement liées à la sphère sociale et politique. Nous avons déjà analysé ailleurs[54] les propositions avancées par les dieux devant l'assemblée céleste, et nous avons longuement examiné leur manière de considérer la Couronne boréale. Pallas, en particulier, tient à souligner que « comme cette couronne a été faite en bas, qu'elle est venue d'en bas, il me paraît très convenable qu'elle soit offerte à quelque prince héroïque qui n'en soit pas indigne[55] ». Et Jupiter, approuvant la suggestion de la déesse de la sagesse, décide de laisser la couronne au ciel pour la donner en récompense à celui qui sera en mesure de ramener la paix en Europe :

52. Frances A. Yates, *Les académies en France au XVI*e *siècle*, *cit.*, p. 311.

53. *Ibidem*, p. 310.

54. Nuccio Ordine, *Giordano Bruno, Ronsard et la religion*, *cit.*, chap. XIII, p. 165-173.

55. Giordano Bruno, *Expulsion de la bête triomphante*, *cit.*, p. 140-141 : « Per esser cosa fatta a basso, trasportata da basso, mi par molto degna d'esser presentata a qualche eroico prencipe, che non ne sia indegno. »

« Qu'elle demeure au ciel, répondit Jupiter, en attendant le temps où elle devra être offerte en récompense au futur bras invaincu qui, par sa massue et par le feu, apportera la paix si désirée à la malheureuse, à la misérable Europe, en écrasant les têtes innombrables de ce monstre pire que l'Hydre de Lerne dont l'hérésie multiforme répand le venin fatal, qui trop vivement pénètre de toutes parts et serpente dans les veines de sa victime[56].

Il s'agit donc d'une couronne céleste destinée à un « prince héroïque » qui aura acquis sur terre des mérites bien précis : pour Momus, la « couronne » doit revenir à « celui qui est déterminé par le destin à faire disparaître du monde cette fétide saleté[57] ».

L'assimilation des protestants au monstre de Lerne n'est pas nouvelle. Ronsard l'a déjà consacrée dans *L'Hydre desfaict ou la louange de Monseigneur le duc d'Anjou, frère du Roy, à présent Roy de France*[58]. Nous sommes en 1569, et les vers du poète fêtent le jeune Henri, artisan de la défaite des huguenots à Moncontour :

Or ce HENRY a fait chose impossible,
Tuant un Hydre au combat invincible :

56. *Ibidem*, p. 140-141 : « Rimagna in cielo », rispose Giove, « aspettando il tempo in cui devrà essere donata in premio a quel futuro invitto braccio, che con la mazza et il fuoca riportarà la tanto bramata quiete alla misera et infelice Europa : fiaccando gli tanti capi di questo peggio che Lerneo mostro, che con moltiforme eresia sparge il fatal veleno, che a troppo lunghi passi serpe per ogni parte per le vene di quella. »

57. *Ibidem*, p. 146-147 : « il quale è disposto dal fato a togliere questa fetida sporcaria del mondo. »

58. Jean DORAT, le maître de Ronsard, évoque également cette image dans son *Paean ou Hymne de Victoire. A Monseigneur le Duc d'Aniou*, in *Œuvres poétiques*, *cit.*, p. 35-39.

Et seul de tous par armes a desfait
Ainsi qu'Hercule un Serpent contrefait
Aux yeux ardents, à la gueule escumeuse,
À la poictrine infecte et venimeuse,
Qui d'un seul col trois testes esbranloit,
Et seulement sept arpens ne fouloit
Dessous sa panse horrible et stygienne.
Mais se roulant partout la Guyenne,
Sa noire queue à La Rochelle avoit,
Et ses trois chefs en Vienne abreuvoit :
Monstre cruel, qui de sa seule haleine
Corrompoit l'air les fleuves et la plaine[59].

Le Vendômois met clairement en parallèle l'Hydre et les réformés, le valeureux duc d'Anjou et Hercule (« Ce jeune Duc, ce François Herculin, / Esleu de tous Capitaine publique, / Coupa les chefs au serpent Hugnotique »)[60].

Ce n'est pas un hasard si – comme nous avons cherché à le montrer dans *Giordano Bruno, Ronsard et la religion*[61] – Bruno retravaille, dans de nombreux passages

59. *Discours des Misères de ce temps*, vv. 91-104, in Ronsard, *Œuvres complètes*, *cit.*, t. II, 1994, p. 1075-1076

60. *Ibidem*, vv. 182-184, t. II, p. 1077. Dans un autre poème contemporain, intitulé *Les Elemens ennemis de l'Hydre*, Ronsard montre comment les éléments de la nature eux-mêmes se sont ralliés à Henri III pour vaincre le monstre séditieux : « Donc si les Rois et tous les Elemens / Se sont monstrez ennemis vehemens / De ce Python, il faut que la Nature, / Les Elemens, et toute creature, / Soyent deniez à ce monstre nouveau : / L'air et le feu, toute la terre et l'eau, / Qui, monstre fier, les denioit aux hommes. / Il ne faut point, Terre, que tu consommes / Si mauvais corps, qui trenchoit en tout lieu / Oreille et nez aux ministres de Dieu, / Sans s'esmouvoir de passion humaine, / Ains tout enflé d'une arrogance vaine / Les honnissoit d'injures et de coups » (*Ibidem*, vv. 51-63, t. II, p. 1079). Sur l'Hydre comme symbole de l'hérésie, cf. Charles Lenient, *La satire en France ou la littérature militante au XVIe siècle*, Paris, Librairie Hachette, 1886, t. II, p. 339-340 (rééd. anast. Genève, Slatkine, 1970).

61. Nuccio Ordine, *Giordano Bruno, Ronsard et la religion*, *cit.*, p. 53-94.

anti-protestants de l'*Expulsion,* certaines images et certains thèmes (les Géants, l'Hydre de Lerne, Henri III en Hercule Gaulois etc.) déjà amplement exploités au cours des années 1560 par Ronsard et par d'autres poètes de la Pléiade pour exprimer la puissance destructrice des Réformés et pour exalter les victorieuses entreprises du futur Henri III, alors duc d'Anjou.

Les décisions que prend Jupiter à la fin du dialogue brunien enlèvent en effet toute équivoque au dense réseau des allusions disséminées dans les pages précédentes :

> « Celle-ci », répondit Jupiter, « celle-ci est la couronne qui, par une souveraine disposition du destin, à l'instigation d'un saint esprit et par son très grand mérite, est destinée à l'invincible Henri III, roi de la magnanime, puissante et belliqueuse France : il se la promet après la couronne de France et celle de Pologne, comme il en a donné le témoignage au début de son règne en ordonnant qu'au corps de son emblème si fameux où les deux couronnes plus humbles s'unissent à une troisième, supérieure et plus belle, fût ajoutée comme âme la devise[62] : *Tertia coelo manet.* Ce roi très-chrétien, saint, religieux et pur peut assurément dire *Tertia coelo manet*, parce qu'il sait fort bien qu'il est écrit "heureux les pacifiques, heureux les doux, heureux les cœurs purs, car le royaume des cieux est à eux"[63] ».

62. « La devise » : le *motto*.

63. Giordano BRUNO, *Expulsion…*, *cit.*, p. 498-501 : « Questa, questa », rispose Giove, « è quella corona la quale non senza alta disposizion del fato, non senza instinto de divino spirito, e non senza merito grandissimo, aspetta l'invittissimo Enrico terzo, Re della magnanima, potente e bellicosa Francia ; che dopo questa, e quella di Polonia, si promette, come nel principio del suo regno ha testificato, ordinando quella sua tanta celebrata impresa : a cui facendo corpo le due basse corone con un'altra più eminente e bella, s'aggiongesse per anima il motto : *Tertia coelo manet.* Questo Re cristianissimo, santo, religioso e puro, può securamente dire : *Tertia coelo manet*, perché sa molto bene

La couronne céleste est une récompense qui revient à Henri III parce qu'« il aime la paix, il maintient autant qu'il peut son peuple chéri dans la tranquillité et la dévotion » et parce qu'« il n'aime pas le bruit, le fracas, les éclats des instruments de Mars qui servent à l'aveugle enrichissement des tyrannies instables et des principautés de la terre[64] ». Le roi de France préfère les « actes de justice et de sainteté qui indiquent le droit chemin vers le royaume éternel[65] ». Et personne ne pourra le pousser à commettre des agressions impérialistes :

> Que les audacieux, les esprits turbulents et tempétueux de certains de ses sujets n'aient nul espoir que, durant le temps qu'il vivra, lui dont la tranquillité d'esprit ne se met pas au service de la fureur guerrière, il veuille les aider à troubler efficacement la paix des autres pays, sous prétexte d'ajouter aux siens d'autres sceptres et d'autres couronnes. Car *Tertia coelo manet*. C'est en vain que les troupes françaises rebelles iront contre sa volonté troubler les frontières et les rivages d'autrui ; car nulle proposition d'instable conseiller, nulle espérance d'une fortune inconstante, nulle avantageuse quête d'un pouvoir et d'une approbation à l'étranger n'auront assez de force, sous le prétexte de lui offrir des manteaux royaux et de l'orner de couronnes, pour lui ôter (sinon par force et nécessité) l'heureux souci qu'il a de la tranquillité de son esprit, bien plus généreux de son bien qu'avide de celui d'autrui[66].

che è scritto "Beati li pacifici, beati li quieti, beati li mondi di cuore : perché de loro è il regno de' cieli" [...]. »

64. *Ibidem*, p. 500-501 : « Ama la pace, conserva quanto si può in tranquillitade e devozione il suo popolo diletto » ; « non gli piaceno gli rumori, strepiti e fragori d'instrumenti marziali, che administrano al cieo acquisto d'instabili tirannie e prencipati de la terra ».

65. *Ibidem* : « tutte le giustizie e santitadi che mostrano il diritto camino al regno eterno ».

66. *Ibidem*, p. 500-503 : « Non sperino gli arditi, tempestosi e turbulenti spiriti di quei che sono a lui suggetti, che mentre egli vivrà

Autrement dit, la troisième couronne implique nécessairement le renoncement à toute prétention de conquérir d'autres territoires : « Que d'autres donc aient des visées sur le royaume lusitanien aujourd'hui vacant ; que d'autres s'emploient à gouverner les provinces belges. Pourquoi vous creuseriez-vous la tête et vous tordriez-vous la cervelle, vous, les autres royaumes ? Pourquoi iriez-vous suspecter, iriez-vous craindre, vous autres rois et princes, qu'il ne désire abattre vos forces et voler vos couronnes ? *Tertia coelo manet*[67]. » Pour Bruno, la devise d'Henri III renferme la reconnaissance d'un mérite (la lutte menée contre le monstre de Lerne et les Géants rebelles au nom de l'unité du royaume[68]) et la promesse de renoncer à toute aspiration impérialiste (aucun prince, en effet, n'aura à redouter des agressions injustifiées car la troisième couronne demeurera au ciel).

Dans les deux cas, la couronne céleste révèle ses liens très étroits avec les événements terrestres. Elle est attribuée

(a cui la tranquillità de l'animo non administra bellico furore) voglia porgerli aggiuto per cui non vanamente vadano a perturbar la pace de l'altrui paesi, con pretesto d'aggiongergli altri scettri et altre corone : perché *Tertia coelo manet*. In vano contra sua voglia andaranno le rubelle Franche copie a sollecitar gli fini e lidi altrui ; perché non sarà proposta d'instabili consegli, non sarà speranza de volubili fortune, comodità di esterne administrazioni e suffragii, che vagliano con specie d'investirlo de manti et ornarlo di corone, toglierli (altrimente che per forza di necessità) la benedetta cura della tranquillità di spirito : più tosto leberal del proprio, che avido de l'altrui. »

67. *Ibidem*, p. 502-503 : « Tentino dumque altri sopra il vacante regno Lusitano ; sieno altri solleciti sopra il Belgico domino. Perché vi beccarete la testa e vi lambiccarete il cervello, altri e altri prencipati ? perché suspettarete e temerete voi altri prencipi e regi, che non vegna a domar le vostre forze, et involarvi le proprie corone ? *Tertia coelo Manet*. »

68. Sur le thème de la Gigantomachie dans la poésie de la Pléiade et dans l'*Expulsion de la bête triomphante* de Bruno, cf. Nuccio ORDINE, « Le thème de la Gigantomachie », in *Giordano Bruno, Ronsard et la religion*, *cit.*, p. 87-94.

à un roi qui a su comprendre l'importance de l'utilisation sociale et politique de la religion et en combattre les ennemis. Et, dans le même temps, elle devient le symbole de la renonciation à toute aspiration impérialiste de la part de la France.

CHAPITRE IV

LA TROISIÈME COURONNE ET L'IMPÉRIALISME FRANÇAIS

1. Pierre de Ronsard et Claude Binet

Mais l'insistance de Bruno sur ce dernier point peut éveiller quelques soupçons. Le refus de conquérir une troisième couronne pourrait en effet faire allusion à quelque chose de plus précis. Le fait que l'*Expulsion* est publiée à Londres en 1584 ne saurait être considéré comme un détail dépourvu d'importance : dans un tel contexte politique et culturel, les passages du dialogue que nous avons analysés en disent peut-être plus long qu'il n'y paraît.

Ainsi la transcription du *motto* constitue-t-elle un premier indice : Bruno n'emploie pas la formule correcte, *Manet ultima coelo*, telle qu'elle apparaît dans tous les témoignages que nous avons recensés, mais il remplace *ultima* par *tertia*. C'est peut-être là une simple distraction, dans la mesure où le sens ne semble pas changer : les couronnes sont au nombre de trois, et la troisième se trouve donc être, de fait, la dernière. Mais ne pourrait-il pas s'agir plutôt d'une allusion voilée à une troisième couronne bien spécifique ? En effet, si l'on n'a pas la figure sous les yeux, il est impossible de saisir d'emblée que les couronnes sont trois et que *ultima* signifie *tertia* : *ultima* pourrait aussi bien désigner une cinquième, une sixième ou une septième couronne.

Ce point qui semble n'être qu'un détail peut se révéler bien plus important — comme nous espérons pouvoir le démontrer — s'il est mis en relation avec certains vers de Ronsard, de Baïf et de Dorat. Tous ces poètes sont proches des Valois et, surtout, ils sont les membres fondateurs de l'Académie du Palais. Vers le milieu des années 1550, le prince de la Pléiade dédie certaines pièces en vers à Catherine de Médicis et à ses fils, en faisant allusion à l'heureuse destinée de cette race royale vouée à régir le sort du monde. Dans l'ode adressée *À monsieur le Dauphin*, la tâche de François sera précisément de soumettre l'Europe entière :

Et s'il reste quelque Roy
Qu'il n'ait eu loisir de prendre,
Fait esclave dessous toy
François tu le feras rendre :
Tu penseras en ton cœur
D'acquérir l'Europe encore,
Et de te faire veinqueur
Des Gades jusqu'au Bosphore[1].

Aucun peuple ne pourra échapper à la conquête, pas même les Britanniques aguerris (« Ces grans peuples reculez / À l'escart de nostre monde, / Des flots de Thetis salez / Couronnez tout à la ronde, / Et ceux qu'on voit habiter / Les Orcades Escossoises, / N'auront cœur de resister / Contre tes armes Françoises[2]. ») Et si l'Europe revient à François, les deux autres frères possèderont,

1. Ronsard, « À monsieur le Dauphin », vv. 161-168, in *Œuvres complètes*, *cit.*, t. I, 1994, p. 734.

2. *Ibidem*, vv. 169-176, p. 734.

eux, les grands domaines de l'Arabie et de la Libye[3]. Ces mêmes thèmes se retrouvent dans une autre ode, dédiée *À monseigneur le duc d'Orleans* :

Ton premier aisné François
Sous ses lois
Regira l'Europe sienne :
D'Afriq' sera couronné
Ton puisné,
Toy de la terre Asienne[4].

Ronsard complète sa trilogie par des vers dédiés *À monseigneur le duc d'Alençon*, dans lesquels l'Afrique elle-même, personnification du continent, s'approche de la couche du nouveau-né pour l'arracher aux bras d'Europe (« L'Afrique en corroux respondoit / Qu'il estoit sien par destinée, / Et que ja du ciel l'attendoit / Pour son Prince dés mainte année[5] »). Les trois poèmes, étroitement liés à deux autres odes adressées à Catherine de Médicis[6], exaltent la vocation de la France à construire une monarchie universelle en conquérant

3. *Ibidem*, vv. 289-300, p. 737-738 : « Bien que tes freres et toy / La terre ayez departie, / Et qu'aisné tu ne sois Roy / Que de la moindre partie : / Le ciel pourtant a voulu / Que sur toutes tu la prinses, / Et la prenant t'a esleu / Le Seigneur des autres Princes. / / Ils ont choisi pour leurs pars, / L'un les parfums d'Arabie, / L'autre les sablons espars / De la bouillante Libye : [...]. »

4. *Ibidem*, vv. 121-126, p. 742.

5. *Ibidem*, vv. 53-56, p. 746.

6. Voir les odes *À la Royne sa femme* (vv. 99-104 : « Le ciel qui nous l'a donné / Pour estre nostre lumiere, / Son Empire n'a borné / D'un mont, ou d'une riviere : / Le destin veut qu'il enserre / Dans sa main toute la terre [...] » : *ibidem*, p. 609) et *À la Royne Catherine de Médicis, mere du Roy* (vv. 121-126 : « Oy donque, Royne, et t'amuse / À l'oracle de ma Muse / Qui va chanter tes honneurs, / Et de tes enfans nos Princes, / Et de combien de provinces / Le Ciel les fera Seigneurs » : *ibidem*, p. 729-730).

l'Europe, l'Asie et l'Afrique. Et la même aspiration à la domination de l'univers transparaît dans une inscription de Claude Binet insérée dans un libelle imprimé en l'honneur d'Henri, roi de Pologne :

> Trois grands Rois destinez par les trois lys de France
> Un Charles, un Henry & un ieune François,
> D'un seul Dieu, d'une foy, d'une loy la defence,
> Partageront un iour l'univers à eux trois[7].

2. La devise d'Henri II : « Donec totum impleat orbem »

Autant de desseins expansionnistes qui transparaissaient déjà dans la si célèbre devise d'Henri II, *Donec totum impleat orbem*, où une demi-lune préfigurait une gloire croissante qui n'atteindrait sa plénitude qu'avec la conquête de la totalité du monde. Le célèbre Paolo Giovio avait en effet déjà supposé qu'à travers cette devise fig. 8 le jeune prince Henri faisait allusion à son futur règne et à ses futures grandes conquêtes :

> Mais à la susdite [devise de François Ier] ne le cède en rien celle qui est actuellement employée par son fils, son successeur, le magnanime roi Henri, lequel continue d'utiliser la devise qu'il avait déjà quand il était dauphin, à savoir une lune croissante accompagnée du *motto* : *Donec totum impleat orbem*, pour signifier que, tant qu'il ne parviendrait pas à l'âge de régner, il ne pourrait montrer toute sa valeur, de même que la lune

7. Claude Binet, *L'Adieu de France au serenissime Roy de Pologne*, Paris, pour Michel Gadouleau, 1573, c. Eij v.

ne peut resplendir complètement avant d'avoir atteint sa taille parfaite[8].

Claude Paradin, en revanche, interprétait le *motto* et la figure de la devise d'Henri II dans un sens strictement religieux : fig. 86

Es sacrées escritures, donque, la Lune prefigure l'Eglise [...]. La Lune aussi est sujette à mutation croissant et décroissant de temps en temps : aussi est veritablement l'Eglise militante, laquelle ne peut demourer long temps en un estat que maintenant ne soit soutenue et defendue des Princes catholiques et tantost persecutée des tyrannes et heretiques ; au moyen dequoi est en perpetuel combat, auquel neantmoins la Royale Majesté, ou Roy, premier fis de l'Eglise, promet de tenir main de protection iusques à ce que reduite sous un Dieu, un Roy et une Loy, aparoisse la plenitude et rotondité de sa bergerie, regie par le seul Pasteur[9].

Dans *Les Entretiens d'Ariste et d'Eugène* de Dominique Bouhours, au contraire, la devise reçoit une acception purement terrestre et ne renvoie qu'à la gloire mondaine du roi de France :

8. Cf. Paolo GIOVIO, *Dialogo delle imprese militari e amorose*, *cit.*, p. 51 : « Non cede in alcuna parte alla suddetta quella che di presente porta il figliuolo successor suo, il magnanimo re Enrico, il quale continua di portare l'impresa che già fece quand'era delfino, che è la luna crescente col bravo motto : *Donec totum impleat orbem*, volendo denotare ch'egli, finchè non arrivava all'età del regno, non poteva mostrar il suo intero valoresi sì come la luna non può compitamente risplendere se prima non arriva alla sua perfetta grandezza. »

9. Claude PARADIN, *Devises heroïques*, Anvers, Vve J. Stelsius, 1563, p. 11-12. Cf. aussi Giovanni Battista PITTONI, *Imprese nobili et ingeniose di diversi prencipi, et d'altri personaggi illustri nell'arme et nelle lettere… con le dichiarationi in uersi di M. Lodouico Dolce & d'altri*, Venise, Presso Girolamo Porro, 1578, planche 43 ; l'avant-dernière planche, 121, est consacrée à une inscription qui rappelle la visite d'Henri III à Venise en 1574. fig. 85

> Le meme jeu se rencontre dans la devise d'Henri II Roy de France ; c'est comme vous sçavez un Croissant avec ce Mot : *Donec totum impleat orbem* [...]. Car comme vous voyez *Donec totum impleat orbem* signifie à l'égard de la lune, jusques à ce qu'il remplisse tout son cercle de lumiere ; & à l'égard d'Henri, jusques à ce qu'il remplisse tout le monde de la gloire de son nom.[10]

De même Gabriello Simeoni décrit-il la devise au moment où le roi de France vient d'être célébré comme le futur vainqueur du Monstre qui affligeait l'Italie : « *DONEC TOTUM IMPLEAT ORBEM* : qui signifie IE NE CESSERAY IAMAIS IUSQUES A TANT QUE L'AYE REFORMÉ ET RÊMPLY TOUT LE MONDE DE LIBERTÉ[11]. »

3. La couronne de Pologne en annonce-t-elle une troisième ?

Il convient cependant de revenir aux poèmes de Ronsard sur lesquels nous nous étions d'abord arrêté.

10. Dominique Bouhours, *Les Entretiens d'Ariste et d'Eugène*, présentation de Ferdinand Brunot, Paris, Armand Colin, 1962 [1671], p. 177.

11. Gabriel Simeon, *Interpretation Greque, Latine, Tuscane & Françoise du Monstre ou Enigme d'Italie*, Lyon, Par Antoyne Voulant, 1555, p. 35. Pour une analyse de la propagande impérialiste d'Henri II sur le plan artistique, cf. Volker Hoffman, « *Donec totum impleat orbem :* symbolisme impérial au temps d'Henri II », *Bulletin de la Société de l'Histoire de l'art français*, 1978, p. 29-42. On trouve aussi une reprise du *motto* dans un dessin d'Antoine Caron — *Henri II et Catherine de Médicis* — conservé au cabinet des arts graphiques du Louvre, inv. RF.29713 (cf. le catalogue de l'exposition *Henri IV et la reconstruction du royaume*, Paris, Éditions de la Réunion des musées nationaux, 1989, notice n° 26, p. 49). Le même *motto* d'Henri II fut utilisé par l'*Accademia Cosentina* : cf. Filiberto Walter Lupi, *L'Accademia dimenticata*, Thèse de doctorat, Université de Calabre, 1997, p. 228.

Certes rien n'interdit de penser que, avec leurs allusions explicites aux trois royaumes et donc aux trois couronnes destinées aux trois jeunes héritiers d'Henri II, les vers de Ronsard puissent être considérés comme le pur fruit de la fantaisie du poète. Mais tout doute sera levé presque vingt ans plus tard, dans une série de textes publiés en 1575 pour célébrer l'obtention, par Henri III, de la deuxième couronne. Dans l'*Advenement heureux a la couronne de France* (1574), le nouveau roi est salué par des vers qui lui annoncent en prime le titre d'empereur romain (« L'un desquels ie verray si heureux conquereur / Que monarque il sera & Romain Empereur[12] »). Le même destin est évoqué par Tommaso Porcacchi dans son dialogue intitulé *Le attioni di Arrigo terzo re di Francia* (1574) :

> « Manini. […] dans l'histoire des Carolingiens, déjà, il est écrit que c'est de la France, vaincue ou victorieuse, que doit surgir le Monarque […] Si ce roi naît un jour, comme on doit l'espérer, voilà quel sera son éclatant destin. Gherardeo. Cet homme sera-t-il le roi de la totalité du monde ? Manini. Même Octave Auguste ne fut pas le roi de la totalité du monde : mais, comme lui, cet homme sera roi de la majeure partie du monde[13]. »

Quant à Jean-Antoine de Baïf, qui avait exalté plusieurs fois la valeur militaire d'Henri et ses victoires contre les

12. *Advenement heureux a la couronne de France de ce grand et tres-chrestien roy Henri troisiesme du nom, fils de Henri second, & roy de France & de Poloigne*, Paris, chez Iean Hulpeau, 1574, f. 24v.

13. Cf. Tommaso Porcacchi, *Le attioni d'Arrigo terzo re di Francia e quarto di Polonia*, Vinetia [Venise], appresso Giorgio Angelieri, 1574, f. 10v : « Manini. […] gia che nell'istoria dei Carlingi è scritto che della Francia, o vinta o vincitrice, deve uscire il Monarca. […] Se questo Re dunque haverà vita, come si deve sperare, possederà si evidente destino. Gherardeo. Sarà costui re di tutto il mondo ? Manini. Ne ancho Ottaviano Augusto fu di tutto il mondo : ma sarà come fu egli, della maggior parte. »

pervers ennemis de la monarchie[14], il salue le nouveau roi de France en lui prophétisant l'obtention de la troisième couronne et la conquête de l'Empire :

Puis que l'ordonnance fatale
Double la Couronne Royale,
Qui enuironne vostre chef,
Et plus auant se doit accroistre,
Pour triple quelque jour paroistre,
Vos honneurs ornant derechef :
Loing de mes souhets soit l'enuie !
Dieu face longue vostre vie
Pour le bien commun des humains,
Afin qu'ainsi que je desire,
Trois fois de souverain Empire
Portiez le Sceptre dans vos mains[15].

On retrouve la même prophétie dans la dédicace adressée par Claude d'Albon à Henri III dans le traité (publié

14. Baïf souligne que Henri n'a pas hérité le royaume de Pologne, mais l'a conquis par sa valeur et sa vertu : « S'êt un eur trêgrand de labeurs afranchi / Nêtre Fis d'un Roê, l'Eritiér de sês droês. / Mês n'étant né Roê, mérités roiauté / Par béle vêrtu, / / Peu le font. Toê Roê jénéreus tu l'as fêt : / Kant de Toê biénloéin le renom répandu / Insita lês keurs Poulonoês asanblés / T'élire leur Roê. » (Jean-Antoine de Baïf, *Au Roê de Poulogne*, vv. 21-28, in Jean Dorat, *Les Odes latines*, préface de V.-L. Saulnier, texte présenté, établi, traduit et annoté par Geneviève Demerson, Clermont-Ferrand, Faculté des Lettres et Sciences humaines de l'Université de Clermont-Ferrand II, 1979, p. 216). Un peu plus loin, Baïf rappelle les glorieuses victoires contre les ennemis : « Nous jamês, Hanri, t'oubliér ne pourons, / Toê, ki fus dês Bons le suport, ê vanjer / Kontre lês pêrvêrs. De regrêt étêrnêl / Nous sommes konblés. » (*ibidem*, vv. 61-64, p. 220.) Ce poème – publié dans le recueil intitulé *Etréne de poëzie fransoêse* (Paris, Du Val, 1573) et selon une orthographe phonétique théorisée par l'auteur lui-même – a été traduit en latin par Jean Dorat.

15. Jean-Antoine de Baïf, *Premiere salutation au roy sur son avenement à la couronne de France*, Paris, Frederic Morel, 1575, c. 2v.

en 1575) qu'il consacre à l'idée d'Empire. Les victoires et la valeur du jeune Henri de Valois apparaissent comme les signes indiscutables d'un avenir radieux :

> De tels et tant heureux principes (voyre tels qu'aucun monarque dont les faicts nous soyent cogneus par les histoires, n'a eu de semblables, iournellement souyvis d'heureux et fortunés succes et faveurs divines) ne faut doubter qu'une Monarchie et Empire ne s'ensuye et apres l'aigle blanche à une teste et deux entonnes divinement donnees en mesme annee que la triple coronne et Aigle noyre à deux testes ne soit preparee et prochaine. De laquelle i'ay telle et si certaine asseurence, qu'apres avoir prié le Seigneur que bien tost elle advienne, ie m'esiouiray en moy-mesmes de l'avoir preveu, cogneu, creu et tenue pour chose infallible et asseuree.[16]

Pour célébrer l'entrée triomphale d'Henri à Lyon en 1574, Gabriel Chappuys raconte un rêve dans lequel le roi lui est apparu en chasseur, avec deux couronnes et une sphère sur un sceptre :

16. Claude D'ALBON, *De la creation imperiale despuis le premier Empereur des Romains jusques à nostre temps*, Lyon, Par Benoist Rigaud, 1575, f. 34v-35r (exemplaire consulté : Bibliothèque nationale de France, réserve M 14568). Comme l'indique la numérotation des folios, ce texte se présente comme la seconde partie d'un autre traité de Claude d'Albon (*De la maiesté royalle*, Lyon, Par Benoist Rigaud, 1575) qui se clôt justement sur une image des trois couronnes d'Henri III (*ibidem*, p. 31). À la BnF, nous avons consulté un autre exemplaire (réserve M 14569), dans lequel, probablement à cause d'un défaut de reliure, le frontispice et la dédicace *De la creation imperiale* précèdent le frontispice de la première partie, en conservant néanmoins la même numérotation des pages que dans l'autre exemplaire (le frontispice est en effet numéroté p. 33). Sur ce texte, cf. Julien BAUDRIER, *Bibliographie lyonnaise. Recherche sur les imprimeurs, libraires, relieurs et fondeurs de lettres de Lyon au XVIe siècle* [1895-], troisième série, reprod. en fac.sim., Paris, F. De Nobele, 1964, p. 316.

Un chasseur lors s'offrit plain de grandeur et gloire
Auquel seul i'appendy l'honneur de ma victoire :
Une double couronne après luy l'on portoit,
A son sceptre une sphere excellente pendoit,
Il tenoit un espieu qui esclaircissoit l'ombre
S'estendant sur le val de ceste forest sombre [...]
La sphere accompagnant voz Sceptres signifie,
Que l'Europe sera à vostre empire unie,
Et tout le monde encor, O Alcide François,
Et que vous soumettrez l'univers à vos loix ;
Obey, d'où Phoebus commence sa carrière,
Jusqu'au lieu ou lassé il trempe la criniere
De ses chevaux recreux dans l'onde de Thetis,
Et ou les peuples sont basannez my-rostis
Vers la double Aethiope, ou ceste ardente torche
Esclairant l'univers les voisine et approche [...][17].

17. Gabriel CHAPPUYS, *Heureux presage sur la bienvenue du Tres-Chrestien Roy de France et de Polongne [sic], Henri de Valois troisieme, en sa tres antique et fameuse ville et cité de Lyon*, s.l.n.d., [1574], ff. Ciij-v – Ciiij-r. L'allusion au globe dans le premier vers renvoie à l'un des symboles les plus forts de la monarchie universelle : pour une histoire de ce *topos*, cf. Volker HOFFMAN, « *Donec totum impleat orbem :* symbolisme impérial au temps de Henri II », *cit.*, p. 29-32. Dans sa dédicace à Henri III au début de *L'Estat*, Chappuys fait référence à la troisième couronne comme récompense divine d'une vie parfaite : « Et souz cette esperence [que l'œuvre offerte plaise au Roi] ie prie ce gran Monarque celeste, qui vous a mis le sceptre en la main, vous donner ce que vostre invincible, genereux & magnanime cœur desire à son honneur : [...] brief toute la felicité d'un Auguste & apres une longue et heureuse vie la Coronne celeste que vous attendez, suivant vostre tant haulte & Royale devise : *MANET ULTIMA COELO* ; & laquelle, veu la perfection de vostre vie, en toutes œuvres de pieté ne vous peut aucunement eschapper. » (Gabriel CHAPPUYS, *L'Estat. Description et gouvernement des Royaumes et Republiques du monde, tant anciennes que modernes*, Paris, Chez Pierre Cavellat, 1585, cc. Aij r-v.) Pour une reconstitution des plagiats de Chappuys dans *L'Estat*, cf. Nathalie HESTER, « Textes volés ? *L'Estat, description et gouvernement des Royaumes et Republiques du monde* de Gabriel Chappuys », *Bibliothèque d'Humanisme et Renaissance*, LVIII (1996), p. 651-665.

Pour François d'Amboise, membre de la suite d'Henri III lors du voyage en Pologne, la conquête de cette couronne rend possible le grand rêve de voir les trois fils d'Henri II régner dans trois différentes régions du monde et réaliser ainsi le projet impérialiste de leur père, représenté ici par le très symbolique croissant :

Qu'il foisonne en tous biens et voye ja grison
Ses enfants couronner sa Royale maison,
Et chacun partagé d'une terre conquise.
Charles, Henry, Françoys, eux et leurs hoirs tiendront
Sous leur main le croissant ja parfait en son rond
Seigneur Dieu je t'en prie et je le prophétise[18].

De même Jean Dorat, après avoir loué l'invincible Henri, lui dédie une ode allégorique où l'acquisition, non pas de l'or ou de l'argent, mais d'un nouveau royaume devient le présage d'une autre grande conquête :

Mais que veut ce Triton ?
Il apporte les cadeaux de l'hospitalité,
Ni argent, ni or,
Mais un cadeau modeste : de la terre.

C'est un présage (nous trompons-nous ?) :
Sous ce petit cadeau un très grand se cache-t-il ?
Pour celui qui reçoit cette motte de terre fraîche
Un nouveau royaume est-il imminent ?[19]

18. François d'Amboise, « La Pologne », in *Œuvres complètes. I.* (*1568-1584*), *cit.*, p. 144-145. Sur François d'Amboise, cf. *infra*, p. 168-169.

19. Jean Dorat, « De Henrici regis Poloniae invictiss. Profectione. Oda allegorica », vv. 13-20, in *Les Odes latines*, *cit.*, p. 214-215 : « Sed Triton sibi uult quid hic, / Portans hospita munera / Non argentea et aurea, / Sed donum leve, glebam ? // Omen, fallimur ?, an latet / Parvo munere maximum ? / Cui cespes datur hic nouus, / Huic instantia ? noua Regna ? »

Le symbole des deux couronnes se trouve déjà sur un arc de triomphe dédié à Charles IX à l'occasion de son entrée à Paris en 1571 – avec une référence aux récentes victoires du duc d'Anjou, qui est représenté l'éclair à la main. Cette image, décrite par Simon Bouquet, comporte également des vers de Ronsard où il est question d'une troisième couronne présentée comme le présage de la conquête d'un grand royaume :

> Au costé droit y avoit une figure ressemblant à Monseigneur le duc d'Anjou frere du Roy portant en sa main senestre deux grandes couronnes de laurier, en la main dextre son espee nue, dans laquelle estoient des petites couronnes tant de feuilles de chesne que d'herbes obsidionales & muralles ; aupres duquel estoit un fouldre aux raions moussu & non pointu. Les couronnes grandes & petites, & ladicte espee, representoient les grandes & petites victoires qu'il a pleu a Dieu luy donner. Et le fouldre couvert, la bonté & clemence de ce Prince sous lequel estoit escript :
> Μειότεροι στέφανοι προαέθλια μείζοσίν εἰσιν
> Ἐσσομένοις μετόπισθε νέης νέῳ ἐκ βασιλείης
> Pour l'interpretation desquelz ont esté faictz ces vers :
>
> Ces couronnes ne sont que l'erre
> D'une plus grande qu'il doibt avoir,
> Quand un Roiaume en autre terre
> Aura soubmis à son pouvoir[20].

20. Simon Bouquet, *Bref et sommaire recueil de ce qui a esté faict, & de l'ordre tenüe à la joyeuse & triumphante Entree de tres-puissant, tres-magnanime & tres-chrestien Prince Charles IX, de ce nom Roy de France, en sa bonne ville & cité de Paris, capitale de son Royaume, le Mardy sixiesme iour de Mars [...]*, Paris, Imprimerie de Denis du Pré, 1572, f. 23v. Sur les vers de Ronsard, cf. l'« Entrée de Charles IX à Paris », in *Œuvres complètes*, *cit.*, t. II, p. 1164.

4. Jean Dorat : la troisième couronne et l'Angleterre

Mais, pour mieux comprendre le fonctionnement du schéma des trois couronnes, on peut s'appuyer sur un autre très important témoignage de Jean Dorat, le maître de Ronsard. Dans une ode alcaïque adressée à la France elle-même en hommage au duc d'Anjou pour son élection comme roi de Pologne en 1573, le « poète royal » reprend dès les premiers vers la question des trois « enfants royaux » et des trois couronnes, en adaptant l'antique *topos* de la monarchie universelle à la nouvelle situation politique et aux aspirations véritables des Valois. Le poème mérite d'être cité en entier :

La France, féconde en enfants royaux,
Possédait trois frères dignes de porter dans leur triple [dextre
Un sceptre de roi,
Si la France avait pu contenir trois royaumes.

Mais l'univers n'admet pas deux soleils,
Et la France n'en connaît qu'un, Charles.
Donc il fallait chercher de nouveaux trônes
Pour donner le pouvoir aux deux autres frères,

Afin que les royaumes ne fissent pas défaut à une race [royale,
Et qu'un mérite si grand,
Auquel le sort n'avait pas donné l'occasion de s'exercer,
Ne tombât pas dans la corruption d'une torpeur oisive.

Mais l'esprit providentiel du Dieu de bonté
Qui gouverne les affaires françaises y a pourvu :
Il n'a pas divisé la France en trois,
Mais il a ménagé trois royaumes pour les trois princes.

Charles détient le premier royaume,
Avec la gloire première qui revient à l'aîné.
Henri, voici maintenant que le second sceptre
T'est offert par les Polonais.

Mais un troisième lot t'attend,
François, toi, le troisième : c'est le seul point
Où les destins aient encore à intervenir
Pour que les trois plus grands royaumes de la terre
Soient aux mains des trois frères.

Peuple de France, rends maintenant grâce à Dieu :
Toi, grâce aux trois royaumes des trois frères bien [unis,
Tu t'empareras de l'empire du monde[21].

Dorat s'adresse à la France, mais en fait il est en train de parler au nouveau roi de Pologne[22]. Car la récente élection de celui-ci apparaît comme un signe favorable du destin annonçant que le vieux rêve de voir trois royaumes

21. Jean Dorat, « Ad Galliam », in *Les Odes latines*, *cit.*, p. 213 : « Foecunda prolis Gallia Regiae / Fratres habebat tres, triplici manu / Regale sceptrum ferre dignos, / Gallia si tria regna haberet. // Soles sed orbis non recipit duos, / Nec praeter unum Gallia Carolum. / Ergo nouis quaerenda sedes / Imperiis fuerat duorum, // Ne Regna Regum deficerent genus, / Et tanta nullam materiam sibi / Sortita uirtus, otioso / Tabida concideret ueterno. // Quod res gubernans provida Gallicas / Mens cum benigni prospiceret Dei, / Non Galliam diuisit in tres, / Sed tria regna tribus paravit. // Primumque Regnum Carolus obtinet, / Cum prima natu gloria maximo. / Henrice, nunc sceptrum secundum / Ecce tibi uenit a Polonis. // At tertium te tertia sors manet, / Francisce, solus qui superest locus / Fatis, penes ternos ut orbis / Maxima sint tria regna fratres. // Grates Deo nunc gens age Gallica, / Cuius secundo numine tu tria / Concordium per regna fratrum / Imperio potiere mundi »

22. L'ode fut publiée pour la première fois en 1573, probablement juste après l'entrée triomphale du roi de Pologne à Paris : cf. *Magnificentissimi spectaculi, a Regina Regum Matre in hortis suburbanis editi in Henrici regis Poloniae gratulationem, descriptio*, Paris, chez F. Morel, 1573, Biij v – BiiiJ r.

gouvernés par trois héritiers d'Henri II[23] commence à se réaliser. Et, puisque ces trois royaumes ne sauraient en aucun cas être issus d'une scission interne — en raison des conséquences évidemment désastreuses qu'une telle division pourrait entraîner pour l'avenir de la France[24] —,

23. Le thème des trois héritiers considérés comme trois soleils est repris l'année suivante, avec un sens différent, dans le poème « De tribus Galliae solibus » de Ioannis Aurati, *Poëmatia*, Lutetiae Parisiorum [Paris], Apud Gulielmum Linocerium, 1586, p. 7-9. Dans la préface de ce recueil, dédiée à Henri III (le cinquième des rois qu'il a connus), Dorat reprend le thème de la triple couronne : « Toi, le cinquième d'entre eux, tu es maintenant appelé Roi dans deux Royaumes, / Toi qui tiens le sceptre de Pologne, qui tiens le sceptre de France. / Le troisième Laurier qui, suprême, t'attend du haut du ciel, / Celui-là vaudra plus que deux Lauriers réunis. / Car c'est lui que, si ta Majesté s'en souvient, / J'ai envoyé jusques aux peuples de Pologne, sur l'ordre de ta mère, / [Sous la forme d']une sainte colombe qui porterait trois diadèmes, / L'un dans sa bouche, mais les deux Royaux à chacune de ses pattes. / D'où la prédiction « Il est digne d'un triple diadème, / Henricvs Tertivs [Henri le troisième] » qu'a délivrée pour toi ma Muse. / Car si l'on transforme [ton] nom, on a « Vere in te christus [le Christ est vraiment en toi] » : / Car en défendant la religion, tu manifestes la sainteté du Christ. » (« Tu nunc quintus ab his Rex in duo Regna vocatus / Sceptra Polona tenens Francica sceptra tenens. / Tertia de coelo quae te manet ultima Laurus / Haec maior Lauris una duabus erit. / Quam, tua si memor est Maiestas, Usque Polonos / Ad populos misi matre iubente tua. / Sanctam quae ferret diademata terna columbam, / Ore unum, pede sed Regia utroque duo. / Omen & inde tibi, *triplici diademate dignus* / *Tertius Henricus*, quod mea Musa dedit. / Nomine nam verso *vere in te Christus* habetur : / Christi defendens quod pia sacra probas. » : *ibidem*, f. A ; voir aussi les vers de la p. 2.). fig. 32-33

24. Voilà pourquoi, à l'occasion de l'entrée triomphale de Charles IX à Paris, Pibrac compose un sonnet qui loue les trois fils d'Henri II, comme exemple de la réelle unité de la France : « Le premier est mon Roy, duquel moins ie n'espere / Que de ces preux aieulx, qui par illustres faictz, / D'heroïque vertu, feux divins se sont faictz / Et vont ores roulant au plus hault de la sphere : / / Le second est un Duc que Fortune prospere / A faict vaincre & dompter les guerriers plus parfaictz, / Lors que mal conseillez nous nous sommes deffaictz / Pour asseurer l'estat du voisin adversaire : / / Le tiers un iour n'aura moins de grace & de bonheur / Que de graver au ciel les traictz de son honneur, / Par la vertu

ils doivent à tout prix être recherchés ailleurs. Voilà pourquoi la France est échue à Charles IX et la Pologne échoit aujourd'hui à Henri.

Il ne manque que la troisième couronne, celle qui est destinée à François d'Alençon. Pour ce troisième prince, le destin doit encore intervenir : « At tertium te tertia sors manet. » La *tertia*, pour le moment, *manet* dans les mains du destin. Mais une fois que le troisième royaume aura lui aussi été attribué, la *gens Gallica* pourra prétendre à l'empire mondial[25]. Mais à quel royaume correspondrait

qu'il a dedans son cœur emprainte : / / France ie ne te puis souhaiter plus de bien / Que voir ces trois unis par eternel lien / Sous l'honneste debuoir d'une amitié non fainte. » (Simon BOUQUET, *Bref et sommaire recueil de ce qui a esté faict [...]*, *cit.*, f. 24v.)

25. Le thème de la couronne impériale, en relation avec les aspirations d'Henri III, revient aussi dans le poème « Amphitheatrum, sive Hippodromus regius » : « Altera deinde fuit navi qua insigni ferebat / Dextera nam auratum tenuit manus altera sceptrum / Indicium Regis lecti hac aetate Polon, / Et quod iter felix ivit rediitque periclis / Plenum vivis expressa coloribus aetas. / Tertia rursus erat duo cuius sceptra ferebat / Leva manus magnumque premebat dextra trophaeum / Argumentum ingens victoria magna quod illum / Eventura manet dum sceptra aetate virili / Bina feret, Galosque reget, pariterque Polonos / Ultima Regali fuit aetas foemina vultu / Imperij cuius manus una insigne Coronam / Altera fertque Globum summo stat cuius in orbe / Augurium Arcanum CHIREN venerabile nomen / HENRICI versis quod conficit ex elementis : / Scilicet ipse olim summo quod in orbe sedebit. » (in Ioannis AURATI, *Poëmatia*, *cit.*, p. 257). Dorat lui-même nous donne une version française de ce passage : Jean DORAT, *Œuvres poétiques*, *cit.*, p. 26-27 : « La seconde figure, un navire portoit / D'une main, et de l'autre un sceptre d'or tenoit : / Monstrant qu'il fut fait Roi Polonnois en tel age, / Et heureux fit, refit si hazardeux voiage. / L'aage troisieme estoit au vif representé / Par celle, qui auoit vn double sceptre enté / Dans sa senestre main, & dessous sa main dextre / Un Trophee tenoit qui faisoit cler paroistre, / Qu'en son aage viril grands succes obtiendroit / Quand à France, & Pologne un seul commanderoit. / Le dernier aage estoit vne Dame Royalle, / Qui portoit d'une main couronne imperiale, / De l'autre un globe rond, sur lequel on lisoit / (Gran mystere) Chiren lequel torné faisoit / Le sacré non H e n r i c, qui mis au chef du monde, / Doit un jour commander à la machine ronde ».

concrètement cette troisième couronne ? Pour l'éditeur du texte de Dorat, cela ne fait aucun doute : ce « troisième lot », signale-t-il dans une note, « est encore la couronne anglaise »[26].

Quelques années plus tard, en septembre 1581, à l'occasion du mariage d'Anne, duc de Joyeuse, Dorat compose un chant nuptial dans lequel, une fois encore, il réactive le rêve d'une monarchie universelle en utilisant, dans les derniers vers, la référence à la triple couronne d'Henri III :

> Eust on iamais pensé au Pollonois loingtain
> Qu'il eust fait le voyage, ouurage plus qu'humain ?
> Qui eust pensé qu'il eust si tost remis la France,
> Qui estoit tout en trouble, en son obeissance ?
> Vn signe trescertain, comme luy est predict,
> Que l'Empereur du monde un iour il sera dit,
> Et qu'vn triple laurier, duquel il se couronne,
> Enclora les trois pars du monde en sa couronne.[27]

Dans les années 1550 déjà, juste avant la rédaction des odes de Ronsard, Henri II n'hésitait pas, dans une lettre adressée au sieur d'Aramon, à considérer l'Angleterre comme un troisième royaume qu'il convenait d'ajouter à ceux de France et d'Écosse :

> J'ai pacifié le Royaume d'Ecosse que je tiens et possède avec tel commandement et obeissance que l'ay en France, ausquels deux Royaumes, j'en ay joint et uny un autre qui est l'Angleterre [...], de sorte que les dits trois Royaumes ensemble se peuvent maintenant estimer une mesme monarchie.[28]

26. Jean Dorat, « Ad Galliam », in *Les Odes latines*, *cit.*, p. 359.

27. Jean Dorat, *Œuvres poétiques*, *cit.*, p. 30-31.

28. *Lettres et memoires d'Estat, des Roys, Princes, Ambassadeurs et autres Ministres, sous les Regnes de François premier, Henri II & François II [...]*

Dans un tel contexte, ce sont surtout les rapports avec l'Angleterre qui constituent l'enjeu politique de la question de la troisième couronne. On commence en effet à caresser le rêve d'un troisième royaume dès 1572 lorsque, sur un plan strictement diplomatique, des tractations sont entamées dans le but de consacrer l'alliance entre les deux monarchies grâce au mariage, si controversé, entre François d'Alençon et Élisabeth[29].

Les contacts avec l'Angleterre, d'abord gérés par Jean de Simier, ont presque aussitôt impliqué également l'ambassadeur de France[30]. C'est en effet à Michel de Castelnau que s'adresse directement par courrier le frère d'Henri III, qui profite à plusieurs reprises de ses services et aussi

par Messire Guillaume Ribier, Paris, Chez François Clouzier et la Vefve Aubouyn, 1666, t. II, p. 288 (la lettre est datée du 27 septembre 1550). Sur la signification particulière que revêt ce passage dans le dessein impérialiste d'Henri II, cf. Volker HOFFMAN, « *Donec totum impleat orbem* : symbolisme impérial au temps d'Henri II », *cit.*, p. 32-33.

29. Une lettre très éloquente qui va dans ce sens est signée le 26 avril 1572 par Charles IX : cf. *Les memoires de Messire Michel de Castelnau, seigneur de Mauvissiere, illustréz et augmentez* [...], par Jean Le Laboureur, Paris, Chez Pierre Lamy, 1659, t. I, p. 674-676. Cf. aussi Michel DUCHEIN, *Élisabeth Ire d'Angleterre*, Paris, Fayard, 1992, p. 423-425.

30. Le mariage du duc d'Alençon et de la reine Élisabeth se voit consacrer toute une section des documents rassemblés par Le Laboureur (*ibid.*, p. 674-732). Du dossier émerge très clairement le rôle important de Castelnau (cf. aussi Gustave HUBAULT, *Ambassade de Michel de Castelnau en Angleterre (1575-1585)*, *cit.*, p. 28-32). L'ambassadeur lui-même signale son rôle dans cette affaire : « remettant en autre lieu à parler du contract de mariage que j'ay fait passer par une fort solemnelle ambassade, avec François duc d'Anjou, et les visites et grandes amitiez qu'il a demonstrées à ladite reyne d'Angleterre. A quoy j'ay eu l'honneur d'estre employé des premiers, par le commandement de la Reyne, mere du Roy » (*Les memoires de Messire Michel de Castelnau...*, *cit.*, p. 130). Une reconstitution, très partielle, des événements a été faite par Carolly ERICKSON, *Élisabeth Ire*, Paris, Le Seuil, 1985, IVe et Ve parties.

de la généreuse hospitalité que lui offre l'ambassadeur à Londres lors de sa rencontre avec sa fiancée[31].

5. « Tertia » et non « Ultima » : une distraction de Bruno ?

Il est difficile d'imaginer que, arrivant à l'Ambassade de France moins d'un an avant le séjour du duc d'Alençon et étant devenu de toute façon très intime avec l'ambassadeur, son protecteur, Bruno ait pu ne pas avoir connaissance de ces tractations qui continuèrent jusqu'à la mort du fiancé (survenue en juin 1584). De fait, dès 1582, précisément au moment où le Nolain se trouve à Paris, les lettres échangées entre Henri III et Castelnau se concentrent presque exclusivement sur le futur mariage et sur la nécessaire alliance avec l'Angleterre[32].

Dès lors, resitué dans un tel scénario, le remplacement de *Ultima* par *Tertia* ne peut être considéré comme l'effet d'une simple distraction. L'auteur de l'*Expulsion* a probablement voulu rassurer Élisabeth en montrant que, indépendamment de l'échec de son projet de mariage

31. Les documents produits par Le Laboureur attestent que, durant le séjour à Londres du frère d'Henri III, le pauvre Castelnau devait également se charger d'« une bonne partie des frais d'amours du duc d'Alençon » (cf. *Les memoires de Messire Michel de Castelnau*..., *cit.*, p. 699.)

32. Voir le *corpus* des lettres d'Henri III à son ambassadeur Michel de Castelnau : *Lettres de Henri III roy de France*, par Jacqueline Boucher, tome V (8 avril 1580-31 décembre 1582), avec la collaboration d'Henri Zuber, Paris, Champion, 2000, *ad indicem*. La correspondance serrée qu'ont entretenue Castelnau et Marie Stuart est conservée dans les *Lettres inédites de Marie Stuart, accompagnées de diverses dépêches et instructions 1558-1587*, publiées par Alexandre Labanoff, Paris, Chez Merlin, 1839, *ad indicem*.

avec François, la troisième couronne demeurerait de toute façon au ciel.

La renonciation aux anciens desseins expansionnistes aurait levé tout soupçon : derrière l'« union » si controversée entre François et Élisabeth ne se cachait pas le désir d'engloutir l'Angleterre dans le but de conquérir un nouveau royaume, contrairement à ce que suggérait le puritain John Stubbs dans un violent pamphlet au titre très éloquent, *The Discovery of a Gaping Gulf Whereunto England is Like to Be Swallowed by Another French Marriage if the Lord Forbid Not the Bans by Letting Her Majesty See the Sin and Punishment Thereof* (« La découverte d'un abîme profond où l'Angleterre sera probablement engloutie à la suite d'un autre mariage français, si le Seigneur ne l'empêche en faisant que sa Majesté se rende compte du péché et du châtiment qui en découlent[33] »).

Comme on peut l'imaginer, ce libelle n'est pas passé inaperçu. La reine a donné immédiatement l'ordre d'arrêter Stubbs et demandé sa condamnation à mort. Michel de Castelnau a été également impliqué dans cette délicate affaire. Dans une dépêche du 9 novembre 1579 adressée à Henri III, le diplomate explique les motifs qui, contre la volonté d'Élisabeth, ont conduit les juges à laisser la vie sauve à l'accusé, en le condamnant à avoir la main tranchée. Toute cette affaire a pris une signification politique si forte que les partisans du mariage eux-mêmes, craignant une révolte populaire, ont fait pression une solution de compromis, au point de demander à l'ambassadeur qu'il intervienne en faveur de la grâce :

33. John Stubbs, *Gaping gulf*, edited by Lloyd E. Berry, Charlottesville, University Press of Virginia, 1968. Sur ce pamphlet, cf. Carolly Erickson, *Élisabeth Ire, cit.* ; Michel Duchein, *Élisabeth Ire d'Angleterre, cit.*, p. 444-447 ; Robin Headlam Wells, *Spenser's* Faerie Queene *and the Cult of Elizabeth*, Londres-Totowa, Croom Helm-Barnes & Noble Books, 1983, p. 89.

> Elle [*i.e.* la reine Élisabeth] a faict le 4 de ce moys trancher le poing a ung gentilhomme nommé Stoupe qui avoir escript et composé le livre contre monseigneur votre frère ; [...] la dicte myrte a faict tout ce qu'elle a peu pour les faire mourir par la loy et par la justice qui ne les ont condamnez qu'à cela encore quilz ayent cherchez tous les moyens de les apsouldre alleguant que c'etoit l'affection et le cœur quilz avoyent à leur patrie qui les avoyent meu à faire le livre [...]. L'on s'est adressé au Sr. De Simyé et à moi pour nous prier d'obtenir ceste grâce [...][34].

Pour justifier la fermeté d'Élisabeth, Castelnau ne perd pas une occasion de rappeler à Henri III l'« affection et l'amour qu'elle porte à vostre magesté et à Monseigneur vostre frère », confirmant qu'elle est toujours « plus résollue et affectionnée à se marier quelle ne fust jamais »[35].

34. *Public Record Office, French Transcripts, 31/3/27 fos. 410v-411v.* Nous avons cité la transcription fournie par Kenneth Barnes, « John Stubbs, 1579 : the French Ambassador's Account », *Historical Research*, 64, 1991, p. 425. Dans la dépêche, Castelnau parle au pluriel parce que l'éditeur du pamphlet fut également impliqué dans l'affaire.

35. *Ibidem*, p. 415-426.

CHAPITRE V

LA DEVISE DE MARIE STUART (« ALIAMQUE MORATUR »), LES TROIS COURONNES ET L'ANGLETERRE

1. La troisième couronne de Marie Stuart : « Aliamque moratur »

Pour faire comprendre mieux encore quel climat de défiance règne alors outre-Manche, il suffit de rappeler que même les initiatives anti-espagnoles du duc d'Alençon aux Pays-Bas, quoique destinées à frapper les partisans exécrés de Philippe II, sont considérées d'un œil soupçonneux : traduisent-elles des ambitions personnelles, ou bien une stratégie mise au service de vieux projets, dans le secret espoir d'utiliser la Flandre comme un cheval de Troie, comme un pont qui faciliterait l'accès à l'Écosse d'abord, à l'Angleterre ensuite[1] ? C'est bien pourquoi, examinant

1. Cf. Carolly Erickson, *Élisabeth Ire*, *cit.*, p. 252 : « aussi favorable qu'elle fût à la consolidation des forces hostiles à la puissance espagnole, Élisabeth ne voulait pas que les Pays-Bas tombassent aux mains des Français, qui avaient toujours prévu d'utiliser cette région comme une base pour entrer en Écosse et, à partir de là, envahir l'Angleterre. Si d'Alençon ne cherchait en Flandre qu'une gloire personnelle, alors il

le *motto* « Manet ultima coelo » dans ses *Devises royales*, François d'Amboise fait dériver directement les deux couronnes de la devise de Marie Stuart, dans laquelle les mots *Aliamque moratur* font précisément allusion à la couronne d'Angleterre : fig. 4

> Mais helas ! comme nul trop grand bonheur n'est de longue duree, il [Henri III] vit principales Citez et Provinces souslevees de son obeissance et par l'effort d'un glayve traitreux : et parricide se vit ouvrir le Ciel qu'il avoit long tems auparavant merité et où il receut la troisiéme couronne, que Saint Paul appelle de Iustice, que Dieu rend à ceux qui l'ont craint et servy. Cette couronne estoit la derniere des trois qu'il avoit prises avec ce mot : *Manet ultima coelo*. Car les deux estoient celle de France et de Pologne : et fut ce me semble un gentil-homme escossois nommé Gordon qui la luy donna et l'avoit empruntee d'une que portoit la Royne Marie Stuart douairiere de France, la plus belle et parfaite de son siecle qui estoient deux couronnes avec ce mot : *Aliamque moratur*. Voulant dire que celle d'Angleterre la regardoit, comme de fait elle en estoit la plus proche et le Roy son fils admirable en vertus la possede paysiblement[2].

L'hypothèse avancée par François d'Amboise — que, dans une précédente version française de cet essai, nous

était probablement inoffensif, au moins pour le moment. Mais s'il était le cheval de Troie de son frère, son intervention dans les territoires hollandais était une menace et Élisabeth aurait le devoir de le combattre ou, aussi radicale que fût cette solution, le devoir de devenir son épouse. » Sur l'action du duc d'Alençon aux Pays-Bas, cf. Frédéric DUQUENNE, *L'Entreprise du duc d'Anjou aux Pays-Bas de 1580 à 1584. Les responsabilités d'un échec à partager*, préface de Jean-François Labourdette, Villeneuve-d'Ascq, Presses universitaires du Septentrion, 1998.

2. Cf. Adrien d'AMBOISE, *Devises royales*, Paris, Rolet-Boutonné, 1621, p. 45-46 (le traité de François d'Amboise a été publié après sa mort par son fils Adrien).

n'avons prudemment signalée qu'en note[3] — nous a immédiatement semblé très intéressante, mais difficile à exploiter, étant donné que nos nombreuses tentatives pour trouver des preuves confirmant l'existence de la devise *Aliamque moratur* sont restées vaines. Pourtant, ce lettré parisien qui a fait partie de la suite d'Henri III lors de son voyage en Pologne occupait une position privilégiée pour obtenir des informations de première main[4].

Et, effectivement, son témoignage n'est nullement fantaisiste, comme le confirment à présent certains travaux de Michael Bath qui — outre l'existence d'une médaille de 1560 où l'on voit les armes de France et d'Écosse sur l'avers, ainsi que deux couronnes et le *motto* « Aliamque fig. 21
moratur » sur le revers — mentionnent également trois documents qui attestent la présence, entre les broderies emblématiques du lit d'État de Marie Stuart, de la devise en question[5] : le premier est une lettre datée du 1er

3. Cf. Nuccio ORDINE, *Giordano Bruno, Ronsard et la religion*, *cit.*, p. 194-195, note 65.

4. Le poète, en effet, a fait partie de la suite d'Henri au moment de son élection comme roi de Pologne, et, dans son poème intitulé « La Pologne », publié en 1573, il donne un témoignage direct sur les événements les plus importants de cette période : cf. François d'Amboise, « La Pologne », in *Œuvres complètes. I (1568-1584)*, *cit.*, p. 130-145.

5. Michael BATH, que nous remercions pour sa gentillesse, nous a communiqué en 2007, par avance et à titre privé, certains résultats de ses recherches, qui ont été publiés par la suite : *Emblems for a Queen : The Needlework of Mary Queen of Scots*, Londres, Archetype Publications, 2008, p. 23-47 (p. 42-47 notamment) ; ID., « Symbols of Sovereignty : Political Emblems of Mary Queen of Scots », in *Immagini e potere nel Rinascimento europeo*, Atti del Convegno Internazionale di Studi tenutosi presso il Dipartimento per lo Studio delle Società Mediterranee (Bari, 9 ottobre 2008), edited by Giuseppe CASCIONE - Donato MANSUETO, Milan, Edizioni ennerre, 2009, pp. 53-54. Nous devons à l'amabilité de Donato Mansueto cette précieuse découverte des travaux de Bath. La fortune iconographique durable du thème des trois couronnes et son utilisation par la maison des Stuart sont attestées par l'existence d'une médaille de 1689, dédiée à Marie II Stuart, fille de Jacques II fig. 22

juillet 1619, envoyée à Ben Jonson par le poète écossais William Drummond of Hawthornden[6] ; le deuxième est un manuscrit de l'oncle de William Drummond, William Fowler[7] ; le troisième document est un inventaire en français, reproduit et traduit par la suite en anglais dans les *Calendar Papers of Scotland*, où il est daté, de manière incertaine, d'« Oct. 1587 » — l'année de la mort de Marie Stuart[8].

Les deux premiers documents s'attardent sur la devise qui a pour *motto* « Aliamque moratur » (« Three Crowns, Two opposite, and another above in the Sky, the Word, *aliamque moratur* » : « Trois couronnes : deux en vis-à-vis, et une autre au-dessus, au ciel ; le *motto* : aliamque moratur » — selon la description de Drummond), mais ils décrivent également, dans la liste, la devise avec le *motto* « Donec

d'Angleterre et épouse de Guillaume III d'Orange, avec le *motto* « Digna quae longe plures » (pour une reproduction de cette médaille, cf. Nicolas CHEVALIER, *Histoire de Guillaume III* [...] *par médailles, inscriptions, arcs de triomphe et autres monuments publics*, Amsterdam, 1692, p. 94).

6. Cf. *The Works of William Drummond, of Hawthornden. Consisting of those which were formely printed, and those which were design'd for the press. Now published from the author's original copies*, printed by James Watson, Edinburgh, 1711, p. 137.

7. Le manuscrit se trouve parmi les *Fowler's Papers and Scrolls*, à la National Library of Scotland, *Hawthornden MSS*, vol. XII, f. 21 : il recense 31 devises et il est daté du « 5 April 1603 ». Parmi les *Fowler's Papers* est également conservé un autre inventaire manuscrit, non daté, où l'on ne reconnaît pas l'écriture de Fowler et qui dresse la liste de 43 devises (National Library of Scotland, *Hawthornden MSS*, vol. XII, ff. 50-52). Les rapports entretenus par William Fowler avec Michel de Castelnau et Francis Walsingham sont plusieurs fois abordés par John Bossy dans son *Giordano Bruno and the Embassy Affair*, Yale University Press, 1991, p. 189-191 (mais aussi p. 15-16 et p. 18-20).

8. *Public Record Office*, ref : SP 53/21, ff. 108r-v, 109v ; document traduit dans les *Calendar of State Papers (Scotland) 1547-1603*, vol. IX 1586-1588, HMSO, Glasgow 1915, p. 502-504 (sur l'original, où l'on distingue deux écritures différentes, la date du « 9 septembre 1586 » est inscrite en marge de la deuxième partie).

totum impleat orbem » — que nous avons étudié dans le précédent chapitre — et la devise avec le *motto* « Unus non sufficit orbis » (deux globes, une épée au milieu, sur la pointe de laquelle est posée une couronne).

En revanche, à la différence des textes de Drummond et de Fowler, auxquels il est très probablement antérieur, le troisième document signale également, parmi les devises du lit d'État, la présence de celle qui comporte le *motto* « Manet ultima coelo », à laquelle, d'une manière très significative, il assimile le *motto* « Aliamque moratur », comme si elle en était une variante — ainsi que l'indiquent ces deux passages importants : « Deux couronnes en terre et une aux nues composée d'estoiles les flambes du feu y deroulant *Manet ultima coelo* » ; « Une aultre quasi pareille horsmis icelle d'en hault semblable a celles qui sont en terre y a *Aliamque moratur* ».

L'enquête de Michael Bath fournit des éléments utiles pour démontrer comment plusieurs des devises reproduites sur le lit d'État de Marie Stuart ne renvoient pas seulement à une conception générale des rapports entre le monarque et l'Eglise, mais peuvent être interprétées comme des allusions assez transparentes à des projets et à des situations politiques bien précis ; mais surtout il renforce l'hypothèse selon laquelle il est possible que la troisième couronne désigne, concrètement, l'Angleterre.

Partant de notre reconstruction du débat sur les trois couronnes à propos d'Henri III, Bath montre comment la devise « Aliamque moratur » conserve la même ambiguïté que la devise « Manet Ultima Coelo ». Une première lecture, superficielle, autorise en effet l'interprétation de la devise dans un sens religieux :

> Dans quelle mesure la devise de Marie anticipe-t-elle les applications politiques — et en particulier

impérialistes — dont Ordine montre qu'elles ont motivé son utilisation en France ? De quelle manière exactement l'élément écossais original anticipe-t-il son iconographie ou son développement postérieurs ? [...] Avant d'affronter ces questions, cependant, il sera utile de rappeler brièvement la situation de Marie Stuart et son utilisation de la devise. Celle-ci apparaît pour la première fois sur une médaille (ou *jeton*) frappée dès 1560, plus de douze ans avant que Henri III n'adopte la devise. Conçue par ou pour une reine des Écossais âgée de dix-huit ans, lors de l'année qui se révèlerait la dernière de son séjour en France, la médaille ne donne à voir que deux couronnes et le *motto* « Aliamque moratur ». Prise dans son sens littéral, la devise semble assez explicite : Marie avait été couronnée reine des Écossais alors qu'elle était encore une enfant, et en 1558 elle était également devenue — en tant qu'épouse de François II — reine de France. Lue de cette manière, la devise signifierait donc que Marie reconnaît pieusement que, quoiqu'elle ait déjà reçu deux couronnes terrestres, la dernière et suprême couronne est celle qu'elle aspire à obtenir dans les cieux, le *motto* « Aliamque moratur » faisant précisément référence à cette couronne céleste dont on suppose qu'elle l'attend là-haut. Cette interprétation est confortée par l'iconographie, qui trace une nette démarcation entre sphère terrestre et sphère céleste, avec la végétation en bas et les nuages et les étoiles en haut, selon une disposition très schématique[9].

fig. 21

9. « How far does Mary's device anticipate the political, and specifically the imperialist, applications which Ordine shows to have motivated its use in France ? How, exactly, does the Scottish original anticipate its later iconography or development ? [...] Before addressing those questions, however, a brief reminder of Mary Stuart's situation and her use of the device will be helpful. It first features on a surviving medal (or *jeton*) that was minted as early as 1560, more than a dozen years before Henri III adopted the device. Invented by or for the eighteen-year-old Queen of Scots in what turned out to be the last year she would ever spend in France, the medal shows just two crowns and the motto

Mais cette interprétation n'interdit pas de rechercher dans la devise de Marie Stuart une signification d'abord politique. Là encore, la troisième couronne ferait allusion à une aspiration beaucoup plus mondaine :

> Par d'autres aspects, cependant, l'iconographie se révèle moins claire. Comme nous l'avons déjà noté, sur la médaille de Marie de 1560 on ne voit en fait que deux couronnes, et non trois, étant donné que la sphère céleste est remplie d'étoiles au milieu d'une masse de nuages. Ces étoiles forment-elles une couronne ? Il me semble que les avis seront partagés. Mais ce que je trouve remarquable dans cette devise, c'est le fait qu'elle permet à la troisième couronne de rester non identifiée. Aussi bien le *motto* que la *pictura* laissent le champ libre aux hypothèses, aux interprétations. « Et il/elle en attend une autre », déclare le *motto*. « Une autre *quoi* » ? pourrait demander le lecteur, à qui la *pictura* ne fait que suggérer une réponse. Comme le montre Ordine, l'ambiguïté qui entoure cette « troisième » couronne est précisément ce qui confère à cet emblème l'extraordinaire force politique et rhétorique qu'il a eue au XVIe siècle et qu'explore Ordine dans sa convaincante analyse. Effectivement, malgré l'apparente séparation de la sphère terrestre et de la sphère céleste,

is *Aliamque moratur* (And awaits another). Taken at face value the device seems relatively straightforward. Mary was crowned queen of Scots in infancy, and in 1558 she became also, as wife of François II, queen of France. The device thus asks to be read as an expression of her pious recognition that, although she had worn two earthly crowns, the last and greatest would be the crown she aspired to wear in heaven, and her motto – *Aliamque moratur* – refers to this heavenly crown which, it is implied, awaits her up above. This interpretation is supported by the iconography, which makes a clear demarcation between the earthly and heavenly spheres, with vegetation down below and clouds and stars up above – the spacing is highly schematic » : Michael Bath, « Symbols of Sovereignty : Political Emblems of Mary Queen of Scots », in *Immagini e potere nel Rinascimento europeo*, *cit.*, pp. 53-54.

il est possible d'interpréter l'emblème de Marie dans un sens plus politique, moins religieux[10].

Mais alors pourquoi frapper précisément en 1560 une médaille sur laquelle aux deux couronnes terrestres (celle d'Écosse et celle de France) viendrait s'en ajouter une troisième qui, pour le moment, est placée dans le ciel ?

La frappe des médailles est, sinon toujours, en tout cas souvent circonstancielle ou commémorative. On pourrait alors se demander pourquoi Marie a commandé cette médaille à cette date-là. La réponse la plus vraisemblable, selon moi, c'est que 1560 est la date du Traité d'Edimbourg (signé le 6 juillet), qui stipulait le retrait des troupes françaises comme des troupes anglaises hors d'Écosse et qui imposait à Marie et à François de renoncer à l'utilisation des armoiries anglaises. Marie ne ratifia jamais ce traité, qui impliquait son abandon de toute prétention au trône d'Angleterre. Cette troisième couronne pourrait donc bien ne pas être très céleste et renvoyer plutôt à ce trône d'Angleterre sur lequel Marie faisait valoir clairement ses revendications

10. « In other respects, however, the iconography is less clear cut. As we have already noted, Mary's medal of 1560 actually shows only two crowns, not three, since the heavenly sphere is filled with stars in a mass of clouds. Whether these stars are crown-shaped is, I suggest, a matter of opinion, but what I find remarkable about this device is the way it leaves this third crown unidentified. Both the motto and the *pictura* leave a lot to inference, to implication. 'And awaits another,' says the motto. 'Another what ?' the reader might well ask, to which the *pictura* gives only an implied answer. As Ordine shows, the ambiguity surrounding this 'third' crown is precisely what gave this emblem the extraordinary political and rhetorical power which it had in the sixteenth century and which he explores in his compelling analysis. Indeed, despite the apparent separation of the earthly and the heavenly spheres, it might well be possible to read Mary's emblem in a more political, less religious, sense » : *ibidem*, p. 54.

en tant que descendante de sa grand-mère paternelle, Marguerite Tudor. Ce sont évidemment ces revendications qui allaient la conduire finalement à sa chute et à son exécution. Ainsi la signification de la devise est-elle peut-être moins explicite qu'il n'y paraît. Est-ce vraiment à une couronne céleste ou plutôt à une couronne terrestre qu'elle [Marie] aspire ? Et d'ailleurs s'agit-il bien d'une couronne ? Ce que je voudrais suggérer, c'est que les ambiguïtés — si clairement repérées par Ordine — dans la manière dont la devise allait être utilisée ensuite en France étaient déjà implicites dans ses origines écossaises. Nous devons bien sûr garder à l'esprit que, jusqu'en 1560, Marie, reine des Écossais, avait grandi et passé presque toute sa vie non pas en Écosse, mais en France, où elle avait eu directement accès, dans les années 1550, à ces cercles au sein desquels les politiques et les protocoles associés au développement de la devise des Trois Couronnes étaient déjà en train de déboucher sur une série de textes qui faisaient prévoir une expansion impérialiste de la France[11].

11. « The minting of medals is often – though not invariably – occasional or commemorative. Why therefore, we might ask, should Mary have commissioned this medal at this date ? The most likely answer, I suggest, is that 1560 was the date of the Treaty of Edinburgh (signed 6th July) which agreed on a withdrawal of both French and English troops from Scotland and required Mary and François to give up their use of the English royal coat of arms. Mary never ratified the treaty, which would have meant renouncing her claim to the English throne. This third crown might thus be not quite so heavenly, but rather signalling the throne of England to which she had clear claims through her paternal grandmother, Margaret Tudor. It was, of course, that claim to the English throne which would eventually bring about Mary's downfall and execution. So maybe the meaning of the *impresa* is less clear cut than it seems. Is it really a heavenly, or is it an earthly crown she aspires to wear ? Is it, indeed, even a crown ? The ambiguities which Ordine shows so clearly in the later uses of the device in France were thus already implicit, I want to suggest, in its Scottish origins. We need to bear in mind, of course, that Mary Queen of Scots was brought up and had, by 1560, spent almost the whole of her life not in Scotland but

En 1639, dans une tragédie dédiée à Marie Stuart, Charles Regnault insiste sur le chiffre trois et sur les trois couronnes :

J'ay trois fois soupiré pour des obiets nouveaux,
Trois fois i'ay de l'Hymen r'allumé les flambeaux
J'ay receu pour espous trois illustres personnes
Ma teste quelquesfois a porté trois couronnes.
Et des augustes mains de la divinité
I'ay receu cet honneur qu'on nomme Maiesté[12].

2. Bruno et deux Écossais à Londres : William Fowler et Alexander Dicson

Les documents repérés parMichael Bath montrent comment la devise de Marie Stuart suscite l'intérêt dans un milieu qui n'est guère éloigné de celui que Bruno aurait pu fréquenter à Londres.

La lettre du 1er juillet 1619 adressée à Ben Jonson par le poète écossaisWilliam Drummond confirme l'intérêt du fameux dramaturge pour les emblèmes et les images, dont il se sert amplement dans les sujets allégoriques et mythologiques de ses *masques*. Et certains points de contact entre le *Volpone* de Jonson et le *Chandelier* de Bruno à propos du thème de l'honneur, pourraient suggérer que Jonson s'est peut-être intéressé aux œuvres du Nolain.[13]

in France, where she would have had immediate access in the 1550s to those circles within which the policies and protocols surrounding the development of the Thee Crowns *impresa* were already developing, as Ordine demonstrates, in a series of texts which raised expectations of French imperial expansion » : *ibidem*, pp. 54-55.

12. Charles Regnault, *Marie Stuard, reyne d'Écosse*, Paris, T. Quinet, 1639, p. 85.

13. Sur la possibilité de rapprocher certains passages du *Volpone* de Jonson (autour du thème de l'honneur, par exemple) et le *Chandelier* de

Mais un autre élément est encore plus intéressant et assurément plus concret pour mettre en évidence un contact possible entre Bruno et Fowler : le témoignage de William Fowler, l'oncle de William Drummond. Une série de documents atteste la présence constante du poète écossais à l'ambassade de France à Londres. Les *Calendars of State Papers of the Reign of Queen Elizabeth* contiennent une série de messages envoyés à Walsingham entre novembre 1582 et juillet 1583, dans lesquels Fowler parle de Michel de Castelnau[14]. Et l'espion Henry Fagot rend également compte de ses fréquentes conversations avec l'ambassadeur, dans des dépêches toujours adressées au puissant secrétariat d'État d'Élisabeth : durant le mois d'avril 1583, en effet, Fagot envoie à Walsingham un éloquent portrait de Fowler qui souligne sa connaissance des affaires d'Écosse et ses liens avec Castelnau :

> Plus ce jourdhuy xxviii Apvril 1583 se fait conte de France ung nomme Foulan Escossois lequel hante presque tous les jours au logis Mon*dit Seigneur* L'Ambassadeur ayant la cognoissance de tous les prencipaulx ministres Escossois comme je croy et le cognois fort bien qu'il dissimule en en [sic] sa Religion ayant ordinairement des nouvelles d'iceux ministres, et est gaige du Roi de France, parquoy Mons*eigneur* l'Ambassadeur connoist tout ce qui se faict par Escosse[15].

Un message ultérieur fait allusion à un dîner à l'ambassade de France, au cours duquel Fowler confie à

Bruno, cf. Nuccio Ordine, *Contro il Vangelo armato. Giordano Bruno, Ronsard e la religione*, Milan, Raffaello Cortina Editore, 2007, p. 198-199.

14. *Calendars of State Papers of the Reign of Queen Elizabeth. Scotland 1581-1583*, p. 196-569 (cf. John Bossy, *Giordano Bruno and the Embassy Affair*, *cit.*, p. 190).

15. Nous citons la transcription donnée dans John Bossy, *Giordano Bruno and the Embassy Affair*, *cit.*, p. 189-190.

Castelnau, de la part du duc de Lennox, deux anneaux à remettre à Marie Stuart :

> Ce jourdhuy iiiie dud*it* moys ung nom*me* foulan escossoys a disne en la maisson de mond*it*seigneur lambassadeur lequel a [monstre *effacé*] bagues dor enchassez dont je ne con*n*ois les pierres lesquelles sont envoye [z *effacé*] en la Royne decosse de la parte du duc de Lenox dont mond*it* seigneur lambassadeur en a la charge de luy les envoyer[16].

Si les lettres de l'espion Fagot nous autorisent à considérer comme matériellement possible la rencontre de Fowler et de Bruno à l'intérieur de l'ambassade de France à Londres, la thèse générale du livre de John Bossy — qui attribue au Nolain la paternité des messages envoyés à Walsingham sous le pseudonyme Henry Fagot — reste en revanche dénuée de tout fondement scientifique et documentaire[17].

Mais, mis à part son rôle d'expert en matière d'affaires politiques écossaises, William Fowler a les mêmes centres d'intérêt culturels que Bruno. Il écrit un *Art of Memorye* — dont parle Thomas Dempster (« De memoria artificiali Commentarius accuratissimus lib. I ») dans la brève biographie qu'il lui consacre[18] — et il est présenté comme l'expert qui a enseigné l'art de la mémoire au

16. *Ibidem*, p. 194.

17. Outre les nombreuses réactions négatives de grands spécialistes de Bruno, je me permets de renvoyer également à mes observations critiques publiées dans le *Corriere della Sera* du 9 janvier 2004 et du 2 septembre 2005. Soulignons l'importance des observations critiques de Jill Kraye, « John Bossy on Giordano Bruno », *The Heythrop Journal*, 33 (1992), p. 324-327.

18. Cf. Thomas Dempster, *Historia Ecclesiastica*, vol. 1, n. 551 (et voir l'intéressant travail d'Alessandra Petrina, *Machiavelli in the British Isles*, Ashgate, 2009, p. 87-88).

roi Jacques VI (lequel, réciproquement, l'instruit sur les relations entres poésie et devises, comme le déclare Fowler lui-même : « Whils I was teaching your majestie the art of memorye yow instructed me in poesie and imprese for so was yours. sic docens discam »[19]). Habile compilateur d'anagrammes — ce genre qui était très à la mode à la cour de France, comme en témoignent les jeux d'esprit créés par Dorat, Ronsard et les poètes de la Pléiade[20] —, il invente celles qui sont dédiées à Henri IV (« Henricus IV. Galliarum rex : in herum exurgis Ravallac » — « Henri IV, roi des Français : tu te dresses contre le souverain, Ravaillac »), à Marie Stuart (« Maria Steuarda regina Scotorum : Trusa vi regnis, morte amara cado » — « Marie Stuart, reine des Écossais : Expulsée de force de mon royaume, je succombe à une mort amère ») et à Rome (« alma roma : mala mora » — « douce Rome : funeste retard »)[21].

Excellent connaisseur de la langue italienne — et stimulé par les suggestions du fils de Marie Stuart, monarque cultivé dont le *Reulis and Cautelis* encourage les traductions[22] —, il traduit le *Prince* de Machiavel, les *Triomphes* de Pétrarque et d'autres poètes au début des années 1580.

19. Cf. Alessandra PETRINA, *Machiavelli in the British Isles*, *cit.*, p. 91.

20. Sur la fortune du genre de l'anagramme en France, voir les travaux de Jean CÉARD (« *Jeux et divinations à la Renaissance* », in *Les Jeux à la Renaissance*, études réunies par Philippe Ariès et Jean-Claude Margolin, Paris, Vrin, 1982, p. 409 sq.) et de Michel SIMONIN (« Ronsard et l'anagramme : sur le quatrain à Michel Lecomte », in *L'encre & la lumière. Quarante-sept articles. 1976-2000*, Genève, Droz, 2004, p. 351-371).

21. Voir la description soigneuse donnée par le biographe Dempster (in Alessandra PETRINA, *Machiavelli in the British Isles*, *cit.*, p. 87).

22. Sur Jacques VI, voir Alessandra PETRINA, *Machiavelli in the British Isles*, *cit.*, p. 91. Sur la conception brunienne de la traduction, cf. Nuccio ORDINE, « Théorie de l'imitation, rapport *res/verba*, traduction. Autour de quelques aspects du débat sur la langue en Italie au XVIe siècle »

Voilà pourquoi son nom figure parmi ceux des lettrés qui, le plus souvent, ont promu la culture italienne à la cour de Jacques VI[23].

Son chansonnier intitulé *Tarantula of Love*[24] présente en outre une particularité intéressante (y compris pour le lien avec la mnémotechnique) : inspiré principalement par des auteurs italiens, Fowler y compose soixante-douze sonnets. Ce nombre a-t-il été choisi au hasard ? Ou bien peut-on y voir un renvoi aux *Fureurs héroïques* de Bruno, qui contiennent exactement soixante-douze poèmes ? Et la probable “parenté” thématique qui existe entre le dix-septième sonnet de Fowler et celui de Tansillo intitulé « Cara, suave et onorata piaga » (« blessure que je vénère, chère et douce blessure ») a-t-elle pu — indépendamment de leur commune source pétrarquiste — être inspirée à l'Écossais par la manière dont Bruno lui-même commente les vers du poète napolitain dans le premier dialogue des *Fureurs héroïques*[25] ?

D'autres éléments — d'ordre biographique, en particulier — donnent à penser qu'il ne s'agit pas là de coïncidences fortuites. Fowler a étudié en France, rencontré Tycho Brahe au Danemark et passé un certain temps à Padoue au début des années 1590 (en 1592, il figure sur les listes de l'université, avec deux autres

[1991], in *Le rendez-vous des savoirs. Littérature, philosophie et diplomatie à la Renaissance*, *cit.*, p. 113-118.

23. Cf. R. D. S. JACK, *The Italian Influence on Scottish Literature*, Edimbourg, Edinburg University Press, 1972.

24. Sur le chansonnier de Fowler et sur ses liens avec l'art de la mémoire, cf. Elizabeth ELLIOT, « 'A memorie nouriched by images' : Reforming the Art of Memory in William Fowler's *Tarantula of Love* », *Journal of the Northern Renaissance*, 2/1 (2010), p. 36-53.

25. Cf. G. BRUNO, *Des fureurs héroïques*, *cit.*, p. 81. Je dois à Donato Mansueto cette hypothèse qui pourrait révéler un intéressant point de contact entre le chansonnier Fowler et celui de Bruno.

Écossais)[26]. Et — très précieuse information — il noue des liens personnels avec le libraire vénitien Giovanni Battista Ciotti, comme cela ressort d'un document où il est question d'une caisse de livres que le poète écossais lui aurait envoyée :

> Ce 21 juillet 1593, à Venise, moi, Giovanni Battista Ciotti, j'ai reçu de la part de l'illustre seigneur William Fowler, gentilhomme écossais, une demi-caisse de livres emballée dans une toile sur le devant de laquelle il est indiqué que je dois envoyer cette caisse à Francfort et la faire remettre au seigneur susnommé ou bien à celui qui présentera le présent document, et qui devra là payer les frais de transport correspondant au poids qui sera estimé. Dans le respect de la vérité, moi, Giovanni susnommé, j'ai écrit le présent document de ma propre main. Moi Giovanni Battista Ciotti susnommé. Ceci doit être remis à la prochaine Foire de septembre[27].

Ce Ciotti est justement l'éditeur-libraire qui rencontre Bruno à Francfort en 1590 pour l'inviter à Venise de la part de Giovanni Mocenigo. Voici en effet comment, le 26 mai 1592, après la dénonciation du Nolain par le noble vénitien auprès de l'Inquisition, Ciotti reconstitue dans sa déposition ses rapports avec Bruno, en déclarant

26. Sur les déplacements de Fowler, cf. Alessandra PETRINA, *Machiavelli in the British Isles*, *cit.*, p. 70-78.

27. Cf. Alessandra PETRINA, *Machiavelli in the British Isles*, *cit.*, p. 79 : « addì 21 luglio 1593 in Venetia receui io Giam.ta Ciotti libraro in Venetia dal Mag^{co} Sig^{or} Guglielmo fulerio gientilomo schozese : une meza balett[a] di libri involta con Canovac·^{a} segniata de davanti segnio la qual baletta devo mandare a franc^{o} fortte et farla consegniare alditto overo achi presentara il pres^{te} Schritto et deve dila pagare il portto oportuno di quanto pesara esseguio del verita io Giam.^{ta} sopraditto ofat laprese.^{te} di mia propria mano. Io Giam.^{ta} Ciotti supraditto. Cioe deve esar consegniata laprosima fiere de sbre ».

notamment que celui-ci était considéré en Allemagne comme « un homme qui n'a nulle religion »[28].

Un autre personnage, également écossais, a pu donner à Bruno des informations sur l'entourage de Marie Stuart : Alexander Dicson. Dans le *De la cause*, le Nolain le considère comme l'un de ses disciples et lui fait jouer dans le dialogue un rôle de premier plan :

> Vous découvrirez là, comme premier interlocuteur, l'honnête, l'aimable, le poli et le si fidèle ami Alexander Dicson, que le Nolain chérit comme la prunelle de ses yeux, et qui propose le sujet du débat. Il est présenté comme celui qui alimente la réflexion de Teofilo[29].

Entre la fin de l'année 1583 et le début de l'année 1584, Dicson publie son *De umbra rationis*, dédié à Robert Dudley, comte de Leicester, dont Bruno a fait l'éloge

28. Le témoignage de Ciotti, qui, tout compte fait, n'est pas négatif, figure parmi les documents du procès : Giordano BRUNO, *Œuvres complètes. Documents. I. Le procès, cit.*, p. 16-25 (p. 25 : « homo che non habbi alcuna religione »). Sur l'important personnage qu'est cet éditeur-libraire, voir l'article que Luigi FIRPO lui consacre dans le *Dizionario biografico degli Italiani*, t. XXV, Rome, Istituto dell'Enciclopedia Italiana, 1981, p. 692-696. Sur les rapports de Ciotti avec Bruno et avec l'Angleterre, cf. Valentina LEPRI, « Johann Wechel, Giovan Battista Ciotti e le ultime edizioni di Bruno », *Rinascimento*, XLVII (2007), p. 367-388.

29. Giordano BRUNO, *De la cause, du principe et de l'un, cit.*, 84-87 : « Qua per uno trovarete quel dotto, onesto, amorevole, ben creato e tanto fidele amico Alessandro Dicsono, che il Nolano ama quanto gli occhi suoi, il quale è causa che questa materia sia stata messa in campo. Lui è introdutto come quello che porge materia di considerazione al Teofilo ». Sur les rapports d'amitié, puis les divergences, entre Alexander Dicson et Bruno, voir les observations de Giovanni Aquilecchia, « Nota filologica », in Giordano BRUNO, *Opere italiane, cit.*, vol. I, p. 244-245.

dans le *Souper des Cendres*[30]. Il s'agit là, selon Yates, d'une fidèle imitation du *De umbris idearum* que le Nolain lui-même avait offert au jeune Écossais avec une chaleureuse dédicace :

> Au seigneur Alexander Dicson, homme de très grande valeur en matière de belles lettres. De sa propre main, Giordano Bruno le Nolain lui a offert cet exemplaire en mémoire de lui et de leur amitié[31].

Le traité de Dicson — qui attaque La Ramée et les ramistes plus radicalement que ne l'avait fait Bruno — provoque

30. « Tu n'as pas l'occasion d'évoquer la si généreuse humanité du très illustre monseigneur Robert Dudley, comte de Leicester, etc. : le monde entier la connaît et, dans les royaumes voisins, on y fait référence en même temps qu'à la gloire du royaume d'Angleterre et de sa reine ; elle est chère au cœur de ces Italiens, de ces nobles esprits qu'il a choyés et choie toujours tout spécialement, en leur témoignant (comme son épouse) une faveur particulière » (« Non te si offre occasione di parlar de la generosissima umanità de l'illustrissimo monsignor conte Roberto Dudleo, conte di Licestra etc., tanto conosciuta dal mondo, nominata insieme con la fama del regno e la regina d'Inghilterra ne' circostanti regni ; tanto predicata da i cuori di generosi spirti italiani quali specialmente da lui con particolar favore (accompagnando quello de la sua signora) son stati e son sempre accarezzati » : Giordano BRUNO, *Le souper des Cendres*, *cit.*, p. 98-101). Sur Dudley, cf. *supra*, p. 10-11.

31. « Domino Alexandro Dicsono Bonarum literarum optime merito. Iordanus Brunus Nolanus in sui memoriam, et amicitiae prototypon dono dedit manu propria ». Sur cet exemplaire, cf. Rita STURLESE, « Un nuovo autografo del Bruno, con una postilla sul *De umbra rationis* di A. Dickson », *Rinascimento*, XXVII (1987), p. 387-391. Parmi les œuvres de Bruno que possédait Dicson, Rita Sturlese a signalé aussi un exemplaire du *De la cause*, un de l'*Expulsion* et un du *De l'infini* (ce dernier comportant une brève annotation manuscrite) — respectivement conservés dans les bibliothèques d'Oldenburg, de Washington (Smithsonian Institution) et de Glasgow (cf. Rita STURLESE, *Bibliografia, censimento e storia delle antiche stampe di Giordano Bruno*, Florence, Olschki, 1987, p. XXIV-XXV et p. 54, 57, 64).

la réaction immédiate du théologien puritain William Perkins, qui, dès 1584, publie un pamphlet intitulé *Antidicsonus*. Cela déclenche aussitôt une polémique de Cambridge à Londres, avec d'autres interventions à chaud soit pour soutenir (Dicson) soit pour condamner (Perkins) l'utilisation de l'*ars reminiscendi* à propos des images liées aux mythes et à l'astrologie[32].

N'oublions pas en effet que, avant de se rendre à Londres, Dicson a été *scholar* de Marie d'Écosse à Paris. Proche de Sidney — mais aussi partisan des « politiques » —, il suit les tractations menées autour du mariage d'Élisabeth et du duc d'Alençon. On peut maintenant légitimement se demander ce que l'Écossais a bien pu penser des pages consacrées à la devise d'Henri III. Ce n'est pas un hasard si l'*Expulsion de la bête triomphante* figure aussi parmi les exemplaires des œuvres bruniennes qu'il possède[33].

3. Encore un Écossais : John Gordon, Marie Stuart et le milieu français

Pour compléter le tableau des rapports avec l'Écosse[34], il faut reconsidérer un instant les observations de François d'Amboise sur « Manet ultima coelo ». Comme nous l'avons déjà vu, le poète français rappelle dans ses *Devises royales* que la devise des trois couronnes a été suggérée à Henri III par « un gentil-homme escossois nommé

32. Sur la polémique déclenchée par le *De umbra rationis*, cf. Frances A. Yates, *L'art de la mémoire*, *cit.*, chap. XII, p. 287-308.

33. Cf. *supra*, p. 183, note 31.

34. Sur la présence des Écossais en France, cf. Francisque Michel, *Les Écossais en France et les Français en Écosse*, Londres, Trübner, 1862, 2 volumes.

Gordon qui la luy donna et l'avoit empruntee d'une que portoit la Royne Marie Stuart douairiere de France, la plus belle et parfaite de son siecle ». La devise de la reine d'Écosse donnait à voir « deux couronnes » en bas et une troisième couronne située au ciel, accompagnées du *motto* « Aliamque moratur ». François d'Amboise n'a aucun doute sur la manière dont il faut interpréter la couronne « céleste » : « Voulant dire que celle d'Angleterre la regardoit, comme de fait elle en estoit la plus proche et le Roy son fils admirable en vertus la possede paysiblement »[35].

Et c'est à cette même interprétation qu'il fait allusion quand il parle de Marie Stuart en tant qu'épouse de François II :

> La Royne Marie Stuard son espouse portoit : Aliamque moratur, designant la couronne d'Angleterre qu'elle attendoit, qui est echeue au serenissime Roy Jacques son fils[36].

Par ailleurs, ses liens étroits avec Henri III, son rôle important de traducteur d'œuvres italiennes sous le pseudonyme de « Thierry de Timophile, gentilhomme picard » (qui traduit en français Ortensio Lando et Alessandro Piccolomini) et son intérêt pour le théâtre (il publie en 1584 une comédie intitulée *Les Néapolitaines*) peuvent laisser imaginer d'éventuels contacts directs ou indirects avec Bruno lui-même.

Mais revenons au passage sur la devise de Marie Stuart dans les *Devises royales* : qui est ce mystérieux gentilhomme écossais — dont nous avons déjà parlé à

35. Cf. *supra*, p. 168.

36. François d'Amboise, *Discours ou traicté des devises*, in *Œuvres complètes. II (1585-1620)*, éd. Renato Tullio Rosa, Rome, Bulzoni, 1979, p. 210.

propos de l'*Allégorie de Circé* qui clôt le *Balet comique de la Royne* —, désigné sous le nom de Gordon ? Michael Bath l'identifie à John Gordon (1544-1619), fils naturel d'Alexander Gordon, archevêque d'Athènes, dernier évêque catholique de Galloway et, surtout, cousin au second degré de Marie Stuart. Grâce à ce lien de parenté — et même si Marie Stuart conserve des doutes sur la loyauté du père Alexander qui, avec une grande désinvolture, a manœuvré de manière opportuniste entre les catholiques et les protestants —, John entre dans les bonnes grâces de la reine d'Écosse et, se prévalant de son soutien matériel et de ses propres connaissances, décide de rejoindre la cour parisienne en 1565. En l'espace de quelques années, le jeune Écossais parvient à se faire une très belle situation, au point de devenir un gentilhomme de Charles IX. En 1576, il épouse Antoinette de Marolles (dont il aura quatre enfants) et, après sa mort, il se remarie en 1596 avec la fille du premier président du Parlement de Bretagne, Gidéon Pétau de Maule. En 1601, il est impliqué dans une querelle où on le voit figurer parmi les adversaires du grand Du Perron. En 1603, à la demande du roi Jacques VI d'Écosse devenu Jacques Ier d'Angleterre et d'Irlande, il rentre en Angleterre pour y occuper, peu de temps après, le poste de doyen de la cathédrale de Salisbury[37].

Durant son séjour en Angleterre, il garde des liens étroits avec la France. L'irénisme de Jean Hotman de Villiers — fils de François et auteur d'un pamphlet royaliste contre la Ligue : l'*Anti-Chopinus* (1592) — doit beaucoup aux enseignements du prélat écossais :

37. Pour les notices biographiques sur Gordon, cf. *Oxford Dictionary of National Biography*, Oxford University Press, 2004 (mais aussi Michael Bath, « Symbols of Sovereignty : Political Emblems of Mary Queen of Scots », in *Immagini e potere nel Rinascimento europeo*, *cit.*, p. 60-63).

parmi ses manuscrits figurent en effet deux œuvres de Gordon dans lesquelles sont rassemblés des extraits d'anciens missels provenant de l'Église romaine et gallicane qui auraient pu être utilisés par l'ensemble de la chrétienté[38].

Et c'est précisément durant les années au cours desquelles Bruno réside à Paris que John Gordon semble s'être lié au cercle de Dorat et de Ronsard. En effet, sa présence dans le *Balet comique de la Royne* (1582) atteste sa participation directe aux fêtes organisées à la cour, sur ordre d'Henri III, à l'occasion du mariage du duc de Joyeuse, auquel nous nous sommes intéressé au chapitre I. Les dernières pages de la plaquette se terminent, comme nous l'avons vu, sur une section consacrée à une *Autre allegorie de la Circé, selon l'opinion du sieur Gordon, escoçois, gentilhomme de la Chambre du Roy* (p. 74v-75v)[39].

Pourtant, dans les essais consacrés au *Balet comique*, les courtes pages du « sieur Gordon, escoçois » n'ont guère suscité la curiosité des spécialistes. Plus grave encore : dans la première édition moderne de ce texte — publiée au XIXe siècle par Paul Lacroix dans le recueil des *Ballets et mascarades de cour de Henri III à Louis XIV (1581-1652)* — l'éditeur a même jugé bon de les supprimer :

38. Cf. *La messe de Charlemagne et Loys le Debonnaire, extraicte des antiens missels et docteurs de l'Eglise Romaine et Gallicane* et la *Missa antiqua presertim Gallicana et Germanica* : ces deux manuscrits, copiés par Hotman, sont aujourd'hui conservés à la Bibliothèque de la Société de l'Histoire du Protestantisme français (Ms 10/I, fol. 213-216). Sur ces manuscrits détenus par Hotman et sur l'influence exercée par Gordon, voir Thierry WANEGFFELEN, *Ni Rome ni Genève. Des fidèles entre deux chaires en France au XVIe siècle*, Paris, Honoré Champion, 1997, p. 460 (cf. aussi Corrado VIVANTI, *Lotta politica e pace religiosa in Francia fra Cinque e Seicento*, Turin, Einaudi, 1974, p. 217-218).

39. Cf. *supra*, p. 43-48.

> Nous avons supprimé, comme inutile et à cause de sa longueur, une *Autre allegorie de la Circé, selon l'opinion du sieur Gordon, escoçois, gentilhomme de la Chambre du Roy*[40].

Il ne fait pas de doute que le « sieur Gordon, escoçois » est notre John. Les privilèges qu'il a obtenus de Charles IX sont confirmés sous le règne d'Henri III quand il reçoit le titre de « gentilhomme de la Chambre du Roy ». L'espace même que son texte occupe dans la plaquette — plus de deux pages, tandis que les trois autres interventions réunies atteignent à peine plus d'une page — révèle toute la faveur dont il jouit à la cour. Gordon connaît bien les thèmes du débat culturel qui se développe dans le milieu proche du roi de France et il reprend des concepts sur lesquels se sont déjà étendus de grands poètes comme Dorat et Ronsard. L'allégorie de Circé, pour ne citer qu'un exemple, relie les « fictions poetiques » à la « philosophie naturelle, ou à la morale, ou à la supernaturelle et divine, ou à une meslange de l'une et de l'autre »[41]. Pour Gordon, en effet, les poètes sont les « premiers inventeurs de toute philosophie »[42]. Ces conceptions sont très répandues, il est vrai : il n'en reste pas moins que cette manière de considérer, tout comme Bruno, que les images poétiques sont indissolublement liées à la philosophie et à la vie sociale et politique présente pour nous un grand intérêt.

Mais les liens de Gordon avec Jean Dorat et le milieu de la Pléiade sont également suggérés par la présence de

40. *Ballets et mascarades de cour de Henri III à Louis XIV (1581-1652)*, par Paul Lacroix, Genève, Gay, 1868 (rééd. anast., Genève, Slatkine, 1968), p. 86.

41. Baltasar de Beauioyeulx, *Balet comique de la Royne*, *cit.*, p. 74v.

42. *Ibidem*, p. 75r. Sur ce thème, cf. N. Ordine, *Giordano Bruno, Ronsard et la religion*, *cit.*, p. 227-235.

quelques-uns de ses vers latins dans le *Plaidoyé… pour Maistre Iean Hamilton Escossais* de Louis Servin : publiée à Paris en 1586, cette plaquette défend, entre autres, le droit des Écossais de conserver des bénéfices en France. À la fin du volume, entre deux pièces de vers latins de Dorat, on trouve des vers de Gordon précédés d'une dédicace : *De Senatusconsulto pro Scotorum causa Parisiis dato L. Servini Advocati celeberrimi patrocinio*[43].

On ne peut exclure — et cela renforcerait l'hypothèse d'un contact avec Bruno — que l'ambassadeur de France à Londres, Michel de Castelnau, ait eu l'occasion de connaître Gordon. Dans une lettre du 22 octobre 1584 envoyée à Henri III précisément à l'époque où le Nolain résidait à l'ambassade de France, le diplomate raconte les affrontements en Écosse entre les familles des « Gourdons » et des « Forbois », se montrant bien informé sur la faveur royale dont jouissent les premiers :

> Il y a une grande querelle audicte Ecosse entre les Gourdons et les Forbois, et sont armez les ungs contre les aultres ; et semble que le Roy d'Escosse favorize les Gourdons pour ruyner les aultres qui sont du party des banniz et mynistres[44].

Parmi ses publications figure une précieuse et rare plaquette. Gordon fait publier à Londres en 1603 un court poème en latin composé en 1587 pour Marie Stuart à l'occasion de sa mort tragique : il s'agit de quelques pages qui, outre des vers destinés au fils de

43. Louis Servin, *Plaidoyé… pour Maistre Iean Hamilton Escossais… contre Maistre Pierre Tenrier*, Paris, Chez Adrian Perier, 1586, f. aijr-aijv (situées à la fin du volume).

44. Alexandre-Jean-Baptiste-Théodore Teulet, *Papiers d'état… relatifs à l'histoire de l'Écosse au XVIe siècle*, Paris, Typographie Plon Frères, 1852-1859, t. II, p. 687.

Marie, Jacques VI, contiennent un beau portrait de la reine d'Écosse[45]. Un autre poème en latin est consacré à l'assassinat d'Henri IV : l'*Elegeia consolatoria ad Galliam, de parricidio… Henrici 4 R.* (s. d.)[46]. D'autres œuvres, en revanche, concernent des prises de position par rapport à des polémiques religieuses ou à des questions liées au pouvoir politique : *Echo. Dialogus de Institutione Principis* (1603)[47] ; *Panégyrique de congratulation pour la concorde des royaumes de la Grande-Bretagne, en unité de religion et unique royauté* (1603)[48], *Assertiones theologicae pro vera verae Ecclesiae nota, quae est solius Dei adoratio, contra falsae ecclesiae creaturarum adorationem* (1603)[49], *Encomium Galliae et Curiae Academiaeque parisiensis* (1610)[50] ; Παρασκευή *sive Preparatio pacificationis controversiarum quae exortae statim post millesimum a Christo annum in immensum his sexcentis elapsis annis excreverunt* (1619)[51] ; *Papa-Cacus* (1610)[52] ; *Anti-Torto-Bellarminus sive refutatio calumniarum* fig. 75

45. *Manes Mariae Stuartae Scotorum Reginae ad Jacobum VI Fil. Scotorum Regem. Editae anno 1587 per Io. Gordonium Britanno-Scotum*, Londini, Iohannes Norton, 1603.

46. *Elegeia consolatoria ad Galliam, de parricidio… Henrici 4 per Io. Gordonium, Britanno-Scotum, Theol. Doct. et Ecclesiae Cathedralis Sarisburiensis, Decanum R.*, (s. l. n. d., s. éd.).

47. *Echo. Dialogus de Institutione Principis : ad Henricum Fredericum Stuardum*, Paris, s. éd., 1603.

48. *Panégyrique de congratulation pour la concorde des royaumes de la Grande-Bretagne, en unité de religion et unique royauté par Iean de Gordon Escossois sieur de Long-Orme, Gentil-homme ordinaire de la chambre du Roy Tres-Chrestien*, La Rochelle, Iean Le Fevre, 1603.

49. *Assertiones theologicae pro vera verae Ecclesiae nota, quae est solius Dei adoratio, contra falsae ecclesiae creaturarum adorationem per Ioannem Gordonium, Britanno-Scotum*, Rupellae [La Rochelle], s. éd., 1603.

50. *Encomium Galliae et Curiae Academiaeque parisiensis, per Io. Gordonium*, Parisiis, J. Libert, 1610.

51. Παρασκευή *sive Preparatio pacificationis controversiarum quae exortae statim post millesimum a Christo annum in immensum his sexcentis elapsis annis excreverunt per Ioannem Gordonium*, Rupellae, s. éd., 1619.

52. *Papa-Cacus*, London, 1610.

et imposturarum cardinalis Bellarmini (1610) ; *Orthodoxo-Iacobus : et Papapostaticus* (1611)[53]. Dans ce dernier texte figurent en appendice quelques vers adressés au cardinal Bellarmin (membre influent du Saint-Office qui avait condamné Giordano Bruno au bûcher), que Gordon avait déjà rencontré plusieurs fois[54].

53. *Orthodoxo-Iacobus et papapostaticus, sive Theses… quibus probatur… regem Maximae Britanniae, etc., esse catholicae fidei verum defensorem… papasque cardinalitios defecisse a fide Sanctae Trinitatis… per Ioannem Gordonium, Sacrae Teologiae Doctorem, et Ecclesiae Salisburiensis in Anglo-Britannia, Decanum*, Londini, Felix Kyngston, 1611.

54. Le court poème est intitulé *Ad Bellarminum* : « Bellarmine tibi sunt cognita dogmata prisca / Deque fide nosti quid docuere Patres. / Inflatis cur tam buccis, fastuque superbo, / Cattholicos iactas te, Dominumque tuum ? / Priscos qui errores tetro revocatis ab Orco, / Romaque nunc Christi nil nisi nomen habet : / Errores melius vobis deponere diros, / Amplecti et veri dogmata vera Dei. / Ergo pium Regem falsa proscindere lingua / Desinite, haereseos contaminare nota : / Colluvies est vestra sedes, sentinaque foeda, / Cunctarum haereseon massa referta lue : / Nam vos Gentiles, Arianos, Nestorianos, / Idem per similes error utrosque docet ; / Cattholicumque probat Regem veneratio vera, / Qui Triadem solam relligionem colit » (« Bellarmin ! tu connais les dogmes antiques, / Et tu as appris ce que les Pères ont enseigné de notre foi. / Pourquoi les joues gonflées et plein d'orgueil, / Te proclames-tu, toi et ton maître, des Catholiques ? / Vous qui rappelez de l'horrible enfer les antiques erreurs, / Et Rome n'a plus du Christ que le nom : / Mieux vaudrait pour vous abandonner vos erreurs épouvantables / Et embrasser les vrais dogmes du vrai Dieu. / Cessez donc de poursuivre de votre langue mensongère / Ce pieux Roi, et de le souiller de l'accusation d'hérésie : / Votre siège n'est que le chaos, la sentine répugnante, / La masse pleine de corruption de toutes les hérésies : / Vous, en effet, une même erreur vous instruit, l'un et l'autre, / Que Païens, Ariens et Nestoriens ; / Ce qui montre un vrai roi catholique, c'est une vénération vraie, / C'est celui qui rend un culte à la seule Trinité ») : *ibidem*, p. 81.

4. La devise de Philippe II (« Non sufficit orbis ») et l'Angleterre

À la lumière des subtils entrecroisements qu'on peut repérer entre la devise de Marie Stuart (« Aliamque moratur ») et celle d'Henri III (« Manet ultima coelo ») — et qui confirment la possibilité d'identifier la troisième couronne céleste avec la couronne d'Angleterre —, le message lancé par Bruno dans l'*Expulsion*, et que nous avons déjà analysé précédemment, pourrait avoir un sens bien précis : les aspirations françaises à un troisième royaume, si souvent affichées, n'auraient pas pu en réalité trouver place dans le programme politique du roi de France (« que d'autres s'emploient à gouverner les provinces belges »). Et c'est bien pourquoi, comme le prouve l'obsédante utilisation d'un lexique de la paix et de la tranquillité, l'éloge final d'Henri III coïncide avec l'exaltation de sa devise comme symbole d'une vocation sincèrement anti-impérialiste.

Mais il y a plus : la possible allusion au royaume britannique — pour cette troisième couronne qui reste au ciel — reçoit une confirmation supplémentaire dans un commentaire de Lodovico Domenichi sur la devise de Philippe II, roi d'Espagne. Pour le polygraphe vénitien, le *motto* du fils de Charles Quint (« Non sufficit orbis[55] » — « L'univers ne suffit pas »), qui figure aussi fig. 9
dans une devise de François II de France, dépasse de très loin, en ambition, celle d'Henri II (« Donec totum

55. Il s'agit d'un vers où Juvénal fait référence aux conquêtes d'Alexandre le Grand. Cf. Juvénal, *Satires*, texte établi et traduit par Pierre de Labriolle et François Villeneuve, Paris, Les Belles Lettres, 1921, X-168, p. 130 : « Unus Pellaeo iuveni non sufficit orbis » (« Un seul univers ne suffit pas au jeune héros de Pella »). Quant à la devise de François II, époux de Marie Stuart, le *motto* était « Unus non sufficit orbis ».

impleat orbem » — « Jusqu'à ce qu'il/elle remplisse tout l'univers ») : alors que ce dernier se contente de l'empire du monde, son rival peut bel et bien se vanter, avec l'acquisition de l'Angleterre, d'avoir assujetti aussi un royaume qui réside « hors du monde ». Le fameux vers des *Bucoliques* (*Et penitus toto divisos orbe Britannos*[56] — « Les Bretons isolés au bout du monde ») a pris en effet une valeur proverbiale durant plusieurs siècles, comme en témoigne un passage du *Dictionnaire philosophique* où Voltaire utilise les mots de Virgile pour ironiser sur les singuliers choix orthographiques des Anglais :

> Les Anglais sont bien plus inconséquents ; ils ont perverti toutes les voyelles ; ils les prononcent autrement que toutes autres nations. C'est en orthographe qu'on peut dire d'eux avec Virgile (*Égl.* I, vers 67 [*sic*]) : "Et penitus toto divisos orbe Britannos"[57].

Pour Domenichi, le mariage de Philippe II et de Marie Tudor, célébré en 1554, quelques années avant la publication du dialogue, permet de considérer la nouvelle acquisition comme une possession qui n'a rien à voir avec le « monde » ou qui, si l'on préfère, se situe « hors du monde » (que l'on songe ici aux vers de Ronsard que nous avons déjà examinés précédemment : « Ces grans peuples reculez / À l'escart de nostre monde »).

Ce n'est pas un hasard si, précisément en 1580, alors que la tension avec l'Angleterre s'accroît toujours davantage, Philippe II fait frapper une médaille où son effigie est enchâssée dans le *motto*, presque en signe de fig. 89

56. Virgile, *Bucoliques*, I, 66, tr. fr. Eugène de Saint-Denis, Paris, Les Belles Lettres, 1987, p. 41.

57. Cf. Voltaire, *Œuvres complètes. Dictionnaire philosophique. IV*, Paris, Garnier Frères, 1879, p. 457.

défi[58]. Domenichi décrit avec précision les deux devises royales, en cherchant à les interpréter à la lumière des desseins impérialistes des deux monarchies :

> [...] Avant que ne s'achève mon raisonnement, j'ai décidé de le conclure avec le plus grand Prince et Roi des chrétiens, qui est le Sérénissime et Très-Puissant Don Philippe d'Autriche, fils de l'Invincible Charles V, empereur, roi d'Angleterre, et prince d'Espagne. Et bien que je paraisse peut-être trop hardi en parlant d'un si grand Prince, je veux néanmoins être excusé en la matière en raison de la dévotion que je porte à Sa Majesté et parce que je n'ai pas entendu [dire] qu'un si grand roi avait déjà choisi une devise. Voilà pourquoi, vous dis-je, me retrouvant depuis peu – je ne sais presque pas comment – dans un état d'esprit si différent et si éloigné de mes préoccupations, je me suis laissé tellement charmer par mes pensées que, peut-être d'une manière téméraire, j'en ai imaginé une [= une devise] pour Sa Majesté : un cheval très rapide se trouve dans le Cirque de Rome ; s'étant mis à courir, il sort du Cirque et dépasse la borne. Le *motto* est tiré d'un hémistiche de Juvénal : « *NON SUFFICIT ORBIS* ». Et assurément, si je ne me trompe pas dans mon interprétation, cette devise convient très bien à un aussi grand roi pour plusieurs raisons : d'une part, parce que le vers du poète pris en entier traite d'Alexandre le Grand, avec lequel Sa Majesté a tant de ressemblances ; d'autre part, parce que [cette devise] va beaucoup plus loin que la devise du Roi Très-Chrétien Henri, lequel, ayant représenté une lune croissante avec le *motto DONEC TOTUM IMPLEAT ORBEM* paraît se contenter de l'empire du monde. Alors que, ne se contentant pas des nombreux royaumes qu'il

58. Pour la médaille, voir la notice dans le catalogue de l'exposition *Felipe II : un monarca y su epoca. Un Príncipe del Renacimiento* (Museo Nacional del Prado 13 octubre de 1998-10 de enero 1999), Madrid, Sociedad estatal para la conmemoración de los centenarios de Felipe II y Carlos V, 1998, figure 190, p. 547-548.

possède légitimement par héritage paternel, le roi Philippe a acquis en outre le très riche royaume d'Angleterre, dont on peut dire, en s'autorisant du poète, qu'il est hors du monde : *Et penitus toto divisos orbe Britannos*. Sans compter que, si l'on considère la grande acquisition des Indes occidentales réalisée par son très heureux père, on peut raisonnablement dire qu'un monde ne lui suffit pas. Et c'est pourquoi, faisant réussir ce magnanime projet qui est le sien, Dieu continue néanmoins de lui en faire découvrir et de lui en soumettre de nouveaux[59].

59. Paolo Giovio, *Dialogo delle imprese militari et amorose* [...] *con un ragionamento di messer Lodovico Domenichi*, Lione, appresso Gulielmo Roviglio, 1559, p. 192-193 : « [...] prima ch'io finisca il mio ragionamento, mi son risoluto di volerlo conchiudere col maggior Prencipe e Re de' Christiani, il quale è il Sereniss. e potensiss. Don Filippo d'Austria, figliuolo dell'Invittissimo Carlo V Imperadore, Re d'Inghilterra, e Prencipe di Spagna. E benché forse vi parrò troppo ardito a parlare di così gran Prencipe, nondimeno voglio che'n ciò mi scusi la devotione che io porto a sua Maestà ; e 'l non havere anchora inteso, che così grandissimo Re habbia levato Impresa. Però vi dico, come essendo io nuovamente, e non sò quasi come, entrato in questo humore così diverso e lontano da' miei studij mi son tanto lasciato lusingare dal pensiero, che temerariamente forse, n'ho sognato una per sua M. la quale è l'antico Circo Romano, dov'è posto un velocissimo cavallo, che postosi in corso, è uscito dal Circo, e ha trapassata la meta. Il motto è preso da un mezzo verso di Giovenale, dicendo : Non sufficit orbis. E certo, s'io non m'inganno nelle mie cose, questa Impresa assai ben conviene a così gran Re per più rispetti, si per ragionare il verso intero del poeta d'Alessandro Magno, col quale sua M. ha tanta convenienza ; come per avanzare ella di gran lunga, la Impresa del Christianissimo Re Arrigo ; il quale havendo figurato la Luna crescente col motto Donec totum impleat orbem par che si consenti dell'Imperio del mondo. Dove il Re Filippo non contento de' molti Regni, ch'ei possiede legittimamente per successione paterna, ha ottenuto anchora il ricchissimo Regno d'Inghilterra, il quale si può dire, che sia fuor del mondo con l'autorità del Poeta. Et penitus toto divisos orbe Britannos. Oltra che considerando al grande acquisto dell'Indie Occidentali fatto dal felicissimo suo Padre può ragionevolmente dire, che non gli basti un Mondo. E però Dio prosperando questo suo magnanimo pensiero, glie ne va tuttavia scoprendo e sottomettendo dé nuovi. »

5. L'Angleterre « ultima » et « hors du monde » : Virgile, Catulle, Horace

Une fois de plus, le « mystère » semble résolu. Pourtant, si on lit le commentaire que Francisco Gómez de la Reguera consacre au *motto* de Philippe II dans ses *Empresas de los Reyes de Castilla y de León*, il semble que la devise ne fasse pas seulement allusion à un royaume terrestre (conformément au vers de Virgile sur l'Angleterre), mais aussi à un royaume céleste. Autrement dit, pour ce spécialiste des emblèmes, la première interprétation serait le fruit de la malignité des ennemis du roi d'Espagne, qui auraient voulu montrer l'appétit de conquête du monarque en mettant en évidence ses projets militaires très agressifs. La seconde interprétation, au contraire, mettrait en avant le véritable désir de Philippe II : son aspiration à la gloire céleste, à un royaume divin situé au-delà de toute sphère mondaine :

> *Unus Pelleo Iuveni non sufficit orbis* [« Un seul monde ne suffit pas au jeune héros de Pella »], dit Juvénal à propos d'Alexandre pour illustrer son insatiable soif de dominer le monde, et pourtant un seul monde ne suffisait pas à assouvir son ambitieux désir. Certains détracteurs, peu favorables aux glorieuses actions de nos rois et à notre très sage roi Philippe II, disaient qu'il s'acheminait, comme Alexandre, vers la Monarchie du monde mais, plus que lui, voulait posséder un empire de plusieurs mondes. Malice qui fut démentie par la sage modération dont il fit preuve en toutes circonstances car, alors qu'il occupait toute la France et écrasait l'ennemi le plus féroce, il se fit l'arbitre de la paix et de la guerre en rendant aux Français ce qu'il avait justement obtenu par le droit militaire. Voilà une action bien louable, mais était-ce bien utile ?

D'autres, ses admirateurs, trouvaient le vaste empire de l'Orbe trop petit pour les vertus héroïques de Sa Majesté.

Je laisse ces deux interprétations car la première est mue par la malice et l'autre par l'amour. Je laisse aussi ce que j'ai dit dans le sonnet dont le propos illustre bien la foi, la dévotion et la sagesse d'un si grand roi, pour qui un seul monde ne pouvait combler les souhaits ardents qu'il adressait à Dieu, jusqu'à atteindre le royaume du repos éternel. Comme dit le vrai prophète : « *Satiabor, cum apparuerit gloria tua.* » Ainsi va le cheval par le monde, courant vers une gloire au-delà des nuages.

Raisonnant de manière plus humaine, je dirais qu'il procédait ainsi en réaction aux agissements d'Henri II de Valois, roi des Français, ce qui engendra tant d'inlassables guerres. Ce grand roi chrétien eut donc deux devises basées sur un même principe, peu différentes l'une de l'autre : d'un côté, trois demi-lunes enlacées, de l'autre, une seule moitié, portant toutes deux l'inscription : *DONEC TOTUM IMPLEAT ORBEM*. Ce noble prince montrait ainsi la magnificence de son courage car, même s'il arrivait à dominer le monde et à l'assujettir à son empire, il ne pouvait emplir le vide de ses désirs. Reprenant la devise, notre roi Philippe II renchérit en disant *NON SUFFICIT ORBIS* : si Henri se satisfaisait d'un seul monde, Sa Majesté, elle, ne s'en contenterait pas. Grande émulation entre deux grands rois.

C'est peut-être aussi pour cela que Sa Majesté épousa Marie, sérénissime Reine d'Angleterre. Un monde était bien insuffisant ; par cet heureux mariage, il unissait la couronne au très riche royaume de Grande-Bretagne. Un autre monde d'après le poète : *Et penitus toto divisos orbe Britannos.*

Ni un seul monde ni plusieurs ni même l'amour que lui portait la reine Marie, qu'il aimait et estimait profondément, ne comblaient ses envies, ses désirs, comme pourrait le faire le destin.[60]

60. Francisco Gómez de la Reguera, *Empresas de los Reyes de Castilla y de Léon*, edición y estudio César Hernández Alonso, Valladolid, Secretariado de Publicaciones Universidad de Valladolid, 1990, p. 210-211 (tr. fr. Muriel Tiano) : « "Unus Pelleo Iuueni non sufficit orbis dijo" Juvenal de Alejandro, para notarle de aquella insaciable sed de dominar et mundo, pues no bastaba uno a saciar su ambicioso deseo. Este concepto quisieron torcer algunos, mal afectos a las gloriosas acciones de nuestros reyes, a nuestro prudentísimo rey don Felipe Segundo, diciendo se encaminaba como Alejandro a la Monarqíua del mundo, cuando mejor que él pudiera tener el imperio de muchos. Malicia que se vio desvanecida a las luces de la prudente moderacíon, de que usó en todas sus edades, pues pudiendo ocupar toda la Francia y dividerla, con que deshacía, al más opuesto enemigo y aseguraba las fuerzas, siendo árbitro de la paz y de la guerra, volvió a los franceses cuanto con derecho militar justamente había ocupado. Accíon y consejo dignos de alabanza, aunque no sé si tan útil.

Otros dicen fabricaron a su Majestad esta empresa los aficionados a sus heroicas virtudes, juzgando corto para ellas el dilatado imperio del Orbe.

Dejo estas dos interpretaciones, la una como fabricada de la malicia, la otra por serlo del amor. Dejo también lo que dije en el soneto, cuy concepto se ajusta bien con la católico, devoto y prudente de tant gran rey, no le bastando un mundo ni muchos a saciar sus ardientes deseos, puestos sólo en Dios, hasta llegar a aquel eterno, reino del descanso. Como dice el real profeta : Satiabor cum apparuerit gloria tua. Así el caballo lo significa hollando el mundo y corriendo hacia una gloria, que se encima entre unas nubes.

Pero humanando el pensamiento diré que quiso en esta empresa adelantarse a otra que usó Enrique Segundo de Valois, rey de los franceses, con quien tuvo tan porfiadias guerras. Este cristianísimo rey usó de dos empresas de un mismo concepto, y casi sin diferenciarse en el cuerpo : la un, tres medias lunas enlazadas, la otra sólo una media luna ; y la letra en ambas : Donec totum impleat orbem. Monstrando en ellas este generoso príncipe la bizarría de su valor, pues hasta conseguir el dominio del mundo, sujetándole a su imperio, no podía llenar el vacío de sus deseos. Así cogiendo el concepto nuestro rey Felipe Segundo, le adelantó en ésta diciendo non sufficit orbis : Que si Enrique se contentaba con un mundo, su Majestad no tenía harto con él. Emulación grande entre dos reyes grandes.

Ainsi la double interprétation proposée par Gómez justifie-t-elle encore, à un siècle de distance, le double registre de la devise : les aspirations du Monarque peuvent avoir pour objet tout à la fois un royaume mondain (l'Angleterre) et/ou un royaume divin (celui des cieux). Et – indépendamment de la préférence de ce spécialiste des emblèmes pour la seconde interprétation : « Ce monde ne suffit pas à celui qui, sage / méprise son être caduc et vain / mais aspire, heureux, à celui des Cieux[61] » –, il reste de toute façon que le rapprochement du *motto*

Puede ser también que su Majestad la hiciese cuando, se casó con la serenísima María, Reina de Inglaterra, mostrando con amoroso afecto no estaba contento con un mundo hasta unir a su Corona por medio de tan feliz casamiento el riquísimo reino de la gran Bretaña, que es otro mundo por opinión del poeta : Et *penitus toto divisos orbe Britanos*.

No bastando un mundo ni muchos a su deseo, a sus afectos y amor, que le tenía en la serenísima reina María, a quien amaba y estimaba con el alma, más que cuantos pudiera ofrecerle la fortuna. »

61. « Este mundo no basta a quien prudente / despreciando su ser caduco y vano, / al celestial anhela felizmente. » Gómez anticipe son interprétation dans le sonnet qui précède le commentaire : « Un seul monde ne suffit pas au jeune de Pella, / le courage ne se mesure pas aux mondes, / il exige une vaste âme infinie / bien au-delà de son désir. / Il n'est pas au service de l'ambition mais à celui de la gloire, / l'un et l'autre monde le sollicitent, / c'est bien lui qui brave les embûches / et l'ambition en est un vil trophée. / / Ce monde ne suffit pas à celui qui, sage, / / méprise son être caduc et vain, / mais aspire, heureux, à celui des cieux. / / C'est en l'Éternel et Souverain / qu'il prend son origine et en lui sa fin, / face à l'Éternel, peu de chose est l'humain. » (tr. fr. Muriel Tiano) (Ibid., p. 209 : « No basta un mundo a aquel que joven Peleo /que a mundos el valor no se limita, / porche ocupa un grande ánimo infinita, / distancia aun más allá de su deseo. / / No de ambición, de gloria es et empleo, / que en uno y otro mundo solicita, /a lo arduo el valor es lo que incita, / y de éste la ambición es vil trofeo. / / Este mundo no basta a quien prudente / despreciando su ser caduco y vano, / al celestial anhela felizmente. / / Que como del eterno y soberano / tiene su origen, que es su fin decente, / es poco hasta el eterno aqueste humano. »)

de Philippe II et de celui d'Henri II présente un grand intérêt, justement en raison de ses implications politiques et militaires[62].

N'oublions pas que le vers de Virgile s'inscrit dans une tradition latine qui ne se contente pas de considérer l'Angleterre comme située « hors du monde ». En effet, en raison de sa position particulière, l'île britannique est aussi considérée comme *ultima*. Il suffit de relire les vers de Catulle (« horribilesque ultimosque Britannos[63] ») ou d'Horace (« Serues iturum Caesarem in ultimos / orbis Britannos[64] ») pour mieux comprendre à quoi pouvait aussi renvoyer cette *ultima* couronne représentée dans la devise d'Henri III.

62. L'antagonisme entre Henri II et Philippe II est également souligné par Dominique Bouhours, *Les Entretiens d'Ariste et d'Eugène*, *cit.*, p. 177 : « Le mesme jeu se rencontre dans la devise de Henry II Roy de France ; c'est comme vous sçavez un Croissant avec ce Mot, *Donec totum impleat orbem* ; et dans celle que Philippe II Roy d'Espagne prit par un sentiment d'emulation, & de jalousie ; c'est un cheval fougueux dans une enceinte fermée, sautant par dessus, avec ce mot, *Non sufficit orbis*. » Le jésuite Dominique Bouhours (1628-1702) consacre entièrement son *Sixième entretien* (p. 151-260) au thème des devises.

63. Catulle, *Poésies*, texte établi et traduit par Georges Lafaye, Paris, Les Belles Lettres, 1984, [t. II, vv. 11-12], p. 10 : « Et les Bretons horribles, les plus lointains des hommes. » Mais Catulle insiste aussi sur ce thème dans d'autres vers : *ibid.*, p. 20 : « Mamurram habere quod Comata Gallia / Habebat ante et ultima Britannia » (« Mamurra possède tout ce que possédaient avant lui la Gaule Chevelue et la Bretagne, où finit la terre »)

64. Horace, *Odes et Épodes. Tome I*, texte établi et traduit par François Villeneuve, 13e tirage revu et corrigé par Joseph Hellegouarc'h, Paris, Les Belles Lettres, 1992, I-xxxv, vv. 29-30], p. 48 : « Préserve César, prêt à marcher au bout du monde contre les Bretons. »

CHAPITRE VI

LA TROISIÈME COURONNE CÉLESTE AU SERVICE DES COURONNES TERRESTRES ?

1. *Penitus toto divisim ab orbe* : les réflexions de Bruno dans les *Fureurs héroïques*

Notre brève digression précédente sur l'Angleterre présentée comme *ultima* n'est pas gratuite, si l'on songe que, dans les *Fureurs héroïques*, Bruno lui-même rend compte de la double valeur du vers de Virgile. Dans un passage où sont louées les femmes anglaises et la reine Élisabeth, le Nolain tient à souligner que le sexe féminin, « en ce pays britannique auquel nous devons l'amour et la fidélité de l'hôte », possède une valeur toute particulière, de même que, de manière générale, le « blâme serait-il jeté sur la terre entière, il faudrait faire exception de cette contrée qui n'est pas l'orbe terrestre, non plus qu'une partie de cet orbe, mais en est entièrement séparée, comme vous savez bien[1] ». Et c'est dans le même sens que l'hexamètre

1. Giordano Bruno, *Des fureurs héroïques*, *cit.*, p. 18-19 : « in questo paese Britannico, a cui doviamo la fideltà et amore ospitale » ; « dove si biasimasse tutto l'orbe, non si biasima questo che in tal proposito non è orbe, né parte d'orbe : ma diviso da quello in tutto, come sapete. »

des *Bucoliques* avait été déjà employé par Armesso dans le *De la cause* :

> Tout cela fait, Teofilo, que je suis (avec bien d'autres) désolé qu'en notre aimable patrie vous soyez tombé sur de pareils individus, qui vous ont donné matière à vous plaindre dans un souper cendreux, plutôt que sur tous les autres, nombreux, qui vous auraient montré combien notre pays (pourtant présenté par vos compatriotes comme *penitus toto divisus ab orbe*) est porté sur toutes les belles-lettres [...][2].

Cependant, dans un passage où il n'est plus question de l'Angleterre, le même vers est repris pour évoquer métaphoriquement les « eaux de sapience » :

> Elles ne se trouvent pas, ces eaux, dans le continent du globe, mais *penitus toto divisim ab orbe*, au sein de l'Océan, de l'Amphitrite, de la divinité, là où surgit ce fleuve qui prend sa source auprès du trône divin et dont le cours n'est point le cours ordinaire des fleuves. Là sont les nymphes, c'est-à-dire les intelligences divines et bienheureuses qui assistent et servent la première intelligence, pareille à Diane parmi les nymphes des solitudes[3].

2. Giordano BRUNO, *De la cause, cit.* p. 70-71 : « Con tutto ció io (come molti altri meco) mi dolgo, Teofilo, che voi nella nostra amorevol patria siate incorsi a tali suppositi, che vi hanno porgiuta occasione di lamentarvi con una cinericia cena ; che ad altri et altri molti che vi avesser fatto manifesto, quanto questo nostro paese (quantumque sia detto da vostri *penitus toto divisus ab orbe*) sia prono a tutti gli studi de buone lettere [...] ». Sur les attaques de Bruno contre les Anglais dans le *Souper*, et sur les violentes réactions du milieu londonien, cf. Nuccio ORDINE, *Le Seuil de l'ombre*, *cit.*, p. 23-28.

3. Giordano BRUNO, *Des fureurs héroïques*, *cit.*, p. 48-49 : « Queste non si trovano nel continente del mondo, ma *penitus toto divisim ab orbe*, nel seno dell'Oceano, dell'Amfitrite, della divinità, dove è quel fiume che apparve revelato procedente dalla sedia divina, che have altro flusso che ordinario naturale. Ivi son Le Ninfe, cioè le beate e divine intelligenze

2. Ercole Tasso, les emblèmes et le débat sur la signification de « Ultima »

Mais les « mystères » de l'interprétation de la troisième couronne ne s'arrêtent pas là. Il nous semble en effet nécessaire de reprendre la piste des emblèmes. Dans son traité *Della realtà e perfezione delle imprese*, publié à Bergame en 1612, Ercole Tasso accorde une attention toute particulière à la devise d'Henri III. Là encore, d'une manière certes très différente mais également féconde, on discute de la signification du *motto* et de l'utilisation inappropriée du terme *Ultima* :

> J'estime que cette devise est acceptable, mais non pas si exceptionnelle et si excellente que, nonobstant les Momus et la Calomnie, la raison elle-même ne puisse déclarer qu'il aurait mieux valu ne pas dépouiller le ciel de sa couronne en la transportant ici-bas – puisque c'est ici-bas, et non pas là-haut, que le *motto* la situe – et [qu'il aurait mieux valu] remplacer la formule MANET ULTIMA CAELO par la formule PARATUR TERTIA CAELO, en ne présentant que deux couronnes. Je dis TERTIA parce que le mot ULTIMA renvoie plutôt à l'une des deux [couronnes] du bas qu'à celle du haut ; et parce que ce terme exprime l'infériorité plutôt que la supériorité. [Le *motto*] disait PARATUR plutôt que MANET parce que tels sont l'usage et la manière de parler dans ce bienheureux royaume. Ainsi Jean dit-il : *vado vobis parare locum*. Et Matthieu : *Non est meum dare vobis, sed quibus paratum est. Ecce prandum meum paravi. Nuptiae paratae sunt. Possidete paratum vobis regnum* – et cent autres passages. Sans compter qu'il y a dans *MANET* une certaine force de stabilité et de permanence qui le fait trop passer pour

che assisteno et amministrano alla prima intelligenza, la quale è come la Diana tra le nimfe de gli deserti. » Cf. *supra*, p. 100.

EST – ce qui ne paraît pas compatible avec la fragilité et la faiblesse humaines.[4]

Les réflexions de l'auteur du traité seront reprises presque littéralement une dizaine d'années plus tard par Giovanni Ferro dans son *Teatro d'Imprese* :

> Nous évoquerons d'abord les couronnes d'Henri III, qui en avait trois : deux [couronnes] inférieures et terrestres, qui signifiaient les royaumes de Pologne et de France, et, au-dessus, une [couronne] céleste avec un *motto* propre à une âme pieuse et chrétienne : *MANET ULTIMA CAELO* ou *CAELI*. Un certain [auteur] n'apprécie pas que, pour se créer une devise, [Henri] ait dépouillé le ciel de sa couronne et l'ait placée ici, car c'est ici et non pas là-haut que le *motto* la situe, et il voudrait que [Henri], au lieu de *MANET ULTIMA CAELO* ou *CAELI*, ait dit *PARATUR TERTIA COELO*, en ne présentant que deux couronnes ; il dit *Tertia* parce que le

4. Ercole TASSO, *Della realtà & perfettione delle Imprese*, Bergame, per Comino Ventura, 1612, p. 274-275 : « Tolerabile giudico io questa Impresa, ma non di tanta singolarità & eccellenza che, tralasciati i Momi & la Calonnia, non potesse anche la ragione dire che assai meglio fosse stato non spogliar della sua corana il Cielo e qua portarla ; poichè qui, non colà su, glie le assegna il Motto : et detto avesse in vece del MANET ULTIMA CAELO, PARATUR TERTIA CAELO, con presentare se non due carone. Dico TERTIA, sí per ciò che la parola ULTIMA accenna più tosto una delle due a basso, che la più ad alto ; & sì perché detta voce dice anzi inferiorità che maggioranza. Diceva PARATUR più tosto che MANET percioche cotale è il costume & la forma del parlare di quel beato Regno. Onde Giovanni : *Vado vobis parare locum.* Et Matheo : *Non est meum dare vobis, sed quibus paratum, est. Ecce prandum meum paravi. Nuptiae paratae suni. Possidete paratum vobis regnum* & cento altri luoghi. Senza che tiene il MANET una certa forza di stabilità & permanenza che fallo di se troppos pretendere alla guisa dello EST, che alla fragilità & caducità humana non pare convenirsi. » Pour d'autres références à la devise d'Henri III, cf. p. 22, 379-380. Plus loin, p. 379, Tasso met également en scène un dialogue avec Andrea Chiocco, qui, au contraire, considérait comme « perfettissima » (« absolument parfaite ») la devise du roi de France (cf. *supra*, p. 126).

mot *Ultima* renvoie plutôt à l'une des deux [couronnes] du bas qu'à celle d'en haut, et aussi parce que ce terme exprime plutôt l'infériorité que la supériorité. Il change *Manet* en *Paratur* parce que tel est l'usage et la manière de parler de ce royaume bienheureux – ce qu'il prouve grâce aux paroles du Christ selon saint Jean (*Vado vobis parare locum*) et grâce à d'autres arguments en fait peu convaincants –, *manet* pouvant avoir un sens plus fort parce qu'il correspond à notre ferme espoir et à la certitude de notre foi. Mais il critique cette force liée à la stabilité et à la permanence [qu'il y a dans le terme *manet*], parce qu'elle le fait trop passer pour *est*, ce qui ne paraît pas compatible avec la fragilité et la faiblesse humaines. Maintenant je ne veux pas juger ce que vaut cette comparaison avec *est*, ni refuser de dire *Paratur* plutôt que *Iam parata est*, comme le diraient d'autres, car on peut soutenir l'une et l'autre opinion : mais ce que j'affirme, c'est que, de ce Royaume et de la couronne qui lui était réservée, saint Paul disait *Reposita est* ; et saint Pierre la déclare *Conservatam in caelis*, sans compter que le mot *manet* est caractéristique des réalités de là-haut, tandis qu'ici *Non habemus civitatem permanentem*, alors que [la cité de là-haut] est, et sera à jamais, toujours stable et ferme. Mais je ne m'étendrai pas plus loin, [car] avec son seul jugement le lecteur se rendra très bien compte dans quelle mesure et de quelle manière ce changement est une amélioration[5].

5. Cf. Giovanni FERRO, *Teatro d'imprese*, Venise, Giacomo Sarzina, 1623, seconde partie, p. 250-251 : « Recheremo prima le Corone di Henrico Terzo, il quale ne haveva tre : due inferiori e terrene, intese per li Regni di Polonia e di Francia, e di sopra una celeste con motto d'animo pio e christiano MANET ULTIMA CAELO O CAELI. Spiace ad alcuno che egli per farsi Impresa abbia spogliato della sua corona il Cielo e qui posta, poiché non qui ma colà suso gliele assegna il motto e vorrebbe ch'ei avesse detto invece del MANET ULTIMA COELO, PARATUR TERTIA COELO con rappresentare se non due Corone ; dice *Tertia* sì perché la parola *Ultima* accenna piuttosto una delle due a basso che quella più ad alto e sì ancora perché detta voce dice anzi inferiorità che maggioranza. Muta il *Manet* in *Paratur*, percioche cotal è il costume e la forma del parlare di quel beato

Si nous nous sommes attardé sur le traité *Della realtà e perfezione delle imprese*, c'est parce que les réflexions de l'auteur sont insérées dans un dialogue où l'autre interlocuteur est justement Stefano Guazzo, l'Académicien Elevato (Élevé), qui aurait consacré un volume entier au *motto* d'Henri III. Dans ce dialogue, l'auteur de la *Civil conversatione* fait l'éloge de la devise du roi de France en employant des arguments déjà discutés dans son *Dialogo delle imprese* :

> La devise choisie par Henri III, roi de France – deux couronnes inférieures et terrestres ainsi qu'une troisième, céleste, au-dessus, avec les mots *MANET ULTIMA COELO* –, est l'une des devises les plus remarquables, extraordinaires et expressives que j'aie jamais lues ou entendues : Momus lui-même ne trouverait rien à lui opposer, ni la calomnie le moyen de lui nuire[6].

Regno – lo pruova per le parole di Christo in San Gio. *Vado vobis parare locum* e altre simili ragioni in vero poco rilevanti – potendo il *manet* avere significanza maggiore per la corrispondeza c'ha alla nostra ferma speranza e alla certezza di nostra fede. Ma questa forza di stabilità e pemanenza biasima egli perché lo fa di sé troppo largamente pretendere alla guisa dell' *est*, che alla fragilità e caducità humana non pare convenirsi. Hora io non vo' considerare quanto vaglia il paragone dell'*est*, ne men dire che *Non paratur* ma *Iam parata* est come altri direbbe, perché si può il sentimento in uno e altro modo sostenere : ma dirò bene che San Paolo disse di quel Regno e di quella corona che gli era serbata, *Reposita est* ; e San Pietro la chiama *Conservatam in caelis* anzi che la parola *Manet* è propria di quelle cose di la su, che qui non *Non habemus civitatem permanentem*, ma quella è, e sarà mai, sempre stabile e ferma. Ma più oltre non mi starò ad estendere, il lettore col suo giudicio da per se stesso scorgerà benissimo quanto e quale sia il miglioramento nella mutazione ».

6. Ercole Tasso, *Della realtà & perfettione delle Imprese*, *cit.*, p. 274 : « L'impresa delle due Corone inferiori & terrene con una terza sopra di loro celeste, levata da Henrico III Re di Francia con le parole Manet ultima coelo, è delle più segnalate & pellegrine & significanti ch'io m'habbia mai lette o udite : alla quale Momo stesso trovarebbe che opporre, né come nocerle la calunnia ». Cf. le passage contenu dans le *Dialogo delle imprese* de Guazzo : *supra*, p. 128-129, note 39.

Comme nous l'avons vu, les éloges décernés par Guazzo à la devise du roi de France n'apportent rien de nouveau par rapport au *Dialogo delle imprese*. Ce qui est intéressant, en revanche, ce sont les critiques qui, à partir de ces éloges, ont été formulées juste après par Ercole Tasso lui-même. Elles nous aident en effet à comprendre combien, même une dizaine d'années plus tard, le thème de la troisième couronne a pu être perçu avant tout dans un sens terrestre : Henri III est accusé d'avoir « dépouillé le ciel de sa couronne » et, dans le même temps, d'avoir dévalorisé la troisième couronne avec le terme *Ultima* (qui aurait pu être très avantageusement remplacé par *Tertia*). Cette interprétation inverse la valeur des couronnes et la lecture que l'on fait habituellement de leur fonction : la troisième, en tant que dernière, suivrait les deux autres, l'*Ultima* finirait par être assujettie aux deux premières, et c'est en somme aux couronnes terrestres que reviendrait la position dominante, comme si le pouvoir civil (incarné par les deux royaumes de France et de Pologne) devait précéder le pouvoir « spirituel ».

Certes, il serait difficile de démontrer que Tasso a été effectivement conscient de la possibilité d'une utilisation politique de ses observations, et sa proposition de remplacer *Ultima* par *Tertia* répond à des exigences trop éloignées de la perspective brunienne. Mais il reste intéressant de voir comment les observations de l'auteur contribuent – délibérément ou pas – à inverser la hiérarchie des couronnes et donc à encourager une lecture différente de l'un des nombreux « mystères » de la devise.

3. La Tiare de l'*Expulsion* et le trirègne papal

À la lumière de ces réflexions, le jeu ambigu des trois couronnes révèle encore mieux combien, parmi les tâches fondamentales qui lui sont assignées dans l'*Expulsion*, le prince héroïque a pour premier devoir de plier la couronne spirituelle (la religion) aux intérêts des institutions civiles : quoique destinée à demeurer au ciel sous la forme d'une image, la couronne spirituelle finit, de fait, par descendre sur terre pour y être mise au service des deux autres.

À présent, les allusions deviennent plus claires. Il convient en effet de relire attentivement l'une des pages de l'*Expulsion* pour chercher à comprendre ce que signifiait vraiment pour Bruno l'image de la couronne idéale capable de susciter une infinité d'autres couronnes :

> Jupiter rendit alors sa sentence, et il décida que la Couronne serait pour l'éternité à celui qui leur aurait donné le dernier coup, et qu'eux, pendant trois mille ans, iraient toujours transmigrer d'âne en âne. Il décida en outre qu'à cette couronne particulière succéderait une couronne idéale et communicable à l'infini, afin que d'elle fussent produites des couronnes en nombre infini, comme une lampe allumée en allume une infinité d'autres, sans diminuer et sans épuiser en rien ni sa force ni son pouvoir. Il entendit qu'à cette Couronne idéale fût ajoutée l'Épée idéale qui, de la même manière, a un être plus vrai que n'importe quelle épée particulière existant dans les limites des opérations naturelles[7].

7. Giordano Bruno, *Expulsion de la bête triomphante*, *cit.*, p. 148-149 : « Allora sentenziò Giove, che la corona sia eterna di colui che gli arà donata l'ultima scossa : et essi per tremila anni da asini sempre vadano migrando in asini. Sentenziò oltre, che in loco di quella corona particolare, succedesse la ideale e comunicabile in infinito, per che da quella possano essere suscitate infinite corone, come da una lampade accesa senza sua diminuzione, e senza scemarsi punto di virtude et efficacia, se ne accendeno infinite altre : con la qual corona intese che fusse aggionta la spada ideale, la quale similmente ha più vero essere che qualsivoglia particolare sussistente infra gli limiti delle naturali operazioni. »

La couronne – celle qui sera accordée à Henri III à la fin du dialogue – devra être attribuée pour toujours à celui qui sera en mesure d'exterminer les Géants rebelles, vrais ennemis des institutions civiles et de la religion elle-même ; mais dans le même temps, parce qu'elle est idéale, cette couronne accordée à Henri III devra susciter depuis le ciel, par son rayonnement, une infinité d'autres couronnes sur terre. Le raisonnement semble donc se compliquer et, de fait, il ne sera complètement explicité qu'au moment où, dans les pages de conclusion de l'*Expulsion*, Jupiter donnera la signification de la formule *Tertia coelo manet*.

Juste avant d'ouvrir la discussion sur l'avenir de la fameuse Couronne, Apollon demande au père des dieux : « Qu'en sera-t-il de la Tiare ? À qui cette Couronne est-elle destinée[8] ? » Les deux termes, *Tiare* et *Couronne*, sont employés comme synonymes. Ce rapprochement ne peut qu'éveiller les soupçons, sachant que la tiare est le couvre-chef du pape, le symbole éloquent de l'exercice du pouvoir temporel et du pouvoir spirituel. Et surtout il est impossible d'ignorer, à l'époque de Bruno, que cet attribut fondamental du pape est justement constitué de trois couronnes et, pour cette raison, également appelé « trirègne »[9]. fig. 92-93

Il suffit de relire l'histoire de la tiare, qui trouve son origine dans la fausse *Donation de Constantin*, pour reconstituer le débat autour de la coïncidence du spirituel et du politico militaire dans la figure du souverain pontife. Si Innocent III fait encore une différence entre la tiare (l'autorité impériale) et la mitre (l'autorité spirituelle),

8. *Ibidem*, p. 498-499 : « Che sarà di quella Tiara ? a che è destinata quella Corona ? »

9. Jean Dorat lui aussi identifie parfois la troisième couronne et la tiare : cf. Jean-Eudes Girot, « Jean Dorat, Poeta et interpres regius », in *Henri III mécène des arts, des sciences et des lettres*, *cit.*, p. 132.

à partir de Boniface VIII le trirègne finit par incarner indissolublement la plénitude des pouvoirs du pape et l'unité de l'Église[10].

4. Les entrées triomphales et le trirègne

Ce sont là des débats bien connus, dont les traces ne manquent pas dans les milieux courtisans de la Renaissance. Ce n'est pas un hasard si, dans la chronique que Simon Bouquet consacre à l'entrée triomphale[11] de Charles IX à Paris en 1571, on trouve la description d'un arc de triomphe où figure – à côté de certains vers de Ronsard chantant la future conquête du monde : « Pour conquerir, comme il est destiné, / Le monde entier sous leurs loix gouverné[12] » – un roi porteur d'une triple couronne[13] :

> A l'un des costez de cest arc plus bas que la figure de Francien estoit une niche dedans le dict ouvrage rustique, en laquelle estoit posée une Maiesté de neuf piedz

10. Sur tous ces thèmes, cf. Agostino Paravicino Bagliani, *Le Chiavi e la Tiara. Immagini e simboli del papato medievale*, nouvelle édition revue et mise à jour, Rome, Viella, 2005, p. 71-87 notamment.

11. Sur le genre politico-littéraire des entrées triomphales et pour une riche bibliographie, cf. Pascal Lardellier, *Les miroirs du paon. Rites et rhétoriques dans la France de l'Ancien Régime*, Paris, Honoré Champion, 2003.

12. Ronsard, « Entrée de Charles IX à Paris », in *Œuvres complètes*, *cit.*, vv. 41-42, t. II, p. 1163.

13. Dans un beau livre consacré au rêve impérial en France (*Le Lys et le globe. Messianisme dynastique et rêve impérial en France aux* XVIe *et* XVIIe *siècles*, p. 136), Alexandre Haran met en évidence le fait que, sur cet arc de triomphe dédié à Charles IX, la « triple couronne fut également utilisée, indépendamment de la personne du duc d'Anjou, pour souligner le rang souverain du royaume, tel qu'il avait été formulé par le pape Innocent III dans la célèbre bulle *Per Venerabilem* (1202) ».

> de hault, aiant un visage grave & redoubté, tenant un sceptre en une main, un baston de iustice en l'autre & plusieurs petites couronnes & sceptres à l'entour d'elle : pour monstrer que des le commencement la maiesté de nos Rois a esté grande, & ne s'est seulement maintenüe en sa grandeur, mais s'est augmentée & acrüe en plusieurs païs & provinces, qui furent autrefois Roiaumes. Portoit teste Maiesté un habillement à triple couronne, telle que les grands Pontifes ont acoustumé de porter, à cause que ce Roiaume est seulement tenu de Dieu sans recongnoistre autre superieur[14].

On retrouve la même description, avec les détails sur la tiare des papes, dans un document où des instructions sont communiquées à Nicolas Labbé et à Germain Pilon, chargés de concevoir des œuvres d'architecture, de sculpture et de peinture à réaliser pour les arcs de triomphe édifiés en l'honneur de Charles IX :

> Et pour la première figure, qui sera au costé dextre, se nommera MAJESTÉ. Laquelle ne sera poinct armée ; au visage grave, au front redoutable, vestue d'un fort riche manteau de coulleur d'azur, tenant ung grand sceptre en sa main et ung baston de justice en l'autre, et force petits sceptres et petites couronnes semés tout à l'entour d'elle. Aura une tiare en la teste, presque de telle sorte que on le faict au pape. Elle aura les piedz sur le sommet de plusieurs villes, et fera semblant de regarder l'autre statue et luy montrer son sceptre[15].

14. Simon BOUQUET, *Bref et sommaire recueil de ce qui a esté faict [...]*, *cit.*, f. 10v-11r.

15. « Devis avec Nicolas Labbé et Germain Pilon pour les ouvrages d'architecture, de sculpture et de peinture », in Victor E. GRAHAM et William MCALLISTER JOHNSON, *The Paris Entries of Charles IX and Elizabeth of Austria 1571, with an analysis of Simon Bouquet's* Bref et sommaire recueil, *cit.*, p. 296.

Un autre détail peut se révéler intéressant. C'est justement au cours de ces années que Jean Dorat invente une anagramme où il inscrit, dans le nom d'Henri III (et dans les trois couronnes qui le représentent), le nom du Christ, comme s'il voulait faire coïncider les deux figures[16]. En latin, en effet, *Henricus Tertius* est presque une anagramme de *Vere in te Christus* : fig. 3

Toi, le cinquième d'entre eux, tu es maintenant appelé
[Roi dans deux Royaumes,
Toi qui tiens le sceptre de Pologne, qui tiens le sceptre
[de France.
Le troisième Laurier qui, suprême, t'attend du haut
[du ciel,
Celui-là vaudra plus que deux Lauriers réunis.
Car c'est lui que, si ta Majesté s'en souvient,
J'ai envoyé jusques aux peuples de Pologne, sur l'ordre
[de ta mère,
[Sous la forme d']une sainte colombe qui porterait trois
[diadèmes,
L'un dans sa bouche, mais les deux Royaux à chacune
[de ses pattes.
D'où la prédiction « IL EST DIGNE D'UN TRIPLE DIADÈME,
HENRICVS TERTIVS [Henri le troisième] » qu'a délivrée
[pour toi ma Muse.
Car si l'on transforme [ton] nom, on a « VERE IN TE
[CHRISTUS [le Christ est vraiment en toi] » :
Car en défendant la religion, tu manifestes la sainteté
[du Christ.[17]

16. En 1589 est publiée une curieuse plaquette contenant une série d'anagrammes injurieuses contre Henri III : *Les admirables et iustes anagrammes de Henri de Valois. Et l'advertissement sur iceux à tous bons Catholiques*, Édimbourg, Guillaume Petit, 1589.

17. Ioannis AURATI, *Poëmatia*, *cit.*, f. A : « Tu nunc quintus ab his Rex in duo Regna vocatus, / Sceptra Polona tenens Francica sceptra tenens. / Tertia de coelo quae te manet ultima Laurus, / Haec maior Lauris una duabus erit. / Quam, tua si memor est Maiestas, Usque

5. Henri III, Élisabeth et la tiare papale

Il semble maintenant évident, y compris à la lumière de ces témoignages, que le Nolain entendait précisément attribuer au roi de France cette triple couronne que le représentant suprême de l'Église de Rome prétendait pouvoir détenir tout seul ici-bas[18]. Avec une différence substantielle néanmoins : la couronne spirituelle devait demeurer au ciel en tant qu'idée, et susciter sur la terre les couronnes qui auraient permis aux rois sages (comme Henri III et Élisabeth), dans un cadre tout à fait mondain, de renforcer la paix et de cimenter la cohésion sociale[19].

Polonos / Ad populos misi matre iubente tua. / Sanctam quae ferret diademata terna columbam, / Ore unum, pede sed Regia utroque duo. / Omen & inde tibi, TRIPLICI DIADEMATE DIGNUS / TERTIUS HENRICUS, quod mea Musa dedit. / Nomine nam verso VERE IN TE CHRISTUS habetur : / Christi defendens quod pia sacra probas. ». Sur ce même passage, voir *supra*, p. 159. L'anagramme est reprise dans un autre poème, *In Henrici tertii gallorum regis anagrammatissimum Epigramma* : « Ô Henri, dont la foi dans le Christ est si ferme, / C'EST VRAIMENT LE CHRIST EN TOI qui agit, comme l'atteste ton nom » (« O HENRICE, fides cuius firmissima Christo, / VERE IN TE CHRISTUS nomine teste facit » — *ibidem*, p. 2). Mais, malgré cette double dimension, humaine et divine, on reste dans un cadre bien mondain : dans le nom d'Henri, en effet, c'est également la Victoire qui est inscrite (« C'est pourquoi VICTOR est chez toi à la fois un nom et un présage » (« Unde tibi VICTOR nomen & omen inest », *ibidem*). Sur la diffusion de l'anagramme dans la littérature française de la Renaissance, voir *supra*, p. 179, note 20.

18. Par des voies différentes, Gilberto SACERDOTI est parvenu aux mêmes conclusions : cf. *Sacrificio e sovranità. Teologia e politica nell'Europa di Shakespeare e di Bruno*, Turin, Einaudi, p. 307-366 (sur la tiare, cf. p. 319-322). Mais rappelons que les premières réflexions sur le rapprochement brunien de la Couronne et de la Tiare se trouvent chez Alfonso INGEGNO, *La sommersa nave della religione. Studio sulla polemica anticristiana del Bruno*, Naples, Bibliopolis, 1985, p. 143-146.

19. Cf. *supra*, p. 107-109. Naturellement, cette lecture bouleverse les rapports hiérarchiques bien soulignés par Claude PARADIN dans le

On peut facilement repérer dans les éloges décernés dans l'*Expulsion* à Henri III et à Élisabeth toute une série de points communs : les deux souverains aspirent à la paix, promeuvent une politique d'équilibre par rapport aux sectarismes religieux et manifestent ouvertement leur amour de la justice et du savoir[20]. Tous deux, comme on

long chapitre des *Devises héroïques* qu'il consacre au symbole de la couronne : les princes et les papes y sont invités à déposer leurs couronnes aux pieds de Dieu : « O vous donc – pontifes & Rois qui tenez de Dieu immediatement, et non d'autres, vos puissances distinctes & separées – soyez advertis de poser bas vos couronnes et diademes aux pieds de celui par le bienfait duquel vous en estes decorez ; & duquel vos grandeurs bien que terrestres & perissables representeront les images, ainsi comme petits miroirs opposez à la splendeur du grand soleil. Autant que vous sousmettrez vos chefs à sa divine maiesté, autant serez vous relevez en honneurs par celuy qui vous a faits Rois de par luy seul, c'est à dire participants de sa maiesté vous pouvans faire toutes autre chose. Il vous à orné les chefs de couronnes d'or & de pierres precieuses, lui qui n'a point voulu emprunter de la terre la magnificence de la couronne, avec laquelle couronne ce Roy de tous vivans a triomphé des portes infernales par les cruels & espineux tourments qu'il a voulu souffrir en son chef, aussi bien qu'en toutes les autres parties de son corps ; & a voulu que ceux qui desirent estre tenus pour ses enfans, l'imitent & suivent en tribulation, douleurs & martyres, & qui ne combattra diligemment ne soit point couronné. » (*Devises héroïques et emblèmes rev. et augm. de moitié par M. François d'Amboise*..., Paris, Rolet-Boutonné, 1621, p. 320-321 : il s'agit là de l'édition augmentée par François d'Amboise, et nous pensons que les observations citées ici doivent être attribuées à ce dernier, puisque, comme le montre un examen effectué par Donato Mansueto, ce passage ne figure pas dans les éditions des années 1550 – par exemple, dans l'édition d'Anvers, 1563).

20. La propagande de la Ligue appelle à une campagne contre l'alliance présumée entre Henri III et Élisabeth. Ayant reçu en 1585 les insignes de l'Ordre de la jarretière, le roi de France est ridiculisé en même temps que la reine d'Angleterre dans diverses compositions satiriques (« On dit que la putain d'Angleterre maudite / Sa jartière a donné a Henry l'hipocrite ») : cf. F. A. Yates, « The religious Policy of Giordano Bruno », in *Lull and Bruno. Collected Essays. I*, Londres-Boston, Routledge and Kegan Paul, 1982, p. 164, n. 45.

l'a vu, sont associés à l'image du soleil qui, par la force de sa lumière, est seul en mesure de vaincre les ténèbres.

Bruno perçoit notamment une analogie entre la position politique d'Élisabeth et celle d'Henri III. Alors même qu'il ne sous-estime pas les différences objectives qui distinguent les deux royaumes, c'est précisément dans leurs conceptions de la religion que le Nolain découvre un point commun : le roi de France et la reine d'Angleterre considèrent en effet que le culte est au service de l'État et des « relations civiles » ; ils évitent à tout prix de céder au chantage des fanatismes religieux.

Confronté à une situation beaucoup plus difficile et plus troublée, le roi de France cherche par tous les moyens à s'opposer aux factions rivales et à maintenir une position d'équilibre entre l'extrémisme catholique de la Ligue et l'extrémisme protestant des huguenots. Il adapte à des exigences nouvelles une stratégie déjà inaugurée par Catherine de Médicis au lendemain de la mort d'Henri II : agissant dans une totale indifférence religieuse, la reine mère avait équilibré les forces adverses en ne faisant des concessions et en n'accordant des reconnaissances juridiques qu'en fonction de ses intérêts immédiats[21]. Derrière chaque décision royale, on trouve donc toujours la volonté de conserver sains et saufs l'État et le pouvoir des Valois grâce à un affaiblissement des blocs antagonistes. Henri III ne cache pas en effet l'aversion que lui inspirent le parti des Guise et les calvinistes ; il ne cache pas non plus son adhésion aux principes fondamen-

21. Sur ce thème, voir la précieuse contribution de Luigi GAMBINO, *I* Politiques *e l'idea di sovranità (1573-1593)*, Milan, Giuffrè, 1991, p. 100-101. Sur Catherine, voir l'excellent travail de Denis CROUZET, *Le haut cœur de Catherine de Médicis*, Paris, Albin Michel, 2005. Pour une cartographie des positions du front des modérés, voir le travail de Thierry WANEGFFELEN, *Ni Rome ni Genève. Des fidèles entre deux chaires en France au XVI*^e^ *siècle*, *cit.*

taux de la pensée des « Politiques » : primauté de la paix et de la tolérance, caractère central de la souveraineté, importance des lois et de la tradition, indépendance de la France par rapport au pape et à l'Espagne, subordination de la religion à la politique.

Mais le terme « Politiques » doit être manié avec précaution : une chose est d'entendre par là certaines valeurs politiques générales, une autre de désigner sous cette étiquette un parti qui suivrait une ligne bien précise. De l'élection d'Henri III comme roi de Pologne à l'avènement d'Henri IV, ce mouvement débouche progressivement sur des stratégies et des alliances extrêmement instables : il change fréquemment de *leaders* et, dans certaines circonstances, il adopte des positions diamétralement opposées aux précédentes. Toutefois, chez les divers groupes qui le composent – qu'ils soient des « malcontents », des catholiques en désaccord avec les Guise ou bien des huguenots dissidents –, il est possible de retrouver, au fil du temps et à la base des fréquents retournements, un même principe fondamental d'inspiration : la priorité des intérêts de l'État sur ceux de la religion[22].

Voilà pourquoi les positions défendues par Ronsard dans les *Discours des Misères de ce temps* restent d'actualité au moment où Castelnau écrit ses *Mémoires*[23] et Bruno, l'*Expulsion*[24]. De Catherine de Médicis à Henri III, la

22. Luigi Gambino, *I* Politiques *e l'idea di sovranità (1573-1593)*, *cit.*, p. 1. Gambino a remarquablement reconstitué les diverses phases du mouvement des *Politiques* en suivant le fil rouge de la souveraineté et en montrant comment certains groupes réputés alliés peuvent être ensuite considérés comme des ennemis, puis de nouveau comme des alliés.

23. Pour une analyse des *Mémoires* de Castelnau en relation avec les guerres civiles et les positions de Ronsard et de Bruno, cf. Nuccio Ordine, *Giordano Bruno, Ronsard et la religion*, *cit.*, p. 39-51.

24. Même dans les dernières années de sa vie, Ronsard suit avec attention les événements politiques et diplomatiques. Signalons ici un point

politique de la monarchie française se fonde sur la religion conçue comme *instrumentum regni* et sur le refus de réduire définitivement la France aux positions des « Papaux » et des « Huguenots »[25]. En outre, les vers du

curieux que nous n'avons pas eu l'occasion d'analyser en profondeur : les *Elegies, Mascarades et Bergerie* (1565), dédiées à la reine Élisabeth, contiennent un poème écrit par le Vendômois en hommage à William Cecil (*Au Seigneur Cecille, Segrétaire de la Royne* – cf. Pierre DE RONSARD, *Œuvres complètes*, éd. crit. P. Laumonier, Paris, Librairie Marcel Didier, 1948, t. 13, p. 159-170) ; mais, dans l'édition des œuvres complètes publiées par Ronsard en 1584, ce texte change mystérieusement de destinataire et, à la faveur d'un jeu de mots évident, William Cecil devient un inconnu sicilien (cf. *Discours à Cecille, Sicilien*, t. II, p. 100). La même année, Bruno publie le *Souper des Cendres* à Londres : dans les variantes de la version définitive du dialogue signalées par Giovanni Aquilecchia, on découvre que le nom de William Cecil, cité avec celui de Robert Dudley, a brusquement disparu (cf. *Souper des Cendres*, p. 98 ; voir aussi les observations d'Aquilecchia, *ibidem*, p. LXXLX-LXXXV). Peut-on considérer que, entre ces deux décisions prises par Ronsard et Bruno au cours de la même année, il n'y a qu'une simple coïncidence ? Dans le cas de Ronsard, certains critiques ont mis en relation l'effacement du nom de Cecil avec le fait que la cour anglaise et Marie Stuart étaient à l'époque entrées en conflit : mais comment expliquer alors que la reine Élisabeth soit restée la dédicataire de certains poèmes et de l'ensemble du recueil ?

25. À plusieurs reprises Ronsard intervient dans ses vers pour condamner les papistes et les huguenots : « De vostre grace un chacun vit en paix / Pour le Laurier l'Olivier est espais / Par toute France, et d'une estroitte corde / Avez serré les deux mains de Discorde. /Morts sont ces mots Papaux et Huguenots » (*Le Bocage royal. II*, vv. 139-143, t. II, *cit.*, p. 96) ; « Je n'aime point ces noms qui sont finis en *os.* / Gots, Cagots, Austregots, Visgots et Huguenots : / Ils me sont odieux comme peste, et je pense / Qu'il sont prodigieux à l'empire de France » (*Remontrance au peuple de France*, vv. 213-216, t. II, *cit.*, p. 1025). La position du prince de la Pléiade semble s'accorder parfaitement avec celle défendue par Michel de L'Hospital : « Ostons ces mot diaboliques, nomes de parts, factions et séditions, luthériens, huguenots, papistes : ne changeons le nom de chrestien » (*Harangue prononcée à l'ouverture de la session des États-Généraux assemblés à Orléans le 13 décembre 1560*, in *Œuvres complètes*, précédées d'un essai sur sa vie et ses ouvrages, par P. J. S. Dufèy, Paris, A. Boulland, 1824 (rééd. anast., Genève, Slatkine, 1968, I, p. 402). Le thème revient dans un poème inédit composé en

Vendômois – dont la traduction anglaise par Thomas Jeney était précisément destinée à être lue, après censure, par le milieu protestant – donnent une portée universelle à la description des effets dévastateurs que les guerres civiles et les fanatismes religieux provoquent sur le tissu social d'une nation[26].

Quoique confrontée à un contexte moins complexe que la situation française et plus facile à contrôler, Élisabeth met en œuvre elle aussi une stratégie d'équilibre par rapport aux extrémismes catholique et protestant. L'anglicanisme a vocation à occuper une position intermédiaire, en faisant de la religion un instrument au service de l'État et de la

1570 par Germain Audebert : « On se bande, on se ligue et menée on brasse / Chacun cherche son mieux et le party ambrasse / De qui luy semble bon et ces divisions / Sont soubz pretexte sainct de deux religions / Dont le mesme subject de diverse doctrine / Diversement mené cause notre ruine / Et ces noms factieux PAPAUX et HUGUENOSTS / Trop malheureusement nous comblent de tous maux » (cf. Lino PERTILE, « Un poemetto inedito sulle guerre di religione : *L'erynne françoise de la France affligée* di Germain Audebert », *Bibliothèque d'Humanisme et de Renaissance*, 33, 1976, p. 309).

26. En 1568, Thomas Jeney dédie à sir Henry Norris – un diplomate qu'Élisabeth aimait beaucoup – une adaptation anglaise du *Discours sur les Misères de ce temps* (*A discourse of the present troubles in France, and miseries of this time, compiled by Peter Ronsard Gentlemen of Vendôme, and dedicated unto the Queen Mother*, translated in to English by Thomas Jeney Gentleman, printed at Antwerp, 1568). Dans *The radical arts. First décade of an Elizabethan Renaissance*, Leyde-Londres, The Sir Thomas Institute, 1970, p. 63-75, J. A. Van Dorstern a démontré que cette traduction, probablement publiée à Paris chez A. Wechel, a été utilisée, indépendamment des positions anti-protestantes de Ronsard, pour mettre en relief les désastreuses conséquences des guerres civiles. Voilà qui explique comment le recueil de Ronsard, dont les passages anti-protestants ont été censurés, a pu être finalement utilisé dans un milieu protestant qui lutte en faveur de solutions pacifiques et contre les fanatismes religieux (cf. aussi A. L. PRESCOTT, *French Poets and the English Renaissance*, New Haven-Londres, Yale University Press, 1978, p. 84-85).

conservation du pouvoir monarchique[27]. Pour défendre ses positions, la reine n'hésite pas d'ailleurs à entreprendre de très dures campagnes de répression contre les factions rivales. En 1580, sa main de fer s'abat sur les jésuites, tandis que, en 1583, l'élection de John Whitgift comme archevêque de Canterbury donne le signal d'une attaque féroce contre le puritanisme[28].

Mais, cette stratégie ayant trouvé dans l'anglicanisme une application plus manifeste, Bruno espérait que, de l'autre côté de la Manche aussi, il serait possible de surmonter les nombreux obstacles intérieurs pour soumettre définitivement la religion au pouvoir politique[29]. Autrement dit, il explicite avec l'*Expulsion* une stratégie politique dont il est possible de découvrir certaines racines symboliques dans une longue tradition poétique et iconographique liée aux Valois : celle du monarque-philosophe, indépendant de tout article de foi, capable de reconnaître l'*utilitas* du culte à des fins sociales, pour dépasser les conflits religieux et renforcer l'État.

Voilà pourquoi, selon les critiques émises par Ercole Tasso puis reprises par Giovanni Ferro, même le *manet* de la devise d'Henri III se révélait inapproprié : un terme

27. Pour une analyse de la politique religieuse de la reine Élisabeth, cf. Joseph LECLER, *Histoire de la tolérance au siècle de la Réforme* [1955], Paris, Albin Michel, 1994, p. 697-734 ; Roland H. BAINTON, « Sincretismo e compromesso nell'anglicanesimo », in *La riforma protestante*, Turin, Einaudi, 1958, p. 190-193 ; Hugh TREVOR-ROPER, *Protestantesimo e trasformazione sociale*, Rome-Bari, Laterza, 1994, p. 269. Dans son article « Caccia al cervo e potestas ecclesiastica in *Pene d'amore perdute* », *Intersezioni*, 17 (1997), p. 229-249, Gilberto Sacerdoti a reconstitué avec finesse la position politique d'Élisabeth en la rattachant aux œuvres de Shakespeare et de Bruno.

28. Cf. Joseph LECLER, *Histoire de la tolérance au siècle de la Réforme*, *cit.*, p. 721-734.

29. Sur ce point, cf. aussi Miguel Angel GRANADA, *Giordano Bruno. Universo infinito, union con Dios, perfección del hombre*, Barcelone, Herder, 2002, p. 194-196.

qu'on n'emploie que pour qualifier des réalités toujours stables et éternelles ne pouvait prendre une signification mondaine, c'est-à-dire désigner un monde entièrement marqué par la perpétuelle mutation des choses.

6. Blaise de Vigenère, Machiavel et la troisième couronne d'épines

D'autres points particuliers méritent d'être évoqués ici. Blaise de Vigenère dédie à Henri III sa traduction des *Décades* de Tite-Live : une œuvre importante en soi, mais aussi très chère au roi, qui aimait se plonger dans les *Discours sur la première décade de Tite-Live* de Machiavel. Il suffit de relire le témoignage d'Enrico Caterino Davila :

> Mais le roi [Henri III], confiant dans le mécanisme secret de ses desseins, qui lui semblaient en très bonne voie, estimait finalement devoir surmonter avec une grande facilité toutes les oppositions ; et pour suivre de manière plus rigoureuse le fil de son dessein en joignant la théorie à la pratique, il s'enfermait tous les jours après le repas avec Baccio del Bene et Giacopo Corbinelli de Florence, des hommes très compétents en matière de littérature grecque et latine, il leur demandait de lui lire Polybe, Tacite et le plus souvent les *Discours* et le *Prince* de Machiavel, et, transporté par cette lecture, il était de plus en plus passionné par son secret[30].

30. Cf. Enrico Caterino Davila, *Storia delle guerre civili di Francia*, Rome, éd. Mario d'Addio et Luigi Gambino, Istituto Poligrafico e zecca dello Stato, 1990, t. I, p. 419 : « Ma il Re [Enrico III], confidandosi nella occulta machina de' suoi disegni, che a lui sembravano ottimamente incaminati, stimava finalmente dovere con grande facilità superare tutte le opposizioni ; e per indirizzare più regolarmente il filo del suo disegno aggiungendo la teoria alla pratica, si riduceva ogni giorno dopo pranzo con Baccio Del Bene e con Giacopo Corbinelli, fiorentini, uomini di

Nous sommes en 1583, et, juste en face de la dédicace de Blaise de Vigenère très élogieuse sur les qualités du monarque[31], figure une très belle gravure qui, sur toute la page, représente Henri III flanqué à gauche et à droite de deux couronnes – respectivement accompagnées des inscriptions *manet* et *ultima* – et surmonté d'une couronne d'épines (celle du Christ) où sont inscrits un triangle et le mot *coelo*[32]. Encore une allusion aux écrits du secrétaire florentin et à sa lecture de la religion comme *instrumentum regni* ? Nombreux étaient en effet les contemporains du roi de France à penser que son aptitude à la dissimulation religieuse portait la marque des leçons de Machiavel : fig. 1

> Mais nostre Roy avoit fort bien estudié en l'escole de Machiavel Florentin, lequel en son livre qu'il a fait du Prince, forme & institue le Roy comme il se doit gouverner, disant qu'il doit feindre estre devotieux, encore qu'il n'en tienne rien [...].[33]

Mais on ne peut se contenter d'interpréter cette image uniquement en fonction de sa présence dans la traduction française d'un ouvrage commenté par Machiavel dans l'une de ses œuvres les plus célèbres. Même si nous

molte lettere greche e latine, da' quali si faceva leggere Polibio, Cornelio Tacito, e molto più spesso i Discorsi e il Prencipe del Machiavelli, dalle quali letture eccitato, s'era anco maggiormente invaghito del suo segreto. »)

31. *Les Decades qui se trouvent de Tite Live, mise en langue francoise, la premiere par Blaise de Vigenere [...]*, Paris, Chez Iacques du Puys, 1583, f. aij v : « Roy tres-bon, tres-benin, digne d'immortelle recommendation et louange, tres-religieux zelateur de toute pieté et devotion, amateur des bonnes lettres, protecteur des arts et des sciences, veritable ferme et constant observateur de vostre parole, tres prudent moderateur de nos troubles. »

32. *Ibidem*, f. aiij.

33. *Histoire veritable de la plus saincte partie de la vie de Henry de Valois, iadis Roy de France*, Paris, Chez Charles Michel, 1589, p. 6.

sommes à Paris en 1583 et même si l'*Expulsion de la bête triomphante* (où les échos des *Discours* de Machiavel sont nombreux) sera publiée justement l'année suivante, il faut probablement fournir un effort supplémentaire pour tenter de comprendre ce qui peut se cacher derrière cette singulière représentation de la devise d'Henri III. Ce qui saute tout de suite aux yeux, c'est la troisième couronne. Elle est située dans le ciel, conformément à la tradition, mais présente une intéressante particularité : il s'agit d'une couronne d'épines dans laquelle s'inscrit partiellement un triangle. Il ne fait aucun doute que, en tant que symbole explicite de la Passion, la couronne d'épines met immédiatement en relation le roi de France et le roi des Juifs. Mais dans quel but ?

Dans un article instructif sur les portraits d'Henri III, Isabelle Oger émet l'hypothèse que l'image en question pourrait « évoquer l'*Imitatio Christi* et les pratiques pénitentielles d'Henri III »[34]. Le roi de France « souhaitait soulager son pays en faisant pénitence pour ses propres péchés et pour ceux de son peuple »[35]. Cette interprétation explique la troisième couronne à la lumière de son message « spirituel ». Mais, répétons-le encore une fois, la devise pourrait révéler des surprises et nous conduire à y découvrir des préoccupations mondaines d'ordre politique, liées à un dessein précis de la propagande monarchiste.

Il faut remonter dans le temps pour parvenir à percevoir dans la couronne d'épines le symbole d'une sacralisation du pouvoir royal. En 1239, en effet, Louis IX achète à son cousin Baudouin de Flandre, empereur de Constantinople, la présumée couronne d'épines du Christ. L'arrivée de

34. Isabelle Oger, « Le rôle de Henri III dans l'invention et la diffusion de son portrait gravé », in *Henri III mécène des arts, des sciences et des lettres*, *cit.*, p. 78.

35. *Ibidem*, p. 79.

cette relique en France s'accompagne d'une énorme opération de propagande monarchiste, conduite en plusieurs étapes : la construction de la Sainte-Chapelle destinée à l'accueillir, l'institution d'une fête *ad hoc* (le 11 août) pour l'honorer et, enfin, la création de deux offices liturgiques, dont l'un — celui de Sens — est conçu comme un véritable manifeste théologico-politique de légitimation de la monarchie française[36].

Bien que ces rituels aient progressivement perdu de leur force après la mort de Louis IX[37], il n'en demeure pas moins que l'événement qu'ils commémorent est, pour l'histoire politique de la France, un moment très important qui a d'ailleurs laissé des traces iconographiques, comme en témoignent certaines miniatures médiévales[38] et une gravure de la fin du XVe siècle sur laquelle Louis IX remet fig. 67
une épine de la couronne à Bartolomeo da Vicenza[39].

En outre, justement à la fin du XVIe siècle et au cours du XVIIe siècle, ont circulé certaines gravures hostiles à la Ligue sur lesquelles Louis IX représente les racines de fig. 64
l'arbre de la France, dont le tronc se subdivise en deux branches portant Henri III et Henri IV à leurs extrémités,

36. Sur tous ces aspects, et pour une très riche bibliographie, voir les intéressants travaux de Chiara MERCURI : « STAT INTER SPINAS LILIUM : le Lys de France et la couronne d'épines », *Le Moyen Age*, CX (2004), p. 497-512 ; *Corona di Cristo corona di re : la monarchia francese e la corona di spine*, Rome, Edizioni di Storia e Letteratura, 2004.

37. Cf. Chiara MERCURI, *Corona di Cristo corona di re : la monarchia francese e la corona di spine*, *cit.*, p. 209-211.

38. Ces miniatures figurent dans quelques bréviaires et évangéliaires conservés essentiellement à la Bibliothèque Nationale de France et à Rome : cf. Chiara MERCURI, « La corona di spine nell'iconografia », in *Corona di Cristo corona di re : la monarchia francese e la corona di spine*, *cit.*, p. 149-179 (notamment pour le dossier iconographique).

39. Un exemplaire de cette gravure anonyme est conservé au département « Prints & Dravings » du British Museum (cf. Arthur MAYGER HIND, *Early Italian Engraving*, London, Bernard Quaritch, 1938, t. III, p. 46).

tandis que le duc de Guise, dont les mains sont emprisonnées dans l'arbre, est dévoré par un loup[40]. Outre le fait qu'elle justifie la transmission de la couronne de France des Valois aux Bourbons, cette généalogie rappelle également l'image de l'Arbre de Jessé où le père de David — en position couchée, comme Louis IX — est la base d'un tronc qui, passant par tous les rois de Juda, aboutit au Christ[41]. fig. 65

A partir de tous ces éléments, nous pouvons maintenant comprendre comment c'est précisément grâce à cette translation de la couronne d'épines que Louis IX « devint le *vertex maximus* de la chrétienté et Paris, son phare »[42]. L'office de Sens, en effet, « ne se contente pas de reconnaître l'acquisition de la relique par la monarchie », mais vise à conforter « la légitimation de la monarchie avec cette construction théologique par laquelle le Christ remet son *vexillum* le plus royal, sa couronne, au roi de France »[43]. Ainsi s'explique la présence, dans les vers de l'hymne de Sens, d'un *lilium* parmi les épines de la couronne : « Coronat regem omnium iudea serto spineo / stat inter spinas lilium vernans cruore roseo / spinarum culpe

40. La gravure, dont il existe plusieurs versions, y compris en d'autres langues, fait partie de la collection Michel Hennin, *Estampes relatives à l'Histoire de France* (tome 10, pièces 924-1024, période : 1590-1592) conservée à la BNF : ressources électroniques IFN- 8400960. Dans la partie supérieure des gravures figurent des allusions aux accords de paix signés en avril 1589 entre Henri III et le futur Henri IV.

41. Voir la miniature de l'Arbre de Jessé dans le *Livre d'heures* (xve siècle), Université de Liège, ms. Wittert 28, fol. 21v. Pour une analyse de la fortune iconographique de ce thème dans la France de la Renaissance, cf. Séverine Lepape, *Étude iconographique de l'arbre de Jessé en France du Nord du xive siècle au xviie siècle*, thèse soutenue à l'École des Chartes en 2004 (cf. aussi Jacques Baudoin, *La sculpture flamboyante en Bourgogne et en Franche-Comté*, Nonette, Editions Créer, 1996, p. 78).

42. Cf. Chiara Mercuri, « Stat inter spinas lilium : le Lys de France et la couronne d'épines », *cit.*, p. 499.

43. *Ibidem*, p. 505.

nescium spine punctum aculeo » (« La Judée couronne le roi de toutes choses avec une couronne d'épines. / Parmi les épines se trouve un lys ravivé par le sang vermeil, / Ignorant la faute des épines et piqué par la pointe d'une épine »). Outre l'allusion à la pureté du Christ, ce que la fleur suggère ici, c'est que le « symbole de la monarchie française » « était présent parmi les épines de la couronne de Christ »[44].

Ainsi la couronne d'épines apporte-t-elle un secours divin à l'action terrestre du roi : « le monarque est lui aussi un médiateur du sacré, et la *regia parisiensis* est le cœur à partir duquel rayonne cette religion royale où, placé au centre du système, un souverain gouverne le sacré dans son sanctuaire, à l'aide de ses reliques, au cours de ses fêtes, et par l'intermédiaire d'un clergé choisi et dévoué[45]. » Et même si le roi imite le pouvoir religieux, il le fait en revendiquant une indépendance symbolique par rapport à l'Église, au point de se présenter lui-même comme « l'unique intermédiaire entre Dieu et le peuple »[46].

Voilà pourquoi, dans certains recueils d'emblèmes de la Renaissance, cette couronne d'épines peut également faire allusion à la sphère toute terrestre de l'exercice du pouvoir monarchique. En effet, si Guillaume de La Perrière met des épines (désormais dépourvues de leur signification mystique) dans une couronne, c'est pour souligner fig. 66
les conflits et les problèmes auxquels tout monarque doit nécessairement se mesurer :

Ie suys d'or fin, et mainte pierre fine
Est enchassée en moy de grand valeur :

44. *Ibidem*, p. 512 (pour la citation des vers de l'hymne, cf. p. 511).

45. Chiara Mercuri, *Corona di Cristo corona di re : la monarchia francese e la corona di spine*, *cit.*, p. 194.

46. *Ibidem*, p. 190.

Mais par dedans i'ay tousiours quelque espine,
Qui fait aux Roys bien souvent grand douleur[47].

La superposition de la sphère divine et de la sphère humaine se retrouve aussi sur une autre gravure, contenue dans la traduction des *Psaumes* réalisée en 1588 par Blaise de Vigenère pour l'éditeur Abel L'Angelier : *Le Psaultier de David torné en prose mesuree ou vers libres*. Au verso de la page de titre, en effet, figure la devise fig. 2 d'Henri III constituée d'une branche de palmier et d'une branche d'olivier qui se croisent en formant un ovale. Au centre, chacune sur l'une des branches entrecroisées, se trouvent deux couronnes de feuilles : au milieu de celle de gauche est inscrit le mot *manet*, et au milieu de celle de droite, le mot *ultima*. Au-dessus, en revanche, apparaît une troisième couronne faite d'épines où l'on peut lire le mot *coelo*. Dans l'ovale formé par l'entrecroisement des deux branches on trouve le vers du psaume 102 (103) : « qui coronat te in misericordia et miserationibus » (« qui te couronne dans la pitié et la compassion »). En bas, hors de l'ovale, sont dessinées deux couronnes sur les initiales d'Henri III, l'une à droite et l'autre à gauche, accompagnées de l'inscription latine : « Parcere subiectis, et debellare superbos » (« respecter les soumis, désarmer les superbes »).

Même si ce n'est pas dans la traduction des *Décades* de Tite-Live chères à Machiavel que cette image est contenue, mais dans une traduction des *Psaumes*, elle présente cependant avec l'image contenue dans la traduction des *Décades* une série d'analogies qui ne se réduisent pas au simple fait que le *motto* et les trois couronnes habituelles sont disposés à nouveau dans le sens

47. Guillaume de La Perrière, *La Morosophie*, Lyon, Par Macé Bonhomme, 1553, nr 29.

contraire des aiguilles d'une montre. La présence des branches de palmier et d'olivier et la prééminence de la couronne d'épines renvoient évidemment aux symboles de la Passion, au début des souffrances endurées par le Messie après son entrée triomphale à Jérusalem. Le vers du psaume fait allusion à la couronne métaphorique que Dieu offre directement à qui est investi de son amour[48].

L'épître dédicatoire adressée par Blaise de Vigenère à Henri III révèle clairement l'étroite relation symbolique qui s'établit entre David et le roi des Juifs — et qui, à travers les analogies relevées entre la vie de David et celle du roi de France, finit par impliquer Henri III lui-même :

> L'oeuvre d'un Roy qui par tant de fois se trouva aux coups à mener les mains, et combattre en enfinies grosses rencontres tresperilleuses à desmeler ; qui soubstint tant de dures et facheuses guerres contre les ennemis du nom de Dieu ; A celuy qui des sa plus tendre junesse a gaigné de grosses batailles ; qui de son enfance n'a presqu'eu devant les yeux aultre object, que Camps, armee, sieges de ville, et faicts-d'armes, pour semblable cause et effect. [...] Et finablement de celuy qui malgré toutes les tormentes, tous les tourbillons et orages, dont il s'est trouvé si souvent en danger d'estre submergé ; malgré toutes les contrarietez de vents iniques qui la menaçoient de naufrage, ne laissa de gaigner le port desiré de Salut, de repos et tranquillité, tant pour luy que pour tout son peuple : Comme vous ferez aussi si à Dieu plaist SIRE, et viendrez heuresement audessus de

48. Le psaume 8 contient également cette métaphore de Dieu couronnant directement l'homme : « gloria et honore coronasti eum » (« tu l'as couronné de gloire et d'honneur » — *Psaumes*, 8, 6).

tous voz affaires, moyennant vostre confiance, longanimité, et prudence[49].

Comme Henri III, David s'est consacré dès son plus jeune âge à combattre ses ennemis et ceux de son peuple, en tentant de conduire à bon port un navire assailli par les tempêtes et les vents les plus violents. Dans les pages finales, en effet, les allusions à la France déchirée par les guerres civiles — que l'on se rappelle ici la présence rassurante de Castor et Pollux expliquée au chapitre I[50] — deviennent plus explicites :

> Que si on les [les *Psaumes*] trouve tousjours si necessaires et à propos en tout temps et toute saison les plus calmes, combien plus le debvront ils estre en la tormente qui nous mal-maine de si pres, sur le point de nous abismer ? Ce nous sera l'Anchre sacree, et dernier refuge de notre salut ; la lumière des feux Jumeaux tant agreable aux Navigants en tels fortunals et desastres ; et en tous aultres accidens, une vraye medecine de l'ame, une doulce consolation de l'Esprit, et un seur soullagement de tous maux[51].

Et, à travers ce rôle délicat de *Rex nauta,* il est possible d'entrevoir les « participations que vous avez communes SIRE avec ce sainct Roy et Prophete »[52]. Ce rapprochement réaffirmé entre David et Henri III finit par renforcer encore plus le lien entre le roi de France et le Christ :

49. Blaise DE VIGENÈRE, *Le Psaultier de David torné en prose mesuree ou vers libres* (1588), texte établi et introduit par Pascale Blum-Cuny, Paris, le Miroir volant, 1991, p. 3-4.

50. Cf. *supra* p. 29-36 et p. 108-113.

51. *Ibidem*, p. 17.

52. *Ibidem*.

> Pour aultant que voz sacrees Majestez portent le type et image de L'OINCT du Seigneur, le Roy des Rois, le CHRIST ou MESSIEH ; car ces deux, l'un en Grec, et l'aultre en Hebrieu, signifient Oinct et Sacré[53].

Dans un tel contexte, la référence à la consécration pourrait signifier non plus la soumission du souverain à l'Église — comme c'était le cas au Moyen-Âge avec l'allusion à l'onction de David et de Salomon dans l'Ancien Testament[54], — mais au contraire le primat du roi et son droit de représenter le Christ sans aucune médiation. En somme, à travers les rapprochements proposés dans sa préface, Vigenère chercherait à confirmer son « ferme appui de la monarchie », en présentant son *Psaultier* « comme un manifeste d'orthodoxie politique »[55].

Un autre élément renforce encore la signification mondaine de cette image — contenue dans la traduction française des *Psaumes* par Vigenère — que nous sommes en train d'étudier. L'inscription (« Parcere subiectis et debellare superbos ») qui accompagne la devise d'Henri III reprend en effet exactement un célèbre vers de l'*Énéide* de Virgile. Dans ce passage du livre VI, Anchise est en train

53. *Ibidem*, p. 5.

54. « Dans les *Ordines* pour la consécration du roi de France, le renvoi à l'onction de David et de Salomon est constant » (« Negli *Ordines* per la consacrazione dei re di Francia il richiamo all'unzione di David e Salomone è costante ») : Chiara MERCURI, *Corona di Cristo corona di re : la monarchia francese e la corona di spine*, *cit.*, p. 186. Voir aussi Jacques LE GOFF - Eric PALAZZO - Jean-Claude BONNE - Marie-Noël COLETTE, *Le sacre royal à l'époque de Saint Louis*, Paris, Gallimard, 2001, p. 243.

55. Pascale BLUM-CUNY, *Introduction*, in Blaise de Vigenère, *Le Psaultier de David torné en prose mesuree ou vers libres*, *cit.*, p. XVII. Sur Vigenère considéré comme cabaliste-chrétien et sur cet aspect dans sa traduction des *Psaumes*, cf. François Secret, « De quelques courants prophétiques et religieux sous le règne de Henri III », *Revue de l'histoire des religions*, t. 172 (1967), p. 21-22.

d'expliquer à son fils Énée en quoi consiste, pour un roi, l'action de « diriger les peuples » (« regere populos ») :

> À toi de diriger les peuples sous ta loi, Romain, qu'il
> [t'en souvienne
> — ce seront là tes arts, à toi —, et de donner ses règles
> [à la paix :
> respecter les soumis, désarmer les superbes ».[56]

L'art de gouverner les peuples se fonde surtout sur la nécessité d'assurer la paix, d'épargner ceux qui se soumettent et de réduire les orgueilleux. Dans l'*Institution pour l'adolescence du Roy Charles IX*, Ronsard range ces préceptes parmi les règles qu'un bon prince doit respecter (« Or, Sire, imitez Dieu, lequel vous a donné / Le Sceptre, et vous a fait un grand Roy couronné, / Faites misericorde à celui qui supplie, / Punissez l'orgueilleux qui s'arme en sa folie »)[57].

Blaise de Vigenère ne pouvait ignorer cette interprétation, comme le prouve son compte rendu de l'entrée triomphale d'Henri III à Mantoue en 1574. Sur un arc de triomphe — consacré aux célèbres travaux du mythique Hercule, lui-même allégorie du Henri-Hercule gaulois qui détruit l'Hydre de Lerne : « Henrice magne rex, et alter Hercules fortis, domare perge monstra bellica » (« Henri, grand roi et second Hercule courageux, continue de dompter les monstres belliqueux »)[58] —, le vers

56. Virgile, *L'Énéide*, VI, v. 851-853, tr. fr. Jacques Perret, Paris, Les Belles Lettres, 2007 [1978], p. 75 (« tu regere imperio populos, Romane, memento /(hae tibi erunt artes) pacique imponere morem, / parcere subiectis et debellare superbos »).

57. Ronsard, « Institution pour l'adolescence du Roy Charles IX », vv. 119-122, in *Œuvres complètes*, *cit.*, t. II, p. 1009.

58. Blaise de Vigenère, *La somptueuse et magnifique entrée du très-chrestien roy Henry III de ce nom, roy de France & de Pologne,… en la cité de Mantoüe, avec les portraicts des choses les plus exquises*, Paris, Chez

du mantouan Virgile est directement mis en relation avec la mission pacificatrice du roi de France :

> Et finalement sa majesté montee à cheval en habit de pacificateur ; une province prosternée à ses pieds les mains ioinctes, & tendues comme demandant grace : laquelle alleguoit pour ses raisons ce tant beau vers du Poëte Mantouan :
> PARCERE SUBIECTIS, ET DEBELLARE SUPERBOS[59].

Dante lui-même n'avait pas hésité à réutiliser cette formule dans sa *Monarchia*, c'est-à-dire dans ce texte qui visait principalement à défendre l'autonomie du pouvoir impérial par rapport aux absurdes prétentions de l'Église : selon le poète florentin, l'empereur ne reçoit pas son *auctoritas* du pape, mais directement de Dieu[60].

La citation de l'*Énéide* — outre qu'elle fait probablement allusion au mythe des origines troyennes des Francs souvent utilisé dans le passé par la propagande impérialiste[61] — ramène donc la devise d'Henri III sur un plan laïc avant tout[62]. Et l'année suivante (1589)

Nicolas Chesneau, 1576, p. 30. Sur le portrait d'Henri en Hercule gaulois, cf. *supra*, p. 139-142. Mais Alciat souligne qu'Hercule peut vaincre aussi par l'éloquence. fig. 88

59. *Ibidem*, p. 31.

60. La citation du vers de Virgile se situe dans un passage où la discussion porte sur le rôle d'un peuple (les Romains) et d'un lieu (Rome) à qui est promise la domination universelle : cf. DANTE, *De Monarchia*, II, 6, 9-11. Sur la revendication de l'autonomie de l'empereur par rapport au pouvoir papal, cf. Pier Giorgio Ricci, « Monarchia », in *Enciclopedia dantesca*, Rome, Istituto della Enciclopedia Italiana, 1971, t. III, p. 993-1004.

61. Sur la signification politique de ce mythe — réactivé par Jean Bouchet, Dorat, Ronsard —, cf. Anne-Marie LECOQ, *François Ier imaginaire. Symbolique & politique à l'aube de la Renaissance française*, *cit.*, p. 67 ; A.Y. HARAN, *Le Lys et le globe*, *cit.*, p. 129-131.

62. Mais le vers de Virgile est également en partie retravaillé dans un contexte chrétien — chez Augustin (Deus superbis resistit [*humilibus*

justement, est publié à Ségovie le recueil d'*Emblemas morales* de Juan de Horozco y Covarrubias, où la citation de Virgile figure au-dessus d'une couronne soutenue par un joug et une flèche. Les vers qui accompagnent l'image et le *motto* insistent uniquement sur l'art de gouverner : fig. 38

Toutefois l'art dont l'État royal a besoin
C'est gouverner avec autorité et dans une paix assurée,
Et en montrant à l'arrogant sa puissance
Et en usant de clémence avec le soumis[63].

C'est également une utilisation politique du vers de Virgile qui est faite dans une image contenue dans les *Emblemata politica* de Peter Isselburg : on y voit un lion, symbole de la clémence du monarque[64], faire preuve de compassion envers un petit chien qui se soumet. Au-dessus de l'image figure le *motto* « Parcere subiectis » et une inscription latine rappelle en bas que la « Maiestas Regum » (la « majesté de rois ») consiste justement à « parcere fig. 37

autem dat gratiam]) : cf. Anna Maranini, « Opere letterarie e collettori d'aforismi (formule proverbiali in Rutilius Namatianus) », *Annali on line di Ferrara - Lettere*, 1 (2009), p. 132.

63. Juan de Horozco y Covarrubias, *Emblemas morales*, Segovia, Impresso por Iuan de la Cuesta, 1589 (livre II, emblème 16), f. 140r. Pour une analyse de l'utilisation politique des devises en Espagne, cf. Sagrario López Poza, « Uso pólitico de la emblématica en la España de los siglos XVI y XVII », in *Con parola brieve e con figura. Emblemi e imprese fra antico e moderno*, *cit.*, p. 371-419 : « mas el arte que pide el Real estado / es, regir con Imperio en paz segura, / Y mostrando al sobervio su potencia, / usar con el rendido de clemencia. »

64. Pline, *Histoire naturelle*, VIII, 48, texte établi, traduit et commenté par A. Ernout, Paris, Les Belles Lettres, 1950, p. 40, rappelle que seul le lion montre de la clémence envers celui qui se soumet : « le lion est le seul fauve qui montre de la clémence envers les suppliants ; il épargne ceux qu'il a terrassés. » (« Leoni tantum ex feris clementia in supplices ; prostratis parcit. »)

supplicibus » (« épargner les suppliants »)[65]. La même idée se retrouve dans les *Emblemata regio-politica* de Juan de Solórzano Pereira (1653), mais illustrée par une image différente : placé sous le *motto* « Parcere subiectis », un étendard donne à voir en son centre un lion couronné et sur son pourtour un collier avec un agneau, symbole de l'Ordre de la Toison d'Or. Le lion et l'agneau représentent la sévérité et la mansuétude qui sont demandées au Prince authentiquement guerrier et pacificateur, comme le confirme l'inscription latine : « Audaces contundere, parcere victis, / Haec sunt quae Regum pectora signa decent » (« Abattre les audacieux, épargner les vaincus, / Ainsi se distingue le cœur d'un Roi »)[66]. Nous retrouvons, avec la même signification politique, le motto « Obstinacie is punished and humilitie is pardoned » dans le recueil *Two Hundred Poosees* de Thomas Palmer.[67]

fig. 36

Auparavant, dans son recueil de 1540 intitulé *Hecatomgraphie*, Gilles Corrozet avait déjà associé le vers virgilien traduit en français (« Pardonner aux vaincus & guerroyer les orgueilleux ») à une image représentant un griffon, un lion et un petit chien. L'attitude du chien, qui obtient la clémence du lion en se soumettant à lui, était

fig. 39

65. Petrus Iselburg [Peter Isselburg], *Emblemata politica in aula magna curiae Noribergensis depicta*, Norimberga, 1617, p. 56.

66. Jesús María González de Zárate, *Emblemas Regio-Políticos de Juan de Solórzano Pereira*, prologue de Santiago Sebastián, Madrid, Ediciones Tuero, 1987, p. 205-206, emblème XCIII. González de Zárate montre comment ce recueil d'emblèmes est une importante somme des idées philosophico-politiques de l'époque, également très utile pour interpréter les œuvres de peintres tels que Velázquez et Goya.

67. *The Emblems of Thomas Palmer : « Two hundred poosees », Sloane Ms. 3794, cit.*, p. 82. John Manning qui a publié ce recueil dédié à Robert Dudley (cf. *supra*, p. 11), indique dans une note que le thème de la justice du roi est repris à la cour d'Élisabeth Ire comme symbole de la paix (*ibidem*, p. 252).

opposée à celle du lion orgueilleux qui veut lutter contre le terrible griffon[68].

Reste à discuter d'un détail dont la mystérieuse singularité n'a pas échappé à Isabelle Oger dans son commentaire des portraits d'Henri III. Sur l'image contenue dans la traduction française des *Décades* de Tite-Live, on peut voir en effet, presque au milieu de la couronne d'épines située dans le ciel, un « triangle divin étrangement inversé »[69]. Que peut bien signifier cette pointe (ce sommet) retournée vers le bas ? Dans toutes les représentations de la devise d'Henri III, y compris celle que nous sommes en train d'analyser, les trois couronnes forment un triangle idéal : les deux couronnes terrestres à la base (celle de Pologne et celle de France), la couronne céleste en haut. L'inversion du triangle de la couronne d'épines ne pourrait-elle pas alors donner à voir, selon une structure en abyme, un renversement de la hiérarchie des trois couronnes sous l'effet duquel la fameuse troisième couronne, céleste, serait déplacée en bas pour être mise au service des deux couronnes terrestres désormais situées en haut — la religion apparaissant ainsi comme *instrumentum regni* ?

Mais la présence de la couronne d'épines et des symboles de la Passion peut se prêter aussi à un discours plus général sur le corps politique du roi et sur sa “résurrection” : si le monarque physique meurt, son corps politique,

68. Gilles Corrozet, *Hecatomgraphie*, Paris, Denis Janot, 1540, f. M5v ; voir le facsimilé : Gilles Corrozet, *L'Hecatomgraphie (1544) & Les Emblemes du Tableau de Cebes (1543)*, reproduits en facsimilé avec une étude critique d'Alison Adams, Genève, Droz, 1997. La clémence du lion, exprimée par le *motto* « Pardonner aux humbles, & courir sus aux orgueilleus », se retrouve également — quoique dans un contexte qui suscite d'autres questions — chez Pierre Coustau, *Le Pegme*, Lyon, fig. 4 Barthélemy Molin, 1560, p. 179.

69. Isabelle Oger, « Le rôle de Henri III dans l'invention et la diffusion de son portrait gravé », in *Henri III mécène des arts, des sciences et des lettres*, *cit.*, p. 78.

en revanche, est immortel. Comme celui du Christ, le sacrifice du roi prélude à la résurrection et au rachat[70]. Toute une série d'emblèmes — auxquels s'est récemment intéressé Donato Mansueto — utilisent d'ailleurs le symbole du pélican, du phénix, de la couronne d'épines et des attributs de la Passion pour souligner que le sacrifice personnel du roi, ses souffrances et sa mort elle-même sont au service de son peuple, sachant que de toute façon le corps de l'État, lui, ne peut jamais périr[71].

Et ce processus de perpétuation indéfinie de la monarchie sera également illustré au siècle suivant par une éloquente image du recueil d'emblèmes de Pedro Rodríguez de Monforte : on peut y voir le bras d'un squelette armé d'une faucille couper le sommet d'un tronc où figure une couronne, tandis que sur chacune des deux branches inférieures du même arbre se trouve également une couronne, à droite et à gauche. La citation du *Livre de Job* inscrite en haut (« Lignum habet spem si precisum fuerit, rami eius pullulant » — « L'arbre conserve un espoir, une fois coupé : ses rameaux continuent de pousser ») et les vers du commentaire inscrits en bas (« ¿Qué importará turrigor / Si aunque la rama cortaste / Los renuebos nos dejaste ? » : « À quoi servira ta rigueur / Si, quoique ayant coupé la branche, / Tu nous as laissé les rejetons ? ») signifient que la mort de Philippe IV n'interrompt pas la perpétuation de la monarchie[72].

fig. 51

70. Sur ce thème, voir le célèbre essai de Ernst Kantorowicz, *Les Deux Corps du Roi. Essai sur la théologie politique au Moyen Âge*, Paris, Gallimard, 1989.

71. Donato Mansueto, « Dying for one's country : emblems of sacrifice and punishment », in *Emblems of Death in the Early Modern Period*, by P. Daly - M. Calabritto, New York, AMS Press (en cours d'impression).

72. Cf. *Job*, 14, 7 et Pedro Rodríguez de Monforte, *Descripción de las honras que ce hicieron a la cathólica magestad de D. Phelippe quarto Rey de las Españas y del nuevo mundo en el Real Convento de la Encarnación*, Madrid, Francisco Nieto, 1666, f. 79 (en réalité, le foliotage de l'ouvrage

Il sera maintenant plus facile de saisir, dans la réforme proposée par l'*Expulsion*, d'autres relations existant entre, d'une part, l'attribution à Henri III de cette Couronne-Tiare à laquelle nous nous sommes intéressé précédemment[73] et, d'autre part, l'éloge de Chiron : le mythique éducateur des princes — dont parle Machiavel et dont, comme nous le verrons plus loin, le roi de France lui-même aurait été l'élève[74] — devient le symbole d'une religion civile nouvelle où un roi-centaure « peut servir de sacrificateur et de victime, de prêtre et de bête »[75].

Mais une brève digression est encore nécessaire. Sur l'image d'Henri III qui apparaît dans la devise qu'on trouve dans la traduction par Vigenère des *Décades* de Tite-Live, le roi est représenté avec un diamant accroché à son bonnet. Selon l'hypothèse convaincante d'Isabelle Oger, ce portrait se rattache à toute une série de représentations où le roi de France apparaît toujours avec ce bijou placé, fig. 2
en position prééminente, sur sa tête. Et, sachant que le roi en personne s'occupait avec soin de ses portraits et se réservait le droit d'en autoriser la diffusion, cette présence constante de la pierre précieuse ne peut certainement pas être due à un simple hasard. Or justement il est longuement question des vertus du diamant au chapitre XLI des *Hieroglyphica* de Pierio Valeriano :

s'interrompt avec le folio 60 — lequel est, en outre, indiqué par erreur comme f. 58 — ; nous avons nous-même numéroté tous les feuillets suivants).

73. Cf. *supra* p. 207-210.

74. Sur Henri III considéré comme élève du mythique Chiron, cf. *infra* p. 258-260.

75. Giordano BRUNO, *Expulsion de la bête triomphante*, p. 498-499 : « può servir per sacrificio e sacrificatore, *idest* per sacerdote e per bestia ». Pour une analyse de ce passage dans le cadre d'une mise en relation du *mysterium* et du *ministerium*, cf. Donato MANSUETO, *Dall'idolo alla legge. Studi sull'immagine, la politica e il diritto nella* Scienza nuova *di Vico*, Lecce, Pensa Multimedia Editore, 2009, p. 12.

> A scavoir que non sans cause le diamant est proposé pour la vertu & constance [...] ; [il s'agit d'une] pierre precieuse indontable, par laquelle ceste vertu de constance est demonstree au moyen de laquelle aucun surmonte patiemment l'adversité qui lui eschet, & ne change d'estat advenant la prosperité, lequel comme dit Horace se monstre courageux & vertueux, quand la fortune le presse, & scait quand le vent souffle à gré en poupe caller la voile enflee au moyen & conduite de sagesse. Voir mesme dit on que le diamant a de Dieu ceste proprieté en soy de garantir le cœur de celuy qui le porte, de peur, l'incitant de respondre & resister aux traverses de l'orgueilleuse fortune[76].

Cette vertu qu'a le diamant de neutraliser la « discorde » se retrouve dans un poème de Jean Dorat dédié au nouveau roi de Pologne :

> Henri ton front couvert
> De laurier tousiours vert,
> Va regir la Sarmace :
> O le grand Roy guerrier
> L'honneur de ton laurier
> Ne craint ne froid ny glace.
>
> Charles pere des loix
> Rare honneur de nos Roys
> Eternellement vive,
> Et lie estroictment
> D'un nœud de diamant
> La discorde captive[77].

76. Jan Pierius Valerian [Giovanni Pierio Valeriano], *Commentaires hiéroglyphiques ou images des choses... mis en françois par Gabriel Chappuys*, Lyon, Barthelemy Honorat, 1576, t. II, livre XLI, p. 228. Valeriano signale un peu plus loin que seul le sang du Christ peut briser la dureté du diamant (*ibidem*, p. 229).

77. Jean Dorat, *Œuvres poétiques*, *cit.*, p. 10.

Henri III veut donc donner de lui-même une image qui inspire un sentiment de sécurité et d'assurance. Malgré l'adversité et les tempêtes des guerres civiles, le roi parvient à tenir la barre de la France. Et il le fait « en aimant Dieu », selon un jeu de mots « Diamant »/« Aimant Dieu » qui était implicite dans la devise de la famille de Catherine de Médicis, ainsi que le rappelle Vasari : « Le diamant, qui fut un emblème de Cosimo, comme le faucon, j'en ai saisi la signification dans l'AMOUR DE DIEU, car celui qui rend la justice aime Dieu. »[78] Mais cette pierre précieuse avait déjà été mise en valeur par Botticelli dans son fameux *Pallas et le Centaure* (1482-1483). Dans ce tableau le dia- fig. 3
mant se retrouve à plusieurs endroits sur le corps de la déesse : on le voit enchâssé dans la couronne de rameaux d'olivier posée sur sa tête ainsi que sur chacun de ses deux seins, tandis que sur le vêtement blanc domine un motif composé de trois anneaux et d'un diamant entrelacés. Pallas saisit doucement le centaure par les cheveux, en un geste qui a suscité diverses interprétations d'ordre politique (en rapport surtout avec l'activité diplomatique des Médicis) ou d'ordre philosophico-moral (dans le sens d'une domination des instincts par la raison). Quoi qu'il en soit, la présence du diamant et du centaure pourraient peut-être permettre certains recoupements avec la piste que nous avons suivie jusqu'ici.

Dans ces conditions, Isabelle Oger a raison de rapprocher cette image du roi au diamant (dans la traduction des *Décades* de Tite-Live par Vigenère) des autres portraits fig.
où Henri III porte le même précieux bijou — portraits réalisés par Jean Decourt ou Étienne Dumonstier (1576), fig.

78. Giorgio VASARI, *Ragionamenti di Palazzo Vecchio / Entretiens du Palazzo Vecchio*, introduction, traduction et notes de Roland Le Mollé, texte établi par Davide Canfora, Paris, Les Belles Lettres, 2007, p. 20 (« Il diamante che fu impresa di Cosimo, col falcone, l'ho sentito interpretare DIO AMANDO ; che chi fa giustizia ama Dio »).

par Jérôme Wierix (1586), par Thomas de Leu d'après Jean Rabel (1587) et par François Quesnel (XVIe siècle) —, avec l'intention de rappeler, notamment à propos de la représentation en noir attribuée à Quesnel, que « le roi très chrétien était directement sacré de la main de Dieu »[79].

fig. 27 32

fig. 28

Mais il reste à surmonter encore un autre obstacle. Dans un document autographe tardif, Vigenère, qui est en train de parler de son travail, porte un jugement négatif sur le prince décrit par Machiavel :

> Il [Vigenère] a traduit du grec le traicté d'Agapet diacre de la grande Eglise de Constantinople, à l'Empereur Justinian ; ouquel en soixante douze chapitres il deduist tout ce qui concerne l'office et debvoir d'un bon Prince ; non tel que l'a voulu descryre et representer Machiavel, et semblables courtisans politiques ; mais un Prince droicturier et bon, sage et prudent, et nompas cauttelleux et fin : craignant Dieu ; Et lequel s'efforce de gouverner son peuple avec toute equité et justice ; et aimant ses subjects comme ses propres enffans : qui ne les escorche pas, mais les tond gracieucement, et encore pour leur soullagement et commodité ; selon que l'on a accoustumé de faire quand on tire du sang d'un cheval fourbeu, ou malmené d'une auttre sorte, lequel on emploie à luy en faire une charge et medicament. C'est pourquoy les Turcs plus raisonnables en cela que nous, appellent les Tributs, impositions et subsides qu'on leve, *haram agemi tani [cani]*, le prohibé sang du peuple ; comme s'il estoit

79. Isabelle OGER, « Le rôle de Henri III dans l'invention et la diffusion de son portrait gravé », in *Henri III mécène des arts, des sciences et des lettres*, *cit.*, p. 78. Isabelle Oger renvoie aussi, à juste titre, à un essai de Jean Céard qui indique comment, pour souligner la suprématie du roi, Jean Bodin traite le thème de la supériorité du diamant sur les autres pierres précieuses : cf. Jean CÉARD, « Les visages de la royauté en France à la Renaissance », in Yves-Marie BERCÉ (dir.), *Les Monarchies*, Paris, Puf, 1997, p. 73-89 (p. 75 notamment).

expressement defendu de l'appliquer à auttre usage qu'à son salut et conservation[80].

Dans leur introduction aux nouveaux documents sur la vie de Vigenère, Jean Dupèbe et Jean-François Maillard soulignent que le traducteur de Tite-Live « prend résolument position dans le camp des anti-machiavéliens » et qu'« il en profite pour porter une sévère critique à la gestion financière des trois décennies précédentes, conséquence de pratiques tyranniques issues des doctrines de Machiavel qui ne pouvaient que déboucher sur la révolte factieuse de la Ligue »[81].

Comment concilier ces affirmations de Vigenère avec tout ce que nous avons soutenu dans les pages précédentes ? Ce qui à première vue pourrait sembler contradictoire est en fait symptomatique du climat d'une époque où plusieurs auteurs échappent à toute classification définitive. Machiavel et le machiavélisme, en particulier, constituent un terrain très glissant dans le débat français :

80. « Blaise de Vigenère poète & mythographe au temps de Henri III », *Cahiers V. L. Saulnier*, n° 11, Paris, Presses de l'École Normale Supérieure, 1994, p. 206. Le document est conservé à la Bibliothèque nationale de France, ms. Fr. 3632, fol. 69 r-v. Il fait l'objet d'un commentaire très utile de Jean Dupèbe et de Jean-François Maillard, qui signalent opportunément en note les renvois internes aux textes de Vigenère lui-même. La métaphore de la tonte — largement répandue dans la poésie française du XVIe siècle — rappelle les vers de Ronsard (où elle est appliquée à l'Église, et non pas aux rois) : « Mais que diroit Sainct Paul, s'il revenoit icy, / De nos jeunes Prelats qui n'ont point de soucy / De leur pauvre troupeau, dont ils prennent la laine, / Et quelquefois le cuir : qui tous vivent sans peine, / Sans prescher sans prier sans bon exemple d'eux, / Parfumez decoupez courtisans amoureux, / Veneurs et fauconniers, et avec la paillarde / Perdent les biens de Dieu, dont ils n'ont que la garde ? » (Ronsard, « Discours à G. Des-Autels », vv. 79-86, in *Œuvres complètes*, *cit.*, t. II, p. 1013).

81. « Blaise de Vigenère poète & mythographe au temps de Henri III », *cit.*, p. 176.

derrière des termes tels que « machiavélique », « machiavéliste » ou « anti-machiavéliste », se cachent des attaques et des polémiques dirigées contre certains mouvements et certains personnages qui combattent sur plusieurs fronts. Les protestants emploient ces termes pour dénigrer les Valois, les catholiques pour discréditer les « Politiques » et ces derniers pour condamner la fausseté des Ligueurs[82]. Il faut donc distinguer les périodes, analyser les contextes, soupeser les mots livre par livre. Et voilà comment les critiques émises par Vigenère contre les pratiques tyranniques de certains disciples de Machiavel peuvent coexister avec sa sincère adhésion, dans les dédicaces que nous avons analysées, à la politique d'Henri III et à l'utilisation civile de la religion à des fins de paix sociale.

7. Pierre de Dampmartin et la devise d'Henri III

Trois ans avant la publication de la devise d'Henri III dans la traduction des *Psaumes* (1588) par Vigenère, Pierre de Dampmartin fait paraître à Paris son traité *De la connoissance et merveilles du monde et de l'homme* (1585). Entre la page de titre et la dédicace au roi figure la devise des trois couronnes : à l'intérieur d'un ovale délimité par fig. 5
deux guirlandes de rameaux d'olivier (qui forment chacune une série de petits cercles contenant tous un cœur où est inscrit le monogramme *H*) se trouvent trois couronnes de feuilles qui contiennent chacune l'un des trois mots du *motto* « Manet ultima coelo ». Dans l'espace qui sépare la

82. Sur Machiavel et le machiavélisme voir (notamment pour la bibliographie) l'article de Jean Balsamo, « Machiavel en France au xvie siècle », in *Dictionnaire des lettres françaises. Le xvie siècle*, *cit.*, p. 768-769.

couronne céleste des deux couronnes terrestres on peut lire six vers à la gloire d'Henri III :

J'appen du bon Henry l'admirable tableau
Que les saintes vertus peignent de leur pinceau
D'un si grand Roy n'est digne une morte peinture
Un plus rare portraict sa gloire a merité
Car aus coeurs de son peuple est sa vraye figure
Qui doit vivre immortelle en la posterité.

Cette figure ovale formée par les deux guirlandes de rameaux d'olivier pourrait être rapprochée de l'image gravée par la suite pour la traduction des *Psaumes* de Vigenère, même si, comme nous l'avons déjà vu, ce dispositif héraldique ajoutait le palmier à l'olivier pour faire plus explicitement allusion aux symboles de la Passion.

L'olivier renvoie certes immédiatement et incontestablement au thème de la paix (de la réconciliation) et au renoncement, de la part d'Henri III, à toute nouvelle conquête. Mais, si l'on prend en considération le contenu même de l'ouvrage où se trouve la devise, on peut aussi voir dans celle-ci une allusion à la sagesse, étant donné le lien qui existe entre Minerve et l'olivier et qui est clairement rappelé dans la devise de Marguerite de Valois (fig. *Rerum Sapientia Custos*) telle que la décrit Claude Paradin dans ses *Devises heroiques* (1557)[83].

Dans l'*Epistre au lecteur* et dans la dédicace au roi, Pierre Dampmartin dresse en effet le portrait élogieux d'Henri III en protecteur des savants (« prez duquel on sçait les hommes de sçavoir avoir esté toujours honorez &

83. Claude Paradin, *Devises heroïques*, Lyon, Jean de Tournes, 1557, p. 234 : « Madame Marguerite de France, tresillustre duchesse de Berri, fait sa Devise de l'Olive, ensemble du Serpent, signifiant ainsi, toutes choses estre regies, et gouvernees par sapience, ou sagesse. »

favorisez »[84]) et en sage monarque capable de conjuguer « l'union rare des actions et vertu guerriere, avec le sage et heureus gouvernement de l'estat »[85].

La présence de la devise royale dans le texte de Dampmartin ne peut être due au hasard. Comme il le rappelle lui-même dans la dédicace à Henri III (« ayant si freschement mis fin aus longs et assidus services que i'ay faits à feu Monseigneur vostre frere »[86]), l'auteur du traité *De la connoissance* a longtemps été un fidèle serviteur de François d'Alençon, tout particulièrement chargé des affaires des Pays-Bas et, surtout, du mariage si controversé avec la reine Élisabeth[87].

L'estime sincère dans laquelle il tient Michel de L'Hospital[88], ses rapports d'amitié et de travail avec Guy

84. Pierre DAMPMARTIN, *De la conoissance et merveilles du monde et de l'homme*, Paris, Chez Thomas Perier, 1585, f. aiij-v. Sur ce texte, cf. François Berriot, « Entre Plutarque et Montaigne : Pierre de Dampmartin dans sa *Connoissance et merveilles du monde et de l'homme* », in *Spiritualité, hétérodoxies et imaginaires. Études sur le Moyen Âge et la Renaissance*, Saint-Étienne, Publications de l'Université de Saint-Étienne, 1994, p. 275-286.

85. *Ibidem*, f. aij-v.

86. *Ibidem*, f. aij-r.

87. Dampmartin fait référence dans plusieurs de ses écrits aux tractations engagées en vue du mariage entre Élisabeth et François d'Alençon : voir le paragraphe intitulé « *Discours du sieur du Fargis, sur les moyens de rendre vn Estat tranquille, lors qu'il y a plusieurs Princes freres, & ce qu'il pense que doit faire Monsieur le Duc d'Alençon touchant la proposition de son mariage avec la Reyne d'Angleterre, & l'esperance d'auoir la Flandre* » (in ID., *La fortune de la cour, ou Discours curieux sur le bonheur et malheur des favoris*, Paris, N. de Sercy, 1644, p. 464 sq.) et certaines de ses lettres récemment publiées par François BERRIOT (« Quatre lettres inédites de Pierre de Dampmartin (1580) », *Bulletin de l'Association d'études sur l'Humanisme, la Réforme et la Renaissance*, 27, 1988, p. 41-49). Sur les préparatifs du mariage, cf. *supra* p. 162-163.

88. On retrouve un éloge de Michel de L'Hospital dans divers ouvrages de Dampmartin : *La fortune de la cour, ou Discours curieux sur le bonheur et malheur des favoris*, *cit.*, p. 234 et p. 350 ; *De la connoissance et merveilles du monde et de l'homme*, *cit.*, p. 111. Sur Michel de

Du Faur de Pibrac et son aversion déclarée envers les tyrans espagnols[89] révèlent une position modérée et opposée à toute forme de fanatisme. Comme l'a souligné François Berriot, l'*Amiable accusation* (1576) « constitue un plaidoyer passionné en faveur de la réconciliation des citoyens et des classes sociales : elle exalte la tolérance religieuse, affirmant qu'il n'appartient pas aux hommes de séparer l'ivraie du froment »[90]. Dans un sonnet adressé aux lecteurs, juste après la dédicace à Pibrac, Dampmartin voit dans les divisions la cause principale du mal-être qui affecte la France :

> Ainsi mal conseillés à exercer la haine
> De la douce union nous mesprisons les lois,
> Nous perdons notre lot, l'ennemy l'a sans peine,
> Nous sommes estrangers, l'estranger est François[91].

Comme Denis Crouzet l'a finement relevé, même les pages où il est question de la nécessité pour un prince d'employer la violence pour la sauvegarde de l'État aboutissent finalement à « une leçon de paix nécessaire »[92].

L'Hospital voir l'importante monographie de Denis Crouzet, *La sagesse et le malheur. Michel de L'Hospital chancelier de France*, Seyssel, Champ Vallon, 1998.

89. Pierre de Dampmartin, *La fortune de la cour, ou Discours curieux sur le bonheur et malheur des favoris*, *cit.*, p. 485.

90. François Berriot, *Quatre lettres inédites de Pierre de Dampmartin (1580)*, *cit.*, p. 41. Berriot souligne que Dampmartin « est donc, plus vraisemblablement, un catholique assez nettement gallican, "politique", libéral en quelque sorte » (François Berriot, « Entre Plutarque et Montaigne : Pierre de Dampmartin dans sa *Connoissance et merveilles du monde et de l'homme* », *cit.*, p. 285).

91. Pierre de Dampmartin, *Amiable accusation et charitable excuse des maus et evenemens de France*, Paris, Chez Robert le Magnier, 1576 (le sonnet précède la page 1).

92. Denis Crouzet, *Le haut cœur de Catherine de Médicis*, *cit.*, p. 519. Soulignons l'importance des observations faites par Crouzet (*ibidem*, p. 507-547 et 591-593) sur la position de Dampmartin.

Pourtant l'*Amiable accusation* suscite, à nouveau, une question légitime : cette œuvre contient-elle, elle aussi, sous une forme allusive, les préceptes que Machiavel avait enseignés aux princes ?[93]

8. Les trois couronnes et l'Horloge de la Conciergerie

D'autres éléments nouveaux nous aideront à mieux comprendre la devise aux trois couronnes. En 1585, un an après la publication de l'*Expulsion*, Henri III demande à son fidèle sculpteur Germain Pilon d'installer un nouveau cadran sur la Tour de l'Horloge de la Conciergerie, fig. 121 modifiant ainsi la structure de base qui avait été créée vers 1371 par Henri de Vic à la demande de Charles V. Sur le marbre supérieur, précisément au-dessus des deux sculptures représentant la Loi, à gauche, et la Justice, à droite, on inscrit la formule *Qui dedit ante duas, triplicem dabit ille coronam* (« celui qui a auparavant donné deux couronnes, celui-là donnera la troisième »), tandis qu'en bas figure une inscription qui s'appuie sur le mouvement mécanique de l'horloge pour lancer un appel à respecter l'ordre : *Machina quae bis sex tam iuste dividit horas Iustitiam servare monet Legesque tueri* (« La machine qui partage si justement les heures en deux fois six exhorte à préserver la Justice et à protéger les Lois[94]. »)

93. La question est posée par Denis Crouzet (*ibidem*, p. 518).

94. L'idée de restaurer le cadran remonte au règne de Charles IX, comme le démontre un document daté du 7 mars 1572, où Pilon reçoit la somme de « cinq cens livres tournois » comme une avance « pour les ouvrages de sculptures qu'il a entrepris de faire au pourtour du cadran de l'horloge du Palais ». (cf. Pierre du Colombier et Jean Adhémar, « Nouveaux documents sur Germain Pilon », *Humanisme et Renaissance*, VI, 1939, p. 316-317.) Mais, nonobstant ce témoignage qui passe

Le *motto* inscrit sur l'horloge est si connu que les Ligueurs en avaient ironiquement proposé une version déformée, comme le raconte Agrippa d'Aubigné dans la *Confession catholique du sieur de Sancy* :

> Enfin M. Ponset se fascha de ce discours, et nous dit : Si vous autres Huguenots ne fussiez venus à la traverse, on eust bien appris au feu Roy des vestemens, des tonsures et des vœux secrets. Car on l'eust mis à la grande Chartrousse, bien fortifiée de bastions au lieu de raisons. On l'eut habillé comme l'estoient ses bardaches en ses heures. On eut changé sa Couronne en couronne de poil, et pour vous dire adieu, et finir vos discours, on eut payé sa devise, *manet ultima caelo*, de ce distique qui fut trouvé affiché sur l'orologe du palais : *Qui dedit ante duas, unam abstulit, altera nutat : Tertia tonsoris nunc facienda manu.* Celui qui devant en a donné deux, en oste l'une, l'autre bransle, la troisiesme se fera maintenant par la main d'un barbier[95].

sous silence toute allusion concrète au projet, il nous paraît difficile de supposer que les symboles du cadran, tels que nous les voyons encore aujourd'hui, puissent être attribués à Charles IX. Après la mort précoce du roi, Pilon n'aura pas eu d'autre choix que d'adapter son travail aux désirs d'Henri III.

95. Théodore Agrippa D'Aubigné, *Œuvres complètes*, par Eugène Réaume et François de Caussade, Paris, Alphonse Lemerre, 1873-1892 [rééd. anast. Genève, Slatkine, 1967], t. II, p. 295. Sur la campagne de diffamation menée par Agrippa d'Aubigné contre Henri III, cf. Marie-Madeleine Fragonard, « Stratégie de la diffamation et poétique du monstrueux : d'Aubigné et Henri III », in *Henri III et son temps*, *cit.*, p. 47-55. Signalons l'intéressante gravure intitulée *Le soufflement et conseil diabolique d'Espernon à Henri de Valois pour saccager les Catholiques*, dont parle Pierre de l'Estoile. Cf. Pierre de L'Estoile, « Les Belles figures et drolleries de la Ligue », in *Mémoires-journaux*, Paris, Librairie des Bibliophiles, 1876, t. IV, p. 32 (la cote de l'original reproduit est : BnF Réserve g. Fol. La 25. 6. folio VIII v) : « Au milieu de l'estampe, Henri III, debout, le sceptre à la main, donne audience au cardinal de Bourbon, à l'archevêque de Lyon et au prince de Geinville (*sic*), pendant que Jean d'Épernon lui introduit dans l'oreil, avec un soufflet, l'inspiration

La parodie du *motto* est également évoquée par Dominique Bouhours dans la section des *Entretiens d'Ariste et d'Eugène* consacrée aux emblèmes :

> Cela me fait souvenir, dit Eugene, d'un Mot plaisant que mettoient les Ligueurs à la devise d'Henri III : au lieu de *Manet ultima coelo*, sous les trois Couronnes, ils disoient *Manet ultima claustro*[96].

La propagande hostile à Henri III, nous l'avons vu, ne perd pas une occasion de dénigrer le roi, y compris à travers sa devise. Dans un curieux pamphlet intitulé *Le Testament de Henry de Valois recommandé à son amy Jean d'Espernon*, les dernières pages contiennent un irrévérencieux sonnet (« Sonet sur la devise de Henry de Valois, dedié au mesme Tyran ») sur les trois couronnes et le *motto* qui les accompagne :

> Henry qui te promets au ciel une couronne
> Pour trois fois couronner ton chef ambitieux :
> Henry tu es deceu, en ayant perdu deux,
> Car la tierce aux enfers Lucifer te l'ordonne.
>
> Ne pers point ce present que ce Diable te donne.
> Haste toy vistement d'aller en ces bas lieux,

diabolique. Deux autres, dont l'un porte sur le dos une devise : ULTIMA CL. MANET. À droite, Larchant, tenant têtes du duc de Guise et du cardinal de Lorraine. À ses pieds, "les corps des deux freres catholiques". Dans le fond on aperçoit le château de Blois. » Dans une autre gravure conservée à la Bibliothèque nationale de France (inv. Qb 1589 Hennin 912), le *motto* figure sur les portraits d'Henri III et d'Henri IV, tandis fig. 24
qu'en bas est représenté l'assassin du roi de France (cf. le catalogue de l'exposition : *1594. Le Sacre d'Henri IV à Chartres*, Chartres, Musée des Beaux-Arts, 1994, p. 104).

96. Dominique BOUHOURS, *Les Entretiens d'Ariste et d'Eugène*, *cit.*, p. 193 (pour d'autres références à la devise d'Henri III, cf. p. 152-153).

On te prepare là un siege sumptueux :
Appelle d'Espernon & ta trouppe mignonne.

Envoye ton Herault par tout cest univers,
Annoncer vistement ta descente aux enfers,
Aux mignons, aux sorciers, aux trajstres detestables,

Aux brigands, aux pariures, aux fendeurs de nazeaux :
Sathan est ja sorty de ses lieux infernaux,
Qui a pour t'honnorer une trouppe de diables[97].

Dans un autre portrait où figurent dans la partie supérieure les trois couronnes et le *motto*, on peut lire quelques vers dénigrants qui font la liste des vices du roi : fig.

Deux fois Roy, doux, accort, mais mol, faible, et [prodigue
Par trop de Favoris, d'Offices,et d'Impots
J'embrouillay mon Etat, je perdis mon repos,
Et me vis immoler aux fureurs de la Ligue[98].

Mais revenons-en à notre horloge. Malgré les attaques satiriques, le superbe travail de Pilon sera évoqué avec admiration dans les témoignages de certains de ses contemporains. Le libraire parisien Nicolas Bonfons, par exemple, en fournit une description détaillée :

97. *Le Testament de Henry de Valois recommandé à son amy Jean d'Espernon. Avec un Coq à l'Asne*, s. l., pour J. Varengles et pour D. Binet, 1589, p. 14.

98. La gravure est conservée au Musée de Pau (numéro d'inventaire : P. 1622). Il existe aussi une autre version de ce portrait sans les vers, dans la collection de Michel Hennin, *Estampes relatives à l'Histoire de France* (tome 9, pièces 810-923, période : 1588-1589, Hennin 886) au département Estampes de la BnF. Cf. aussi Jacques de Bie, *Les vrais portraits des rois de France*, Paris, Jean Camusat, 1636, p. 339. fig.

L'an mil cinq cens quatre vingtz cinq fut restably le Cadran de l'Horloge du Palais de Paris ; le conducteur & inventeur de l'ouvrage est Germain Pillon, Maistre Statuaire, & l'un des premiers hommes de ce temps, qui par son art & industrie a rendu des ouvrages cy parfaictes & si bien eslaborees en nostre ville de Paris & autres lieux de France que la memoire en sera perpetuelle. Ce qui ensuit y est escrit : *Qui dedit ante duas, triplicem dabit ille Coronam*. Plus bas est escrit : *Machina quae bis sex tam iuste dividit horas, Iustitiam servare monet Legesque tueri*. Aux costez du Cadran y a deux Images : l'une representant la Loy, tenant és mains les Tables, l'autre representant la Iustice & son equité, tenant és mains des balances[99].

99. Cf. *Les antiquitez, croniques et singularitez de Paris [...] par Gilles Corrozet [...] et depuis augmentees par N. B.*, Paris, Par Nicolas Bonfons, 1586, f. 201v. Dans la deuxième partie de ce volume, mise à jour par le même libraire, Bonfons [N. B.], après la mort de Gilles Corrozet (1510-1568), la description est encore plus détaillée ; cf. *Les antiquitez, croniques et singularitez de Paris [...] par Gilles Corrozet [...] et depuis augmentees par N. B.*, Paris, Par Nicolas Bonfons, 1588, f. 120 r-v : « L'an 1585, sur la fin du moys de novembre, fut achevé l'ouvrage du quadran, lequel, avec sa décoration, est estimé le plus beau de toute la France. Le conducteur d'icelle ouvrage fut Germain Pillon, maistre statuaire & l'un des premiers en son art, lequel a rendu des ouvrages cy parfaites en nostre ville de Paris & autres lieux de France que la mémoire en sera perpetuelle. Au haut d'iceluy quadran y a premierement le pourtrait d'une colombe signifiant le S. Esprit, sous laquelle est une couronne de l'aurier qui est dessus & au milieu des deux autres couronnes qui sont sus les deux escus de France et de Pologne, le tout enclos d'un collier de l'ordre du Sainct Esprit, cree et institué par le roy Henry a present regnant. Et au-dessous est escrit : *Qui dedit ante duas triplicem dabit ille coronam*. A l'un des costez du quadran est representé Pieté tenant un livre ouvert auquel est escrit : *Sacra Dei celebrare pius / regale time jus*. Et de l'autre costé Iustice tenant une balance. Au bas dudit quadran est ainsi escrit : *Machina que bis sex / Tam juste dividit horas / Iustitiam servare / Monet, legesque tueri.* »

Il convient de rapporter aussi le compte rendu de l'humaniste Arnold Van Buchel (dont, par ailleurs, nous est parvenu le témoignage à propos de Bruno et de certaines de ses œuvres[100]). Dans sa *Description de Paris*, il fait référence à l'horloge de Pilon en en donnant le seul croquis existant :

> 18 juillet 1585. Ce croquis représente l'horloge qui est dans la tour du Palais, c'est un beau travail en marbre et en or, mais elle n'est pas terminée ; le constructeur Pilon est un artiste du roi, d'une grande habileté. Les Parisiens ont contribué pour plus de 4 000 pièces d'or de France à la décoration du Palais[101].

100. Le témoignage d'Arnold Van Buchel (qui nous intéresse ne serait-ce que parce qu'il mentionne les œuvres de Bruno et renvoie ironiquement au salut de l'âme) est reproduit dans les *Documenti parigini* rassemblés par Spampanato : « Philosophiae subtilior quam saluti suae conveniat professor est Jordanus Brunus Nolanus italus, qui falso cognomen assumpsit Philothei. Composuit libellum de Arte reminiscendi et italicâ linguâ conscripta : Gli furori heroici, il candelaio, comoedia » (Vincenzo SPAMPANATO, *Vita di Giordano Bruno*, *cit.*, p. 645 [facsimilé de l'édition originale, Messine, Principato, 1921]).

101. Cf. Arnold VAN BUCHEL, *Description de Paris. (1585-1586)*, traduite et annotée par Alexandre Vidier, avec une notice biographique par L. A. Van Langeraad, Paris, 1900, pp. 86-87. Sur la valeur de ce témoignage cf. *Vue de l'horloge du Palais de la Cité*, Utrecht, Rijksuniversiteit, Algemene Bibliothek, ms n. 798, [Hist., 132, 133], t. I [France], f. 167v ; sur ce manuscrit, cf. Mary L. LEVKOFF, « Précision sur l'œuvre de Germain Pilon et sur son influence », in *Germain Pilon et les sculpteurs français de la Renaissance*, *cit.*, p. 67-69. Sur la présence de la Loi (et non de la Piété) et de la Justice, cf. aussi Antoine-Nicolas DEZALLIER D'ARGENVILLE, *Voyage pittoresque de Paris*, Paris, Chez De Bure l'aîné, 1757, p. 20 (rééd. anast. Genève, Minkoff, 1972) : « A l'autre extrémité de ce Pont, au coin du Quai de Morfondus est placée l'Horloge du Palais, ornée de quelques figures en terre cuite, de la main de Germain Pilon : elles représentent la Loi & la Justice, avec les armes d'Henri III. »

9. La Loi et la Justice : l'Horloge et l'*Expulsion*

Il faut ici nous arrêter sur un point supplémentaire qui mérite d'être rappelé : il nous semble en effet intéressant de noter que, sur l'Horloge de Pilon, les trois couronnes se trouvent associées à la Loi et à la Justice, ce qui rappelle de manière surprenante le lien établi par Bruno entre le *motto* royal et les mérites d'un Henri III capable d'administrer de manière équilibrée les deux piliers sur lesquels repose le sort des institutions politiques.

Pour Bruno, sortir du chaos, cela signifie avant tout rétablir la Loi. C'est dans ce but que Jupiter la rapproche le plus près possible de la Vérité (« Donc la vérité précède toute chose, est avec toute chose, après toute chose, au-dessus de tout, avec tout, après tout, elle est raison du début, du milieu et de la fin »[102]) et de la Sagesse (« et je comprends que tu [Sofia] es celle qui, sous différents modes, contemple, explique et comprend cette vérité »[103]) :

> Après Sofia vient la loi, sa fille. Par celle-ci la première veut œuvrer, par l'autre celle-là veut être mise en œuvre. C'est par la loi que les princes règnent, que les royaumes et les républiques se maintiennent. [...] Jupiter lui a ensuite ordonné et imposé d'agir et d'être rigoureuse surtout en ce qui concerne les choses auxquelles elle a été imposée comme principe et cause première et principale :

102. Giordano Bruno, *Expulsion de la bête triomphante*, II, *cit.*, p. 182-183 : « Dumque la verità è avanti tutte le cose, è con tutte le cose, è dopo tutte le cose ; è sopra tutto, con tutto, dopo tutto : ha raggione di principio, mezzo e fine ».

103. *Ibidem*, p. 190-191 : « e comprendo che tu sei quella che in varii modi contempli, comprendi et esplichi questa veritade ».

> c'est-à-dire tout ce qui appartient à la communauté des hommes et à la conversation civile[104].

La Loi divine (la religion) et la Loi civile poursuivent les mêmes objectifs. Elles visent à offrir aux hommes des normes de comportement qui puissent garantir la paix et la conservation de la société : « on ne doit accepter aucune loi qui n'ait pour but la réalisation de la société des hommes »[105]. Autrement dit, toutes deux ont pour tâche de « lier », de maintenir uni ce qui est hétérogène :

> Jupiter a donné à la loi la puissance de lier […] Toute loi a en effet deux mains par lesquelles elle a la puissance de lier, l'une est celle de la justice, l'autre celle de la possibilité ; et de ces deux mains, l'une est dirigée par l'autre, car si de nombreuses choses qui ne sont pas justes sont possibles, rien pourtant n'est juste qui ne soit aussi possible[106].

La fonction politique spécifique de la « religion » renvoie indirectement au débat sur l'étymologie de ce terme. L'acte de « lier », en quoi elle consiste, semble s'accorder parfaitement avec l'hypothèse selon laquelle sa racine

104. *Ibidem*, p. 192-95 : « Alla Sofia succede la legge sua figlia : e per essa quella vuole oprare, e per questa lei vuole essere adoperata ; per questa gli prencipi regnano, e li regni e republiche si mantegnono. […] Appresso gli ha ordinato et imposto che massimamente verse e vegna rigorosa circa le cose alle quali da principio e prima e principal causa è stata ordinata : cioè circa quel tanto ch'appartiene alla communione de gli uomini, alla civile conversazione ».

105. *Ibidem*, p. 196-197 : « nessuna legge che non è ordinata alla prattica del convitto umano, deve essere accettata ».

106. *Ibidem*, p. 194-197 : « Gli ha donata Giove la potenza di legare […] perciò che due sono le mani per le quali è potente a legare ogni legge, l'una è della giustizia, l'altra è della possibilità ; e di queste l'una è moderata da l'altra : atteso che quantumque molte cose sono possibili che non son giuste, niente però è giusto che non sia possibile ».

linguistique dériverait du verbe *religare* (« lier »)[107], et non pas du verbe *relegere* (« reconsidérer avec soin »)[108]. Or, tout comme Ronsard l'avait fait avant lui, Bruno met fortement l'accent sur la fonction de cimentation et de liaison que remplit la religion, et sur l'effet unificateur qu'elle peut avoir à l'intérieur de la société[109].

Jupiter l'affirme sans ambages : la loi et la religion ont été créées pour les hommes, non pour les dieux. Les divinités n'ont pas besoin d'être respectées pour que s'accroisse leur gloire. Aucun rite humain ne peut leur conférer plus d'honneur qu'elles n'en ont déjà. La finalité des cérémonies ne concerne donc pas ceux qui habitent les régions célestes. Bien au contraire, pour les dieux, seuls comptent les gestes et les actes qui ont des effets positifs

107. Cf. Lactance, *Institutions divines*, IV 28 : « hoc vinculo pietatis obstricti Deo et religati sumus, unde ipsa Religio nomen accipit, non ut Cicero interpretatus est, a relegendo » (« grâce à ce lien, nous sommes attachés et *religati* [« reliés »] à Dieu, et c'est de là que la religion elle-même tire son nom, contrairement à l'interprétation de Cicéron, qui le fait dériver de *religere* [« reconsidérer avec soin »] ») ; saint Augustin, *Rétractations*, I, 13, opte pour l'interprétation de Lactance (mais dans la *Cité de Dieu*, X, 3, il semble être plutôt favorable à celle de Cicéron). Sur cette question, le rôle de Lucrèce est également important : sur l'interprétation du terme de *religio* dans le *De rerum natura*, cf. Jean Salem, « Comment traduire *Religio* chez Lucrèce ? », in Id., *Démocrite, Épicure, Lucrèce : la vérité du minuscule*, Paris, Encre marine, 1998, p. 73-106.

108. Cf. Cicéron, *De natura deorum*, II 28, 72 : « qui autem omnia quae ad cultum deorum pertinerent diligenter retractarent et tamquam relegerent, <ii> sunt dicti religiosi ex relegendo » *(La nature des dieux*, tr. fr. Clara Auvray-Assayas, Paris, Les Belles Lettres, 2002, p. 89 : « Mais tous ceux qui examinaient avec soin tout ce qui se rapporte au culte des dieux et, pour ainsi dire, le passaient en revue (*relegere*), ont été appelés religieux (*religiosi*), du verbe *relegere* »). Pour une reconstitution du débat sur l'étymologie de « religion », cf. l'article « Religion » dans le *Dictionnaire de théologie catholique*, XIII (1937), col. 2182-2184.

109. Cf. *supra*, p. 71. Chez Ronsard aussi, le terme de *Loy* a souvent le sens de *religion* : cf. Daniel Ménager, *Ronsard. Le Roi, le Poète et les Hommes*, Genève, Droz, 1979, p. 167.

sur les « relations civiles ». Les passions divines ne sont pas déchaînées par ce que les hommes font en faveur ou à l'encontre des dieux, mais uniquement par ce qui est fait en faveur ou à l'encontre des « républiques » :

> Il [le jugement] ne doit pas croire que les dieux se sentent de quelque manière concernés par ce qui ne concerne pas les hommes eux-mêmes, car les dieux se soucient seulement de ce dont peuvent se soucier les hommes, et ils ne s'émeuvent ni ne se mettent en colère pour ce qui peut être pensé, dit ou fait envers eux-mêmes, sinon dans la mesure où par là viendrait à se perdre le respect par lequel les républiques se maintiennent. [...] Aussi est-il indigne, sot, sacrilège et blâmable de penser que les dieux recherchent la révérence, la crainte, l'amour, la vénération et le respect que leur portent les hommes pour autre chose que l'intérêt et le profit des hommes eux-mêmes : comme ils sont suprêmement glorieux par eux-mêmes et qu'aucune gloire extérieure ne peut leur être ajoutée, ils ont fait les lois non pas tant pour recevoir de la gloire que pour communiquer de leur gloire aux hommes[110].

110. Giordano BRUNO, *Expulsion de la bête triomphante*, II, *cit.*, p. 200-201 : « Che non creda che in modo alcuno li dèi si senteno interessati in quelle cose nelle quali nessuno uomo si sente interessato : perché di quelle cose solamente gli dèi si curano delle quali si possono curar gli uomini, e non per cosa che vegna fatta o detta o pensata per essi si commuoveno o se adirano, se non in quanto per quello venesse a perdersi quel rispetto per cui si mantegnono le republiche [...] Per tanto è cosa indegna, stolta, profana e biasimevole pensare che gli Dei ricercano la riverenza, il timore, l'amore, il culto e rispetto da gli uomini per altro buon fine et utilitade che de gli uomini medesimi : atteso che essendo essi gloriosissimi in sé, e non possendosegli aggionger gloria da fuori, han fatto le leggi non tanto per ricevere gloria, quanto per communicar la gloria a gli uomini ».

10. Trois couronnes et un même *motto* pour deux rois : Henri III et Henri IV

Mais reprenons un moment le fil qui relie notre parcours à la théorie des emblèmes. Sur ce plan, il est possible de repérer un autre subtil rapprochement. Dans l'*Expulsion*, la Couronne boréale destinée à Henri III est indissolublement liée à l'Épée (« Là où brille la COURONNE BORÉALE accompagnée de l'Épée, on désigne le Jugement, comme effet immédiat de la loi et action de justice[111] »). Et c'est précisément une Épée que Henri III de Navarre prendra pour emblème, comme s'il voulait revendiquer le soutien d'une force divine pour favoriser ses conquêtes présentes et futures[112].

Le futur héritier de la couronne de France, en effet, est déjà considéré avec bienveillance par Ronsard qui, en 1584, juste après la mort du duc d'Anjou, en trace un portrait positif dans quelques vers adressés à Simon Nicolas. Le poète espère que les signes du calme succédant à la tempête (« le feu sainct Herme ») pourront apaiser les eaux de la mer agitée sur laquelle navigue la France[113] :

111. Giordano BRUNO, *Expulsion de la bête triomphante*, I, *cit.*, p. 34-35 : « Ove luce la CORONA BOREALE, accompagnandola la SPADA, s'intende il Giudizio, come prossimo effetto de la legge et atto di giustizia. »

112. Cf. Josèphe JACQUIOT, « L'iconographie et l'iconologie sous le règne du roi Henri III, roi de France et de Pologne d'après des médailles et des jetons », in *Henri III et son temps*, *cit.*, p. 145-146. (cf. Bernardine MELCHIOR-BONNET, *Les Guerres de Religion. 1547-1610*, préface de Pierre Miquel, Paris, Larousse, 1988, p. 98). On trouve aussi la scène de la passation des pouvoirs, mais sans l'inscription, sur une tapisserie conservée au Musée national d'Écouen (cf. le catalogue de l'exposition *Henri IV et la reconstruction du royaume*, *cit.*, fiche n° 69, p. 73).

113. Sur cette image poétique liée à l'emblème du navire de la France, qui intéresse également Bruno, cf. *supra*, p. 30-35, p. 68 et p. 108-113.

Le Roy (dit-on) n'aura jamais d'enfans,
Son heritier dés ses plus jeunes ans
Ayme la guerre, il est haut de courage,
Prompt et actif, il est caut, il est sage,
Bref c'est un foudre, un astre des combats,
Et toutesfois ne le voudra-t-on pas
En survivance, ah ! que de fiers gendarmes,
Ah ! que de feux, que d'horribles alarmes !
Que de pitié ! que de sang ! que de morts !
Que d'estrangers ancreront à nos ports !
Tout est perdu, la France est à son terme,
Si le bon Dieu comme le feu sainct Herme,
Ne faict descendre en l'esprit d'un tel Roy
Son esprit sainct pour le ranger à soy[114].

Bruno lui-même — tout en démentant son accusateur Giovanni Mocenigo qui déclare l'avoir « entendu dire [...] qu'il fondait de grands espoirs sur le roi de Navarre »[115] — reconnaîtra au cours du procès que, contraint de subordonner ses choix religieux aux exigences politiques, Henri IV aurait pu emprunter le chemin pacifique déjà tracé par Henri III :

> Je ne connais ni le roi de Navarre ni ses ministres, et je ne l'ai jamais vu ; et s'il m'est arrivé de parler de lui, j'ai dit que je ne le tenais pas pour un calviniste et un hérétique, sinon par nécessité de régner, car s'il ne professait pas l'hérésie, il n'aurait personne pour le suivre. Je disais de plus que j'espérais que, s'il obtenait pacifiquement le

114. RONSARD, « Caprice », vv. 139-152, in *Œuvres complètes*, *cit.*, t. II, p. 1148-1149. Mais le prince de la Pléiade avait déjà loué le Navarrais dans un sonnet qu'il lui avait dédié (« À Henry de Bourbon, Roy de Navarre », *ibid.*, t. I, p. 495).

115. Cf. Giordano BRUNO, *Œuvres complètes, Documents. I. Le Procès*, *cit.*, p. 248-249 : (« Gli ho sentito dire [...] che sperava gran cose sul re di Navarra »). Bruno démentira la déclaration que lui avait attribuée le délateur Giovanni Mocenigo (*ibid.*, p. 120-121).

> royaume de France, il confirmerait les ordres du défunt roi, et que j'aurais de lui les mêmes faveurs que celles que j'avais reçues du feu roi en ce qui concerne mes leçons publiques[116].

Dans la correspondance échangée entre Michel de Castelnau et Henri III durant le séjour de Bruno à l'ambassade de France à Londres, reviennent souvent des considérations sur la stratégie que Henri III pourrait suivre en matière de religion. Dans une lettre adressée au Roi le 11 mai 1584, voici comment le diplomate rend compte des rumeurs qui courent sur le roi de Navarre :

> Il y a eu par deçà divers discours sur ledict Roy de Navarre, qu'il se voulloict du tout remettre avec Vostre Majesté, et mesme jusques à aller à la messe, disant qu'il falloict s'accomoder au temps[117].

Autres liens possibles : le jeu sur le *motto* des trois couronnes (au bas d'une gravure de F. Hogenberg conservée à la Bibliothèque nationale de France, la cérémonie du transfert de la couronne entre Henri III mourant dans son lit et le futur Henri IV agenouillé devant le roi est ornée de l'inscription *Qui dedit ante duas tertiam illi dabit coronam*)[118],

116. *Ibidem*, p. 118-121 : « Io non conosco né il re di Navarra né li suoi ministri, né mai l'ho veduto ; et di lui occorrendomene a parlar, ho detto che non lo tenevo per calvinista et heretico se non per necessità di regnare, che, se non professasse l'heresie, non haveria chi lo seguitasse ; dicendo di più, che speravo che, ottenendo lui pacifico il regno di Francia, haveria confirmati li ordini del Re passato, et io haveria havuto da lui quelli favori che io havevo havuti dal Re passato circa le lettioni publiche. ».

117. Alexandre-Jean-Baptiste-Théodore TEULET, *Papiers d'état... relatifs à l'histoire de l'Écosse au XVIe siècle*, *cit.*, t. II, p. 658.

118. Cf. Bernardine MELCHIOR-BONNET, *Les Guerres de Religion. 1547-1610*, *cit.*, p. 98. On trouve aussi la scène de la passation des pouvoirs, mais sans l'inscription, sur une tapisserie conservée au Musée national

ou encore le choix commun du symbole du Centaure qui, selon le témoignage de Dominique Bouhours, aurait été gravé en 1588 sur une médaille pour unir les armes d'Henri III et celles du roi de Navarre :

> L'an mille cinq cens quatre-vingt huit on fit une médaille sur laquelle on grava un Centaure l'arc à la main, avec ces Paroles, *Major vis juncta duobus* : pour representer la jonction d'armes de Henry III & du Roy de Navarre[119].

Dans le sillage de Machiavel[120], en effet, Ronsard considère que les enseignements du mythique Chiron

d'Écouen (cf. le catalogue de l'exposition *Henri IV et la reconstruction du royaume*, *cit.*, fiche n° 69, p. 73).

119. Dominique Bouhours, *Les Entretiens d'Ariste et d'Eugène*, *cit.*, p. 156.

120. « Vous devez donc savoir qu'il y a deux manière de combattre, l'une avec les lois, l'autre avec la force : la première est propre à l'homme, la seconde aux bêtes ; mais parce que bien des fois la première ne suffit pas, il convient de recourir à la seconde : et il est donc nécessaire à un prince de savoir bien user de la bête et de l'homme. Ce point a été enseigné aux princes à mots couverts par les écrivains anciens, qui écrivent comment Achille, et beaucoup d'autres parmi les princes de l'Antiquité, furent donnés à élever au centaure Chiron, pour qu'il les instruisît sous sa discipline. Ce qui veut ne dire rien d'autre - d'avoir pour précepteur un être mi-bête mi-homme -, et que l'une sans l'autren'est pas durable » (« Dovete adunque sapere come sono dua generazione di combattere, l'uno con le legge, l'altro con la forza : quel primo è proprio dello uomo, quel secondo delle bestie ; ma perché el primo molte volte non basta, bisogna ricorrere al secondo : pertanto a uno principe è necessario sapere usare bene la bestia e lo uomo. Questa parte è suta insegnata a' principi copertamente dalli antiqui scrittori, li quali scrivono come Achille e molti altri di quelli principi antichi furono dati a nutrire a Chirone centauro, che sotto la sua disciplina li custodissi ; il che non vuol dire altro, avere per precettore uno mezzo bestia e mezzo omo, se non che bisogna a uno principe sapere usare l'una e l'altra natura, e l'una sanza l'altra non è durabile ») : Machiavel, *Il Principe / Le Prince* [suivi de Agostino Nifo, *De regnandi peritia / L'art de régner*], nouvelle édition critique du texte par Mario Martelli, introduction et traduction de Paul Larivaille, notes de commentaire de Jean-Jacques Marchand,

sont nécessaires pour gouverner avec sagesse et justice. Voilà pourquoi, dans l'*Hydre desfaict*, le Vendômois fait figurer le jeune duc d'Anjou parmi les élèves du célèbre Centaure :

> C'est ce HENRY (second honneur de France)
> Fils de Henry, que de Mars dés son enfance
> Comme sa race en son giron nourrit,
> Et le mestier des armes luy appris :
> Et couronnant cet enfant de l'hierre,
> Dés le berceau le fit naistre à la guerre.
> Ainsi jadis le grand Saturnien
> Fu alaitté dans l'antre Dictien
> Entre le bruit des boucliers et des armes :
> Ainsi jadis ces deux fameux gendarmes
> Jason, Achille, enfançons de Chiron,
> Furent nourris en son docte giron,
> Qui aux combats sans crainte se pousserent,
> Et de bien loing leurs peres surpasserent.
> Ainsi ce Prince en la guerre nourry
> Passe les faicts de son pere Henry[121].

Bruno lui aussi reconnaît dans l'*Expulsion* les mérites du machiavélien précepteur des princes. Jupiter lui-même, qui avait dans un premier temps exprimé sur le Centaure un avis négatif (« Vous savez aussi que Chiron, avec sa bête, occupe dans les latitudes australes du ciel soixante-six étoiles pour avoir été le précepteur du fils qui naquit des

Paris, Les Belles Lettres, 2008, p. 54. Les mêmes qualités de Chiron sont louées par Alciat dans un emblème éloquemment intitulé *Les Conseillers des Princes* : *Toutes les Emblemes de M. André Alciat*, de nouveau translatez en François, Lyon, Chez Guillaume Rouille, 1558, p. 182 (cf. André ALCIAT, *Consiliarij Principum*, in *Les Emblèmes*, [fac-simile de l'édition Macé-Bonhomme, Lyon, 1551], préface de Pierre Laurens, Paris, Klincksieck, 1997, p. 160). fig. 87

121. *Discours des Misères de ce temps*, *cit.*, vv. 12-26, t. II, p. 1073-1074.

stupres de Pélée et de Thétys »)[122], prend finalement sa défense et lui reconnaît une fonction de premier plan :

> Quoi que j'aie pu dire moi-même contre Chiron, à présent je me dédis, et j'affirme que Chiron le centaure n'est pas indigne du ciel, parce qu'il est un homme très juste, qui jadis habitait le mont Pélion où il enseignait la médecine à Esculape, l'astrologie à Hercule et la cithare à Achille, guérissant les malades, expliquant comment on monte aux étoiles et comment les nerfs qui produisent les sons se fixent au bois et doivent être pincés. Je le juge même très digne du ciel, parce qu'en ce temple céleste, auprès de cet autel dont il est le desservant, il n'y a pas d'autre prêtre que lui [...] Et comme l'autel, le sanctuaire, l'oratoire sont très nécessaires et qu'ils seraient vains sans leur ministre, que Chiron vive donc ici, qu'il reste ici et qu'il demeure éternellement ici, si le destin n'en dispose pas autrement[123].

D'autres pistes mériteraient d'être explorées. Tout aussi intéressante la devise dont le *motto* est « Ius dedit et dabit uti » (formule polysémique pouvant signifier que « Le droit [m']a autorisé et [m']autorisera à [me] servir [des épées couronnées] » ou bien que « [Dieu ?] [m']a donné et [me] donnera le droit de [me] servir [d'elle(s)] »). Là encore on retrouve les trois couronnes : l'image montre en effet deux épées croisées en bas portant deux couronnes et sur lesquelles descend du ciel une troisième épée, couronnée,

122. *Expulsion de la bête triomphante*, I, *cit.*, p. 112-113 : « Sapete bene che Chirone con la sua bestia ottiene nella australe latitudine del cielo sessanta e sei stelle per esser stato pedante di quel figlio che nacque dal stupro di Peleo e Teti ».

123. *Ibidem*, p. 496-498. Sur Chiron en relation avec Ronsard, Machiavel et Bruno, cf. Nuccio Ordine, « Chiron et le roi philosophe : l'éloge de Henri III », in *Giordano Bruno, Ronsard et la religion*, *cit.*, p. 167-173.

comme cela est indiqué dans les répertoires de Salomon Neugebauer[124] et de Johann Jacob Luck[125]. fig. 82 fig. 83

Mais il est possible de retrouver le thème des trois couronnes également dans les devises utilisées par Henri IV ou dans certaines tables généalogiques des rois de France, comme l'atteste une image du XVIIe siècle où Henri IV et Marie de Médicis apparaissent couronnés et placés à côté d'une troisième couronne. fig. 80

On voit parfois apparaître près des trois couronnes le *motto* « *Manet ultima coelo* » : Henri IV continue en effet d'utiliser la devise d'Henri III — mais en remplaçant les armoiries de la Pologne par celles de la Navarre — dans des actes officiels et dans des publications. *Le Pélerin de Lorete* de Louis Richeome (1604)[126], où les mots *Manet ultima coelo* sont inscrits dans le bandeau de la grande couronne supérieure, constitue un exemple éloquent de cette pratique. fig. 59

Dans certains de ces documents, le *motto* devient un hémistiche dans les vers *Quae floret sine fine piis manet ultima coelo / Marcet at in terris parta corona duplex* (« L'ultime couronne éternellement florissante attend au ciel les hommes pieux, tandis que se fanent les deux couronnes nées sur terre »)[127].

Quand il décrit l'entrée du roi de Navarre à Lyon, Pierre Matthieu, historiographe au service d'Henri IV, rappelle que le roi a hérité de son prédécesseur la devise aux trois couronnes :

124. Salomon NEUGEBAUER, *Selectorum Symbolorum Heroicorum…*, Francofurti, apud Lucam Iennis, 1619, p. 93-94.

125. Johann Jacob LUCK, *Sylloge numismatum elegantiorum…*, Argentinae, typis Reppianis, 1620, p. 346-347.

126. Louis RICHEOME, *Le Pélerin de Lorete*, Bordeaux, Par S. Millanges, 1604 (BnF, Rés. H 1767).

127. Sur ce point, voir Corrado VIVANTI, *Lotta politica e pace religiosa in Francia fra Cinque e Seicento*, *cit.*, p. 117.

> Du costé droit, trois couronnes, devise que S. M. tient du feu Roy *MANET ULTIMA COELO.*[128]

Dans les premières pages (non numérotées) d'un autre volume consacré par Matthieu à la description de l'entrée triomphale du roi à Lyon, on peut voir un portrait du roi de Navarre où sont représentées trois couronnes en bas à droite, avec le *motto* « ἔδωκεν ἠδὲ ἔτι δώσει » fig. 79
(« qui a donné donnera encore »)[129]. Cet ouvrage signale également un arc sur lequel, près de la statue d'Henri IV, est sculptée l'image d'Henri III, avec sur le côté le *motto* « Manet ultima coelo »[130].

Et dans la description d'une entrée triomphale d'Henri IV à Caen en septembre 1602, l'auteur anonyme signale, à côté de la devise *Duo protegit unus* (« Un seul en protège deux ») la présence de deux couronnes accompagnées du *motto* « Manet ultima coelo ».[131]

Dans sa *Harangue aux Consules et peuple de Lyon*, le même Pierre Matthieu dépasse la signification religieuse de la devise, en interprétant la troisième couronne comme une récompense non pas céleste mais terrestre :

128. Pierre MATTHIEU, *L'entrée de tres-grand, tres-chrestien, tres-magnanime, et victorieux prince. Henry IIII. roy de France & de Navarre, en sa bonne ville de Lyon, le IIII. septembre l'an M. D. XCV ... Contenant l'ordre & la description des magnificences dressees pour ceste occasion...*, Lyon, de l'imprimerie de Pierre Michel, s. d., p. 10.

129. Cf. *ibidem*, *Les deux plus grandes, plus célèbres et memorables resjouissances de la ville de Lyon*, Lyon, par Thibaud Ancelin, 1598. Le *motto* est une reprise d'Homère, *Iliade*, I 96 : ἄλγε᾽ ἐδώκεν Ἑκηβολος ἠδ᾽ ἔτι δώσει (L'Archer [=Apollon] vous a octroyé des souffrances & vous en octroiera encore), trad. P. Mazon, Paris, 1937, t. I, p. 7.

130. *Ibidem*, p. 87-88.

131. *Discours de l'entrée faicte par treshaut et trespuissant prince Henri IIII, Roy de France et de Navarre, et tres illustre princesse Marie de Médicis, la Royne son espouse, en leur ville de Caen au mois de septembre 1603*, p. 25. Le *motto* « Duo protegit unus » figure également dans un portrait d'Henri IV : fig. 8
cf. Jacques de Bie, *Les vrais portraits des roys de France*, *cit.*, p. 349.

> il me semble voir ce grand Roy, paré de la troisiesme couronne, que sa pieté luy promette en terre[132].

Nous trouvons très significatif le fait que la devise aux trois couronnes figure précisément sur le frontispice de l'opuscule de Matthieu — *L'entrée de tres-grand, tres-chrestien, tres-magnanime, et victorieux prince Henry IIII roy de France & de Navarre, en sa bonne ville de Lyon, le IIII. septembre l'an M. D. XCV* —, avec la reprise d'une image déjà employée par Henri III pour certaines de ses reliures : un cercle contient deux couronnes en haut (celles de France et de Navarre) et une couronne plus petite en bas, tandis qu'une couronne beaucoup plus grande ferme le cercle au-dessus des deux couronnes intérieures[133].

Une marque typographique semblable a également été utilisée par l'éditeur Pierre Chevillot[134]. Avant la mort d'Henri III, en effet, la devise était constituée des trois couronnes et du *motto* du roi, comme en témoigne un volume paru à Paris en 1587 sous le titre *Vray* fig. 57
discours sur la route & admirable desconfiture des Reistres advenue par la vertu & prouësse de Mgr le Duc de Guyse, sous l'authorité du Roy, à Angerville, le Vendredi XXVIII de Novembre 1587. Mais quand Chevillot passe ensuite au service d'Henri IV, la marque typographique (toujours

132. Pierre MATTHIEU, *Harangue aux Consules et peuple Lyon, du devoir et obeissance des subjects envers le Roy et du soing perpetuel de la Providence de Dieu sur ceste Monarchie Françoise*, [Lyon], [s.n.],1594, p. 6.

133. Sur la devise d'Henri III figurant sur les reliures, cf. *supra* p. 124-125.

134. Pierre Chevillot a exercé ses activités de libraire et d'imprimeur à Paris (1579-1594), puis à Troyes (1594-1635) : cf. Louis MORIN, *Une imprimerie troyenne trois fois séculaire. Pierre Chevillot et ses successeurs jusqu'à nos jours (1594-1899)*, Troyes, Imprimerie Gustave Frémont, 1899, p. 6-7 (voir aussi Georges LEPREUX, *Gallia typographica, t. II Province de Champagne et de Barrois*, Paris, Champion, 1911, p. 88-89). Sur les rapports entre Chevillot et Bruno, cf. *supra*, p. 118.

avec la devise du dernier des Valois) ne subit qu'un léger changement (les armes de Navarre se substituant à celles de Pologne), comme on le voit sur l'image imprimée dans la plaquette *Édict et déclaration du Roy sur la réduc-* fig. 58 *tion de la ville de Troyes soubs son obeyssance* (1594)[135]. Et même après la mort du roi, le même dispositif héraldique — toutefois privé du *motto* — sera repris dans certaines œuvres imprimées à Paris (Guillaume du Peyrat, *Les* fig. 63 *Oraisons et discours funebres de divers autheurs, sur le trespas de Henry le Grand, Tres-Chrestien, Roy de France et de Navarre*, 1611[136]) et à Florence (Giuliano Giraldi, *Esequie* fig. 61 *d'Arrigo quarto Cristianissimo Re di Francia e di Navarra celebrate in Firenze dal Serenissimo Don Cosimo II Granduca di Toscana*, 1610[137]).

Mais même dans ces derniers cas le jeu ambigu sur la position hiérarchique de la troisième couronne demeure :

135. *Édict et déclaration du Roy sur la réduction de la ville de Troyes soubs son obeyssance*, Troyes, Pierre Chevillot, 1594. On peut également voir une marque typographique semblable dans la plaquette *Déclaration* fig. 6 *du Roy en forme d'édict sur ce qu'il a pleu à Sa Majesté accorder aux abitans de sa ville et cité de Sens, s'estans remis en son obeyssance*, Sens, Imprimerie de J. Savine, 1594.

136. Guillaume du Peyrat, *Les Oraisons et discours funebres de divers autheurs, sur le trespas de Henry le Grand, Tres-Chrestien, Roy de France et de Navarre*, Paris, Chez Robert Estienne et Chez Pierre Chevalier, 1611.

137. Giuliano Giraldi, *Esequie d'Arrigo quarto Cristianissimo Re di Francia e di Navarra celebrate in Firenze dal Serenissimo Don Cosimo II Granduca di Toscana*, Firenze [Florence], Bartolommeo Sermantelli e fratelli, 1610. Le même dispositif héraldique avait été utilisé dix ans auparavant, toujours à Florence, dans un livret de Michelagnolo Buonarroti [le Jeune], *Descrizione delle felicissime nozze della Cristianissima* fig. 6 *Maestà di Madama Maria Medici Regina di Francia e di Navarra*, Firenze, Appresso Giorgio Marescotti, 1610 (sur cet ouvrage de Buonarroti, voir la notice qui lui est consacrée dans le catalogue *Parigi val bene una messa ! 1610 : l'omaggio dei Medici a Enrico IV re di Francia e di Navarra*, a cura di Monica Bietti - Francesca Fiorelli Malesci - Paul Mironneau, Livorno, Sillabe, 2010, p. 232-234).

la petite couronne se trouve à l'intérieur du cercle en bas, et la grande se trouve sur la circonférence du cercle en haut. Nul mieux que Henri IV ne pouvait comprendre l'importance de la religion comme *instrumentum regni*. Mais ses choix politiques et sa conversion tactique exigeraient une enquête qui dépasse le cadre, plus modeste, de notre parcours.

ADDENDA

Avant de donner le bon à tirer de ce livre, nous voudrions ajouter de brèves réflexions supplémentaires, concernant le thème du *Parcere subiectis et debellare superbos*, le *Balet comique de la Royne* (le chant des Sirènes et le dialogue entre Glaucus et Thétis) et une image avec les trois couronnes sur une tapisserie conservée au musée de Hatfield House (Angleterre).

1. *Parcere subiectis et debellare superbos* : l'éloge des Romains dans l'*Expulsion de la bête triomphante*.

Dans une très belle page de l'*Expulsion*, Bruno fait l'éloge des Romains, exaltant leur conception politique de la religion :

> Lesquels [les dieux], pour cette raison précise, ont glorifié le peuple romain par dessus tous les autres : par leurs magnifiques exploits, en effet, les Romains surent, plus que les autres nations, se conformer aux dieux et leur ressembler, *pardonnant aux peuples soumis, abaissant les orgueilleux*, oubliant les injures et n'oubliant pas les bienfaits reçus, portant secours aux nécessiteux, défendant les affligés, relevant les opprimés, réfrénant les violents,

> favorisant les hommes de mérite en leur rendant honneur et en les glorifiant par des statues colossales, humiliant les délinquants, les jetant dans l'effroi et les exterminant jusqu'au dernier à coup de fouet et de hache[1].

Il s'agit de réflexions qui renvoient aux considérations de Machiavel dans ses *Discours* et qui montrent comment le vers de Virgile — que Bruno lui-même reprendra encore en un endroit stratégique de ses *Fureurs héroïques*[2]— trouve place dans un contexte étroitement lié au thème de la religion conçue comme ciment de la société[3]. Nul doute que cette page de Bruno ne doive être mise en relation avec le débat sur *Parcere subiectis et debellare superbos*, sur lequel nous nous sommes longuement étendu au chapitre VI[4].

2. Le *Balet comique de la Royne* : Océan, Jupiter et la Nymphe, Louise de Lorraine

En relisant certains passages du *Balet comique de la Royne*, il nous a semblé que l'on pouvait établir encore d'autres rapprochements avec des thèmes que Giordano Bruno — un des exégètes les plus autorisés, comme nous l'avons vu, de la devise *Manet ultima coelo* — développera dans le fameux dialogue final des *Fureurs héroïques*, où neuf aveugles retrouvent la vue grâce à la Nymphe de la Tamise, la reine Élisabeth[5]. Dans l'œuvre de Balthasar

1. G. Bruno, *Expulsion de la bête triomphante*, *cit.*, p. 206-207 (nous avons ajouté les italiques).

2. Cf. *supra*, p. 106.

3. Pour les relations entre Ronsard, Bruno et Machiavel sur le thème de l'éloge des Romains et de la religion civile, cf. N. Ordine, *Giordano Bruno, Ronsard et la religion*, *cit.*, p. 105-112.

4. Cf. *supra*, p. 226-231.

5. Cf. *supra*, p. 92-95.

de Beaujoyeulx, à la fin de la « Complainte de Circé », entrent en scène trois Sirènes qui chantent une chanson. fig. 96 Après avoir invoqué Océan (« Ocean, pere chenu, Pere des Dieux reconnu »), le chœur de la voûte céleste répond aux monstres marins en les invitant à « chanter d'un grand Roy la louange immortelle » :

Jupiter n'est seul aux cieux,
La mer loge mille Dieux ;
Un Roy seul en France habite.
Henry, grand Roy des François,
En peuple, en justice, en loix
Rien aux autres Dieux ne quitte.
Allez filles d'Achelois, &c.

[...]

Jupiter a partagé
Les cieux où il est logé,
Et la terre, en parts egales :
Les cieux Jupiter aura,
Et ce grand Roy jouyra
En paix des Gaules loyales.
Allez filles d'Achelois, &c.[6]

Il nous semble que la division en parties égales proposée ici par Jupiter — la terre au roi de France et les cieux au père des dieux — pourrait être rapprochée du dialogue entre Océan et Jupiter dans les *Fureurs héroïques*, dont nous nous sommes déjà occupé au deuxième chapitre[7]. Dans le dialogue brunien aussi, en effet, les protestations d'Océan incitent Jupiter Tonnant à reconnaître une équipartition entre les deux royaumes : le royaume des cieux, sous sa

6. Baltasar de BEAUIOYEULX, *Balet comique de la Royne*, f. 23v-24r [éd. cit., p. 35-36].
7. Cf. *supra*, p. 96-97.

propre domination, et le royaume aquatico-terrestre sous la domination de son adversaire. La séparation aboutira plus tard à une recomposition parce qu'à la Nymphe de la Tamise (la reine Élisabeth) est assigné le pouvoir de rassembler les contraires : ciel et terre/eaux deviendront ainsi un unique tout[8]. Même résultat dans le *Balet comique de la Royne* : la dichotomie "haut"/"bas", garantie par la décision de Jupiter, n'est en fait qu'apparente. En divers passages du ballet, en effet, il est rappelé que le roi de France lui-même s'identifie avec Jupiter[9]. Ainsi les deux royaumes séparés se ramènent-ils, en définitive, à l'unité, puisque tous deux sont gouvernés par le même Henri III, tantôt en qualité de monarque, tantôt en qualité de Jupiter de France.

Une autre rencontre pourrait se révéler significative aussi dans le dialogue qui suit dans le ballet, entre Glaucus et Thétis. Une fois achevé leur échange mélodieux avec la voûte céleste, les Sirènes se dirigent vers une splendide fontaine. Là, immédiatement après le bref chant fig. 9
des Tritons, entrent en scène Glaucus (dieu de la mer) fig. 9
et la Néréide : le premier, dévoré d'amour pour Scylla, demande de l'aide. Mais Thétis révèle que ses anciens pouvoirs sur les eaux sont désormais passés aux mains d'une Nymphe bien particulière :

TETHYS. Je n'ay dessus les eaux pouvoir
Ainsi que je soulois avoir :
Car ceste nymphe a receu de ma main
Dessus les eaux le pouvoir souverain.
GLAUCUS. Et qui est ceste Nymphe ? Est-ce une Nereide ?
TE. Non : car la mer n'a point telle nymphe conceu.
GL. Je sçay bien, c'est Venus.

8. Cf. *supra*, p. 97.
9. Cf. *supra*, p. 28.

TE. Tu es encore deceu.
Elle a chassé Venus dans ses jardins de Gnide.
GL. C'est donc Junon?
TE. Tu te deçois.
GL. Est-ce la Junon des François ?
TE. Ce n'est Junon, c'est Loyse, & son nom
Passe en pouvoir tous les noms de Junon.[10]

L'épouse du roi, Louise de Lorraine, est donc la Nymphe des Nymphes, celle qui domine les eaux. Mais encore une fois, la dichotomie n'est qu'apparente : l'union entre le roi de France et son épouse ramène la division à l'unité dans la monarchie. Ce rôle unificateur reviendra, dans les *Fureurs héroïques,* à la Nymphe des Nymphes de la Tamise, la reine Élisabeth. Mais les points de contact entre les deux récits sur le plan mythologique ne sauraient masquer, en même temps, leur distance sur le plan conceptuel : l'allégorie mise en scène par Bruno, comme nous l'avons vu, est liée à une épaisseur philosophique qui manque au *Balet comique de la Royne*. Il n'en reste pas moins intéressant, pour nous, de saisir comment le Nolain s'approprie, ponctuellement, certains thèmes bien connus dans les cours de France et d'Angleterre, pour les réélaborer ensuite en les pliant entièrement à son dessein philosophique et politique.

3. « Sic ascenditur » : les trois couronnes dans un emblème de Hatfield House

Notre ami Michael Bath nous a signalé, par mail, une image qui figure sur une tapisserie conservée à Hatfield

10. Baltasar de Beaujoyeulx, *Balet comique de la Royne*, f. 22r [éd. cit., p. 43-44].

House (Angleterre)[11]. Il s'agit d'un cycle, intitulé « Four Seasons », constitué de quatre grandes tapisseries, une pour chaque saison, sur la bordure desquelles ont été insérées près de 170 images accompagnées d'un *motto*[12]. Les illustrations, œuvres de Maarten de Vos, suivent un schéma fixe, adapté à chaque saison : au centre est placée une divinité, en haut trois signes du zodiaque, sur le fond une série de représentations d'activités rurales correspondant à la saison. Le long des bords on trouve les emblèmes/devises qui, selon Peter Daly, dérivent en partie de Geffrey Whitney (*Choice of Emblems*, 1586), de Johannes Sambucus (*Emblemata*, deuxième édition, 1566), d'Alciat (une des éditions Plantin), de La Perrière, de Thomas Combe (*Theater of Fine Devices*, 1593) et aussi, probablement, de Montenay, de Rollenhagen, de Juan de Borja, de Matthias Holtzwart et de Hernando de Soto[13]. La tapisserie qui représente l'hiver est datée de 1611.

Sur le bord inférieur de la tapisserie consacrée à l'automne — au centre de laquelle, la figure de Bacchus se détache sur fond de scènes de vendanges et de récoltes de fruits, tandis que, en haut, on distingue, à gauche, le Sagittaire et le Scorpion et, à droite, la Balance — apparaît l'image qui nous intéresse : à l'intérieur d'un cadre ovale,

11. Michael Bath prépare un livre sur les emblèmes qui se trouvent dans les quatre tapisseries de Hatfield House : *The Four Seasons Tapestries at Hatfield House* à paraître chez Archetype Publications, London, 2012.

12. Première description de ce cycle de tapisseries dans Albert Frank Kendrick, « The Hatfield Tapestries of the Seasons », *The Walpole Society. Second annual volume*, Oxford, 1913, p. 89-97 (cf. aussi Ettwell Augustine Bracher Barnard – Allan John Bayard Wace, « The Sheldon Tapestry Weavers and their Work », *Archeologia*, 78 (1928), p. 255-314]).

13. Peter Daly, « The Sheldon "Four Seasons" Tapestries at Hatfield House : A Seventeenth-Century Instance of Significant Emblematic Decoration in the English Decorative Arts », *Emblematica. An Interdisciplinary Journal for Emblem Studies*, 14 (2005), p. 275-276.

traversé en haut par le *motto* « sic ascenditur », on trouve quatre couronnes, disposées sur trois niveaux. Au premier niveau, au ciel, est placée une couronne de fer, surmontée de l'inscription « Gloria ». Au deuxième niveau, nous trouvons deux couronnes placées de part et d'autre : celle de gauche, formée d'une guirlande de palmes ou de laurier, contient à l'intérieur l'inscription « Victoria » ; celle de droite, faite de rameaux d'olivier (?), contient l'inscription « Pax ». Au troisième niveau, enfin, nous avons une couronne d'épines, plus petite que les deux du deuxième niveau, dans laquelle est inscrit le mot « Crux ». fig. 122

L'impossibilité où nous sommes de connaître le contexte général dans lequel s'inscrit cette image, ne nous permet pas de proposer ici une interprétation assurée. Les *icones* tissées sur le bord de la tapisserie sont-elles placées au hasard ou bien répondent-elles à une stratégie cohérente ? Cette stratégie concerne-t-elle une seule tapisserie ou implique-t-elle les quatre ? Avec le tout petit nombre d'éléments dont nous disposons, nous ne pouvons formuler que des hypothèses, qu'il faudra vérifier plus tard à la lumière d'une étude plus approfondie.

Malgré cette difficulté, il nous semble que la position des couronnes dans l'image présente quelque analogie avec le dispositif iconographique de certaines représentations du *Manet ultima coelo*. Par exemple, les nuages qui au ciel séparent la couronne de fer des autres rappellent vaguement ceux qui sont représentés dans la devise de Jacques Typoets. L'emploi de guirlandes pour les deux couronnes centrales pourrait rappeler les guirlandes qui accompagnent la devise d'Henri III sur une image publiée par Pierre de Dampmartin et sur deux images insérées dans les œuvres de Blaise de Vigenère. Avec ces deux dernières illustrations, en particulier, on pourrait proposer un rapprochement intéressant, centré surtout sur la présence de la couronne d'épines. Dans les *icones* de Vigenère, le fig. 3 fig. 5 fig. 1 2 symbole de la passion du Christ est placé en haut, tandis que dans cette image de Hatfield House il est en bas. Si les *imagines* de Vigenère faisaient bien allusion, comme nous en avons fait l'hypothèse, à un usage politique de la religion (la *religio* au service de la paix et de l'unité dans la société)[14], la couronne d'épines pourrait, elle aussi, avoir une signification politico-religieuse.

En gardant à l'esprit la disposition triangulaire des trois couronnes utilisée dans la devise d'Henri III, nous pourrions percevoir, dans ce cas aussi, deux triangles dont la base commune est encore une fois constituée par les deux couronnes centrales : nous aurions ainsi un sommet vers le bas (la couronne d'épines) et un autre vers le haut (la couronne de fer). La couronne d'épines en bas, la « Crux », pourrait être au service des deux couronnes du haut (la *religio* comme *instrumentum regni*), en étant capable de favoriser, grâce à la « Victoria » et à la « Pax », la conquête de la « Gloria ». Et ainsi cette dernière couronne, sommet de l'autre triangle orienté vers le ciel, désignerait la récompense suprême pour le monarque capable d'obtenir la « Victoria » et la « Pax » avec l'aide de la « Crux ».

Il s'agit là — répétons-le — d'hypothèses. Ces hypothèses cependant pourraient être renforcées par la présence de deux autres emblèmes, placés à droite et à gauche de celui que nous sommes en train de décrire : sur le premier (avec le *motto* « Vellet at nequit » : « Il voudrait bien, mais ne fig.
le peut ») un satyre (mi-homme, mi-bête) semble soutenir un homme endormi ou absorbé dans une méditation, tandis que sur le second (avec le *motto* « nec vi nec arte domatur » : « ni l'art ni la force ne peuvent le dominer ») une figure masculine cherche à retenir un gros poisson

14. Cf. *supra*, p. 220-236.

par la queue. Peter Daly[15] a reconnu comme source de ce dernier emblème une image présente dans le *Theater of Fine Devices* de Thomas Combe[16], traduction anglaise du *Theatre des bons engins* de Guillaume de La Perrière[17] : dans l'original français, les vers du commentaire parlent de l'impossibilité de contrôler la femme, parce que c'est un être changeant et insaisissable (« Femme ne veult estre tenue en caige »). Ce *topos*, répandu dans toute la littérature misogyne, ne pourrait-il aussi faire allusion au fameux passage du *Prince* où Machiavel, après avoir rappelé le lieu commun de l'impossibilité de gouverner la Fortune[18], identifie la déesse aux yeux bandés à une femme[19] ?

15. P. Daly, « The case for the 1593 edition of Thomas Combe's *Theater of Fine Devices* », *Journal of the Warburg and Courtauld Institutes*, 49 (1986), p. 255-257 (voir aussi Id., « The Sheldon "Four Seasons" Tapestries at Hatfield House ... », *cit.*, p. 292).

16. Th. Combe, *Theater of Fine Devices*, *cit.*, (96), p. 257.

17. Guillaume de La Perrière, *Le theatre des bons engins*, Paris, Denis Janot, n. d. [1544], figure XCVI.

18. Machiavel, *Il Principe* / *Le Prince*, *cit.*, p. 78 : « Je n'ignore pas que beaucoup ont été et sont d'opinion que les choses du monde sont gouvernées par la fortune et par Dieu, de telle sorte que les hommes avec leur prudence ne peuvent les corriger, et même qu'ils n'y ont aucun remède, et que cela étant ils pourraient juger qu'il n'y a pas lieu de se donner beaucoup de mal pour les choses de ce monde, mais bien de se laisser gouverner par le sort. Cette opinion a eu davantage de crédit de notre temps, en raison de l'importante variation des choses que l'on a vues et que l'on voit tous les jours, hors de toute humaine conjecture » (« E' non mi è incognito come molti hanno avuto e hanno opinione che le cose del mondo sieno governate dalla Fortuna e da Dio, che li òmini con la prudenzia loro non possino correggerle, anzi non vi abbino remedio alcuno, e per questo potrebbono iudicare che non fussi da insudare molto nelle cose, ma lasciarsi governare alla sorte. Questa opinione è suta più creduta ne' nostri tempi per la variazione grande delle cose che si sono viste e veggonsi ogni dí fuora d'ogni umana coniettura »).

19. *Ibidem*, p. 80 : « Je juge malgré tout qu'il vaut mieux être impétueux que circonspect, parce que la fortune est femme, et il est necessaire si on veut la soumettre, de la battre et de la rudoyer » (« Io iudico bene questo, che sia meglio essere impetuoso che respettivo, perché la Fortuna

Relevons encore, à propos de la Fortune, un détail qui pourrait avoir de l'intérêt. À l'extrémité de la bordure droite, toujours sur la tapisserie consacrée à l'automne, on trouve le *motto* « Tu contra audentior ito » sur une image fig. 1 représentant un visage en train de souffler entre les nuages (le vent) et un oiseau perché sur la tour d'un château (une girouette ?) : il s'agit sans doute d'une citation partielle d'un vers de l'*Énéide* (VI 95) : « Tu ne cede malis, sed contra audentior ito » [« Toi, ne cède pas au malheur ; au contraire, va de l'avant avec plus d'audace »]. C'est la fameuse prophétie de la Sibylle de Cumes, que Giordano Bruno reprend dans l'*Expulsion de la bête triomphante* dans un contexte entièrement dominé par le thème de la Fortune. L'effort, en effet, s'adresse directement aux hommes qui luttent pour parvenir au sommet de la roue des métamorphoses, les incitant à se défier de la Fortune elle-même :

> Ardeur, lorsque la difficulté me presse, m'outrage et me résiste, ne manque pas de faire souvent résonner à mon oreille cette maxime, de la voix de ta vive ferveur : *Tu ne cede malis, sed contra audentior ito*[20].

Le premier hémistiche du vers suivant dans l'*Énéide* (« quam tua te fortuna sinet » : « [avec plus d'audace]

è donna, e è necessario, volendola tenere sotto, batterla e urtarla »). Le pessimisme de Machiavel à propos de l'impossibilité pour l'homme de changer son mode d'être pour s'adapter aux mutations de la fortune se colore d'un peu d'optimisme dans ce passage.

20. G. Bruno, *Expulsion de la bête triomphante*, éd. cit., p. 312-313 : « Animosità, con la voce del tuo vivace fervore, quando la difficoltà mi preme, oltraggia e resiste ; non mancar sovente d'intonarmi a l'orecchio quella sentenzia : *Tu ne cede malis, sed contra audentior ito* ». Pour une analyse de ce passage en relation avec le thème de la Fortune dans les œuvres de Bruno, cf. N. Ordine, *Le mystère de l'âne*, cit., p. 41-46 (pour le vers de Virgile voir p. 45).

que ne le permet ta fortune ») renforce encore plus le lien du *motto* de la tapisserie et de la citation de Bruno avec le thème de la Fortune. S'agit-il encore d'une simple coïncidence fortuite ?

Dans son article consacré aux tapisseries, Peter Daly signale une image intéressante, accompagnée du *motto* « Et leo et vulpes esset rex » (« Un roi devrait être et lion et renard »), qui appartient à la tapisserie consacrée à l'hiver : on y voit un roi, portant sceptre et couronne, qui tient en laisse un renard et un lion[21]. Ne pourrait-on, dans ce cas aussi, formuler l'hypothèse d'une allusion, encore plus explicite, à un passage fameux du *Prince* ?

> Vous devez donc savoir qu'il y a deux manières de combattre, l'une avec les lois, l'autre avec la force : la première est propre à l'homme, la seconde aux bêtes [...]. Étant donc dans la nécessité de savoir bien user de la bête, un prince doit, parmi les bêtes, prendre le renard et le lion, parce que le lion ne sait pas se défendre des rets, et le renard ne peut se défendre contre les loups. Il faut donc être renard pour découvrir les rets, et lion pour effrayer les loups : ceux qui se contentent simplement d'être lion n'y entendent rien[22].

Machiavel aborde ici un des thèmes essentiels du chapitre XVIII, entièrement consacré au centaure Chiron

21. Cette image dérive de l'emblème 22 de Combe et de La Perrière : cf. P. Daly, « The Case for the 1593 edition of Thomas Combe's *Theater of Fine Devices* », *cit.*, p. 38.

22. Machiavel, *Il Principe* / *Le Prince*, *cit.*, p. 54-55 : « Dovete adunque sapere come sono dua generazione di combattere, l'uno con le legge, l'altro con la forza : quel primo è proprio dello uomo, quel secondo delle bestie [...]. Sendo adunque uno principe necessitato sapere bene usare la bestia, debbe di quelle pigliare la golpe e il lione, perché el lione non si difende da' lacci, la golpe non si difende da' lupi. Bisogna adunque essere golpe a conoscere e' lacci, e lione a sbigottire e' lupi : coloro che stanno semplicemente in sul lione non se ne intendano. »

et à l'emploi habile de la *feritas* et de l'*humanitas* pour obtenir de bons résultats dans l'art de gouverner[23]. Ces indices nous autorisent à formuler l'hypothèse que le satyre (mi-homme, mi-bête) représenté dans l'image sur le côté de l'emblème des quatre couronnes pourrait, lui aussi, renvoyer à des thèmes de nature politique ? En l'absence d'éléments plus solides, cette question reste naturellement ouverte.

On pourrait aussi obtenir des informations intéressantes en faisant des recherches sur les artisans qui ont réalisé ces tapisseries et sur celui qui les a commandées. La plupart des spécialistes ont pensé — au moins jusqu'il y a peu — que le cycle des « Four Seasons » de Hatfield House avait été réalisé directement sur le sol britannique. En Angleterre, en effet, la production de tapisseries commence vers le milieu du XVIe siècle. William Sheldon of Beoley crée la première fabrique à Barcheston, dans le Warwickshire.[24] De 1570 à 1621, la direction est assurée par son fils, Ralph, qui prendra à son service Richard Hyckes, d'origine flamande[25], puis le fils de celui-ci, Francis. Francis Hyckes — que l'on considère comme le concepteur du cycle des tapisseries des « Four Seasons » — naît vers 1566 et fait ses études à Oxford, à St Mary Hall (qui fera ensuite partie de Oriel College), où il obtient son B.A. en 1583[26]. Peu après, il rejoint son père à Londres,

23. Sur le rapport Chiron-Henri III, cf. *supra*, p. 25 et p. 258-260.

24. Peter M. DALY, « The Sheldon 'Four Seasons' Tapestries ...», art. cit., p. 252.

25. De récentes études signalent les origines flamandes, ce qui naturellement justifie l'intérêt pour les tapisseries : cf. Hilary L. TURNER, « Finding the Sheldon Weavers : Richard Hyckes and the Barcheston Tapestry Works Reconsidered », *Textile History* 2 (2002), p. 137-161 (voir p. 139).

26. Pour des données biographiques sur les Hyckes, voir : Anthony À WOOD, *Athenae Oxonienses. An Exact History of All the Writers and Bishops*

et s'occupera des tapisseries royales pendant une vingtaine d'années. Amateur de grec, il traduit Thucydide et Lucien. Et c'est justement cette connaissance approfondie des langues classiques qui pourrait expliquer la présence d'une série de *motti* latins et grecs[27].

Une coïncidence particulière rend encore plus intéressant le rôle de Hyckes. C'est justement en 1583, comme nous l'avons déjà vu, que Bruno séjourne à Oxford et rencontre Samuel Daniel (traducteur de Paolo Giovio) et probablement aussi Abraham Fraunce (expert en devises et emblèmes). Ces auteurs sont considérés parmi les premiers amateurs en Angleterre de ce nouveau genre fondé sur le mélange de paroles et d'images. L'intérêt de Hyckes pour les emblèmes et les devises pourrait donc remonter à ses années à Oxford ; peut-être même aurait-il pu fréquenter le milieu des amis de Philip Sidney, durant le séjour de Giordano Bruno ?

Mais cette hypothèse — comme le signale encore une fois Michael Bath — semble aujourd'hui remise en question par certaines découvertes faites récemment par Hilary L. Turner, qui aurait identifié la marque d'un tisserand brugeois sur le bord de deux des tapisseries : comme jusqu'ici la présence de tisserands brugeois à la fabrique de Barcheston n'est pas attestée, la question de savoir où

Who Have Hade Their Education in the University of Oxford, Oxford, 1815 [réimpr. Burt Franklin, New York, 1971], vol. II, p. 490-491, s. v. « Francis Hicks, or Hyckes » ; E. A. BARNARD-A. J. B. WACE, « The Sheldon Tapestry Weavers and their Works », cit., p. 255-314 ; John HUMPREYS, *Elizabethan Sheldon Tapestries*, Oxford-London, 1929 ; Wendy HEFFORD, « Flemish Tapestry Weavers in England : 1550-1775 », in G. DELMARCEL [éd.], *Flemish Tapestry Weavers Abroad : Emigration and the Founding of Manufactories in Europe*, Leuven, 2002 ; Hilary L. TURNER, « Finding the Sheldon Weavers : Richard Hyckes and the Barcheston Tapestry Works Reconsidered », *cit.*, p. 137-161.

27. Peter M. DALY, « The Sheldon 'Four Seasons' Tapestries », *cit.*, p. 263.

exactement, en Angleterre, le cycle des « Four Seasons » de Hatfield House a été réalisé demeure ouverte[28].

Mais il y a mieux : les spécialistes qui se sont occupés de ces tapisseries sont unanimes pour désigner sir John Tracy junior de Toddington comme le commanditaire. Parmi le peu d'informations que nous avons pu réunir à son sujet, on note que son père, John Tracy senior, a épousé Anne Throckmorton, fille de sir Thomas. Michael Bath, qui travaille actuellement sur le cycle de Hatfield House, se base sur certains documents pour exclure que cette branche de la famille Throckmorton puisse être identifiée avec les Throckmorton catholiques impliqués dans le fameux complot contre la reine Élisabeth, qui fut organisé par les Guise et par l'ambassadeur d'Espagne en Angleterre, Bernardino de Mendoza, à partir de 1581, puis éventé en 1583[29]. Bath nous signale encore que sir John Tracy jr avait épousé Anne, fille de Thomas Shirley — trésorier de la reine Élisabeth et protégé de Robert Dudley, comte de Leicester —, que William Cecil fera mettre en prison en l'accusant d'avoir détourné une partie de l'argent rassemblé pour entretenir les troupes anglaises en campagne aux Pays-Bas. Aussi bien Dudley

28. Hilary L. Turner aurait identifié sur deux des tapisseries les marques d'un tisserand brugeois, signalées dans Guy Delmarcel et Isabelle van Tichelen, « Marks and Signatures on Ancient Flemish Tapestries », dans Lotus STACK [éd.], *Conservation Research Studies of Fifteenth Century to Nineteenth Century Tapestries* (Studies in the History of Art, Monograph Series 2, vol. 42), Washington D.C. (1993), p. 57-68.

29. Sur l'affaire Throckmorton, cf. M. DUCHEIN, *Élisabeth Ire d'Angleterre*, cit., p. 489-493 (cf. aussi ID., *Marie Stuart*, Paris, Fayard, 1987, p. 459-464). Dans ce complot, suivi avec attention par l'ambassadeur français Michel de Castelnau, à côté de Francis Throckmorton on voit apparaître un Thomas Throckmorton, dont il est question dans une lettre envoyée par William Herle à William Cecil (Lord Burghley) en octobre-novembre 1583 : cf. J. BOSSY, *Giordano Bruno and the Embassy Affair*, cit., *ad indicem* (la lettre de William Herle de 1583 est reproduite, avec le numéro 5, dans la section documentaire de l'ouvrage).

que Cecil, comme nous l'avons vu, étaient étroitement liés avec Philip Sidney et avec Bruno lui-même[30].

Il nous semble important de souligner encore une autre coïncidence. Au château de Hartfield House, en plus des quatre tapisseries, sont encore conservés deux portraits fameux de la reine Élisabeth Ire : un portrait attribué à Cornelius Vroom, sur lequel la reine apparaît en Diane, et le portrait dit à l'arc-en-ciel avec le *motto* : « Non sine Sole Iris ». Il s'agit-là de thèmes (celui de Diane-Nature fig. 68
et celui de la paix) que nous avons vu revenir à plusieurs reprises dans les chapitres précédents. Y a-t-il un fil rouge qui relie toutes ces œuvres entre elles ? Il serait intéressant d'étudier quand et comment les tapisseries et les portraits ont été acquis. Mais une recherche sur les images présentes sur les quatre tapisseries déborderait, comme nous l'avons déjà dit, les limites de notre travail.

30. Cf. *supra*, p. 217, n. 24.

DOSSIER ICONOGRAPHIQUE

1. *Les Decades qui se trouvent de Tite Live, mises en langue francoise, la premiere par Blaise de Vigenere [...]*, Paris, Chez Iacques du Puys, 1583.

PARCERE SVBIECTIS, ET DEBELLARE SVPERBOS.

2. Blaise de Vigenère, *Le Psaultier de David torné en prose mesuree ou vers libres*, Paris, Abel L'Angelier, 1588.

3. Iacobus Typotius, *Symbola Divina & Humana Pontificum Imperatorum Regum*, Francofurti, Godefridum Schönwetterum, 1652 (Special Collections, Glasgow University Library).

4. Adrien d'Amboise, *Devises royales*, Paris, Rolet-Boutonné, 1621 (Special Collections, Glasgow University Library).

5. Pierre de Dampmartin, *De la connoissance et merveilles du monde et de l'homme*, Paris, Chez Thomas Perier, 1585.

6. Jacques de Bie, *France Métallique*, Paris, chez l'auteur et chez Pierre Rocollet, 1634 (Special Collections, Glasgow University Library).

7. Jacques de Bie, *France Métallique*, Paris, chez l'autheur et chez Pierre Rocollet, 1634, pl. 78, fig. XXXVII (Special Collections, Glasgow University Library).

8. « Manet ultima coelo » : source inconnue.

9. Portrait d'Henri III avec trois couronnes et le *motto* « Manet ultima coelo » : Jacques de Bie, *Les vrais portraits des roys de France*, Paris, Jean Camusat, 1636.

330 Histoire de France,

Deux fois Roy, doux, accort, mais mol, foible, & prodigue;
Par trop de Favoris, d'Offices, & d'Imposts,
J'embroüillay mon Etat, je perdis mon repos,
Et me vis immoler aux fureurs de la Ligue.

10. Portrait d'Henri III avec trois couronnes
et le *motto* « Manet ultima coelo ».

11. Baltasar de Beauioyeulx, *Balet comique de la Royne, faict aux nopces de Monsieur le Duc de Ioyeuse & Madamoyselle de Vaudemont sa sœur*, Paris, par Adrian Le Roy, Robert Ballard & Mamert Patisson, 1582.

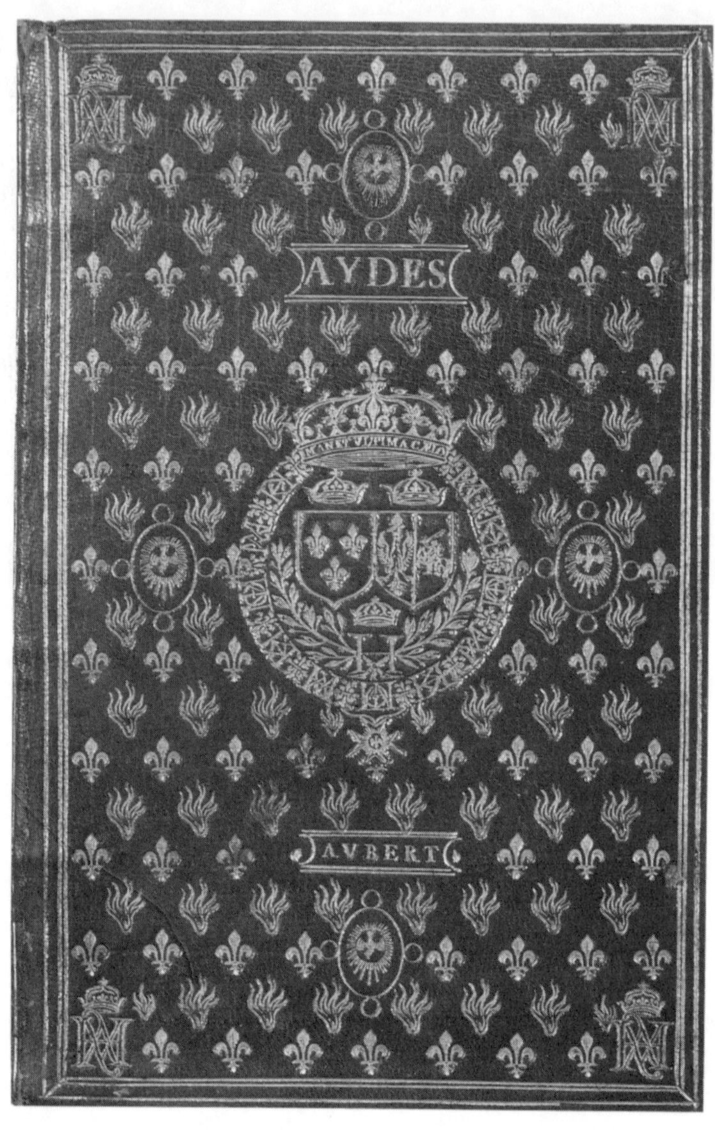

12. Reliure d'Henri III avec trois couronnes et le *motto* « Manet ultima caelo » : Guillaume Aubert, *Sommaire de l'art des aydes*, s. l. n. d., BnF.

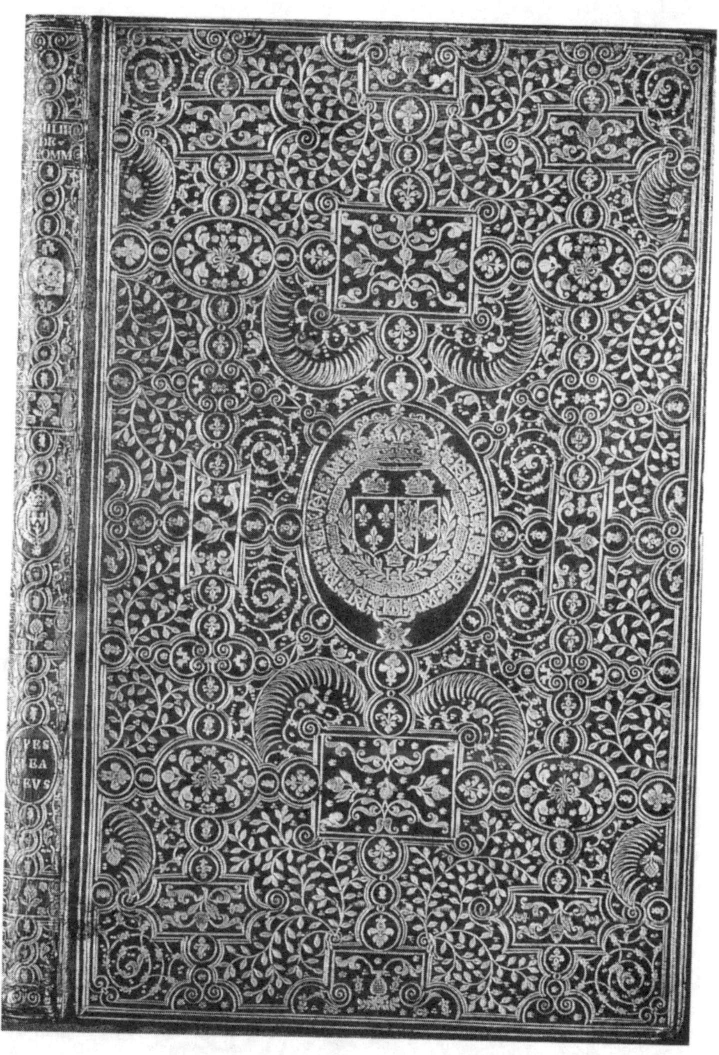

13. Reliure d'Henri III avec trois couronnes et le *motto* « Manet ultima caelo » : Philippe de Commynes, *Les mémoires [...] sur les principaux faicts et gestes de Louis onzième*, Paris, Michel Sonnius, 1580, BnF.

14. Détail : Philippe de Commynes, *Les mémoires [...] sur les principaux faicts et gestes de Louis onzième*, Paris, Michel Sonnius, 1580.

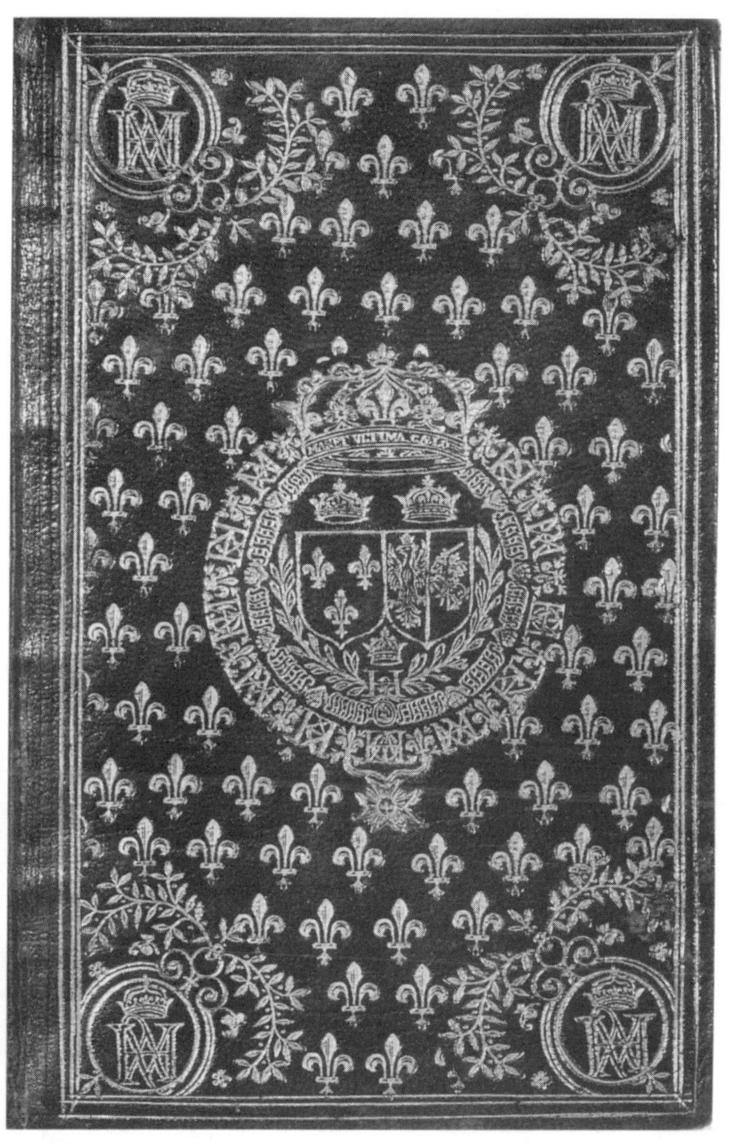

15. Reliure d'Henri III avec trois couronnes et le *motto* « Manet ultima caelo » : Philippe Du Bec, *Sermons*, Paris, Guillaume Chaudière, 1586, BnF.

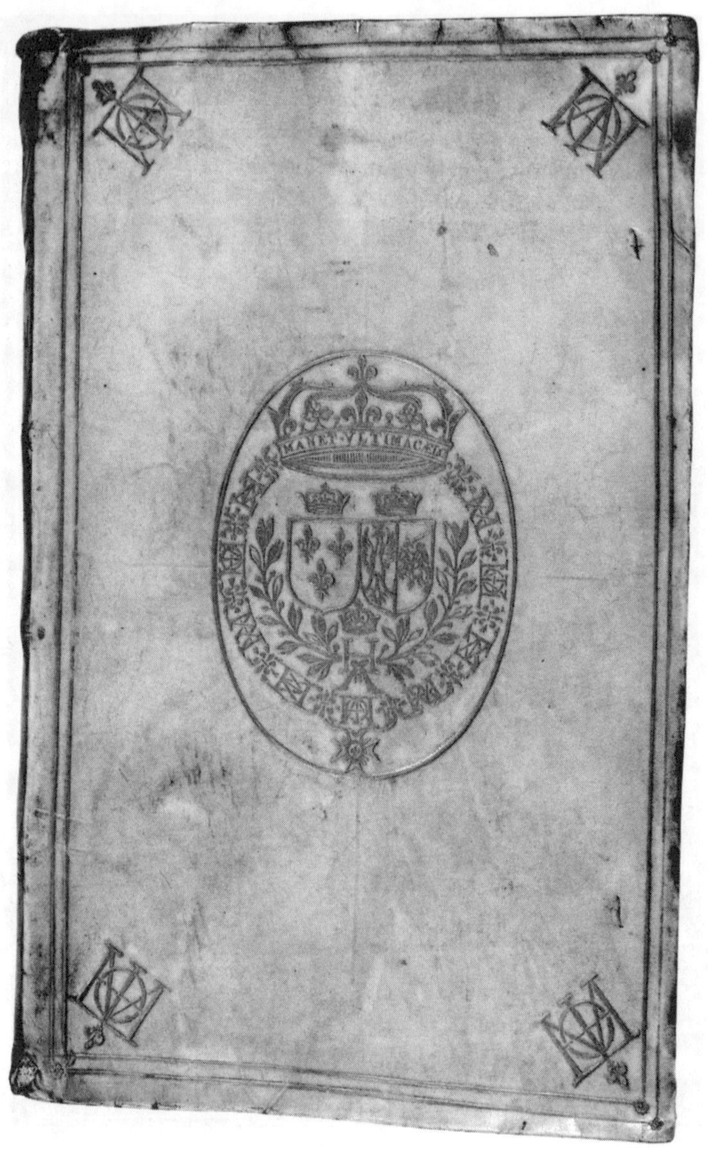

16. Reliure d'Henri III avec trois couronnes et le *motto* « Manet ultima caelo » : Sebastiano Erizzo, *Discorso [...] sopra le medaglie antiche*, Venise, Valgrisiana, 1559.

17. Reliure d'Henri III avec trois couronnes et le *motto* « Manet ultima caelo » : Giulio Faroldo, *Annali veneti*, Venise, Giovanni Varisco, 1576, BnF.

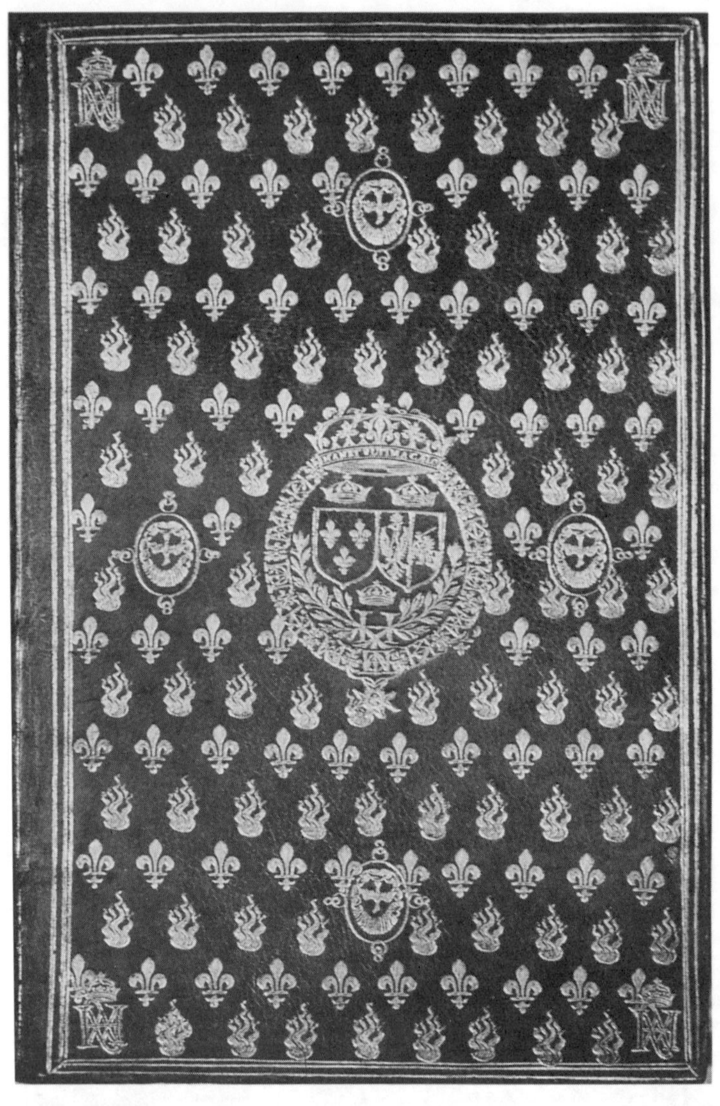

18. Reliure d'Henri III avec trois couronnes et le *motto* « Manet ultima caelo » : *Livre des Statuts et ordonnances de l'ordre du benoist Sainct-Esprit*, Paris, Fédéric Morel, 1586(?), BnF.

19. Reliure d'Henri III avec trois couronnes et le *motto* « Manet ultima caelo » : Isaac Habert, *Œuvres spirituelles* [Berlin, Staatsbibliothek].

20. Masse d'arme. Trésor du Saint-Esprit, Dubreuil Toussaint (d'après), RMN / Les frères Chuzeville, Paris.

21. Médaille de Marie Stuart avec trois couronnes et le *motto* « Aliamque moratur », 1560 (National Museums of Scotland, Picture Library, Edinburgh).

22. Médaille avec trois couronnes de Marie II Stuart, in Nicolas Chevalier, *Histoire de Guillaume III [...] par médailles, inscriptions, arcs de triomphe et autres monuments publics*, Amsterdam, 1692.

23. Assassinat d'Henri III par Jacques Clément
(BnF, Paris, Cabinet des Estampes).

24. Portrait d’Henri III et d’Henri IV avec le *motto*
« Qui dedit ante duas tertiam illi dabit coronam » (BnF, Paris).

25. Portrait d'Henri III avec diamant :
Léonard Gaultier (1579), BnF, département des Estampes.

26. Portrait d'Henri III avec diamant :
Thomas de Leu (1580), BnF, département des Estampes.

27. Portrait d'Henri III avec diamant :
Jérôme Wierix (1586), BnF, département des Estampes.

28. Portrait d'Henri III avec diamant, attribué à François Quesnel (XVIe siècle), Musée national, Poznań (Pologne).

29. Portrait d'Henri III avec diamant : Étienne Dumonstier (?), 1585, BnF, département des Estampes.

30. Portrait d'Henri III avec diamant : Étienne Dumonstier (attribué à), 1576, RMN (Domaine de Chantilly) / René-Gabriel Ojéda.

31. Portrait d'Henri III avec diamant : Anonyme (XVIe siècle), BnF, département des Estampes, coll. Hennin.

32. Portrait d'Henri III avec diamant et avec l'anagramme « In te vere Christus » : Thomas de Leu d'après Jean Rabel, dans *Les Pseaumes de David*, Paris, Gilles Beys, 9 juin 1587, BnF.

33. Médaille d'Henri III avec l'anagramme « In te vere Christus » (1579) : Jacques de Bie, *France Métallique*, Paris, chez l'autheur et chez Pierre Rocollet, 1634 (Special Collections, Glasgow University Library).

34. Portrait d'Henri III avec les trois couronnes :
Martin Courtigier, 1579, BnF, Paris, Cabinet des manuscrits.

35. Sandro Botticelli, *Minerve et le Minotaure*,
Archives Alinari, Florence, Dist. RMN / Nicola Lorusso.

Parcere ſubiectis.

EMBLEMA XCIII.

Cernis, ut Hellei rutilet nitor aureus agni,
Vt comes horriſono fulguret ore leo?
Sic eſt. Audaces contundere, parcere victis,
Hæc ſunt quæ Regum pectora ſigna decent.

36. Juan de Salórzano Pereira, *Emblemata centum regio-politica* [...], Domin. Garciæ Morras, Matriti, 1653 (Embl. XCIII).

37. Petrus Iselburg [Peter Isselburg], *Emblemata politica in aula magna curiae Noribergensis depicta*, Norimberga, 1617 (Special Collections, Glasgow University Library).

38. Juan de Horozco y Covarrubias, *Emblemas morales*, Segovia, Impresso por Iuan de la Cuesta, 1589 (lib. II, emblema 16), f. 140r, BnF.

Pardonner aux vaincus & guerroyer les orguilleulx.

Le chien eſt du Lyon vaincu
Qui ne le veult pas deuorer,
Le Griffon cruel & becqu
Veult le fier Lyon deſchirer.

39. Gilles Corrozet, *Hecatomgraphie*, Paris, Denis Janot, 1540, c. M5v (Special Collections, Glasgow University Library).

Sur le Lion.

Pardonner aux humbles, & courir ſus aux orgueilleus.

Le fier Lion en grand ire ſe met
Contre celuy qui luy fait reſiſtance:
Et toutesfois ſa coulere il remet
Quand on luy fait deuoir d'obeiſſance,
Qui ayme trop la premiere ſeance,
Et ſe tient fier pour ſes biens & nobleſſe,
Se voit en fin à petite ordonance:
Car bien ſouuent telle opinion le bleſſe.

40. Pierre Coustau, *Le Pegme*, Lyon, Barthélemy Molin, 1560, p. 179 (Special Collections, Glasgow University Library).

41. Giordano Bruno, *La cena de le Ceneri/Le souper des Cendres*. (*Œuvres complètes. II*, texte établi par Giovanni Aquilecchia, Paris, Les Belles Lettres, 1994, p. 187).

38 ANDREAE ALCIATI

Spes proxima.

Innumeris agitur reſpub.noſtra procellis,
Et ſpes uenturæ ſola ſalutis adeſt:
Non ſecus ac nauis medio circùm æquore uenti
Quam rapiunt, ſalſis iamq; fatiſcit aquis.
Quòd ſi Helenæ adueniant lucẽtia ſydera fratres,
Amiſſos animos ſpes bona reſtituit.

42. André Alciat, *Emblematum libellus*, Paris, Chrétien Wechel, 1534 (Special Collections, Glasgow University Library).

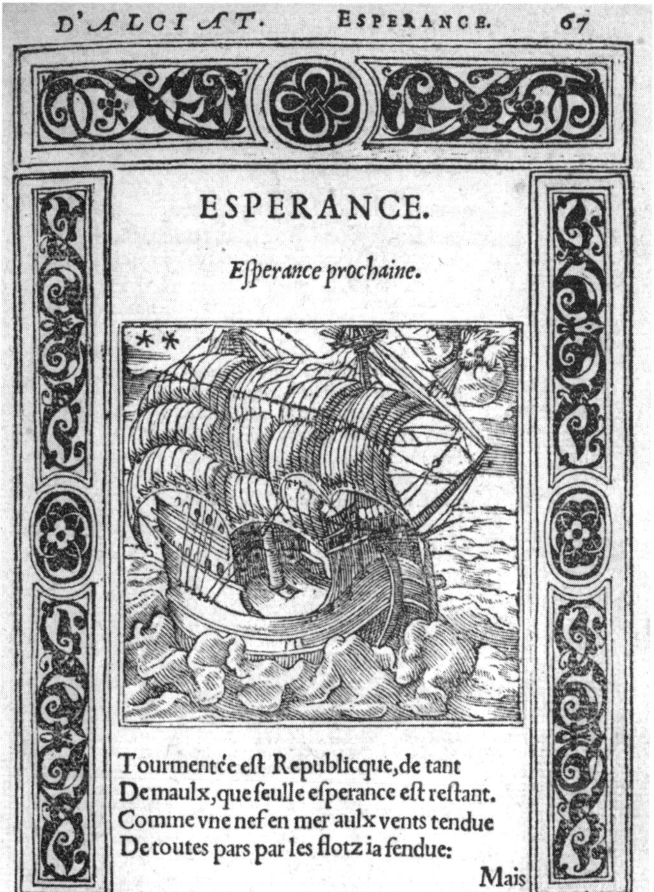

D'ALCIAT. ESPERANCE. 67

ESPERANCE.

Eſperance prochaine.

Tourmentée eſt Republicque, de tant
De maulx, que ſeulle eſperance eſt reſtant.
Comme vne nef en mer aulx vents tendue
De toutes pars par les flotz ia fendue:

Mais

E 2

43. André Alciat, *Emblemes*, Lyon, Macé Bonhomme, 1549 (Special Collections, Glasgow University Library).

44. Gilles Corrozet, *Hecatomgraphie*, Paris, Denis Janot, 1540 (Special Collections, Glasgow University Library).

45. Simon Bouquet, *Bref et sommaire recueil de ce qui a esté faict et de l'ordre tenu à la joyeuse et triumphante entrée de... Charles IX... en sa bonne ville et cité de Paris...*, Paris, Denis Du Pré, 1572, f. 35v (Special Collections, Glasgow University Library).

46. Henri II avec Castor et Pollux : in Victor E. GRAHAM et William MCALLISTER JOHNSON, *The Paris Entries of Charles IX and Elisabeth of Austria, 1571, with an Analysis of Simon Bouquet's Bref et sommaire recueil*, Toronto, University of Toronto Press, 1974.

47. John Dee, *General and rare memorials pertayning to the perfect arte of navigation*, London, Iohn Daye, 1577.

48. Gentile Bellini, *Mehmet II*, 1480 (National Gallery, Londres).

49. Girolamo Ruscelli, *Le imprese illustri*, Venetia, Francesco de Franceschi, 1584.

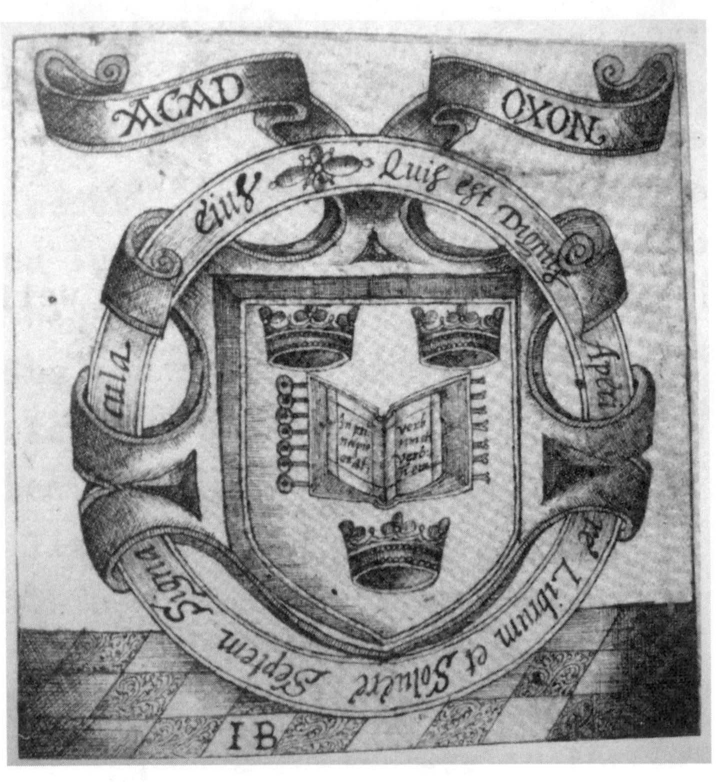

50. *The Emblems of Thomas Palmer : « Two hundred poosees », Sloane Ms. 3794*, edited with introduction and notes by John Manning, New York, AMS press, 1988.

51. Pedro Rodríguez de Monforte, *Descriptión de las honras que ce hicieron a la cathólica magestad de D. Phelippe quarto Rey de las Españas y del nuevo mundo en el Real Convento de la Encarnación*, Madrid, Francisco Nieto, 1666.

52. Marque typographique de Louis Hornken.

53. Marque typographique de Jérôme de Gourmont.

54. Marque typographique d'Arnould Sittart.

55. Marque typographique de Guillaume Eustace.

PHILOTHEI

IORDANI

BRVNI NOLANI CANTVS CIRCÆVS AD EAM

memoriæ praxim ordinatus quam ipſe Iudiciariam appellat.

AD ALTISSIMVM PRINCIPEM HENRICVM D'ANGOVLESME magnum Galliarum Priorem, in Prouincia Regis locumtenentem, &c.

PARISIIS,

Apud Ægidium Gillium, via S. Ioannis Lateranenſis, ſub trium coronarum ſigno.

M. D. LXXXII.

56. Marque typographique de Gilles Gilles.

LE VRAY

DISCOVRS

SVR LA ROVTE ET AD-
MIRABLE DESCONFITVRE DES
Reiſtres: aduenue par la vertu & prouëſſe de
Monſeigneur le Duc de Guyſe, ſous l'autho-
rité du Roy à Angeruille le Vendredy xxvij.
de Nouembre 1587.

Auec le nombre des morts, des bleſſez,
& priſonniers.

A PARIS,
Par PIERRE CHEVILLOT, au Palais, en
l'allee de la Chappelle S. Michel.
M. D. LXXXVII

57. Marque typographique de Pierre Chevillot
avec la devise d'Henri III, BnF.

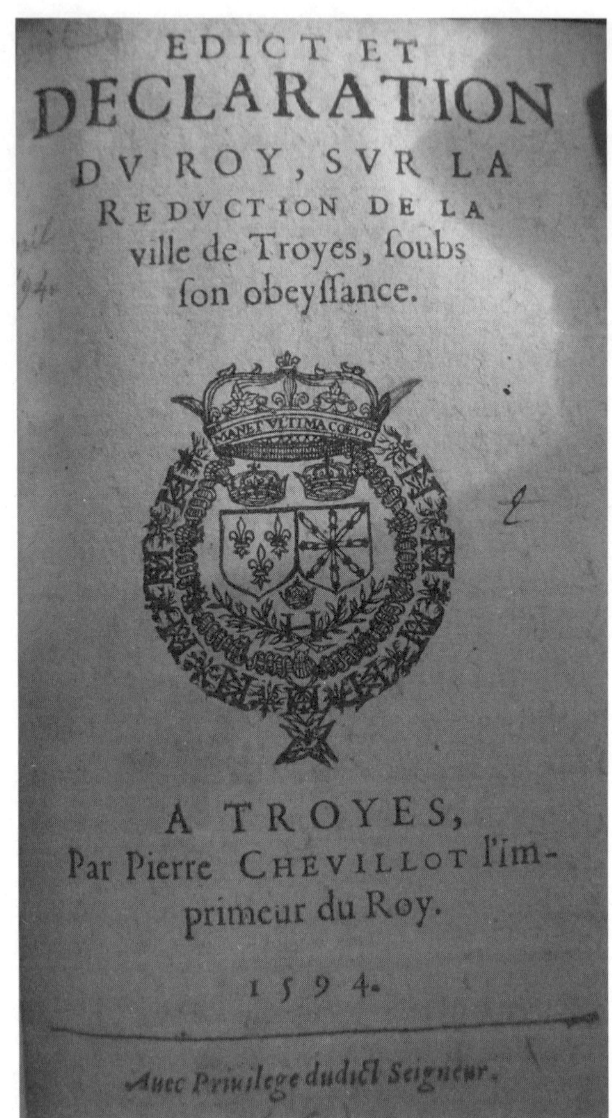

EDICT ET
DECLARATION
DV ROY, SVR LA
REDVCTION DE LA
ville de Troyes, ſoubs
ſon obeyſſance.

A TROYES,
Par Pierre CHEVILLOT l'imprimeur du Roy.

1594.

Auec Priuilege dudict Seigneur.

58. Marque typographique de Pierre Chevillot
avec la devise « Manet ultima coelo » d'Henri IV, BnF.

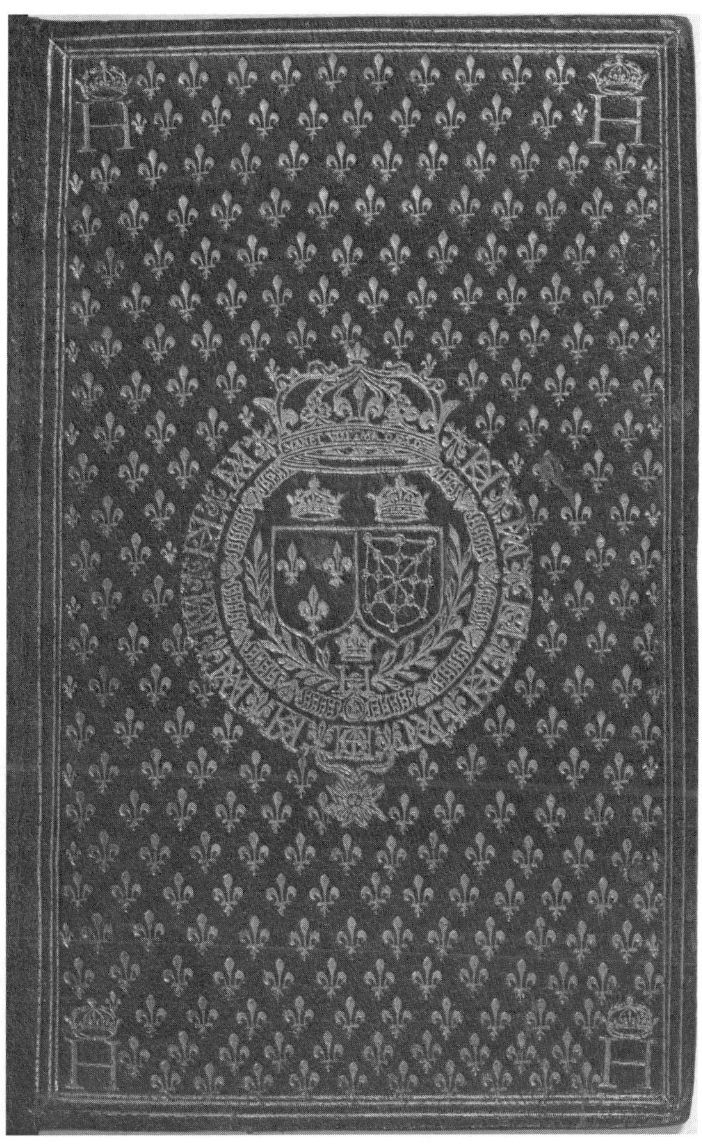

59. Reliure d'Henri IV avec la devise « Manet ultima coelo » : Louis Richeome, *Le Pélerin de Lorete*, Bordeaux, Par S. Millanges, 1604, BnF.

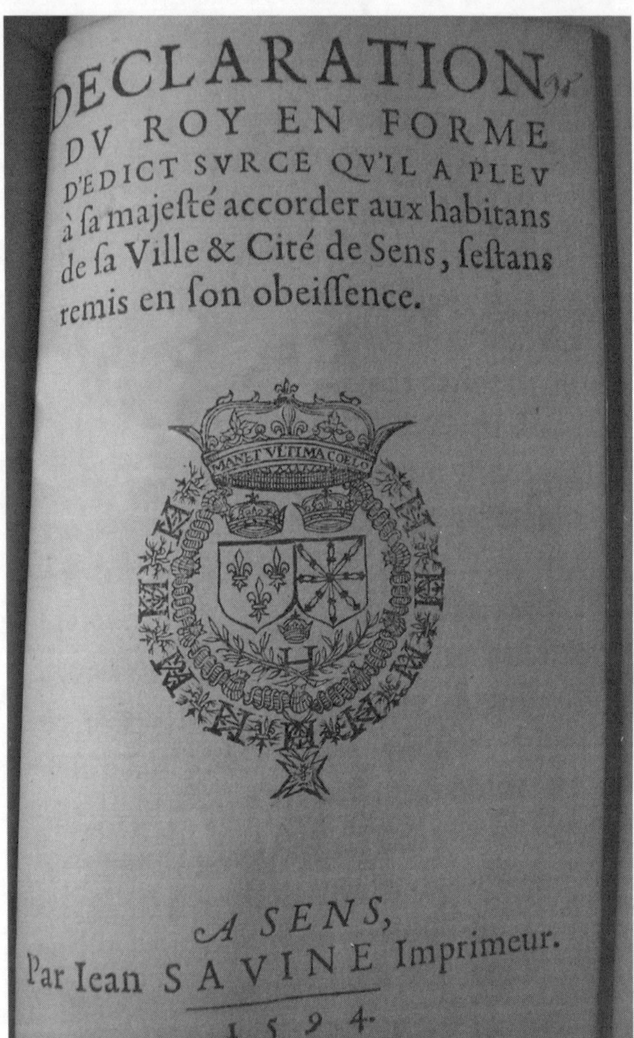

DECLARATION
DV ROY EN FORME
D'EDICT SVR CE QV'IL A PLEV
à ſa majeſté accorder aux habitans
de ſa Ville & Cité de Sens, ſeſtans
remis en ſon obeiſſence.

A SENS,
Par Iean SAVINE Imprimeur.
1594.

60. Marque typographique avec la devise
« Manet ultima coelo » d'Henri IV, BnF.

ESEQVIE

D'ARRIGO QVARTO

CRISTIANISSIMO RE

DI FRANCIA, E DI NAVARRA

Celebrate in Firenze dal Sereniſsimo DON COSIMO II Granduca di Toſcana.

DESCRITTE DA GIVLIANO GIRALDI.

IN FIRENZE

Nella Stamperia di Bartolommeo Sermartelli e fratelli.

M D C X.

Con Licenzia de Superiori, e Priuilegio.

61. Marque typographique avec la devise (sans *motto*) d'Henri IV.

DESCRIZIONE
DELLE FELICISSIME
NOZZE
Della Criſtianiſsima Maeſtà di Madama MARIA
MEDICI Regina di Francia
e di Nauarra.

DI MICHELAGNOLO BVONARROTI.

IN FIRENZE

Appreſſo Giorgio Mareſcotti. MDC.

Con Licenza de' Superiori.

62. Marque typographique avec la devise (sans *motto*) d'Henri IV.

LES

ORAISONS ET DISCOVRS FVNEBRES DE DIVERS AVTHEVRS, SVR LE TRESPAS DE HENRY LE GRAND, TRES-CHRESTIEN, Roy de France & de Nauarre;

DEDIEES AV ROY,

Par G. DV-PEYRAT, *Aumosnier seruant de sa Majesté.*

Lectio certa prodest: varia delectat. Senec ep. 45.

A PARIS,

Chez ROBERT ESTIENE, ruë S. Iean de Beauuais,

ET

Chez PIERRE CHEVALIER, au mont S. Hilaire.

M. DC. XI.

Auec priuilege de sa Majesté.

63. Marque typographique avec la devise (sans *motto*) d'Henri IV.

64. Louis IX, Henri III et Henri IV dans l'arbre de la France : BnF, collection Michel Hennin, Estampes relatives à l'Histoire de France.

65. Arbre de Jessé, in *Livre d'heures* (xve siècle), Université de Liège, ms. Wittert 28, f. 21v.

66. Guillaume de La Perrière, *La Morosophie*, Lyon, Par Macé Bonhomme, 1553 (Special Collections, Glasgow University Library).

67. Louis IX remet une épine de la couronne
à Bartolomeo da Vicenza (The Trustees of the British Museum).

68. Élisabeth Ire : portrait à l'arc-en-ciel
avec le *motto* « Non sine Sole Iris ».

69. John de Critz le Vieux : portrait de Robert Cecil avec le *motto* « Sero, sed serio » (1602).

70. Portrait de Philip Sidney avec le *motto* « Caetera fama » (National Portrait Gallery).

D I M. GIOVIO. 93

Ricordomi d'vn'altra, ch'io feci à Girolamo Mattei Romano, Capitan de' caualli della guardia di Papa Clemente, che fu huomo di riſoluto & alto penſiero, e d'animo deliberato; hauendo con gran patienza, perſeueranza, e diſsimulatione aſpettato il tempo per ammazzare (come fece) Gieronimo nipote del Cardinal della Valle, ad effetto di vendicar la morte di Paluccio ſuo fratello, che dal detto Gieronimo fu crudelmẽte ammazzato per cagione d'vn litigio ciuile. Hauendomi dunque egli (per tornare all'impreſa) pregato ch'io gliene trouaſsi vna, ſignificante ch'vn valoroſo cuore hà forza di ſmaltire ogni graue ingiuria col tempo, volendola egli porre ſulla bandiera, gli figurai vno Struzzo, che inghiottiua vn chiodo di ferro, col

motto

71. Paolo Giovio, *Dialogo dell'imprese militari e amorose… con un ragionamento di M. Lodovico Domenichi*, Lyone, appresso Guglielmo Rouillio, 1574.

72. Devise de Ben Jonson : *Ben Jonson's conversations with William Drummond of Hawthornden*, Londres-Glasgow-Bombay, Blackie and Son, 1923, p. 57.

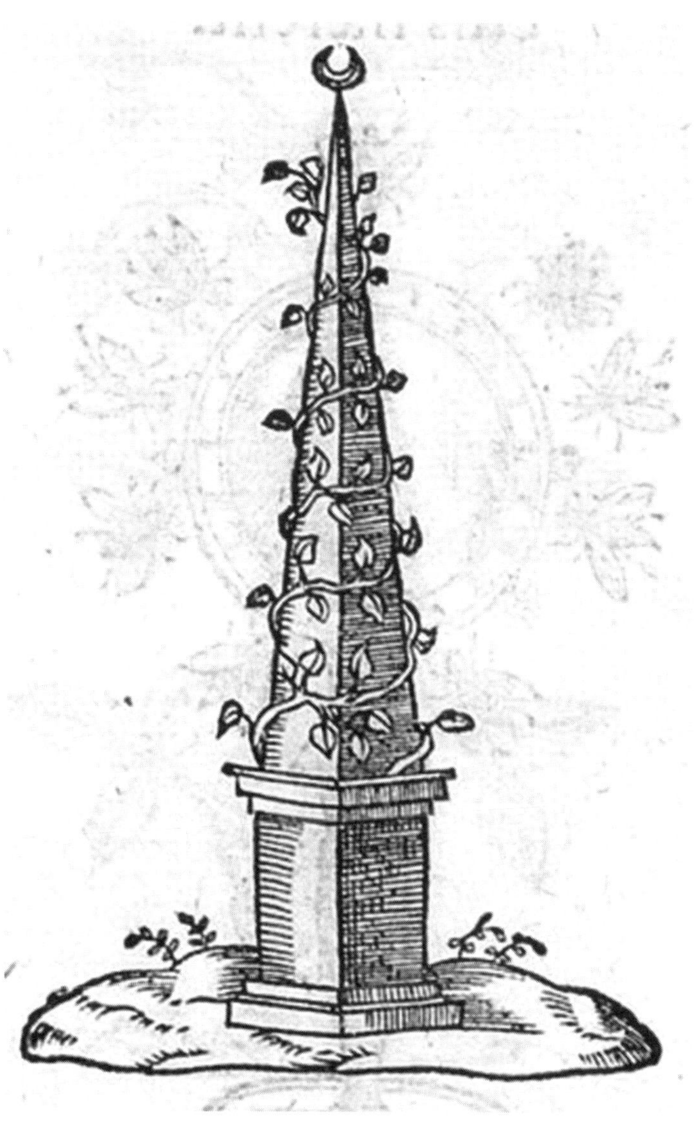

73. Claude Paradin, *Devises heroïques*, Lyon, Jean de Tournes, 1557 (Special Collections, Glasgow University Library).

Rerum Sapientia cuſtos.

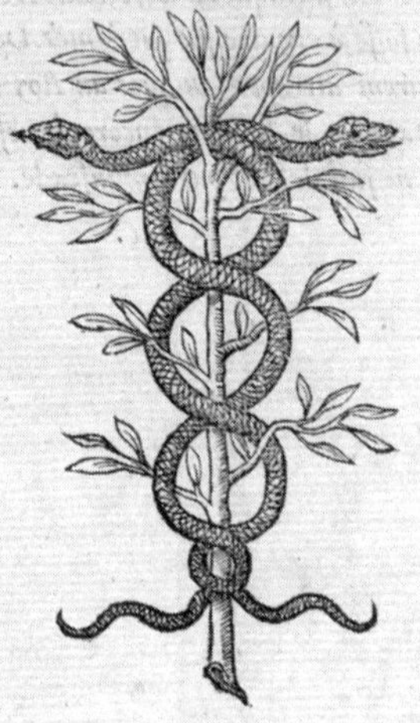

Madame Marguerite de France, treſilluſtre DuYcheſſe de Berri, fait ſa Deuiſe de l'Oliue, enſemble du Serpent, ſinifiant ainſi, toutes choſes eſtre regies, & gouuernees par ſapience, ou ſageſſe.

74. Claude Paradin, *Devises heroïques*, Lyon, Jean de Tournes, 1557 (Special Collections, Glasgow University Library).

75. *Manes Mariae Stuartae Scotorum Reginae ad Jacobum VI Fil. Scotorum Regem. Editae anno 1587 per Io. Gordonium Britanno-Scotum*, Londini, Iohannes Norton, 1603, BnF.

103

XCIII.

NON TIBI SPIRO.

Prauis est animis virus doctrina salubris:
Sic lutulens fugitat porcus amaracinum.

d 3 Hoc sym-

76. « Non tibi spiro » : Joachim Camerarius, *Symbolorum & emblematum ex re herbaria centuria una*, Norimberga, Ioan. Hoffmann et H. Camoscius, 1590.

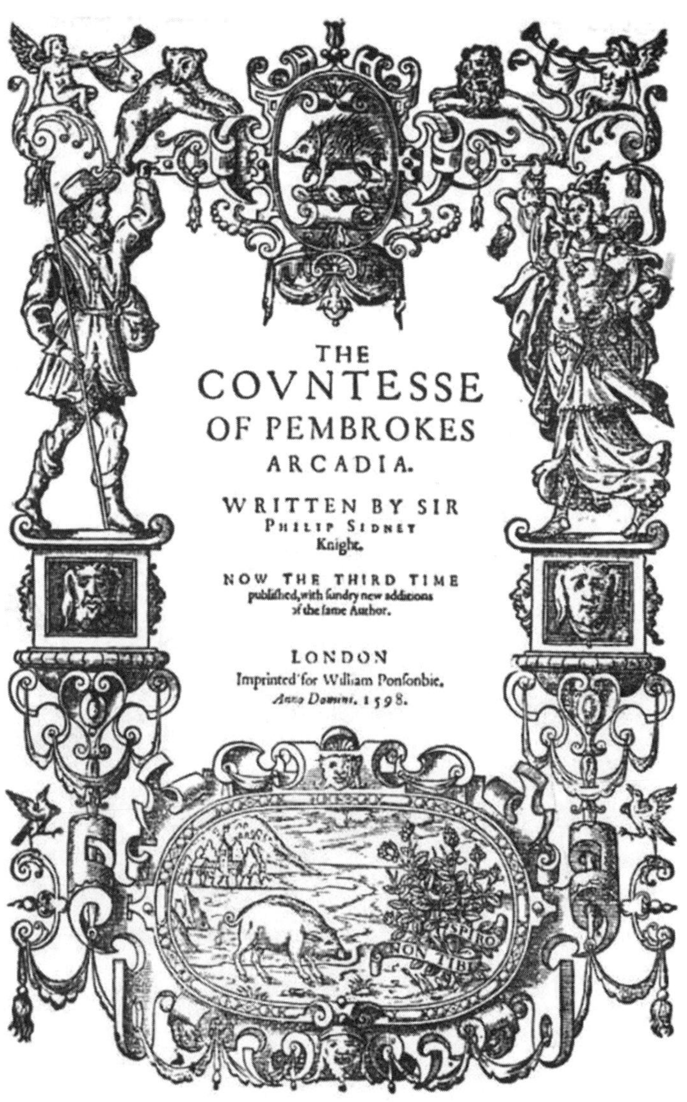

THE
COVNTESSE
OF PEMBROKES
ARCADIA.

WRITTEN BY SIR
PHILIP SIDNEY
Knight.

NOW THE THIRD TIME
published, with sundry new additions
of the same Author.

LONDON
Imprinted for William Ponsonbie.
Anno Domini. 1598.

77. « Non tibi spiro » : Philip Sidney, *Arcadia* (1598).

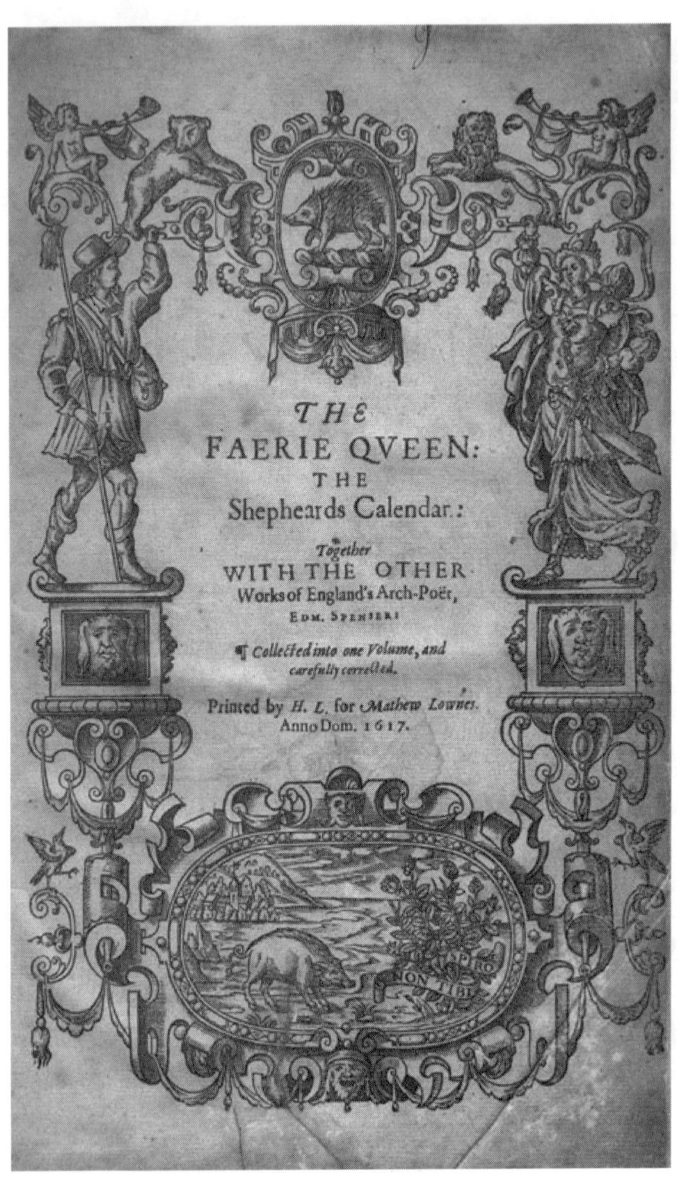

THE

FAERIE QVEEN:

THE

Shepheards Calendar:

Together

WITH THE OTHER

Works of England's Arch-Poët,

EDM. SPENSER.

¶ *Collected into one Volume, and carefully corrected.*

Printed by *H. L.* for *Mathew Lownes.*

Anno Dom. 1617.

78. « Non tibi spiro » : Edmund Spenser, *The Faerie Queen* (1617).

79. Portrait d'Henri IV avec trois couronnes et le *motto* « ἔδωκεν ἠδὲ ἔτι δώσει » : Pierre Matthieu, *Les deux plus grandes, plus célèbres et memorables resjouissances de la ville de Lyon*, Lyon, par Thibaud Ancelin, 1598.

80. Henri IV et Marie de Médicis avec trois couronnes (début du XVIIe siècle).

81. Portrait d'Henri IV avec le *motto* « Duo protegit unus » : Jacques de Bie, *Les vrais portraits des roys de France*, Paris, Jean Camusat, 1636.

93

HENRICVS IV. BORBO-
NIVS FRANC. ET NAVAR. REX.

DVo gladij infra decuſſatim iuncti
cum mucronibus coronatis, & cir-
cumplicatis ramis laurus & palmæ, ſu-
pernè demiſſo pugione, circumcoru-
ſcantibus radijs & micantibus ſtellis cũ
epigra-

82. Salomon Neugebauer, *Selectorum Symbolorum Heroicorum…*, Francofurti, apud Lucam Iennis, 1619 (Special Collections, Glasgow University Library).

83. Johann Jacob Luck, *Sylloge numismatum elegantiorum*..., Argentinae, typis reppianis, 1620 (Special Collections, Glasgow University Library).

Non cede in alcuna parte alla ſudetta, quella, che di preſente porta il Figliuol ſucceſſor ſuo il magnanimo Rè Herrico; ilquale continua di portare l'impreſa, che già fece quando era Delfino, che è la Luna creſcente col brauo motto pieno di graue ſentimẽto, DONEC TOTVM IMPLEAT ORBEM. volendo dinotare. ch'egli, fin che non arriuaua all'heredità del Regno, non poteua moſtrare il ſuo intero valore, ſi come la Luna nõ può compitamente riſplendere, ſe prima non arriua alla ſua perfetta grandezza, e di queſto ſuo generoſo penſiero n'ha già dato chiariſsimo ſaggio con la recuperatione di Bologna, & altre molte impreſe, com'ogn'vn sà in Italia.

84. Paolo Giovio, *Dialogo dell'imprese militari e amorose… con un ragionamento di M. Lodovico Domenichi*, Lione, appresso Guglielmo Roviglio, 1559.

85. Giovanni Battista Pittoni, *Imprese nobili et ingeniose di diversi prencipi, et d'altri personaggi illustri nell'arme et nelle lettere... con le dichiarationi in uersi di M. Lodouico Dolce & d'altri*, Venetia, Presso Girolamo Porro, 1578.

Donec totum impleat orbem.

Iuſques à ce que tout le rond ſoit remply.

86. Claude Paradin, *Devises héroïques et emblèmes rev. et aug. de moitié par M. François d'Ambroise*, Paris, Rolet-Boutonné, 1621.

D'ALCIAT. LE PRINCE. 179

Les conseilliers des Princes.

Chiron Centor nourrir en ses estables
Tant Achilles, qu'autres Princes notables,
Monstrant celuy qui a les Rois en main,
Demy sauuage estre, & demy humain.
Beste sauuage il est : les gens foulant,
Et homme il est monstrant humain semblant.

Homere feint son ieune Prince Achilles auoir esté nourry, & enseignè par le Centor Chiron, demy homme, & demy cheual sauuage, donnant à entendre que tels sont les gouuerneurs des Princes, Qui hommes humains se monstrent par deuant: quand sous couleur de iuste guerre, d'equité, ou de bien public, ils deuorent occultement la substance du peuple, estans par derriere plus inhumains que bestes sauuages. Donnans instruction aux Rois, & leur trouuans inuention de piller leurs suiets, sous quelque couleur, & titre honneste.

87. André Alciat, *Emblemes*..., Lyon, Guillaume Rouillé, 1564 (Special Collections, Glasgow University Library).

Eloquence eſt plus excellente que force.

PROBLEME.

Maſſe en main dextre,en ſeneſtre arc cornu,
Et du Lyon la peau couurant corps nu,
C'eſt d' Hercules la forme,Mais tel art
Pas ne cõuient:qu'il ſoit chaulue,& vieillard.
La langue auſsi de chainetes perſée,
D'ond par l'oreille attraict gent,non forcée,

88. André Alciat, *Toutes les emblemes*..., Lyon, Guillaume Rouillé, 1558 (Special Collections, Glasgow University Library).

89. Devise de Philippe II avec le *motto* « Non sufficit orbis » : *Felipe II : un monarca y su epoca. Un Príncipe del Renacimiento*, Madrid, 1998, Sociedad estatal para la conmemoración de los centenarios de Felipe Il y Carlos V, 1998, figure 190, p. 547-548.

90. Devise de Reliure de François II avec sa devise « Unus non sufficit orbis » : *Horae in Laudem beatissimae virginis Mariae, ad usum Romanorum*, Paris, Chaudière, 1549.

91. Devise de François II « Unus non sufficit orbis » : Girolamo Ruscelli, *Le imprese illustri*, Venezia, appresso Francesco de' Franceschi senesi, 1584 (Special Collections, Glasgow University Library).

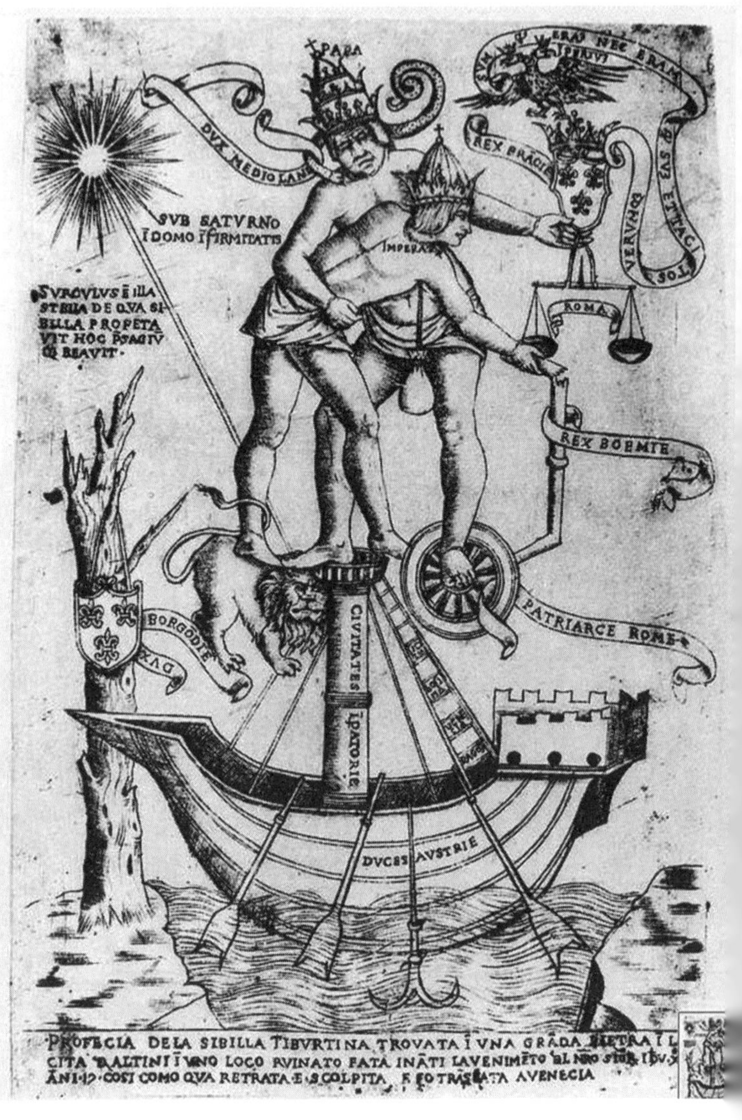

92. Triregnum : *Allégorie du Pape Paul II et de l'Empereur Frédéric III de Habsbourg* (1470) dans Bartsch, *Le peintre graveur*, vol. 24, 3.

Di Giouanni Ferro.

DIADEMA, MITRA, RATIONALE,
Regno, Scettro.

93. Giovanni Ferro, *Teatro d'imprese*, Venezia, Giacomo Sarzina, 1623.

94. Bal à la cour d'Henri III (24 septembre 1581) pour le mariage du duc de Joyeuse (Paris, RMN / Daniel Arnaudet, département des Peintures).

95. Baltasar de Beauioyeulx, *Balet comique de la Royne, faict aux nopces de Monsieur le Duc de Ioyeuse & Madamoyselle de Vaudemont sa sœur*, Paris, par Adrian Le Roy, Robert Ballard & Mamert Patisson, 1582.

96. Baltasar de Beauioyeulx, *Balet comique de la Royne, faict aux nopces de Monsieur le Duc de Ioyeuse & Madamoyselle de Vaudemont sa sœur*, Paris, par Adrian Le Roy, Robert Ballard & Mamert Patisson, 1582.

97. Baltasar de Beauioyeulx, *Balet comique de la Royne, faict aux nopces de Monsieur le Duc de Ioyeuse & Madamoyselle de Vaudemont sa sœur*, Paris, par Adrian Le Roy, Robert Ballard & Mamert Patisson, 1582.

98. Baltasar de Beauioyeulx, *Balet comique de la Royne, faict aux nopces de Monsieur le Duc de Ioyeuse & Madamoyselle de Vaudemont sa sœur*, Paris, par Adrian Le Roy, Robert Ballard & Mamert Patisson, 1582.

99. Baltasar de Beauioyeulx, *Balet comique de la Royne, faict aux nopces de Monsieur le Duc de Ioyeuse & Madamoyselle de Vaudemont sa sœur*, Paris, par Adrian Le Roy, Robert Ballard & Mamert Patisson, 1582.

100. Baltasar de Beauioyeulx, *Balet comique de la Royne, faict aux nopces de Monsieur le Duc de Ioyeuse & Madamoyselle de Vaudemont sa sœur*, Paris, par Adrian Le Roy, Robert Ballard & Mamert Patisson, 1582.

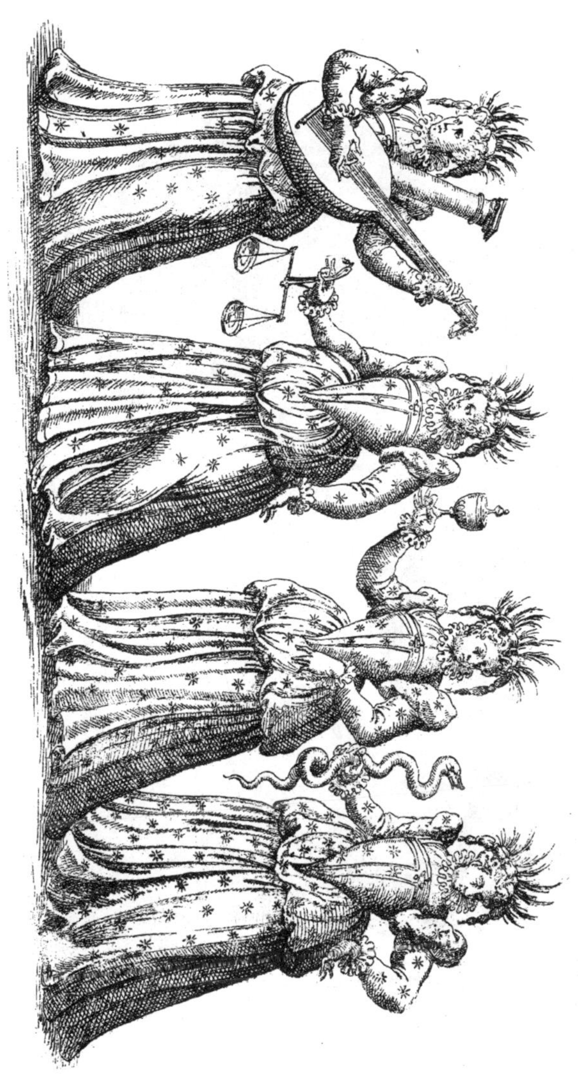

101. Baltasar de Beauioyeulx, *Balet comique de la Royne, faict aux nopces de Monsieur le Duc de Ioyeuse & Madamoyselle de Vaudemont sa sœur*, Paris, par Adrian Le Roy, Robert Ballard & Mamert Patisson, 1582.

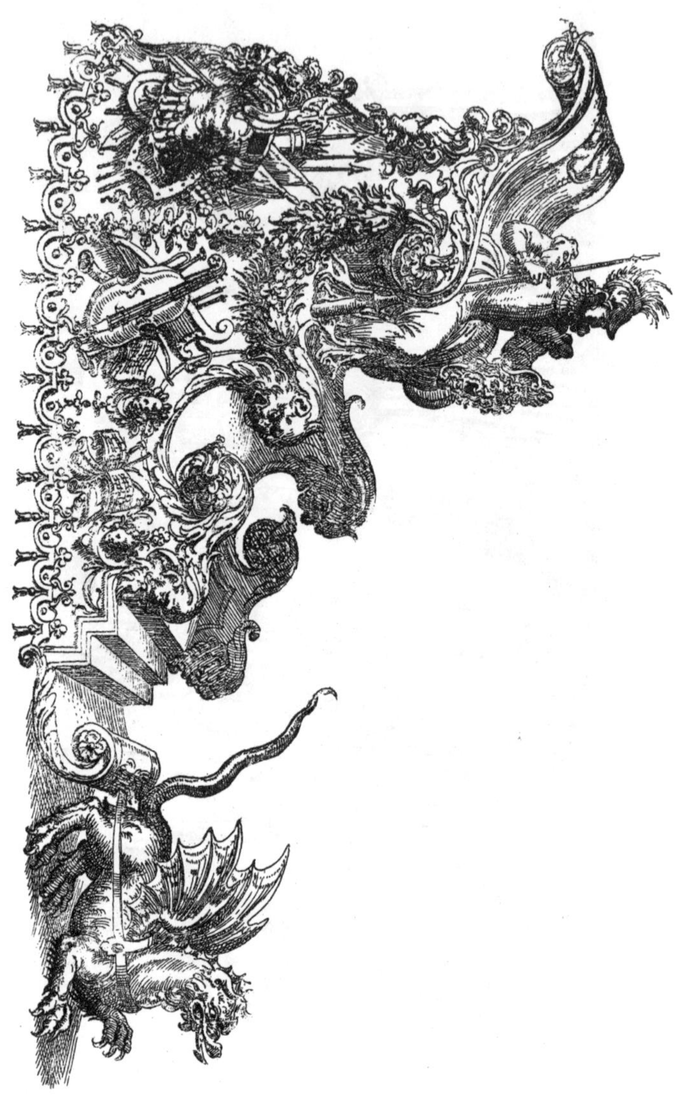

102. Baltasar de Beauioyeulx, *Balet comique de la Royne, faict aux nopces de Monsieur le Duc de Ioyeuse & Madamoyselle de Vaudemont sa sœur*, Paris, par Adrian Le Roy, Robert Ballard & Mamert Patisson, 1582.

La Royne presenta au Roy

LE DAVPHIN.

Delphinum vt delphinem rependat.

R.j.

103. Baltasar de Beauioyeulx, *Balet comique de la Royne, faict aux nopces de Monsieur le Duc de Ioyeuse & Madamoyselle de Vaudemont sa sœur*, Paris, par Adrian Le Roy, Robert Ballard & Mamert Patisson, 1582.

BALET COMIQVE

Madame la Princesse de Lorraine à monsieur de Mercur,

LA SEREINE.

Siren Virtute haud blandior vlla est.

104. Baltasar de Beauioyeulx, *Balet comique de la Royne, faict aux nopces de Monsieur le Duc de Ioyeuse & Madamoyselle de Vaudemont sa sœur*, Paris, par Adrian Le Roy, Robert Ballard & Mamert Patisson, 1582.

Madame de Mercur à monsieur de Lorraine,

NEPTVNE.

Par mens inuicta tridenti.

105. Baltasar de Beauioyeulx, *Balet comique de la Royne, faict aux nopces de Monsieur le Duc de Ioyeuse & Madamoyselle de Vaudemont sa sœur*, Paris, par Adrian Le Roy, Robert Ballard & Mamert Patisson, 1582.

BALET COMIQVE

Madame de Guiſe à monſieur de Geneuois

ARION.

Populi ſuperat prudentia fluctus.

106. Baltasar de Beauioyeulx, *Balet comique de la Royne, faict aux nopces de Monsieur le Duc de Ioyeuse & Madamoyselle de Vaudemont sa sœur*, Paris, par Adrian Le Roy, Robert Ballard & Mamert Patisson, 1582.

Mad. de Neuers à monſieur de Guiſe

LE CHEVAL MARIN.

Aduerſus ſemper in hoſtem.

107. Baltasar de Beauioyeulx, *Balet comique de la Royne, faict aux nopces de Monsieur le Duc de Ioyeuse & Madamoyselle de Vaudemont sa sœur*, Paris, par Adrian Le Roy, Robert Ballard & Mamert Patisson, 1582.

BALET COMIQVE

Madame D'Aumalle au Marquis de Chauſſin,

LA BALEINE.

Cui ſat, nihil vltrà.

108. Baltasar de Beauioyeulx, *Balet comique de la Royne, faict aux nopces de Monsieur le Duc de Ioyeuse & Madamoyselle de Vaudemont sa sœur*, Paris, par Adrian Le Roy, Robert Ballard & Mamert Patisson, 1582.

DE LA ROYNE. 68

Madame de Ioyeuſe au Marquis de Pont,

LE PHYSETER.

Sic famam adiungere famæ.

109. Baltasar de Beauioyeulx, *Balet comique de la Royne, faict aux nopces de Monsieur le Duc de Ioyeuse & Madamoyselle de Vaudemont sa sœur*, Paris, par Adrian Le Roy, Robert Ballard & Mamert Patisson, 1582.

BALET COMIQVE

Mad. la Mareſchale de Rez à monſieur d'Aumale

LE TRITON.

Commouet & ſedat.

110. Baltasar de Beauioyeulx, *Balet comique de la Royne, faict aux nopces de Monsieur le Duc de Ioyeuse & Madamoyselle de Vaudemont sa sœur*, Paris, par Adrian Le Roy, Robert Ballard & Mamert Patisson, 1582.

Mad. de Larchant à monsieur de Ioyeuse,

LE CORAL.

Eadem natura remansit.

111. Baltasar de Beauioyeulx, *Balet comique de la Royne, faict aux nopces de Monsieur le Duc de Ioyeuse & Madamoyselle de Vaudemont sa sœur*, Paris, par Adrian Le Roy, Robert Ballard & Mamert Patisson, 1582.

BALET COMIQVE

Madamoyſelle de Pont à monſieur d'Eſpernon,

L'HVISTRE.

Intus meliora recondit.

112. Baltasar de Beauioyeulx, *Balet comique de la Royne, faict aux nopces de Monsieur le Duc de Ioyeuse & Madamoyselle de Vaudemont sa sœur*, Paris, par Adrian Le Roy, Robert Ballard & Mamert Patisson, 1582.

Madam[lle] de Bourdeille à monſieur de Neuers,

LE XIPHIAS.

Sua ſunt & mitibus arma.

113. Baltasar de Beauioyeulx, *Balet comique de la Royne, faict aux nopces de Monsieur le Duc de Ioyeuse & Madamoyselle de Vaudemont sa sœur*, Paris, par Adrian Le Roy, Robert Ballard & Mamert Patisson, 1582.

BALET COMIQVE

Madamoyſelle de Cypierre à monſieur de Luxembourg,

L'ESCREVICE.

Vis non oblita ſuorum.

114. Baltasar de Beauioyeulx, *Balet comique de la Royne, faict aux nopces de Monsieur le Duc de Ioyeuse & Madamoyselle de Vaudemont sa sœur*, Paris, par Adrian Le Roy, Robert Ballard & Mamert Patisson, 1582.

DE LA ROYNE. 71

Madam[lle] de Victry à monsieur le Bastard,

LE HIBOV.

Artis vigilantia custos.

115. Baltasar de Beauioyeulx, *Balet comique de la Royne, faict aux nopces de Monsieur le Duc de Ioyeuse & Madamoyselle de Vaudemont sa sœur*, Paris, par Adrian Le Roy, Robert Ballard & Mamert Patisson, 1582.

BALET COMIQVE

Madamoyſelle de Surgeres à monſieur le Comte de Saulx,

LE CHEVREVL.

Non teli ſecura vſquam.

116. Baltasar de Beauioyeulx, *Balet comique de la Royne, faict aux nopces de Monsieur le Duc de Ioyeuse & Madamoyselle de Vaudemont sa sœur*, Paris, par Adrian Le Roy, Robert Ballard & Mamert Patisson, 1582.

Madamoyſelle de Lauernay à monſieur le Comte de Mauleurier,

LE CERF.

Non periјt virtus aſſueta nouari.

117. Baltasar de Beauioyeulx, *Balet comique de la Royne, faict aux nopces de Monsieur le Duc de Ioyeuse & Madamoyselle de Vaudemont sa sœur*, Paris, par Adrian Le Roy, Robert Ballard & Mamert Patisson, 1582.

BALET COMIQVE

Madam[lle] de Stauay au Comte de Bouchage,

LE SANGLIER.

Nusquam vis acrior vrget.

118. Baltasar de Beauioyeulx, *Balet comique de la Royne, faict aux nopces de Monsieur le Duc de Ioyeuse & Madamoyselle de Vaudemont sa sœur*, Paris, par Adrian Le Roy, Robert Ballard & Mamert Patisson, 1582.

Madamoyſelle de Chaumont à la Royne mere du Roy,

APOLLON.

Lenire & vincere ſueui.

119. Baltasar de Beauioyeulx, *Balet comique de la Royne, faict aux nopces de Monsieur le Duc de Ioyeuse & Madamoyselle de Vaudemont sa sœur*, Paris, par Adrian Le Roy, Robert Ballard & Mamert Patisson, 1582.

BALET COMIQVE

Madamoyſelle de Sainte Meſme à monſieur le Cardinal de Bourbon,

LE LIVRE.

Fatorum arcana reſignat.

120. Baltasar de Beauioyeulx, *Balet comique de la Royne, faict aux nopces de Monsieur le Duc de Ioyeuse & Madamoyselle de Vaudemont sa sœur*, Paris, par Adrian Le Roy, Robert Ballard & Mamert Patisson, 1582.

121. Horloge de la Conciergerie : trois couronnes avec le *motto* « Qui dedit ante duas, triplicem dabit ille coronam ».

122. Quatre couronnes avec le *motto* « Sic ascenditur » :
cycle des tapisseries « Four Seasons », Hatfield House (Angleterre).

123. Image avec le *motto* « Tu contra audentior ito » :
cycle des tapisseries « Four Seasons », Hatfield House (Angleterre).

INDEX DES « *MOTTI* »*

Ab Aetna, 85, 86 n.
Ad vitam, non ad horam, 85, 87 n.
Adversus semper in hostem, 42
Aliamque moratur, 15, 168-172, 173 n., 185, 192
Amor instat ut instans, 85, 87 n.
Artis vigilantia custos, 42
At regna senserunt tria, 85, 86 n.

Caelo Musa beat, 18
Caesar adest, 85, 86 n.
Caetera fama, 12
Circuit, 85, 86 n.
Commovet et sedat, 42
Cui nova plaga loco?, 86, 87 n.
Cui sat, nihil ultrà, 42

Deest quod duceret orbem, 15
Delphinum ut delphinem rependat, 41, 43
Digna quae longe plures, 170 n.
Donec totum impleat orbem, 148, 149 n., 150, 171, 192,194, 195 n., 197, 198 n., 200 n.
Duo protegit unus, 262 et n.

Eadem natura remansit, 42
ἔδωκεν ἠδὲ ἔτι δώσει (*Edôken êde eti dôsei)* 262
Et leo et vulpes esset rex, 277
Ex funere foenus, 120

Fata obstant, 85, 86 n.
Fatorum arcana resignat, 42, 43
Finis coronat opus, 117
Fluctuat in portu, 86, 87 n.
Fronti nulla fides, 86, 87 n.

Hic labor, 52,118
Hostis non hostis, 85, 86 n.

Iam Modo Praeterea, 85, 87 n.

*L'index des *motti* a été établi par Zaira Sorrenti : je la remercie chaleureusement

Idem semper ubique totum, 85, 86 n.
Idem, itidem, non idem, 85, 87 n.
Illius aram, 85, 87 n.
Ima permutat brevis hora summis, 117 n.
Intus meliora recondit, 39, 42
Ius dedit et dabit uti, 260

Lenire et vincere suevi, 42
Levius aura, 86, 87 n.

Major vis juncta duobus, 258
Manens moveor, 86, 87 n.
Manet ultima claustro, 247 et n.
Manet ultima coelo (voir aussi *Tertia coelo manet*), XI, 2, 35, 50, 52, 106, 115, 120-124 et n., 127 et n., 128, 129 n., 137 et nn., 145, 154 n., 168, 171, 184, 192, 204 et n., 203, 204 et n., 205 n., 206 et. n., 241, 246, 247, 261, 262, 268, 273
Mors et vita, 86, 87 n.
Mutuo fulcimur, 85, 86 n.

Nec vi nec arte domatur, 274
Neque simile nec par, 85, 87 n.
Nitimur in cassum?, 85, 87 n.
Non periit virtus assueta novari, 42
Non sine Sole Iris, 10, 281
Non sufficit orbis, 192, 195 n., 197, 198 n., 200 n.
Non teli secura usquam, 42
Non tibi spiro, 12
Novae ortae Aeoliae, 85, 87 n., 108
Nusquam vis acrior urget, 42

Obstinacie is punished and humilitie is pardoned, 233
O felix Colonia, 117

Parcere subiectis, 232-233
Parcere subiectis et debellare superbos, 226, 229, 267-268
Pardonner aux humbles & courir sus aux orgueilleus, 234 n.
Pardonner aux vaincus & guerroyer les orgueilleux, 233
Per mens invicta tridenti, 41
Plus ultra, 117
Populi superat prudentia fluctus, 42
Pulchriori detur, 85, 86 n.

Rerum Sapientia Custos, 242

Scinditur incertum, 86, 87 n.
Semper eadem, 10
Sero, sed serio, 10
Sic ascenditur, 273
Sic famam adjungere famae, 42
Siren Virtute haud blandior ulla est, 41
Spes proxima, 31, 108, 111, 113
Spiritus durissima coquit, 11
Sua sunt et mitibus arma, 42
Subito, clam, 86, 87 n.

Talis mihi semper et astro, 85, 86 n.

Tanquam explorator, 15
Te stante virebo, 11 et nn.
Tempus omnia terminat, 11 n.
Tertia coelo manet, (voir aussi *Manet ultima coelo*), 50, 141 et n., 142, 143 et nn., 209
Totus mundus agit histrionem, 55 n.
Tu contra audentior ito, 276 et n.
Unus non sufficit orbis, 171, 192 n.
Ut robori robur, 85, 86 n.

Vellet at nequit, 274
Vicit instans, 86, 87 n.
Vis non oblita suorum, 42

INDEX DES NOMS*

Adams, Alison, XIII, 8 et n., 234n.
Alberti, Leon Battista, 83
Alciat, André, 3 et nn., 4 et n., 8, 9, 15n., 30 et n., 31, 32n., 110 111, 137n., 231n., 259n., 272
Adhémar, Jean, 245n.
Albon, Claude de, 152, 153n.
Alençon, François d' (puis d'Anjou), 23, 148, 158, 160, 162 et n., 163 et n., 164, 167, 168n., 184, 243 et n., 255
Alexandre le Grand 26, 192, 194, 195n.,196, 198
Alighieri, Dante, 96n., 119, 120 et nn., 231 et n.
Amboise, Adrien d', 168n.
Amboise, François d', 35 et n., 155 et n., 168 et n., 169n., 184, 185 et n., 214n.
Aneau Barthélemy, 8
Angoulême, Henri de, (fils bâtard d'Henri II), 64
Aquilecchia, Giovanni, 54nn., 55n., 69n., 71n., 73n., 83n., 86n., 110, 135n., 180n., 182n., 217n.
Arasse, Daniel, 61n., 184n.
Arbizzoni, Guido, 77n.
Archimède, 38
Arétin, L' (Pietro Aretino), 54n.
Ariani, Marco, 90n.
Ariès, Philippe, 179n.
Arioste, L' (Ludovico Ariosto), 112n., 113n.
Aubert, Guillaume, 124 et n.
Aubigné, Theodore Agrippa d', 23, 39n., 246 et n.
Audebert, Germain, 218n.
Augustin (saint), 231n., 253n.
Auvray-Assayas, Clara, 253n.

*. L'index des noms a été établi par Miriam Petrone en collaboration avec Carlo Minervini : je les remercie chaleureusement tous les deux.

Babelon, Jean, 122n.
Badaloni, Nicola, 61n., 83n., 86n.
Baïf, Jean-Antoine de, 131, 146, 151, 152nn.
Bainton, Roland, 219n.
Balavoine, Claudie, 3 et n.
Balsamo, Jean, 52n., 71n., 118n., 135n., 241n.
Baltazarini, Baldassarre (*voir* Beauioyeulx)
Bárberi Squarotti, Giorgio, 54n., 73n., 86n.
Barnard, Ehwell Augustine Bracher, 272n., 279n.
Barnes, Kenneth, 165n.
Barni, Gian Luigi, 4n.
Bartolomeo da Vicenza, 223
Bath, Michael, XIII, 8n., 169 et n., 171, 173n., 176, 186 et n., 271, 272n.
Baudoin, Jacques, 224n.
Baudouin de Flandre, (empereur de Constantinople), 222
Baudrier, Julien, 153n.
Beauioyeulx, Balthasar de, (Baltazarini di Belgioioso, Baldassarre), 20 et n., 21n., 22 et n., 23 et n., 24n., 25, 26n., 29nn., 30n., 36 et n., 37 et n., 39 et n., 44nn., 47, 51n., 52, 98, 106n., 268, 269n., 271n.
Beaujeu, Jean, 32n.
Beaulieu, Lambert de, 20
Bec, Christian, 96n., 120n.
Bellarmin, Robert, 191 et n.
Bellini, Gentile, 116 et nn.
Bellosi, Luciano, 116n.
Bembo, Pietro, 90
Bercé, Yves-Marie, 239n.
Berggren, Lars, 86n.
Bertoldo di Giovanni, 116
Berriot, François, 243 nn., 244 et n.
Berry, Lloyd E., 164n.
Bietti, Monica, 264n.
Billard, Claude, 23n.
Binet, Claude, 148 et n.
Binet, Denis, 248n.
Blum-Cuny, Pascale, 228n., 229n.
Boccace, (Giovanni Boccaccio), 13n.
Bocchi, Achille, 77n.
Bodin, Jean, 239n.
Boissard, Jean-Jacques, 8
Boltanski, Ariane, 130n.
Bolzoni, Lina, 61n., 73n., 113n.
Bombassaro, Carlos Luis, XIII
Bondì, Roberto, XIII
Bonfons, Nicolas, 248, 249n.
Bonhomme, Macé, 8
Boniface VIII (Pape), 210.
Bonne, Jean-Claude, 229n.
Borja, Juan de, 272
Bossy, John, 170n., 177nn., 178, 280n.
Botticelli, Sandro, 238.
Boucher, Jacqueline, 23n., 101n., 163n.
Bouchet, Jean, 231n.
Bouhours, Dominique, 149, 150n., 199n., 200n., 247 et n., 258 et n.

Boulard, Edouard, 39n.
Bouquet, Simon, 34, 156 et n., 160n., 210, 211n.
Bourbon, Charles de (cardinal) 42, 43, 246n.
Brahe, Tycho, 181
Brandhorst, J.P., 117n.
Brantôme, Pierre de Bourdeille, 23
Bratu Elian, Smaranda, XIII
Brennan, Michael G., 12n.
Bresc-Bautier, Geneviève, 121n.
Brioschi, Franco, 54n.
Brissac, Charles de, 22
Brock, Maurice, 80n.
Brunel, Pierre, XII
Bruno, Giordano (le Nolain), XIII, 40n., 47, 49, 50 et n., 51 et nn., 52 et nn., 53, 54 et nn., 55 et n., 58, 60n., 61 et n., 62n., 63 et n., 64 et n., 65n., 67n., 68, 69 et nn., 70, 71 et n., 72, 73 et nn., 74n., 75, 76n., 77, 78n., 79 et n., 80 et nn., 81n., 82 et n., 83 et nn., 84, 86n., 87 et n., 88 et n., 89, 90, 91 et nn., 92n., 97 et n., 98, 99 et n., 101, 102 et n., 103n., 104 et n., 105n., 106, 107 et n., 108 et n., 109 et n., 110 et n., 111 et n., 112 et nn., 113 et n., 118 et n., 135n., 138 et n., 140,141, 143 et n., 145, 163, 176 et n., 177 et n., 178 et n., 180 et n., 181, 182 et nn., 183 et nn., 184, 185, 187-189, 191, 192, 201 et n., 202nn., 208 et n., 209, 213, 215, 216 et n., 217n., 219 et n., 236n., 250 et n., 251 et n., 253, 254n., 255nn., 256 et n., 257, 259, 260n., 263n., 267, 268 et n., 269, 271, 276 et n., 279, 281
Brunot, Ferdinand, 150 et n.
Buccio, Pietro, 35, 36n.
Buchel, Arnold Van, 250 et nn.
Budé, Guillaume, 78n.
Buonarroti, Michelangelo [le jeune], 264n.
Buron, Emmanuel 23n.
Butler, Arthur John, 69n.
Buzon, Christine de, 28n.

Calabritto, Monica, 235n.
Callu, Florence, 116n.
Calvo, Francesco, 3 4 et n.
Camerarius, Joachim, 12n.
Canfora, Davide, 238n.
Canone, Eugenio, 104n.
Capaccio, Giulio Cesare, 3n.
Capitani, Ovidio, 120n.
Caron, Antoine, 150n.
Cartari, Vincenzo, 15n.
Cascione, Giuseppe, 31n., 169n.
Cassiani, Chiara, XIII
Castelnau, Michel de (seigneur de la Mauvissière) 51 et n., 56, 57n., 69n., 70 et n., 103 et n., 162 et n., 163 et nn., 164, 165 et n., 170n., 177, 178, 189, 216 et n., 257, 280n.
Catulle, 200 et n.

Caussade, François, 246n.
Céard, Jean, XII, 6n., 20n., 33n., 140nn., 146n., 179n., 239n.
Cecil, Robert, 10
Cecil, William, 10, 217n., 280 et n.
Cellier, Ludovic, 43n.
Chaix, Gérald, XII
Chambers, Edmund Kerchever, 48n.
Champion, Pierre, 22 et n., 23n.
Chappuys, Gabriel, 153, 154n.
Charles V (roi d'Angleterre), 32, 117, 192, 194, 245
Charles VIII, (roi de France), 7 et n., 118
Charles IX (roi de France), 22, 33 et n., 130n., 133, 148, 155- 158, 159n., 160, 162n., 186, 188, 210 et n., 211, 237, 245n., 246n.
Charlewood, John, 50
Chaucheyras, Thierry, 138n.
Chaunu, Pierre, 20n.
Chevalier, Nicolas, 170n.
Chevallier, Pierre, 64 n.
Chevillot, Pierre, 52 et n.,118 et n., 263 et n., 264n.
Chiocco, Andrea, 126, 127n., 204n.
Christian V (roi de Danemark), 121n.
Christian, Lynda Gregorian, 56n.
Cicéron, 253nn.
Ciliberto, Michele, 61n., 62n., 73n.
Ciotti, Giovanni Battista, 181 et n., 182 n.
Clement V (Pape), 120
Cobham, Henry, 21, 69
Cocquio, Bruno, 22n.
Colette, Marie-Nöel, 229n.
Combe, Thomas, 10 et n., 272, 275 et n., 277n.
Commynes, Philippe de, 125 et n.
Conihout, Isabelle de, 21n., 125n.
Conti, Natale, 44 et n., 98
Contile, Luca, 3 et n.
Corbinelli, Jacopo, 220 et n.
Corrozet, Gilles, 8, 31 et n., 233, 234n., 249n.
Corti, Claudia, 11 nn., 14n., 16n.
Costanzo, Mario, 56n.
Coustau, Pierre, 234n.
Crawford Lomàs, Sophie, 69n.
Crouzet, Denis, 20n., 215n., 244 et nn., 245n.
Curtius, Ernst Robert, 56n.

D'Addio, Mario, 220n.
Dagron, Tristan, 83n
Daly, Peter M., 11n., 12n., 31n., 235n., 272 et n. 274 et n. 277 et n., 278n., 279n.
Dampmartin, Pierre de, 241, 242, 243 et nn., 244 et nn., 273
Daniel, Samuel, 9 et n., 12, 15, 72, 73 et nn., 279
Dante *voir* Alighieri
Dauzat, Pierre-Emmanuel, 34n.

Davila, Enrico Caterino, 220 et n.
De Bellis, Carla, 61n.
De Bie, Jacques, 248n., 262n.
De Vos, Maarten, 272
Decourt, Jean, 238
De Critz, John (dit le Vieux), 10
Dee, John, 105n.
Del Bene, Bartolomeo (Baccio), 220 et n.
Della Terza, Dante, XII
Delmas, Charles, 28n.
Delmarcel, Guy, 279n., 280n.
Demerson, Geneviève, 152n.
Dempster, Thomas, 178 et n., 179n.
Déprats, Jean-Michel, 13n.
Desportes, Philippe, 39n., 131
De Vic, Henri, 245
Dezallier d'Argenville, Antoine-Nicolas, 250n.
Dicson, Alexander, 182 et n., 183 et n., 184.
Di Girolamo, Costanzo, 54n.
Doglio, Maria Luisa, 5n.
Domenichelli, Mario, 58n.
Domenichi, Lodovico, 9n., 192 – 194
Dorat, Jean, 33 et n., 68 et n., 139n., 146, 152n.,155 et n., 157, 158 et n., 159n., 160n., 161 et nn., 179, 187-189, 209n., 212 et n., 231n., 237 et n.
Dorsten, Jan Adrianus van, 11n., 218n.
Drummond, William, 15, 170, 171, 176, 177
Du Bellay, Joachim, 18 et n.
Duchein, Michel, 162n., 164n., 280n.
Du Colombier, Pierre, 245n
Dudley, Robert, 10 et n., 11nn., 183n., 217n., 233n., 280
Dufey, Pierre Joseph, 217n.
Duer, Leslie T., 11n.
Dumonstier, Étienne, 235, 238
Du Bec, Philippe, 125 et n.
Dupèbe, Jean, 240 et n.
Du Perron, Jacques, 50, 186
Duquenne, Frédéric, 168n.
Dyer, Edward, 11n.

Eco, Umberto, XII
Élisabeth Ire (reine d'Angleterre), 10, 11n., 14, 21, 65n., 69, 97n., 98, 102-104, 105n., 108, 162 et n., 163, 164, 165, 167n., 168n., 177, 183n., 184, 201, 213, 214 et n., 215, 217n., 218 et n., 219n., 233n., 243 et n., 268, 270-271, 280-281
Ellero, Maria Pia, 71n., 86n.
Elliot, Elizabeth, 180n.
Embiricos George, XII
Embiricos, Maria, XII
Epernon, Jean d', 246n.
Érasme, 47
Erickson, Carolly, 162n. 164n., 167n.
Erizzo, Sebastiano, 124 et n.
Ernout, Alfred, 232n.
Ernst, Germana, 56n.
Estoile, Pierre de l', 246n.

Eustace, Guillaume, 118
Ève, Clovis, 123
Ève, Nicolas, 123

Fagot, Henry, 177, 178
Farinelli, Patrizia, 76n., 88n.
Faroldo, Giulio, 125 et n.
Ferrario, Giulio, 123n.
Ferro, Giovanni, 204, 205n., 219
Ferroni, Giulio, 26n., 90n.
Figorilli, Maria Cristina, XIII
Filleul, Nicolas, (La Chesnaye), 20
Fiorato, Adelin, XII
Fiorelli Malesci, Francesca, 264n.
Fiorentino, Francesco, 63n.
Firpo, Luigi, 50n., 182n., 256n.
Fischlin, Daniel, 10n.
Florio, John, 73n.
Ford, Philip, 28n.
Forestier, Georges, 58n.
Fowler, William, 170 et n., 171, 177-179, 180 et n., 181 et n.
Fragonard, Marie-Madeleine, 246n.
François Ier (roi de France), 32, 51,119, 148
François II (roi de France), 146, 147, 172, 173n., 174, 175n, 185, 192 et n.
Fraunce, Abraham, 9 et n., 10n., 11, 72, 279
Fremy, Édouard, 131n.
Froben, Johann, 4 et n.
Fumaroli, Marc, 20n., 21n., 51n., 119n., 123n.

Gabriele, Mino, 79n.
Gambino, Luigi, 215n., 216n., 220n.
Garin, Eugenio, 47n., 51n., 61n.
Gatti, Hilary, 73n.
Gendreau-Massaloux, Michèle, XII
Gentleman, Thomas, Jeney, 218n.
Gilles, Gilles, 52, 117
Giorello, Giulio, XIII
Giovio, Paolo, 5n., 7 et n., 9 et n., 11, 18, 19n., 72, 148, 149n., 195n., 279
Giraldi, Giuliano, 264 et n.
Girot, Jean-Eudes, 28n., 33n., 209n.
Gómez de la Reguera
Francisco, 196, 198n., 199 et n.
Gonzague, Charles, 131
Gonzague, Isabelle (marquise de Pescara), 30n.
Gonzague, Louis (Lodovico) de, 130, 131
González de Zárate, Jesús María, 233n.
Gordon, Alexander, 187
Gordon, John, 44, 45, 47, 48, 98, 105, 168, 185, 186 et n., 187 et n., 188, 189, 191
Goujon, Francine, 116n.
Goya, Francisco de, 233n.
Graham, Victor E., 33n., 34n., 211n.

Granada, Miguel Angel, XIII, 55n., 86n., 88n., 97n., 112n., 219n.
Grove, Laurence, 8n.
Guazzo, Stefano, 126, 128 et n., 130 et nn., 131 et n., 134n., 135 et nn., 206, 207.
Guéroult, Guillaume, 8
Guillaume III (prince d'Orange), 170n.
Guillot, Roland, 23n.

Habert, Sebastiano, 124 et n., 125n.
Hadot, Pierre, 53n., 122n.
Hamilton, Albert Charles, 12n.
Haran, Alexandre, 119n., 210n., 231n.
Hefford, Wendy, 279 n.
Heitz, Paul, 117n.
Hellegouarc'h, Joseph, 200n
Hennin, Michel, 224n., 247n., 248n.
Henri II, (roi de France) 22, 34n., 64, 119n., 148, 149, 150 et n., 151, 155, 159 et n.,161, 162n., 192, 194, 197, 198, 200 et n., 215
Henri III, roi de France, (duc d'Anjou), XI, 1, 2, 7, 15, 19, 20, 22, 23, 24, 25 et n., 26, 27, 28n., 29 et n., 32, 33 et n., 35, 36 et n., 37 et n, 43, 47-49, 50 et n., 51 et n., 52 et n., 64, 68 et n., 71, 101 et n., 105-108, 115, 118 et n., 120, 121, 122n., 123 et nn., 124 et n., 125n., 126, 127 et n., 128, 129n., 130 et n., 131 et nn., 135, 136, 137 et nn., 138, 139, 140 et n., 141 et n., 142, 143, 148, 149n., 151, 152 et n. 153 et n., 154n., 155-157, 158 et n., 159n., 160 et n., 161, 162, 163 et nn., 164, 165, 168, 169 et n, 171, 172 et n., 184, 185, 187-189, 192, 200, 203, 204 et n., 205n., 206 et n., 207, 209, 210n., 212 et n., 213, 214 et n., 215, 216, 219, 220 et n., 221-223, 224n., 226-231, 234, 236 et n., 237, 238, 241-243, 245, 246nn., 247 et nn., 250n., 251, 255 et n., 256-259, 261-263, 270, 273-274, 278 n.
Henri IV, roi de France (Henri III de Navarre), 1, 23, 43, 118n, 179, 190, 216, 223, 224n., 247n., 255 - 257, 261, 262 et n., 263-264, 265
Henri VII, Luxembourg de, 119, 120 et n.
Herle, William, 280 n.
Hernández Alonso, César, 198.
Hersant, Luc, XIV, 6n., 40n., 53n., 73n.
Hersant, Yves, XII, 54n., 55n., 73n.
Hester, Nathalie, 154.
Hesteau, Clovis, 23n.
Hoffman, Volker, 150n.
Hogenberg, Franz, 257

Holtzwart, Matthias, 272
Homère, 26, 44, 46, 262n.
Horace, 18, 200 et n., 237
Hornken, Louis, 117 et n.
Horozco y Covarrubias, Juan de, 232 et n.
Hotman, François, 186
Hotman, Jean, 186, 187n.
Hubault, Gustave, 51n., 162n.
Huchon, Mireille, 17n.
Huisstede, Pieter van, 117n.
Humpreys, John, 279 n.
Huraut, Alain, 65n.
Hyckes, Francis, 278 et n., 279
Hyckes, Richard, 278 et n.

Imbriani, Vittorio, 63n.
Ingegno, Alfonso, 213n.
Isselburg, Peter, 232, 233n.

Jack, Ronald D.S., 180n.
Jacques Ier, roi d'Angleterre et d'Irlande, (voir aussi Jacques VI d'Écosse), 14, 186
Jacques II, (roi d'Angleterre), 169n.
Jacques V, (roi d' Écosse), 64
Jacques VI, (roi d'Écosse), 179 et n., 180, 185,186, 189
Jacquiot, Josèphe, 123n., 255n.
Jacquot, Jacques, 56n.
Jeney, Thomas, 218 et n.
Jones, Ann Rosalind, 11n.
Jones-Davies, Marie-Thérèse, 15nn., 16nn.
Jones, Inigo, 15, 48
Jonson, Ben, 15 e nn., 170, 176 et n.
Joyeuse, Anne (duc de), 20, 68, 69n., 161, 187
Julian, Guillaume, 118
Juvénal, 192n., 194-196, 198n.

Kato, Morimichi, XIII
Kendrick, Albert Frank, 272 n.
Kantorowicz, Ernst, 235n.
Klein, Robert, 77n.
Klemczak, Stefan, XIII
Kopp, Robert, XII

Labanoff, Alexandre, 163n.
Labbé, Nicolas, 211 et n..
Labourdette, Jean-François, 168n.
Lacroix, Paul, 21n., 187, 188n.
Lactance, 253n.
Lafaye, Georges, 200n.
Lando, Ortensio, 185
L'Angelier, Abel, 226
Langeraad, L. A. Van, 250n.
L'Anglois, Pierre (sieur de Bel-Estat), 19 et n., 20n.
La Perrière, Guillaume de, 8, 10, 225, 226n., 272, 275 et n. 277 n.
Lardellier, Pascal, 210n.
Larivaille, Paul, XII, 26n., 54n., 258n.
Laumonier, Paul, 217n.
Laurens, Pierre, XII, 28n., 259n.

Lavaud, Jacques, 39n.
Le Bars, Fabienne, 123 et n., 125n.
Lecler, Joseph, 219nn.
Leclerc, Hélène, 28n.
Lecoq, Anne-Marie, 79n., 119n., 231n.
Le Goff, Jacques, 229n.
Le Laboureur, Jean, 162nn., 163
Le Mollé, Roland, 238n.
Leinkauf, Thomas, XIII
Lenient, Charles, 140n.
Lepape, Séverine, 224n.
Lepreux, Georges, 263n.
Lepri, Valentina, 182n.
L'Estoile, Pierre de, 246n.
Leu, Thomas de, 239.
Levkoff, Mary L., 250n.
L'Hospital, Michel de, 217n., 243 et n., 244n.
Liang He Lea, XIII
Libera, Alain de, XIII
Lion-Violet, Marianne, 51n.
Lombardo, Agostino, 59n.
López Poza, Sagrario, 232n.
Louis IX, (roi de France), 222-224.
Louis XII, (roi de France), 7 et n.
Lorraine, Louise de (reine de France), 20, 271
Lorraine, Marguerite de, 20
Lownes, Matthew, 13 et nn.
Lubelska, Elzbieta, XIII
Lucien de Samosate, 78n., 279
Luck, Johann Jacob, 261 et n., 279
Lucrèce, 253n.
Lupi, Filiberto Walter, 150n.
Lusignan, de Saint-Gélais, Guy de, 35

Machiavel (Niccolò Machiavelli) 13n., 25, 26n., 179, 220, 221 et n., 222, 226, 236, 239, 240, 241 et n., 245, 258, 260n., 268 et n., 275 et n., 277 et n.
Maffei, Sonia, 78n.
Maggi, Armando, 77n.
Magnocavalli, Annibale, 128 et n., 129 et n.
Maillard, Jean-François, 21n., 240 et n.
Manuce, Alde, 4 et n.
Manning, John, 11n., 13n., 233n.
Mansueto, Donato, XIII, 31n., 84, 86n., 169n., 180n., 214n., 235 et n., 236n.
Maranini, Anna, 232n.
Marchand, Jean-Jacques, 258n.
Margolin, Jean-Claude, 179n.
Marguerite I de Danemark, 115, 121n.
Marguerite de Valois (reine de Navarre), 23, 242 et n.
Marguerite Tudor, 175 et n.
Marie Stuart, (reine d'Écosse), 15, 22, 163n., 167-173, 175 et n., 176, 178, 179, 182 184-186, 189, 192 et n., 197, 217n.
Marie II Stuart, (reine d'Angleterre), 169n.

Marolles, Antoinette de, 186
Marotta, Gerardo, XII-XIV
Marshall Denkinger, Emma, 12n.
Martelli, Mario, 258n.
Marty-Laveaux, Charles, 68n.
Matthieu, Pierre, 261, 262 et n., 263 et n.
Mayger, Arthur, 223n.
Mazerolle, Fernand, 122n.
McAllister Johnson, William, 33n., 34n., 211n.
McGowan, Margaret, 21n.
Médicis, Catherine de, (reine de France), 10n., 22, 56, 146, 147, 215 et n., 216, 238
Médicis, Côme de (Cosimo de' Medici), 238 et n.
Mehmet II, 116 et nn.
Melchior-Bonnet, Bernardine, 255n., 257n.
Ménager, Daniel, XIII, 28n., 33n., 253n.
Mendoza, Bernardino de, 280
Mercuri, Chiara, 223nn., 224n., 225n., 229n.
Michel, Francisque, 184n.
Michel, Paul-Henri, 55n.
Miquel, Pierre, 255n.
Mironneau, Paul, 264n.
Mocenigo, Giovanni, 181, 256 et n.
Monferran, Jean-Charles, 18n.
Monsacré, Helene, XIII
Montaigne, Michel de, 73n.
Montluc, Jean de, 51n.
Montenay, Georgette de, 8, 272
Moreau, François, 17n.
Morin, Luis, 263n.

Narcy, Michel, XIII
Nemours, César de, 128, 130n.
Neugebauer, Salomon, 261 et n.
Nicolas, Simon, 255.
Nicole, Eugène, 116n.
Nifo, Agostino, 258n.
Noirot, Caroline, XIII
Norris, Henry, 218n.

Oger, Isabelle, 222 et n., 234 et n., 236, 238, 239n.
Ordine, Nuccio, 6n., 22n., 26n., 40n., 47n., 51n., 53n., 54nn., 59n., 66n., 70n., 71nn., 72n., 73n., 80n., 86n., 122n., 138n., 140n., 143n., 169n., 172 et n., 173, 174, 175 et n., 176n., 177n.179n., 202n., 216n., 260n., 268n., 276n.
Orgel, Stephen, 13n.
Ossola, Carlo, 90n.

Palazzo, Eric, 229n.
Pantin, Isabelle, XIII
Palmer, Thomas, 11n., 233
Paradin, Claude, 7, 8, 11, 149 et n., 213n., 242 et n.
Paravicino Bagliani, Agostino, 210 n.
Patin, Jacques, 20, 41 et n.

Patterson, Richard Ferrar, 15 n
Perkins, William, 184
Perrelli, Raffaele, XIII
Perret, Jacques, 230n.
Perrone Compagni, Vittoria, 68n.
Pertile, Lino, 218n.
Pétau, Gidéon, 186
Petitot, M., 57n.
Petrone, Miriam, XIII
Petrina, Alessandra, 178n., 179nn., 181nn.
Peyrat, Guillaume du, 264 et n.
Philippe II, (roi d'Espagne), 167, 192, 193, 194, 195-197, 200 et n.
Philippe IV, (roi d'Espagne), 235
Pibrac, Guy Du Faur, 131, 159n., 244
Pic de la Mirandole, Jean, 47
Piccolomini, Alessandro, 185
Picinelli, Filippo, 137 et n.
Picot, Émile, 22n.
Picques, Claude de, 123
Pigeaud, Jackie, XIII
Pilon, Germain, 121 et n., 122n., 211 et n., 245 et n., 246n., 248, 250 et n., 251.
Pittoni, Giovanni Battista, 149n.
Plaisance, Michel, XIII
Platon, 29n., 47, 55n., 59, 62n., 83
Pline l'Ancien, 31, 32n., 83, 232n.
Poirier, Guy, 21n., 123n.
Poirier, Michel, 12n.
Polybe, 220, 221n.
Pommier, Édouard, XIII
Ponsonby, William, 12 et n., 13n.
Porcacchi, Tommaso, 151 et n.
Pouilloux, Jean-Yves, 65n.
Pradeau, Jean-François, 55n.
Praz, Mario, 3n., 6n.
Prescott, Anne Lake, 218n.
Previtali, Giovanni, 116n.
Prigogine, Ilya 47n.
Proust, Marcel, 116 et n.
Puttenham, George, 16 et n.

Quesnel, François, 239
Quintilien, 83
Quondam, Amedeo, 90n., 130n.

Rabel, Jean, 239
Rabelais, François, 17 et n., 20n., 47
Raimondi, Ezio, 77n.
Ramus, Petrus (Pierre de La Ramée, dit), 183
Raspa, Anthony, 11n.
Rawles, Stephen, XIII, 8 et n., 31n., 32n., 111n.
Réaume, Eugène, 246n.
Regnault, Charles, 176 et n.
Regnault, Jacques, 63
Rey, Pierre-Louis, 116n.
Reyher, Paul, 48n.
Renn, Jürgen, XIII
Rhodes, Neil, 13n.
Ricci, Pier Giorgio, 231n.
Richeome, Louis, 261 et n.

Richet, Denis, 20n.
Ripa, Cesare, 15n.
Robert-Dumesnil, Alexandre-Pierre-François, 41n.
Rochon,André, 113n.
Rodrìguez de Monforte, Pedro, 235 et n.
Rogers, Brian, 116n.
Rolland, Marc, 47n.
Rollenhagen, Gabriel, 272
Ronsard, Pierre de, 23, 32, 33n., 35 et n., 38n., 39nn., 40n., 51n., 57 et n., 103n., 131, 139 et n., 140nn., 141, 146 et n., 147, 150, 151, 156 et n., 157, 161, 179, 187, 188, 193, 210 et n., 216 et nn., 217nn., 218n., 230 et n., 231n., 240n., 253 et n., 255, 256n., 258, 260n., 268n.
Rosa, Renato Tullio, 185n.
Rosand, David, 78n.
Rossi, Aldo, 116n.
Rossi, Paolo, 61n.
Rossius, Andrei, XIII
Roville, Guillaume, 8
Ruscelli, Girolamo, 9n., 30 et n., 117 et n.
Russel, Daniel, 8n.

Sacerdoti, Gilberto, 213 n., 219n.
Saint-Denis, Eugène de, 193n.
Sallusti, Sisto, 22n.
Salvucci Insolera, Lydia, 121n.
Sambucus, Johannes (Zsámboky, János), 272
Santagata, Marco, 89n.
Sargent, Ralph M, 11n.
Saulnier, Verdun Louis, 152 n.
Saunders, Alison, 8n.
Sauzet, Robert, 123n.
Sawday, Jonathan, 13n.
Scève, Maurice, 8
Scheller, Robert W., 119n.
Scher, Stephen K., 122n.
Schuurs-Janssen, Titia J., 119n.
Sealy, Robert J., 131 et n.
Sebastián, Santiago, 233n.
Secret, François, 229n.
Segonds, Alain-Philippe, XII, 50n.
Segre, Cesare, 90n.
Seidengart, Jean, 86n.
Selig, Karl-Ludwig, 78n.
Servin, Luis, 189 et n.
Seznec, Jean, 44n.
Shakespeare, William, 13n., 14 et n., 55n., 59n., 219n.
Sheldon, Ralph, 278
Sheldon, William, 278
Shirley, Anne, 280
Shirley, Thomas, 280
Sidney, Philip, 10, 11 et n. 12 et nn., 13n., 72, 73, 184, 279,281
Silvestre, Louis-Catherine, 117nn.
Simeon, Gabriel, 150 et n.
Simier, Jean de, 162
Simonin, Michel, 33nn., 39n., 54n., 179n., 180n., 241n.
Sittart, Arnould, 117
Smith, George Gregory, 16n.

Socrate, 55, 59 et n.
Solorzano Pereira, Juan de, 233
Somerville, Robert, 78n.
Sorrenti, Zaira, XIII, 55n., 86n., 113n.
Soto, Hernando de, 272
Spampanato, Vincenzo, 51n., 76n., 250n.
Spenser, Edmund, 12n., 13 et nn.
Spriet, Pierre, 9n., 10n., 73 et n.
Stack, Lotus, 280 n.
Stallybrass, Peter, 11n.
Stegmann, André, 5n., 7n.
Steiner, George, XII
Stoppelli, Pasquale, 26n.
Strong, Roy, 22n., 56n.
Stubbs, John, 164 et n.
Stuart, Jane, 64
Stuip, René Ernst Victor, 119n.
Sturlese, Rita, 51n., 61n., 62n., 183n.
Stutzmann, Dominique, 125n.

Tacite, 220, 221n.
Tadié, Jean Yves, 116n.
Tallarigo, Carlo Maria, 63n
Tansillo, Luigi, 109, 180.
Tasse, Le (Torquato Tasso), 77n.
Tasso, Ercole, 77n., 203, 204n., 206n., 207, 219
Tervarent, Guy de, 117n., 121n.
Teulet, Alexandre-Jean-Baptiste-Théodore, 189n., 257n.
Thenaud, Jean, 119 et nn.
Throckmorton, Anne, 280 et n.
Throckmorton, Francis 280n.
Throckmorton, Thomas, 280 et n.
Thucydide, 279
Tiano, Muriel, 198n., 199n.
Timophile, Thierry de (voir François d'Amboise)
Tite-Live, 220, 226, 234, 236, 238, 240
Tocco, Felice, 63n.
Tournes, Jean de, 8
Townshend, Aurelian, 48 et n.
Tracy, John, junior 280
Tracy, John, senior, 280
Trevor-Roper, Hugh, 219n.
Tuilio, Giovanni Maria, 136, 137n.
Tung, Mason, 13n.
Turner, Hilary L., 278 n., 279 et n., 280 n.
Tyard, Pontus de, 131.
Typoets, Jacques, 136 et n., 273

Ughetti, Dante, 35n.

Van Tichelen, Isabelle, 280 n.
Valerian, Jan Pierius (Pierio Valeriano), 236, 237n.

Vasari, Giorgio, 83, 116 et n., 238 et n.
Velázquez, Diego, 233n.
Vidier, Alexandre, 250n.
Vigenère, Blaise de, 131, 220, 221, 226, 227, 228n., 229 et n., 230 et n., 236, 238, 239, 240 et n., 241, 242, 273-274
Vilanova, Antonio, 56n.
Villeneuve, François, 192n., 200n.
Virgile, 100n., 106, 193 et n., 196, 200, 201, 229, 230n., 231 et nn., 232, 268, 276n.
Visconti, Ambrogio, 4 et n.
Vitelli, Girolamo, 63n.
Vivanti, Corrado, 187n., 261n.
Volterrani, Silvia, 73n.
Vroom, Cornelius, 281
Vuilleumier-Laurens, Florence, 28n.

Wace, Alan John Bayard, 272n., 279 n.
Walsingham, Francis, 69, 170n., 177, 178
Wanegffelen, Thierry, 187n., 215n.
Wells, Robin Headlam, 164n.
Weston, David, XIII
Wierix, Jérôme, 239
Wind, Edgard, 34n.
Whitney, Geffrey, 9 et n., 11 et n., 72, 272
Whitgift, John, 219
Wood, Anthony À., 278 n.
Wright Lee, Rensselaer, 80n.
Wynman, Nicholas, 73

Xavier, François (saint), 120, 121

Yates, Frances A., 12n., 28n., 47n., 61n., 65n., 69n., 110 et n., 137, 138n., 183, 184n., 214n.
Yoshida, Jo, 116n.

Zuber, Henry, 163n.

TABLE DES MATIÈRES

Avant-propos xi

CHAPITRE I

Images, devises, emblèmes entre France et Angleterre

1. “Mosaïques” de paroles et *picturae* à la cour d’Henri III et à la cour d’Élisabeth Ire 1
2. Le *Balet comique de la Royne* et les devises : les dispositifs iconiques et verbaux, la « plaisante escorce », le « navire Françoys » et l’allégorie de Circé. 20

CHAPITRE II

Giordano Bruno philosophe-peintre : Henri III et Élisabeth Ire à la lumière du mythe de Circé

1. L’arrivée de Bruno à Paris en 1581 et le *Balet comique de la Royne* 49
2. La comédie d’un philosophe-peintre et le théâtre du monde 53
3. Circé et Henri III dans le *Cantus circaeus* 63
4. L’arrivée de Bruno à Londres en 1583 et la réforme morale de *l’Expulsion de la bête triomphante* (1584). 69

5. Bruno philosophe-peintre-poète dans les *Fureurs héroïques* (1585) 75
6. Les vingt-huit devises et le thème de l'amour dans les *Fureurs héroïques* 84
7. Le ballet des neuf aveugles : Circé et Élisabeth Ire dans les *Fureurs héroïques*. 91
8. Le navire du *Souper des Cendres*, les vents et les deux feux : une lumière d'espoir ? . . . 109

CHAPITRE III

MANET ULTIMA COELO :
LES MYSTÈRES DE LA DEVISE D'HENRI III

1. Les trois couronnes et le *motto* avant Henri III : quelques exemples. 115
2. Les médailles, les monnaies, les reliures 121
3. Stefano Guazzo et Andrea Chiocco 126
4. Jacques Typoets, Giovanni Maria Tuilio, Filippo Picinelli 136
5. La troisième couronne dans l'*Expulsion* de Bruno 138

CHAPITRE IV

LA TROISIÈME COURONNE ET L'IMPÉRIALISME FRANÇAIS

1. Pierre de Ronsard et Claude Binet 145
2. La devise d'Henri II : « Donec totum impleat orbem » 148
3. La couronne de Pologne en annonce-t-elle une troisième ?. 150
4. Jean Dorat : la troisième couronne et l'Angleterre 157
5. « Tertia » et non « Ultima » : une distraction de Bruno ?. 163

CHAPITRE V

La devise de Marie Stuart (« Aliamque moratur »), les trois couronnes et l'Angleterre

1. La troisième couronne de Marie Stuart : « Aliamque moratur » 167
2. Bruno et deux Écossais à Londres : William Fowler et Alexander Dicson 176
3. Encore un Écossais : John Gordon, Marie Stuart et le milieu français 184
4. La devise de Philippe II (« Non sufficit orbis ») et l'Angleterre 192
5. L'Angleterre « ultima » et « hors du monde » : Virgile, Catulle, Horace 196

CHAPITRE VI

La troisième couronne céleste au service des couronnes terrestres ?

1. *Penitus toto divisim ab orbe* : les réflexions de Bruno dans les *Fureurs héroïques* 201
2. Ercole Tasso, les emblèmes et le débat sur la signification de « Ultima » 203
3. La Tiare de l' *Expulsion* et le trirègne papal . . 207
4. Les entrées triomphales et le trirègne 210
5. Henri III, Élisabeth et la tiare papale 213
6. Blaise de Vigenère, Machiavel et la troisième couronne d'épines 220
7. Pierre de Dampmartin et la devise d'Henri III. 241
8. Les trois couronnes et l'Horloge de la Conciergerie 245
9. La Loi et la Justice : l'Horloge et l'*Expulsion*. 251
10. Trois couronnes et un même *motto* pour deux rois : Henri III et Henri IV 255

ADDENDA
1. *Parcere subiectis et debellare superbos* : l'éloge des Romains dans l'*Expulsion de la bête triomphante* 267
2. Le *Balet comique de la Royne* : Océan, Jupiter et la Nymphe, Louise de Lorraine 268
3. « Sic ascenditur » : les trois couronnes dans un emblème de Hatfield House 271

DOSSIER ICONOGRAPHIQUE 283

INDEX DES « *MOTTI* ». 409
INDEX DES NOMS 413

CE VOLUME,
LE CINQUIÈME DE LA SÉRIE
GIORDANO BRUNO - DOCUMENTS/ESSAIS,
PUBLIÉ PAR
LES ÉDITIONS
LES BELLES LETTRES
A ÉTÉ ACHEVÉ D'IMPRIMER
EN FÉVRIER 2011
SUR LES PRESSES
DE LA NOUVELLE IMPRIMERIE LABALLERY
58500 CLAMECY

DÉPÔT LÉGAL : MARS 2011
N° D'ÉDITEUR : 7201
N° D'IMPRIMEUR : 102263
IMPRIMÉ EN FRANCE